THOMAS A. ANDERSON

WELTRAUM-VERSCHWÖRUNG

Band 2 der Anderson-Reihe

Wer beherrscht die Herrscher der Erde?

Wie die Menschheit der Vernichtung entkommen kann!
Ursprung, Anfang, Gegenwart und Zukunft
der geheimen Weltraumprogramme

amadeus-verlag.com

Amadeus Verlag GmbH & Co. KG
Birkenweg 4
74576 Fichtenau
Fax: 07962-710263
www.amadeus-verlag.com
Email: amadeus@amadeus-verlag.com

Druck:
CPI – Ebner & Spiegel, Ulm
Satz und Layout:
Thomas A. Anderson
Umschlaggestaltung:
Amadeus Holey

ISBN 978-3-938656-43-3

INHALTSVERZEICHNIS

Vorwort

„Wer die Wahrheit nicht sucht, wird sie nicht finden."
Thomas Anderson, 2017

Herzlich willkommen zu diesem neuen Ritt durch die Hintergründe in unserer Welt! Ich werde Ihnen in diesem Buch wieder viele verschiedene Themen vorstellen, ja, bereits auf den ersten Seiten werden viele unterschiedliche Dinge angesprochen, die für Sie auf den ersten Blick nicht unbedingt miteinander verknüpft zu sein scheinen. Doch wie bereits in meinem ersten Buch „Weltverschwörung" gezeigt, hängen diese ausgewählten Themen tatsächlich zusammen. Ich baue in diesem Buch in einigen Bereichen auf das in „Weltverschwörung" vorgestellte Wissen auf. Ich hatte zu Beginn zwar versucht, es als ein allein stehendes Buch zu verfassen, also so, dass man es auch ohne Vorkenntnisse versteht, doch im Laufe des Schreibens wurde klar, dass dies so nicht möglich ist. Zu sehr baut es auf dem auf, was ich für das erste Buch zusammengetragen hatte. Sollten Sie sich dennoch dazu entschließen weiterzulesen, ohne jenes Buch gelesen zu haben, möchte ich Ihnen hier einmal ganz kurz zusammengefasst darlegen, worum es im ersten Teil ging, damit Sie wenigstens einen kleinen Überblick bekommen.

> Die Ereignisse vom 11. September 2001 haben unser Weltbild und einige Abläufe in unserem Leben stark verändert. Die Hintergründe dieses Tages werden im Detail auseinandergenommen und es wurde gezeigt, dass die offizielle Geschichte ein absolut falsches Bild zeichnet. Die gemachten Aussagen finden durch jüngste Äußerungen des neuen amerikanischen Präsidenten Donald Trump Bestätigung.[1] Die seitdem immer wieder auftretenden Terroranschläge von sogenannten „Islamisten" sollen die Menschheit dazu bringen, in den Gegensätzen der Religionen eine so tiefe Kluft zu sehen, dass es sich dafür lohnt, in den Krieg zu ziehen. Terror will finanziert werden, Kriege ebenso. Finanzierungen funktionieren mit Geld – Geld, das durch die Kanäle der Banken zieht, die schon seit langer Zeit ein schmutziges Spiel mit den Menschen spielen. Oft wurden und werden in einem Krieg beide Seiten finanziert, um noch mehr Waffen ins Spiel zu bringen und noch mehr Menschen zu Opfern zu machen. Die Absurdität eines solchen Vorgehens lässt sich

nur nachvollziehen, wenn man die Hintergründe dieses Systems kennt. Diese reichen sehr weit zurück. Dementsprechend war die Ahnenforschung ein wichtiger Teil des ersten Buches, in dem gezeigt wurde, wo ein Großteil der heutigen Gattung Mensch ihren Ursprung hatte und wer für deren Schaffung verantwortlich war. Es wurde die Vermutung aufgestellt, dass die Erschaffer der Menschheit und die Initianten des Bankensystems ein und dieselben wären.

Bei der Erschaffung der heute im Westen vorherrschenden Gattung Mensch kam es zu Auseinandersetzungen und Komplikationen, in deren Folge dieses Experiment u.a. Kain und Abel hervorbrachte, wobei bewiesen ist, dass beide vollkommen unterschiedliche genetische Voraussetzungen mitbrachten. Kain erscheint nach den vorliegenden Fakten der Urvater der Ka'initen und somit vom Volk der Amalekiter zu sein. Diese wiederum wurden als Vorfahren der Assyrer und somit in einer langen Reihe auch als Vorfahren der Deutschen identifiziert. Diesen speziellen Teil werde ich als einzigen Teil auch in diesem Buch ausführlich darlegen, da er für das Gesamtverständnis von enormer Wichtigkeit ist. Amalek, somit in erster Linie die Deutschen, stehen seit dieser Zeit unter Ausrottungsgebot. Auch wenn sich dies für denjenigen, der solches zum ersten Mal liest, wie kompletter Unsinn anhören mag, so ist es dennoch blutiger Ernst.

Im Verlauf der letzten Jahrtausende (und auch davor) waren die Erde und die angrenzenden Planeten Schauplatz größter kriegerischer Auseinandersetzungen, wobei der Planet zwischen Jupiter und Mars vollkommen zerstört und die Erde mindestens zweimal von einem Himmelskörper getroffen wurde. Die Indizien deuten darauf hin, dass die Bevölkerung dieses zerstörten Planeten in Teilen auf die Erde gekommen ist. Weitere Beweise deuten darauf hin, dass die für eine kriegerische Auseinandersetzung notwendige gegnerische Partei eine ortsfremde war, die sowohl diesen zerstörten Planeten, den Mars wie auch die Erde angriff und ganz oder teilweise eroberte. Die Zerstörungen auf der Erde waren riesig, es kam zum Weltenbrand und zur Sintflut, und ich hatte entsprechende Landkarten vorgelegt, die zeigen, wo genau dies passierte.

Was in „Weltverschwörung" noch Indizien und Vermutungen waren, wird nun zur Gewissheit durch die hier vorgestellten Ergebnisse, Fakten und Zeugenaussagen. Zeugenaussagen sind immer mit Vorsicht zu behandeln. Zu viele Lügner haben zu viele Ungeheuerlichkeiten verbreitet und hanebüchene Märchen erzählt. Ich habe die in diesem Buch vorgestellten Zeugenaussagen ausgewählt, weil ich nach sorgfältiger Recherche der Meinung bin, dass die von ihnen vorgestellten Fakten alle zueinander passen. Jeder trägt einen neuen, passenden Teil zum Gesamtbild bei, und alle stimmen wiederum in vielen Punkten überein. Obendrein stammen die Zeugen aus verschiedenen Altersklassen, Ländern und Berufen und können sich zum allergrößten Teil nicht persönlich gekannt oder abgesprochen haben. Hinzu kommen die zahlreichen physikalischen und naturwissenschaftlichen Beweise, Artefakte und geschichtlichen Ereignisse, die das Gesamtbild vervollständigen.

Ich habe dieses Buch wie üblich in Kapitel aufgeteilt und meist dazwischen ein ***consilium*** gestellt, eine Beratung. Diese Beratung holt Sie aus dem bereits Gelesenen ab, stellt an manchen Stellen noch Wissenswertes hinzu und begleitet Sie zum nächsten Themengebiet. An diesen Stellen können Sie das Buch auch einmal für einige Zeit beiseite legen.

Die Entwicklungen der Tagespolitik, wenn man sie mit geschultem Auge und dem nötigen Hintergrundwissen betrachtet, und auch die Geschwindigkeit, mit der neue, bislang sorgsam geheim gehaltene Informationen ans Tageslicht kommen, sind immens. Wir treiben mit Höchstgeschwindigkeit in Richtung einer vollkommen neuen Welt.

Ein letztes Wort noch zu einem immer wieder gemachten Einwurf in so manchem Kommentar, den man im Internet sowohl zu mir als Autor sowie auch zu meinem Verleger finden kann: Die in diesem und dem ersten Buch dargestellten Themen sind über viele Jahre sorgfältigst recherchiert worden. Vieles von dem, was vorgebracht wird, entspricht weder dem allgemein Bekannten, noch dem allgemein Anerkannten noch dem „Politisch Korrekten". Die hier dargestellten Informationen und Sachverhalte sind in der Tat sensationell. Sie dienen jedoch in keinem einzigen Fall der Effekthascherei oder dem Bedienen irgendwelcher politischen (Rand-)Interessen irgendwelcher wie auch immer gearteten Gruppierungen. Auch dienen die hier niedergeschriebenen Informationen in keiner Weise der Steigerung der Verkaufszahlen, weil sich irgendwelche „UFO-Geschichten" besser verkaufen. Wer dies vorbringt, verdreht die Realität. Ich kann Ihnen versichern, dass die Verkaufszahlen dieser Bücher bei weitem nicht die Zeit bezahlen können, die ich für die Recherche und das Schreiben aufgewendet habe. Ich verdiene meinen Lebensunterhalt nicht mit diesem Buch, denn dafür reichen die Einkünfte aus dem Verkauf schlicht nicht aus. Ich schreibe Ihnen dies, weil ich Ihnen gern das Ergebnis meiner Recherchen präsentieren möchte. Wen diese Ergebnisse nicht interessieren, kann sich andere Bücher kaufen. Und wenn ich irgendwann mal meinen Lebensunterhalt mit Büchern verdienen möchte, muss ich beim derzeitigen Konsumverhalten der Massen wohl entweder einen Liebesroman oder etwas über Mobiltelefone und Computer schreiben.

Sie gehören als Leser dieser Zeilen zu einem kleinen Kreis von Interessierten, die die Hintergründe unserer Realität erforschen möchten. Ich fühle mich geehrt, dass Sie für dieses Vorhaben mein Buch unter vielen anderen ausgewählt haben. Bitte seien Sie deshalb versichert, dass ich alles hier Niedergeschriebene nach bestem Wissen und Gewissen erarbeitet habe, damit Sie sich viel Zeit ersparen und eine Zusammenfassung lesen können. Die so ersparte Zeit ist vielleicht genau die Zeit, die genau SIE brauchen, um auf einem anderen Gebiet dafür zu sorgen, dass die Welt für uns alle wieder ein Paradies wird.

Einige Monate vor Erscheinen dieses Buches entschlossen sich einige Professoren der Elite-Hochschulen *Harvard*, *Yale* und *Princeton*, ihren Studenten einige Worte mit auf den Weg zu geben. Ich möchte Ihnen diese Worte hier wiedergeben[2], da ich sie für äußerst wichtig und richtig erachte.

Einige Gedanken und Hinweise für unsere Studenten und alle Studenten

Wir sind Wissenschaftler und Hochschullehrer an den Universitäten von Princeton, Harvard und Yale, und wir wollen den Studenten, die jetzt im ganzen Land auf das College kommen, einige Gedanken und Hinweise übermitteln. Unser Rat kann auf zwei Wörter reduziert werden: ***denkt selber.***
Nun, das klingt sehr einfach. Aber Ihr werdet entdecken – wie es viele von Euch bereits auf der Highschool getan haben –, dass selber denken eine Herausforderung ist. Es braucht dazu immer Selbstdisziplin, und heutzutage kann es auch Mut erfordern.

Im gegenwärtigen Klima ist es ja so einfach, Eure Ansichten und Euer Weltbild von der vorherrschenden Meinung prägen zu lassen, die Ihr auf Eurem Campus oder im weiteren akademischen Umfeld vorfindet. Die Gefahr, der sich jeder Student – oder jedes Fakultätsmitglied – gegenübersieht, ist die Unsitte, dem Konformismus zu verfallen und dem Gruppendenken nachzugeben.

An vielen Colleges und Universitäten bewirkt die ‚Tyrannei der öffentlichen Meinung' – wie John Stuart Mill sie nannte – nicht nur, dass den Studenten der Mut genommen wird, sich den vorherrschenden Ansichten über Moral, politische und andere Fragen, entgegenzustellen. Sie führt die Studenten vielmehr zur der Überzeugung, dass die herrschenden Ansichten so offensichtlich richtig sind, dass nur ein Eiferer oder Spinner sie in Frage stellen könnte.

Da aber niemand ein Eiferer oder Spinner sein oder dafür gehalten werden will, besteht die einfache und bequeme Verhaltensweise darin, der Orthodoxie des Campus' zu folgen.

Macht das nicht so. Denkt selber.

Selber zu denken heißt, die herrschenden Ideen auch dann zu hinterfragen, wenn andere darauf bestehen, dass sie als nicht hinterfragbar behandelt werden müssen. Es bedeutet zu entscheiden, dass das, woran man glaubt, sich nicht an modischen Trends zu orientieren hat, sondern dass man sich der Mühe unterziehen muss, die stärksten Gegenargumente kennenzulernen und ehrlich in Betracht zu ziehen, darunter Argumente, die von anderen verunglimpft oder stigmatisiert werden, oder Auffassungen, die andere vor einer kritischen Analyse schützen möchten.

Eure Motivation selbstständig zu denken, sollte die Liebe zur Wahrheit sein und der Wunsch, die Wahrheit zu finden. Der Kernpunkt der College-Ausbildung besteht darin, die Wahrheit zu suchen und die Kenntnisse und Fähigkeiten für eine beständige Wahrheitssuche zu erwerben. Aufgeschlossenheit, kritisches Denken und Debattieren sind grundlegende Voraussetzungen für die Wahrheitsfindung. Außerdem sind sie unser bestes Gegenmittel gegen Engstirnigkeit und Fanatismus.

Merriam-Websters erste Definition des Wortes ‚Fanatiker' (bigott) ist jemand, der starrsinnig oder intolerant an seiner Auffassung und seinen Vor-

urteilen festhält.' Die einzigen Menschen, die offenes Hinterfragen und eine ernsthafte Debatte fürchten müssen, sind die Fanatiker; darunter die auf dem Campus oder in der Gesellschaft allgemein, die versuchen, die Hegemonie ihrer Meinungen zu schützen, indem sie behaupten, die Infragestellung ihrer Auffassungen sei selber ein Ausdruck von Fanatismus.

Also lasst Euch nicht von der öffentlichen Meinung tyrannisieren. Verfangt Euch nicht in einer Echokammer. Wenn Ihr am Ende eine Ansicht ablehnt oder ihr zuneigt, versichert Euch, dass Ihr zu Eurem Standpunkt durch kritische Analyse aller Gegenargumente gelangt seid.

Denkt selbstständig, denkt selber!

1. Vorbereitung

Sie halten nun den zweiten Teil meiner Recherchen als Buch in den Händen. Ursprünglich war geplant, alles in nur einem Buch unterzubringen, jedoch hätte dies einen so dicken Wälzer ergeben, dass mein Verleger aus Erfahrung mit dem Kopf geschüttelt hat: *„Ein zu dickes Buch führt eher dazu, dass man es gar nicht erst liest.“* Und das wollte ich natürlich vermeiden. Ich habe also die Kapitel am Schluss des Buches herausgenommen und sie für dieses neue Buch auf einen aktuellen Stand gebracht. Mit dieser Fortsetzung der Forschungen aus „Weltverschwörung“ haben Sie wieder die Möglichkeit, anhand zahlreicher Quellenangaben weitere, eigene Forschungen zu betreiben. Der Schwerpunkt dieses Buches liegt in der Auswertung zahlreicher Videos von insgesamt einigen hundert Stunden Länge. Ich werde mich daher bemühen, so viele Details wie möglich zu erwähnen, gleichzeitig aber immer das Gesamtbild vor Augen zu behalten, damit Sie sich die Arbeit dieses tagelangen Anschauens der einzelnen Videos ersparen können.

Da ich trotz umfassender Bemühungen meinerseits, den Inhalt der Fakten auch für jene Leser verdaulich zu formulieren, bei denen die Umerziehung so stark gewirkt hat, dass ihnen reflexartig alles Positive über Deutsche zuwider ist, auf das Buch „Weltverschwörung“ durchaus einige Kommentare bekommen habe, die mir vorwarfen, die Inhalte wäre „rechts“ oder gar „rechts-extrem“, möchte ich Ihnen an dieser Stelle eine kleine Geschichte erzählen. Dass solche Kommentare kommen würden, war schon vorher klar, und vielleicht kommen auch bei Ihnen solche erlernten Automatismen ins Bewusstsein, wenn Sie einige Inhalte dieses Buches lesen. Wir sollten uns alle darüber bewusst sein, dass wir durch unsere Erziehung bestimmte Werte aufgenommen haben. Die Erziehung fand nicht nur im Elternhaus statt, sondern auch in der Schulklasse, im Fernsehprogramm, im Radio und im Supermarkt und an vielen anderen Orten unseres täglichen Lebens. Zwangsläufig wird hier, ob man es gut oder schlecht findet, der Einfluss der Siegermächte auf Deutschland deutlich sichtbar. Das Fernsehen ist voll mit amerikanischen Serien, die Sprache nimmt aus dem Englischen in einem übergroßen Maß Lehnwörter auf, Vorschriften des täglichen Lebens gleichen sich den amerikanischen an und „the american way of life“ greift mit jedem zusätzlichen Fastfood-Restaurant weiter um sich. Sie können sich darüber freuen, dass die „Entnazifizierung“ so weit fortgeschritten ist, oder Sie können traurig darüber sein, dass uns sehr viel von unserer deutschen Mentalität und Kultur genommen bzw. es aufgegeben wurde. Vielleicht halten Sie es auch für völlig in Ordnung, dass dies so passiert und bemerken dabei gar nicht, dass in jedem anderen Staat schon längst ein riesiger Aufschrei durch das Land gegangen wäre. Auf beiden Seiten aber ist Voraussetzung für diese Gedanken die Anerkenntnis, dass es Umerziehung gab, gibt und aller Voraussicht nach auch geben wird und dass die Wirksamkeit wohl unbestreitbar ist. Zu dieser Erziehung gehört das uns allen sorgsam eingeprägte politische Farbenspiel. Wer konservativ ist, ist schwarz. Wer den Naturschutz liebt, ist grün. Wer für soziale Gerechtigkeit eintritt, ist rot. Wer die Freiheit mag, ist gelb. Tiefrot ist, wer dafür eintritt, dass alle dieselben Chancen haben, und braun ist, wer dafür sorgen will, dass möglichst wenig Ausländer ist Land kommen. Und was ist, wenn ich die Natur schützen möchte, soziale Gerechtigkeit und Chancengleichheit gut finde und in der Vielzahl der ankommenden Flüchtlinge und vor allem der Art, wie diese über die Grenze kommen, eine Gefahr für die hiesige Gemeinschaft sehe? Bin ich dann kariert? Oder wartet schon hinter der nächsten Ecke jemand mit der rhetorischen Nazikeule auf den gestandenen Sozialdemokraten, der es wagt, für nationale Interessen, wie z.B. die PKW-Maut für Ausländer, einzutreten? Ist denn nicht die Verbindung zwischen nationalen und sozialen Interesse per Definition der Worte eine national-sozialistische Angelegenheit? Ist diese Person dann also widerspruchsfrei ein „Nazi“? Und sprechen die Regeln der deutschen Sprache nicht auch hier eine sehr deutliche Sprache und zeigen, dass es sich bei der letztgenannten Denkrichtung um eine traditionell „links“ eingeordnete, nämlich sozialistische Denkrichtung handelt? Wäre es eine sogenannte „rechte“ Denkrichtung, müsste man, den Regeln der deutschen Sprache folgend, ja eigentlich von einer „sozial-nationalistischen“ Partei sprechen. Wie kleingeistig sind all diese Eingrenzungsversuche, wie engstirnig erscheint aus diesem Blickwinkel jeder Versuch, einen ganz normalen Menschen mit seiner Meinung zu verschiedenen Dingen in eine bestimmte politische Richtung pressen zu wollen, oder gar rechts und links ernsthaft als sprachliche Abbilder eines jeweils individuellen Weltbildes zu benutzen.

Ich habe das einmal jemandem, der mich fragte, wo ich denn politisch stehe, in etwa so erklärt: Stell Dir mal vor, Du wärst Mitglied in der Partei der Linken. Dann würdest Du, politisch gesehen, rechts von Dir Menschen sehen, die aus Deiner Sicht die ganze Situation nicht kapiert haben, denn sie wollen ja mehr Kapitalismus, mehr individuelle Freiheit, freie Marktwirtschaft und einiges mehr. Wenn Du Dich jetzt also nach rechts umschaust, wirst Du mich dort nicht sehen. Aber nicht, weil ich dort nicht stehe, sondern weil ich so weit rechts von Dir stehe, dass mein Standpunkt hinter Deinem normalen Horizont liegt. Aber ich trete auch für eine Gesellschaft ein, in der die Ressourcen tatsächlich allen gehören und jeder die Möglichkeit hat, das zu bekommen, was er sich wünscht. Ich stehe also auch links von Dir – nur sehen wirst Du mich nicht, denn ich bin sehr, sehr weit links von Dir. Stell Dir dann vor, Du wärst Mitglied in der Partei NPD. Dann würdest Du links von Dir Menschen sehen, die aus Deiner Sicht alle nicht begriffen haben, wie wichtig die eigene Kultur ist. Sie wollen tatsächlich jedem Vollidioten dasselbe Einkommen geben wie den Besten der Gesellschaft und jeden ins Land holen, der nicht schnell genug auf den Bäumen ist. Wenn Du Dich also nun links von der NPD umschaust, wirst Du mich dort nicht sehen, denn ich stehe rechts von Dir. So weit wiederum, dass Du nicht einmal erahnen kannst, wo ich stehen könnte. Ich erklärte weiter, dass mein Standpunkt, wenn wir dieses politische Farbenspiel von links-Mitte-rechts als einen kleinen Abschnitt eines Kreises sehen, auf der anderen Seite des Kreises sei. Meine Ansichten sind „linker" als die der Linken und „rechter" als die der Rechten. Und mit dem, was in diesen politischen Ecken gespielt wird, möchte ich nichts zu tun haben, denn aus meiner Sicht kümmert man sich in diesen Spielchen nicht um die wirklich wichtigen Dinge. Meine Vorstellung von einer Gesellschaftsordnung basiert (auch) auf einer freiheitlich-demokratischen Grundordnung – aber eben nicht auf dieser hier. Wer in Deutschland der Ansicht ist, eine Monarchie sei besser als die momentane Regierungsform, ist streng genommen bereits „verfassungsfeindlich" und dürfte bei der derzeit üblichen Reaktionsfreudigkeit des „Regimes in Berlin" durchaus Schwierigkeiten zu erwarten haben. In Österreich ist bereits ein Gesetz in Arbeit, das jeden zum „Staatsfeind" erklären kann, der dieses freiheitlich-demokratische System verändern will. Der konkrete Entwurf[3] lautet:

> *„Wer eine Bewegung gründet oder sich in einer solchen führend betätigt, die darauf ausgerichtet ist, die Hoheitsrechte der Republik Österreich, der Bundesländer oder der Gemeinden und ihrer Organe nicht anzuerkennen*

oder sich solche Hoheitsbefugnisse selbst anzumaßen, ist mit Freiheitsstrafe bis zu zwei Jahren zu bestrafen."[4]

Ist es denn nicht gerade das Merkmal einer echten Demokratie, dass jedermann genau für das eintreten darf, was er für richtig hält, und dass man es irgendwie schafft, den Willen der Mehrheit regelmäßig so in kleine Gremien zu übersetzen, dass am Ende eine kleine Gruppe von Volksvertretern tatsächlich den mehrheitlichen Willen des Volkes in die Tat umsetzt?

Ist nicht die „*Freiheit immer die Freiheit der Andersdenkenden*" (Rosa Luxemburg(!), 1918)?[5] Wenn jemandem die Freiheit genommen wird, für das einzutreten, was er für richtig hält, darf man ein solches System dann noch als „freiheitlich" bezeichnen? Vielleicht dann schon „eingeschränkt freiheitlich"? Oder in einem fortgeschrittenen Stadium solcher einschränkenden Regeln gar „absolutistisch" oder „diktatorisch"? Was nützt der schöne Name, wenn sich die Regierung nicht passend dazu verhält? Haben die Regierungen etwa Angst, sie könnten ihre lukrativen Arbeitsstellen verlieren? Und ist nicht derjenige, der sich solche Sorgen macht, in einer Regierung per se fehl am Platze? Sollte die Arbeit in der Regierung nicht schwurgetreu dem Wohle des Volkes (nicht der „Bevölkerung"!) dienen und der Allgemeinheit? Wenn jemand meint, eine Monarchie wäre besser, warum sollte er bestraft werden, nur weil er solches öffentlich mitteilt? Wird es nicht erst ein Verbrechen gegen die Demokratie, wenn er mit Gewalt versucht, andere von seiner Meinung zu überzeugen bzw. davon, ihre Stimme gegen ihre eigentliche Meinung abzugeben? Und ist nicht somit die Strafandrohung durch die Staats-„Gewalt" für Meinungsäußerungen oder gewaltlose Versuche, Anhänger für die eigene Meinung zu gewinnen, gerade genau dieses: ein Verbrechen gegen die Demokratie und eine freiheitlich-demokratische Grundordnung?

Wenn jemand der Meinung ist, er wäre als Bundeskanzler besser als Frau Merkel, warum sollte man ihn bestrafen? Vielleicht hat er ja Recht! Hier versucht ein Staat, in diesem Fall Österreich, als Vorreiter für andere europäische Regierungsapparate, seine eigene Haut auf Dauer zu retten. Man baut das System langsam in ein Meinungsgefängnis um. Irgendwann schreien solche Systeme geradezu nach einer Revolution. Dies zeigt die Geschichte. Wenn ein System nicht mehr friedlich abwählbar ist, wird es oft durch blutige Revolutionen gewaltsam beendet. Nur die sogenannte

„freiheitlich-demokratische Grundordnung" auf Basis des Grundgesetzes nach Strickart der derzeitigen Regierung bietet den Politikern und dem Staatsapparat die Möglichkeit, sich den Staat auf Dauer zur Beute zu machen. Die Bücher des sehr streitbaren und bestens informierten und informierenden Hans Herbert von Arnim[6] können dem interessierten Leser sehr klar aufzeigen, wie das ganze System funktioniert. Helmut Kohl als deutscher Bundeskanzler und viele, die meisten seiner Kollegen, handelten demnach nach der Devise: *„Nach außen hui, nach innen pfui"*, was bedeutet: Sie haben sich einen Dreck um Gesetze geschert und den Staat ausgenommen wie eine Weihnachtsgans.

Ist es nicht wirklich ein schlimmes Zeichen, wenn Sie, gerade jetzt beim Lesen dieser Zeilen, sich Ihre eigene Meinung bilden dürfen und können und diese sogar mit der Gewissheit auf breite Zustimmung beim Kiosk um die Ecke oder an der Tankstelle äußern können – sobald Sie solches aber in der „Öffentlichkeit" täten, also mit Presse oder Amtsträgern anwesend, Sie sich wissentlich in größte Gefahr begäben, Ihre Stellung, Ihre Arbeitsstelle, Ihren Freundeskreis zu riskieren, ja, möglicherweise sogar zu verlieren?

Die Geißel der Politischen Korrektheit[7] hat mittlerweile dafür gesorgt, dass wir uns zwar offiziell in einem freien Land ohne Zensur befinden, jedoch tatsächlich sogar proaktiv und selbstgesteuert nicht einmal mehr die Hälfte dessen sagen, was wir wirklich denken. Jeder hat Sorge, durch irgendeine Äußerung seine soziale Stellung oder Karriere zu gefährden. Personen, die freiwillig, arbeitsbedingt oder unfreiwillig im Licht der Öffentlichkeit stehen, müssen jedes einzelne Wort auf soziale Verträglichkeit mit der Mainstream-Meinung überprüfen, damit bloß nicht irgendein extremer Linker in den Medien den nächsten „Shitstorm", also eine Schmutzkampagne, gegen sie starten kann. So formen sich stromlinienförmige Meinungsäußerungen ganz von allein. Kaum ein Bürgermeister oder Polizeichef wagt es, die tatsächlichen Zustände in seinem Arbeitsumfeld und Bezirk offen anzuprangern.

Wir genießen Redefreiheit, aber nur unter dem Vorbehalt, dass wir mit jedem gesagten Wort, das uns „willige Helfer der Regierung" (Journalisten der „Qualitätsmedien" – frei nach Daniel Goldhagen) sofort im Mund herumdrehen oder aus dem Zusammenhang reißen, unsere gesamte soziale Existenz aufs Spiel setzen könnten, wenn wir etwas Unkonformes sagen sollten.

Wir genießen die Freiheit, uns aussuchen zu dürfen, was wir essen und trinken wollen, müssen uns aber mit dem genmanipulierten, zwangsbegasten Müll begnügen, der es durch das staatlich gelenkte Subventionsdickicht geschafft hat. Jedes südländische Obst müssten wir, rein theoretisch, mit Handschuhen anfassen und erst einmal gründlich abspülen, um nicht in Kontakt mit den an der Grenze aufgebrachten Giften in Berührung zu kommen. Mittlerweile sind wir so weit, dass die Regierungen Vitamine verbieten wollen bzw. teilweise schon verboten haben, und alles, was irgendwie nach natürlichem Heilmittel aussieht, landet sofort auf der schwarzen Liste.[8]

In diesem Buch möchte ich ganz besonders auf die aktuellen technologischen Entwicklungen hier auf der Erde und auf deren Auswirkungen auf die Gesellschaft eingehen. Diese Auswirkungen sind gravierend und wichtig, und jeder tut gut daran, sich darauf vorzubereiten. Was können wir von den nächsten Jahren und Jahrzehnten erwarten? Welche Technologien gibt es schon, seit wann, und von wem wurden sie erfunden, und was für Auswirkungen werden diese Technologien auf unsere Erde und unser Zusammenleben haben?

Es häufen sich mehr und mehr die Berichte, dass es neben dem Zusammenleben auf der Erde noch einen weiteren Bereich gibt, um den wir uns in Zukunft kümmern werden müssen: die ***intergalaktische Zusammenarbeit.*** Allein das Wort wird etliche irritieren, ist es doch im Normalfall sehr weit weg von unserer Normalität. Da ich mir jedoch sicher bin, dass wir uns in sehr naher Zukunft mit genau diesem Thema befassen werden müssen, möchte ich Ihnen ausführlich davon berichten.

Wir bekommen die Wahrheit immer nur dann präsentiert, wenn vorher sichergestellt wurde, dass wir sie entweder durch Vor(verun)bildung oder durch stark verzerrte Darstellung nicht erkennen können. So ist zwar einerseits sichergestellt, dass man den Verfassern solcher Nachrichten in keinem Fall vorwerfen kann, sie hätten die Wahrheit verschwiegen, andererseits ist aber indirekt sehr wohl sichergestellt, dass de facto genau das passiert. Die Menschheit wabert weiter nahezu ahnungslos dahin und kümmert sich um die angeblich wichtigsten Probleme des Alltags: Mülltrennung, Schulferien, der Skandal des örtlichen, viel zu teuer geratenen Fußballstadions usw. Mit so etwas müssen wir uns herumschlagen und vergeuden unsere Zeit damit, anstatt endlich die wahre Geschichte der Menschheit kennenzulernen und uns mit ihrer Aufgabe, ihren Möglichkeiten und ihren ganz eigenen Problembereichen befassen zu dürfen. Statt diese Welt erleben zu dürfen mit all ihren Facetten, werden wir dazu gezwungen, unsere Zeit mit Geldverdienen zu verbringen, damit wir uns von Dingen ernähren, die uns krank machen, damit wir wiederum auch ein produktiver Teil des „Gesundheits"-Systems sein können. Mit allen möglichen Falschmeldungen und Warnungen wird obendrein noch Furcht produziert, damit wir noch weniger Lust haben, andere Ecken der Welt kennenzulernen.

Schauen wir uns z.B. die Berichterstattung über die Klimaerwärmung an. Es gibt in den Medien eigentlich nur zwei Lager: diejenigen, die sagen, dass das Klima der Erde sich wandelt und dass die Menschen (und das böse CO_2) daran schuld sind und diejenigen, die sagen, dass viele Argumente der ersten Gruppe gefälscht sind und der Klimawandel nicht stattfindet. Aus meiner Sicht ist beides nicht richtig. Tatsächlich nämlich ist die Situation etwas komplexer als dargestellt. Es findet durchaus ein Klimawandel statt. Aber der Mensch trägt kaum etwas zu diesem Wandel bei, was wiederum nicht heißen soll, dass der Mensch die Erde nicht verschmutzt. Im Gegenteil: Wir Menschen haben die Erde grausam verseucht und müssen dringend an ihrer Säuberung arbeiten, damit wir wieder gesunden können. Nur hat dies keinen wesentlichen Einfluss auf die Erwärmung. Es findet offenbar aktuell im gesamten Sonnensystem ein Klimawandel und eine Erwärmung statt.[9] Einige Planeten haben in den letzten wenigen Jahren ihre Drehgeschwindigkeit, Temperatur, Windgeschwindigkeiten sowie Sturmhäufigkeiten radikal verändert.

Die Medien teilen jedoch die politischen Meinungslager ein, bestimmen so Diskussionsinhalte und teilen auf diese Weise die Bevölkerung in zwei unterschiedliche Lager, wobei beide Unrecht haben und wieder sinnlos Zeit vergeudet wird aufgrund mangelhafter Diskussionsgrundlagen. Mit dem Unwissen kommt die Furcht.

Furcht ist eine kraftvolle Waffe. Sie lähmt den Betroffenen sehr effizient. Und wenn man das Ganze dann noch recht hübsch garniert mit einigen sehr echt wirkenden Terroranschlägen, die insgeheim „BlackOps" (also geheime Regierungsaktionen von meist noch geheimeren Regierungsarmeen wie z.B. „Gladio") sind und von falschen Terroristen ausgeführt werden und obendrein aber sehr reale Menschenleben fordern, dann hat jeder normale Mensch Sorgen im Kopf, die ihn von der Muse zu lesen und sich mit der Weiterentwicklung seines Geistes zu beschäftigen, abhalten.

Zu diesen Sorgen gehören neben den in „Weltverschwörung" besprochenen Ängsten vor Terroranschlägen auch die regelmäßig wiederkehrenden Alarmmeldungen von nahenden Weltuntergängen oder Asteroideneinschlägen, die „die Welt auslöschen". Man benutzt wieder und wieder die fehlende Sachkenntnis der breiten Masse, um für sie ein hässliches Paket mit Sorgen und Nöten zu schnüren, damit sie nur ja immer im Zustand angstvoller Negativerwartung verharrt. Wir kennen bereits aus „Weltverschwörung" den Maya-Kalender. Dieser Kalender ist zu einer Zeit entstanden, als die Erde noch 360 Tage für einen Sonnenumlauf benötigte (und nicht 365,2425 wie heute) und wurde mit einer so ungeheuren Präzision berechnet, dass er nicht nur einen Anfang, sondern auch einen Endpunkt hat, nämlich am 31.12.2012, bei dem der Stand der Gestirne tatsächlich *exakt* so ist, wie er zu Beginn der Zählung des Kalenders war. Natürlich ist uns spätestens seit Neujahr 2013 klar: Der Maya-Kalender endet nicht, sondern er beginnt wieder von vorne und geht unaufhörlich weiter. Denn es gibt kein Ende des Universums, das wir mit diesem oder anderen irdischen Kalendern darstellen könnten. Ich will nicht abstreiten, dass es vielleicht irgendwo eine außerirdische Zivilisation von überragender Intelligenz gibt, die eine Art Universums-Kalender entworfen hat, bei dem man vielleicht sogar in Jahrmilliarden das pulsierende Ausdehnen und Sichzusammenziehen des Universums ablesen kann. Bleiben wir jedoch erst einmal auf der Erde...

Mit Hilfe eines Kalenders kann man bestimmte Dinge, wie z.B. Jahreszeiten oder Tageslängen, sehr gut vorhersagen. Detaillierte Vorhersagen über andere Ereignisse sind hingegen schwer zu machen. Der wohl bekannteste Name in diesem Bereich ist Nostradamus, dessen Vorhersagen noch immer zahlreiche Anhänger haben, und dies womöglich nicht ohne Grund. Aber auch andere unbekannte Seher haben zahlreiche Ereignisse treffsicher vorhergesagt. Es gibt jede Menge Weissagungen und Vorhersehungen für die vergangenen Jahre, die teilweise sehr pünktlich eingetroffen sind, teilweise aber auch zeitverschoben um einige Jahre. Ein sehr gutes Buch zu diesem Thema heißt „Vision 2004".[10] Man erkennt, dass in den frühen Jahren des vergangenen Jahrhunderts Prophezeiungen stets recht pünktlich eingetroffen sind (sofern sie aus zuverlässiger Quelle stammten), je später dann allerdings die Ereignisse angesetzt waren – insbesondere offenbar seit 1971 –, umso größer wurde auch die Verspätung, mit der diese eintrafen. Zwar wurden z.B. extrem genau die Bilder beschrieben, die wir alle im Fernsehen von den einstürzenden Zwillingstürmen in New York 2001 sahen, doch wurde dieses Ereignis in einer in dem oben genannten Buch veröffentlichten Vorhersage für 1995 vorhergesehen. Einige weitere Ereignisse trafen auch genau wie beschrieben, jedoch ebenfalls einige Jahre später ein. Was hat dies zu bedeuten? Gibt es einen Zeitverzug im Ablauf der bereits feststehenden Geschichte? Warum? Wer oder was schreibt fest und wer verschiebt, und wenn ja, aus welchen Gründen? Und warum gibt es nicht eine einzige Vorhersage für die Jahre nach 2012, außer dass nach 2012 eine tausendjährige Friedenszeit anbräche? Die bekannteste Vorhersage für 2012 war das „Ende der Welt" aus dem Maya-Kalender. Dieser Kalender vereint, wie bereits weiter oben erklärt, eine Zählung eines 360-Tage-Jahres, eine weitere Zählung für ein Jahr mit ungefähr 365 Tagen (und dies sogar extrem genau, viel genauer als das der heutige gregorianische Kalender tut) und einen dritten Zyklus mit 260 Tagen. Wir haben gezeigt, dass diese Kombination nur Sinn ergibt, wenn man die kosmischen Vorgänge zu jener Zeit analysiert und daraus erkennen kann, dass die damalige Situation eine völlig andere war als heute. Nehmen wir also an, der Maya-Kalender zeige den Beginn einer Ära der planetarischen Amok-Läufe (wie in „Weltverschwörung" beschrieben), während derer Planeten und Himmelskörper unseres Sonnensystems plötzlich die ihnen angestammten Plätze verlassen und wild umher flögen, so zeigte uns der Maya-Kalender lediglich den Beginn einer solchen Periode an, nicht die vermutlich viel schlimmere, mittlere Zeit oder gar ein Ende dieser Periode. Der Beginn des Maya-Kalenders wurde offenbar sehr bewusst gewählt, da sein Einführungsdatum nicht sein Anfangsdatum ist.

Möglicherweise war eine ganz bestimmte Planetenstellung zum Zentrum der Milchstraße die Voraussetzung, um manipulativ und erfolgversprechend an unserem Sonnensystem „herumdoktern" und z.B. die Venus mit Hilfe eines kleinen Mondes (Miranda) aus ihrer Bahn bringen zu können, um zu versuchen, mit ihrer Hilfe aus Jupiter dank Massezuwachs eine zweite Sonne zu kreieren. Nun, dieser Versuch, sollte er so oder so ähnlich stattgefunden haben, ist vorbei und abgeschlossen. Miranda ist als Mond auf stabiler Umlaufbahn, Jupiter und Saturn machen mir nicht den Eindruck von schwangeren Planeten, die jeden Moment eine zweite Venus gebären könnten, Mars ist unwiderruflich schwer beschädigt und Phaeton/Marduk gar komplett verschwunden. Es besteht also kein Anlass zur Sorge um solche Weltuntergangsszenarien.

Sollte aus der besonderen Stellung unserer Planeten und unseres Sonnensystems in Bezug zum Zentrum unser Galaxis eine Gefährdung aus sich heraus bestehen und möglicherweise Planeten von selbst anfangen, sich dorthin zu bewegen, so wäre der 21. Dezember 2012 zwar vielleicht der Anfang vom Ende, aber keinesfalls das Ende selbst. Wir haben also nun, nachdem dieser Tag längst verstrichen ist, mit recht großer Wahrscheinlichkeit noch etliche Jahrzehnte Zeit, uns Gedanken über mögliche Rettungsaktionen zu machen und diese zu starten, sollten überhaupt welche notwendig sein. Mal abgesehen davon wissen wir ja nun bereits aus der Rückschau auf 2012, dass all diese Gedanken uns vorher bereits hätten zeigen können, dass hier eine Hysterie aufgebaut wurde, ähnlich wie bei der um die Jahreszahlumstellung 1999/2000, dem berühmten „Y2K-Bug“, von dem alle Welt befürchtete, er würde die Computernetzwerke weltweit lahmlegen. *Qui bono?* (*Wem nutzt es?*) Was wir allerdings erkennen konnten und immer noch laufend wieder können, sind ungewöhnliche Aktivitäten der Sonne und an der Sonne, offenbar im Zusammenhang mit der Annäherung an diese besondere Stellung im Weltall, vollkommen unabhängig jedoch von der gerade auf der Erde aktuellen Jahreszahl...

Die Sonnenfleckenaktivität auf der erdzugewandten Seite der Sonne scheint enorm abgenommen, die auf der erdabgewandten Seite jedoch noch viel mehr zugenommen zu haben. Es scheint in den letzten Monaten eine Entwicklung zu beobachten zu sein, in der immer häufiger immer heftigere Magnetstürme von der Sonne in Richtung Erde fliegen, und es lässt sich durchaus begründet vermuten, dass solche Stürme Stärken annehmen können, die für die planetenweite Stromversorgung und sämtliche Computernetze ein echtes Problem darstellen würden.

Im Sommer 2011 brachte ein Sonnensturm die Forschungssonde „Venus Express“ der ESA in Turbulenzen. Im Dezember 2006 hat ein Sonnensturm die ESA-Satelliten „Cluster II“, „Envisat“ und das Gammastrahlen-Observatorium „Integral“ gestört, und im Jahr 2003 hat offenbar eine Eruption dem japanischen Satelliten „Adeos-2“ den Garaus gemacht. Es ist leicht nachvollziehbar, dass, wenn sich unser Sonnensystem so in unserem Spiralarm der Milchstraßengalaxie dreht, dass unsere Sonne, dann unsere Erde und im Zentrum der Galaxis das schwarze Loch sich in einer Linie befinden, die enorme Anziehungskraft des zentralen schwarzen Lochs die Sonnenwinde, magnetische Teilchen also, um ein Vielfaches stärker und weiter in den Raum in Richtung Erde und darüber hinaus anzieht und so für Magnetstürme nie gemessener Stärke sorgen könnte. Nehmen wir an, es würde, z.B. durch Überspannungen, ein großer Teil der Transformatoren in den Umspannwerken kaputtgehen, so müsste die Arbeit vieler Jahrzehnte auf einen Schlag binnen kürzester Frist wiederholt werden, um diese Schäden zu reparieren – kaum vorstellbar.

Da die NASA, die nahezu der einzige Bilderlieferant für Aufnahmen der Sonne ist, mit dem Fälschen der Bilder nicht mehr nachzukommen scheint, kamen jüngst einige Bilder ans Tageslicht, die riesengroße Objekte (ca. erd-groß) in direkter Nähe der Sonne und nur wenige tausend Kilometer entfernt von ihr in strategischer Position auf 4 gegenüberliegenden Ecken zeigen.[11] Diese Objekte blieben für mehrere Tage dort stehen, manche sogar für Jahre, und wurden nicht von der Schwerkraft der Sonne angezogen.

Nehmen wir an, sämtliche computergesteuerten Kraftwerke, Netzwerke, Verkehrszentralen, Banken etc. würden schlagartig durch einen Magnetsturm außer Funktion gesetzt, wäre die einzig denkbare Folge ein ziemlich großes und kostenintensives Chaos weltweit. Doch nehmen wir weiterhin an, diese Stürme wären tatsächlich die Vorboten einer von Naturkräften angetriebenen Sonnensystem-Chaos-Zeit, dann wäre dies lediglich der Beginn einer möglicherweise viele hundert Jahre dauernden Zeit der radikalen Wandlung unseres Sonnensystems.

Dieter Broers ist z.B. einer der Menschen, die sich mit den Zusammenhängen zwischen der Häufigkeit von Selbstmorden und kriminellen Handlungen auf der Erde und dem Sonnenzyklus beschäftigen. Demnach steigt die Selbstmordrate ebenso wie die Anzahl von Vorfällen wie Diebstahl, Raub und Überfällen, aber auch Beschwerden oder Krankheitsfälle wie z.B. Herzinfarkte gleichzeitig mit bestimmten messbaren Auffälligkeiten in der Magnetosphäre. (Abb. 1) Nehmen wir dagegen an, diese Stürme seien lediglich Ausdruck eines Zyklus der Sonne, der für unsere „moderne" Technik zwar durchaus gefährlich werden kann, nicht aber Zeichen für planetare

Umbrüche und Standortverlegungen ist, so sollten wir uns vielleicht nun endlich einmal Gedanken über die Arbeiten von Edward Leedskalnin machen, der den Magnetismus völlig anders verstand als die heutige Physik und auf seine Theorie auch gleich die praktische Anwendung folgen ließ und Magnetismus in nahezu jedem beliebigen Material erweckte und nutzte – was für uns heute physikalisch absolut unvorstellbar ist.

Im Internet findet man eine große Anzahl von Verweisen auf einen angeblich von der NASA vor einigen Jahren (1983) entdeckten großen Planeten, der sich der Erde nähere.

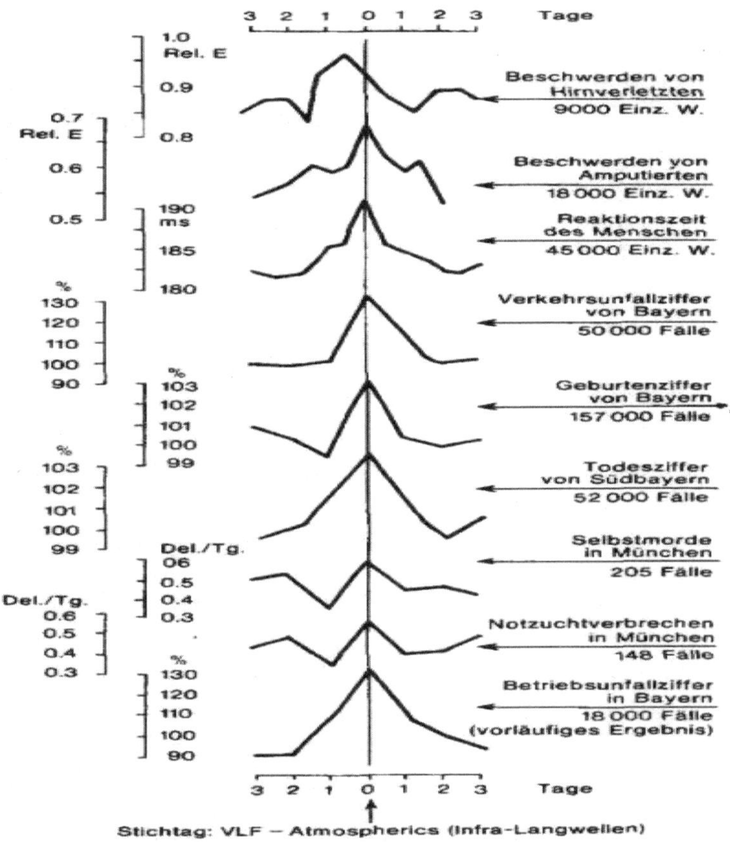

Abb. 1: Grafik aus Dieter Broers Buch „Transformation der Erde". Sie zeigt einen Zusammenhang zwischen Sonnenaktivitäten und Verhaltensauffälligkeiten bei Menschen.

Auch die deutsche *BILD-Zeitung* berichtete darüber. Angeblich ausschließlich im Infrarot-Spektrum sichtbar, nähert sich dieser Planet demnach mit großer Geschwindigkeit der Umlaufbahn der Erde. Manche berichteten gar von einem erwarteten Kurs Richtung ehemaliger Phaeton-Umlaufbahn zwischen Mars und Jupiter. Sitchin sagte dies voraus, sogar den Fundort zwischen Neptun und Pluto sagte er voraus, wo die NASA dann angeblich auch fündig wurde. Die Flugbahnen wurden zu verschiedenen Zeiten berechnet und widersprechen sich teilweise erheblich, so wurde beispielsweise 2007 noch vorausgesagt, dass die größte Annäherung im Oktober 2011 stattfinden würde. Nun, das hat so nicht stattgefunden, dessen können wir uns sicher sein, da wir nun bereits im Jahre 2017 leben.

Ob ein Planet namens Nibiru wiederkommt, ob er von den Anunnaki bewohnt ist und ob diese Reptiloiden sind, bleibt weiterhin offen. Wer auf der Erde wirklich die Macht hat, wurde bereits in „Weltverschwörung" genügend dargelegt. Zweifellos sind die wirklichen Machthaber nicht die uns offiziell genannten und bekannten. Obendrein sind selbst die generell in sogenannten „Verschwörungstheorien" genannten Illuminati selbst auch nur Befehlsempfänger. Hierfür wurden im genannten Buch bereits genügend Anhaltspunkte genannt.

Wer nun dahinter steckt, lässt sich durch Informationen aus den „Qualitätsmedien" kaum sicher sagen. Allein das Argument „Freimaurer" oder „Illuminati" zu zücken, verkennt die Lage. Da diese streng hierarchisch gegliederte Organisationen sind und von diesen allgemein bekannt sein dürfte, dass in nahezu jedem Fall die Spitze einer solchen Organisation wiederum einen Teil einer Basis einer weiteren, höher gestellten Organisationsform darstellt, müssen wir also fragen: Wer bestimmt über die Freimaurerei, über die Illuminati, über die Jesuiten und deren General, den schwarzen Papst?

Im Englischen gibt es ein Sprichwort: *„There is always a bigger fish."* (*„Es gibt immer einen größeren Fisch."*), will sagen: Es gibt immer irgendjemanden, der mehr zu sagen hat, der dich fressen oder über dich bestimmen kann – so auch hier. Sollten Sie schon einige Male gehört haben, dass der eigentliche Gott der Kirche der Teufel ist, also Luzifer, und sollten Sie dies zwar gehört, aber doch bezweifelt haben, so können Sie im Internet ein Video ansehen[12], in dem Sie den eindeutigen Beweis dafür sehen und hören können, aufgenommen während einer Messe im Petersdom in Rom.

Sicher erscheint nur eines: Am Ende dieser Kette wird der Schöpfergott stehen, das allumfassende Sein. Alternativ können wir auch für die „Hardcore-Atheisten" sagen: Es steht über allem das universelle Resonanzprinzip – Gleiches wird mit Gleichem vergolten –, säe Wind und ernte Sturm, tue Gutes und erfahre Gutes. Wie können wir Menschen nun erkennen, was wirklich passiert? Weder haben wir jeder für sich die Möglichkeit, Infrarot- oder Röntgenteleskope zu bedienen und zu benutzen, noch wird in den allermeisten Staaten, wenn überhaupt in einem einzigen, dem Volk, den Menschen die komplette Wahrheit erzählt. Wir können uns also nur durch den Versuch vorbereiten, so viele Fakten wie möglich zu sammeln und auszuwerten, damit sich daraus ein Profil für die aktuelle Situation ergibt. Hierzu könnte uns das *Morphogenetische Feld* erhebliche Dienste leisten können; jedoch wird ausgerechnet dieses offenbar massiv unterdrückt und manipuliert – unter anderem durch die sogenannten Chemtrails, die zu Beginn nur Linienmuster am Himmel flogen und ihre giftige Fracht abließen, nun aber immer deutlicher die Muster des Morphogenetischen Feldes abfliegen und dessen Feldlinien durchkreuzen, verschieben oder nachzeichnen.

Ein weiterer, wichtiger Beeinflussungsfaktor sind ELF (Extreme Low Frequency)-Wellen, die seit Jahrzehnten von verschiedenen Regierungen mittlerweile extrem erfolgreich eingesetzt werden, um die eigene oder fremde Bevölkerung unter Kontrolle zu halten oder zu einem bestimmten Verhalten anzuregen. So werden z.B. in London ganze Arbeiterviertel auf diese Weise ruhig gehalten und in Berlin am laufenden Band Versuche abgehalten.

> Die Zeitschrift *raum&zeit* berichtet in Nr. 109/19. Jg., Folgendes:
> *„Unter dem Flughafen Berlin-Tempelhof gibt es, wie durch Messgeräte einwandfrei nachgewiesen wurde, eine Ringantenne, die unterirdisch das gesamte Flugfeld umrundet und ELF-Wellen aussendet. (...) Die Tempelhofer Anlage unterliegt der Geheimhaltung u.a., weil sie die Gesundheit der Bevölkerung von Berlin und Umgebung schädigt. (...) die Bundeswehr (gibt) zu, dass die Anlage von den USA errichtet wurde (...)"*

So möchte man offenbar unterstützen, was man langfristig vorher bereits angefangen hat mit der Erzeugung von traumatischen Erlebnissen für die eine oder andere Seite, hier einmal mehr für die deutsche Bevölkerung.

Abb. 2: Dresden nach dem Bomben- und Flammeninferno, bei dem laut Aussage ehemaliger Stadtangestellter und deren Unterlagen (im Gegensatz zu der offiziellen Untersuchung der Bundesregierung) weit mehr als 1 Million Menschen ums Leben kamen.

So z.B. bei der Bombardierung von Dresden, welche ein rasendes Inferno der Zerstörung verursachte, wobei Temperaturen von über 1.000 Grad Celsius entstanden und Menschen bis zu Staub verbrannten. Laut Aussage von Mitarbeitern der damaligen Stadtverwaltung wurden von den mehr als 1 Million in der Stadt weilenden Flüchtlingen mehr als 500.000 Menschen nachweislich und als Leichname zählbar getötet. Diese Bombardierung von Zivilisten wurde von einer Gruppe Sozialpsychiater an der strategischen Bombardierungsübersicht ersonnen und geleitet, welches mit dem Kommando für Sonderoperationen des *Office of Strategic Services* (OSS, Vorläufer-Organisation der CIA) verbunden war. Diese Gruppe wurde vom Leiter des *Britischen Direktorats für Psychologische Kriegsführung*, Brigadegeneral John Rawlings Rees, geleitet, der wiederum Direktor der *Tavistock-Klinik* in London war, welche seit den zwanziger Jahren als Zentrum der psychologischen Kriegsführungsoperationen des britischen Empires gedient hatte. Die Mannschaft der strategischen Bombardierungsübersicht, die eine Heerschar von aus den USA stammenden Tavistock-Mitarbeitern wie Kurt Lewin, Rensis Likert und Margaret Mead umfasste, theoretisierte, dass der Terror, welcher der deutschen Bevölkerung durch die „Nachricht von Dresden“ zugefügt würde, ihren Willen zum Kampf brechen und sie ängstlich, erschrocken und verwirrt zurücklassen würde. Sie prognostizierten, dass dies einen dauerhaften Effekt auf Deutschland haben und das deutsche Volk in ein dauerhaft psychologisch verletztes Wesen verwandeln würde. Dies ist tatsächlich eingetreten und führt zu geistigen Abszessen wie der Aussage des aktuellen Dresdner Oberbürgermeisters, dass Dresden an der Bombardierung gar eine Mitschuld treffe.[13]

Dieses *Tavistock-Institute*[14] ist maßgeblich an diversen Forschungen zur Beeinflussung der Menschheit beteiligt, und man kann meiner Meinung nach durchaus behaupten, dass diese Forscher nahezu „überall ihre Finger im Spiel haben“. Ob nun ELF-Wellen, Kriegsführung in diversen, wenn nicht sogar allen Kriegen der USA, die Entwicklung der Rock-, Punk-, Metal-, House-Musik[15] als Mittel zur psychischen Beeinflussung der Menschen durch wissenschaftlich exakt vordefinierte Rhythmen – die Liste ist seitenlang, und man findet kein Ende, wenn man anfängt, sich mit diesem Institut zu befassen. Aus dem Hintergrund werden hier Menschen in führende Positionen gebracht, um die Ergebnisse in die Praxis umzusetzen. Und man hat ein leichtes Spiel mit den Menschen, wenn man deren „Funktionsweise“ erst einmal wissenschaftlich fundiert und ohne moralische „Hemmnisse“ erforscht hat.

Für den einen ist die Beschäftigung mit diesen Themen belastend, für den anderen befreiend. Doch alle müssen wir uns auf die Zukunft vorbereiten und den aufkommenden Fragen, Problemen und Ideen mit Offenheit, Mut und Kreativität gegenüberstehen. Den Kopf in den Sand zu stecken, ist schlicht und ergreifend keine Lösung. Fakten müssen gesammelt und bewertet und anschließend Antworten gefunden werden. Fakten, Fakten, Fakten – und an die Menschheit denken!

Oft handelt unsere Menschheit nach dem Obrigkeits-Hörigkeits-Prinzip: Was von angeblich tausenden sogenannter Wissenschaftler, allesamt Spezialisten ihrer Fachgebiete, geprüft wurde, kann nur richtig sein –ein Grundvertrauen geradezu fatalen Ausmaßes, das jedwede Art von eigensüchtigem Verhalten seitens der Universitäten, deren Sponsoren, der Wirtschaft und der Politik ausschließt. Es sorgt dafür, dass wir immer glauben wollen, was man uns von oben vorsetzt. Sollte dies eine von Beginn der

Menschheit an genetisch programmierte Eigenschaft sein, so ließe sich diese nur durch gezielte Psychotherapie aussteuern und überwinden und vielleicht durch genetische Forschung sogar irgendwann gänzlich ausschalten. Ist dies jedoch „nur“ eine Folge der Indoktrination durch Schulen, Lernstoff, Rundfunk, Kino, Fernsehen, Politik und Zeitungen, so muss ein jeder dies zunächst einmal erkennen und dann ganz bewusst diese Denkfalle eliminieren. Das, was man uns „von oben“ vorsetzt, ist heutzutage in den allerwenigsten Fällen die (volle) Wahrheit, sondern stattdessen eine durch industrielle und finanzielle Interessen vielseitig eingefärbte Version der Realität, die uns häufig ein verzerrtes, manchmal unlogisches, wenn, dann aber immer zielgerichtet verfälschtes Bild darbietet, das uns wieder und wieder Zeit kostet – Zeit, die wir dringend benötigen, um aufzuwachen. Es ist der Mangel an Zeit, der uns zu willfährigen Sklaven der Finanzaristokratie macht und viele im vorauseilenden Gehorsam diejenigen bekämpfen lässt, die uns die Augen öffnen wollen,wobei diejenigen, die am stärksten von der Gehirnwäsche betroffen sind und das fälschlicherweise als Wahrheit identifizierte Trugbild bis aufs Messer verteidigen, auf diese Weise die wenigen Keime vernünftigen Handelns von vornherein ersticken. Ich befürchte, dass Velikovsky[16] mit seiner Psychoanalyse der Menschheit Recht hatte und die einzige tatsächliche Gefahr für den Menschen von uns Menschen selbst ausgeht.

So, wie es aussieht, scheint ein großer Teil der Menschen durch technische und andere Manipulation völlig benebelt und im geistigen Tiefschlaf zu sein, und der andere Teil scheint sich nichts sehnlicher zu wünschen als eine globale Katastrophe, die alles endlich wieder auf Null stellt und einen Neuanfang ermöglicht. Wir steuern auf nahezu allen Gebieten menschlichen Daseins auf eine Katastrophe zu: Unsere Ernährung ist falsch, zuviel Zucker, zu viel Fleisch, zu viel Gekochtes, zu viele Milchprodukte u.v.m. Unsere Energieversorgung ist auf Gewinnmaximierung ausgerichtet und zerstört unsere Umwelt. Stattdessen könnten wir freie Energien nutzen, die dann aber niemandem Geld in die Kassen spülten, außer dem Hersteller dieser Maschinen. Unser Verkehr ist geprägt von Verbrennungsmotoren, die unsere Ressourcen verbrauchen und für deren Gewinnung wir wiederum die Natur zerstören müssen. Stattdessen könnten wir Motoren haben, die nichts als Wasser oder Sand[17] verbrauchen und keinerlei Gifte in die Umwelt blasen – allerdings mit folglich erheblich weniger Einnahmen für die Öl-Industrie. Unsere Gesundheit wird gefährdet durch unsere Krankheitsindustrie: Wir beseitigen laufend kostenpflichtig Symptome und lassen die Ursachen unangetastet, weil deren Beseitigung nur einen einmaligen Verdienst sichern würde. Wir versauern vor den Fernsehern und werden träger und träger, bis selbst das Heben eines Wasserflaschenkastens schon zur Risiko-Sportart wird. Die Liste ist lang und unerbittlich.

Und anstatt uns Sorgen um den Fortbestand des Planeten und des gesunden Weiterbestehens der Menschheit zu machen, legen wir Wert auf die Rettung der in Öl-, Gesundheits- und Fahrzeugbranche auf dem Spiel stehenden Arbeitsplätze. Dabei muss niemand arbeitslos sein. Alle könnten sofort in der Herstellung von Freie-Energie-Maschinen arbeiten. Es dauert Jahrzehnte bis die Welt damit genügend ausgerüstet ist und dann wiederum Jahrzehnte, bis die jeweils neueste Generation auf dem Markt sein wird. Das sichert Arbeitsplätze bis hin zur Vollbeschäftigung selbst in Indien, China und Russland! Weniger Pharma-Industrie und Gen-Saatgut, mehr Landwirtschaft auf echter ökologischer Basis! Aber anstatt diese Lösungen anzufassen, versucht man, uns die Probleme und Problemlösungen vorzugaukeln und erfindet das Märchen vom CO_2-Kollaps und dem Ozonloch. Flugs werden noch schnell ein paar Milliarden im Emissionshandel (Al Gore) „verdient“, bevor der Mensch an breiter Front begreift, dass er schon wieder weniger im Geldbeutel hat. Vielleicht sind der Euro-Rettungsfonds oder die vielen gedruckten Milliarden am Ende nur der zwanghafte Versuch der „Wissenden“ aus der finanziellen Oberschicht, jetzt noch schnell so viel Geld wie möglich in Sachwerte und Bunker zu investieren (oder gar in Raumschiffe?), bevor ihr gesamtes System zusammenbricht.

Wir stellen fest: Wenn wir einmal ganz ohne Nostradamus und andere Weltuntergangspropheten die aktuelle Lage analysieren, dann ist bereits die Bedrohung der Menschheit durch einen kleinen Teil der Menschheit selbst enorm! Die Natur wird zerstört; naturschonenden Techniken wird kein Raum gegeben; Menschen werden verdummt, um mehr Profit machen zu können; Menschen werden unglücklicher, weil sie immer wertloseren Dingen hinterher jagen und immer weniger erkennen, was wirklich für ein erfülltes Leben eines Menschen auf diesem Planeten wichtig ist.

Wir Menschen müssen erkennen, dass unsere momentane Form der Regierung dieses Planeten in nahezu jedem staatlichen Einzelfall nur der Bereicherung einiger weniger dient, nicht aber dem Wohle des Volkes oder

der Menschen allgemein. „*Was wäre auf dieser Welt los, wenn mehr Menschen erkennen würden, was hier los ist?*“ Vermutlich wäre die Folge zunächst einmal eine relativ große Unmutsäußerung auf breiter Front mit vermutlich schlimmen Folgen für manchen Erdbewohner. Dies sind genau die Argumente, die im nationalen und internationalen Kommunismus zur breiten Akzeptanz der Tötung von Klassen- oder Rassenfeinden führten. Doch es gibt auch einen Weg, ohne Morden zur Erkenntnis und friedvollen Gesellschaft zu gelangen: die Anerkenntnis, dass wir alle aus derselben Quelle stammen. Wir kommen alle von einem Schöpfer des Universums, und wir werden alle, unabhängig von Stellung, Alter, Rasse oder Klasse, wieder zu ihm gelangen. Dies versuchen uns auch die Glaubensgemeinschaften weltweit zu verkaufen – der Islam, das Christentum, verschiedene Sekten. Wir versuchen, im Glauben Halt zu finden und werden von den großen Weltreligionen an der Hand genommen, vertrauen ihnen – und kommen vom Regen in die Traufe. Religion ist etwas so unglaublich Schönes und Hilfreiches. Warum lassen wir es zu, dass sie durch sogenannte „Würdenträger“ unterminiert und für eigene Macht- und Geldzwecke missbraucht wird? Apropos Missbrauch: Da sind Kirche und Politik ja auch ganz weit vorn mit dabei…

In Belgien hat man bei der Aufarbeitung der Schandtaten von Marc Dutroux immer wieder von Alteingesessenen gehört, dass solche Dinge wie Kindesmissbrauch erst dort geschehen, seit es die EU gäbe, vorher habe man mit so etwas nie zu tun gehabt. Sie werden dieses Thema im Rahmen dieses Buches möglicherweise für etwas fehl am Platze halten. Der Zusammenhang wird Ihnen jedoch sofort klar, wenn Sie diese Meldungen nicht nur als deutsche, europäische oder kirchliche Problematik sehen.

In den USA hat es im Frühjahr 2017 kurz nach Amtsübergabe an Donald Trump bereits mehrere tausend(!) Verhaftungen gegeben[18], die allesamt mit Kinderprostitution, Kinderpornographie, Kindesentführungen und leider auch Ritualmorden an Kindern zu tun haben. Auch den Vatikan betreffend gab es diverse Vorwürfe in dieser Richtung.[19] [20] [21] [22] Allein der katholischen Kirche Australiens wird unwidersprochen und juristisch bereits abgehandelt der Missbrauch von über 4.400 Kindern vorgeworfen. Zählt man die Länder der Erde zusammen, ergeben sich erschreckende Hochrechnungen. Da wir im Zusammenhang mit der herrschenden Elite, insbesondere in den Regierungen der USA, der EU, der katholischen Kirche, aber auch noch anderen Institutionen von solchen Machenschaften hören[23], stellt sich die Frage nach dem *Warum*. In Kreisen der Banken sieht es nicht besser aus. Wie der Whistleblower Ronald Bernard berichtet[24], werden dort regelmäßig hochrangige Mitarbeiter „geprüft", indem man ihnen zur Aufgabe gibt, Kinder zu vergewaltigen, zu quälen und schließlich zu töten. Wer nicht mitmacht, macht keine Karriere – schlichte, einfache und klare Regeln also.

Auch in der Musikindustrie gibt es sehr ähnliche Vorkommnisse, und dies offenbar nicht als Ausnahme, sondern eher als die Regel. Verschiedene Prominente, darunter auch Hollywood-Star[25] Elija Wood, behaupten, dass in der Filmindustrie ein Netzwerk von Pädophilen agiert, und auch Brad Pitt stößt ins gleiche Horn. Chris Cornell und Chester Bennington, beides sehr erfolgreiche Rockmusiker, steckten ihre Nasen offenbar zu tief hinter die Kulissen und starben kurz hintereinander auf nahezu identische Art und Weise.[26]

Wir müssen offenbar vermuten, dass der rituelle Missbrauch von Kindern, der Mord an ihnen und sie zu foltern, aus irgendeinem Grund für diese Menschen wichtig ist. Allein „nur zum Zeitvertreib" schließe ich mal aus und vermute, dass neben der Erpressbarkeit eines jeden Teilnehmers auch noch irgendein weiterer Nutzen dahinter steht, den zu erforschen ich Ihnen und mir an dieser Stelle jedoch ersparen möchte. Sicherlich wird es andere Autoren geben, die sich dieser Sache annehmen.[27] Wir dürfen unsere Augen keinesfalls davor verschließen. Dies betrifft tausende Kinder (jedes Jahr!), allein in Belgien waren es 1.720 Kinder im Jahre 2017.[28] die deswegen gestorben sind, unter furchtbaren Qualen gelitten haben oder jetzt gerade leiden.

Es wird endlich Zeit aufzuwachen! Jedermann für sich muss die Augen benutzen, die ihm gegeben sind. Religion muss jeder für sich erkennen, ohne Bibel, ohne Koran, in sich und aus sich selbst heraus. Inhalt eines Sendungsbewusstseins darf hier nur sein, jedermann an der Hand zu nehmen und ihn in seinen eigenen Möglichkeiten des Erkennens zu unterstützen und zu fördern. Das kostet viel Zeit und Mühe – Zeit, die immer knapper zu werden scheint, bevor eine entweder fremdbestimmte oder selbstgemachte Katastrophe über die Menschheit hereinbricht, und Mühe, die wir immer seltener zu geben bereit sind, weil diese Opferbereitschaft immer und immer wieder missbraucht und ausgenutzt wurde.

Sie lesen dieses Buch, und das macht Sie zu etwas Besonderem. Noch immer sind viel zu wenig Menschen an diesen Tatsachen interessiert. Das möchte ich diesen Menschen keinesfalls vorwerfen, denn sie sind nur die Leidtragenden des herrschenden Systems und beileibe kein Genmüll, wie es mancher nur zu gern formuliert, wenn er sich über andere, aus seiner Sicht wenig(er) mitdenkende Menschen aufregt. Sie hingegen haben sich die Zeit genommen und beschäftigen sich bereits mit der Materie. Das finde ich ganz toll, und ich freue mich, dass Sie mir die Ehre geben, dass ich Ihnen meine Gedanken vorstellen darf.

Noch vor wenigen Jahrzehnten war dieser Themenrahmen kaum nennenswert bekannt. Niemand in der breiten Öffentlichkeit machte sich Gedanken über die Zusammenhänge internationaler Machtgeflechte. Dieses Wissen war einigen wenigen Menschen innerhalb der Machteliten vorbehalten, und dies über Jahrtausende. Und heute kann so ein unbeschriebenes Blatt wie ich durch Recherchearbeit Ihnen all dies präsentieren, und Sie dürfen es lesen! Dies ist aus meiner Sicht ein ganz klares Zeichen dafür, dass die Zeit der unwissenden Masse zu Ende ist und das geheime Wissen der Eliten bald für alle verfügbar sein wird. Ich frage mich, wie man beispielsweise als Mitglied der Freimaurer ernsthaft für die „Förderung von Bildung und freiheitlicher Aufklärung“[29] eintreten kann, dann aber doch insgeheim das dafür notwendige Wissen geheim hält. Wie will man am Forschritt der Menschheit arbeiten, wenn man denselben durch Wissensentzug verhindert? Wie kann man ernsthaft einer Menschenmenge Dummheit und Unbildung vorwerfen, wenn man vorher jahrzehntelang eben dieser selben Menschenmenge die wirklich wichtigen Erkenntnisse vorenthalten hat? Selbst das Argument, dass nur wenige wirklich kluge und begabte Menschen in dieser Menge sein dürften, zählt nicht, da ja auch diesen potentiellen positiven Ausnahmen die wichtige Bildung verweigert wurde. Für jeden Menschen sollten alle Möglichkeiten bereitgestellt werden, sich grenzen- und schrankenlos zu bilden und weiterzuentwickeln. Erst dann, wenn er oder sie dieses Angebot nicht wahrnimmt, darf man ihn oder sie aus einer potentiellen Elite streichen. Jede andere Handlungsweise wäre Verrat an den eigenen Wertmaßstäben und Hoffnungen.

Lassen Sie mich an dieser Stelle ein Grußwort zitieren von Gerard Menuhin, dem Sohn des berühmten jüdischen Geigers. Er sprach anlässlich des Jahrestages des Bombenangriffs auf Dresden[30] *am 11.2.2017 folgende Worte:*

„...Es ist eine Ehre für mich, hier und heute in Form eines Grußwortes etwas sagen zu dürfen. Hier in Dresden, einem erschütternden Symbol der Kriegsverbrechen gegen Deutschland und das Deutsche Volk. Es scheint dem System der Umerziehung und seiner Lügenpresse ungemein wichtig zu sein, die Zahl der Toten von Dresden auf 24.000 herunterzuspielen. Dies, obwohl Adenauer gesagt hatte: ‚Der Angriff auf die mit Flüchtlingen überfüllte Stadt Dresden am 13.2.1945 forderte allein etwa 250.000 Tote.' Und die Stadt Dresden führte vor dem Herunterlügen der Opferzahl in einem Schreiben aus: ‚Gesicherten Angaben der Dresdner Ordnungspolizei zufolge wurden bis zum 20.3.1945 202.040 Tote geborgen, überwiegend Frauen und Kinder. Davon konnten nur etwa 30% identifiziert werden. Einschließlich der Vermissten dürfte eine Zahl von 250.000 bis 300.000 Opfern realistisch sein...' Aber es geht mir jetzt nicht darum, über Einzelheiten dieses wahrhaftig unleugbaren Holocaust zu sprechen, sondern ich möchte einige Gedanken über die tieferen Zusammenhänge des Geschehens und über unsere Zukunft äußern.

Der Bürger darf nicht erwarten, dass er durch die Politik wahrheitsgemäß unterrichtet, hilfreich beraten und gerettet wird. Er muss selber Lösungen finden und sich um die Wahrheit bemühen. Um passende Lösungen zu finden, muss er sich eine fundamentale Frage stellen. Und hier geht es nicht um politische Zugehörigkeiten wie Links oder Rechts – das sind künstliche Begriffe –, sondern hier geht es um zwei einander entgegenstehende elementare Prinzipien: Man muss sich entweder für die Lüge oder für die Wahrheit entscheiden! Die Politik, die Medien, das ganze gesteuerte System, sie haben längst entschieden, wofür sie stehen. Nun muss der einzelne Bürger dieselbe Entscheidung für sich treffen. Nur dieser selber kann über sich wissen, wo er steht und stehen will. Derjenige, der sich vielleicht aus Gründen finanziellen Vorteils für die Lüge entscheidet, hat bestimmt einen einfacheren Weg gewählt. Indem er den Kopf in den Sand steckt, muss er sich um nichts kümmern.

Die Änderungen, die gegenwärtig immer schneller geschehen: der sogenannte Terrorismus, die Masseneinwanderung, die Arbeitslosigkeit, die sinkenden Renten, die Auslandseinsätze der schrumpfenden Bundeswehr, die überforderte Polizei usw. – all das geht an ihm vorbei. Doch irgendwann wird er selbst betroffen sein – sei es seine Kündigung oder ein Überfall an der Bushaltestelle. Bis dahin aber macht er es sich in seinem Kokon der Unwissenheit bequem. Er hat die Tür zum Lernen zugemacht. Derjenige, der sich für die Wahrheit entscheidet, hat hingegen einen steinigen Weg gewählt. Zwar wurde er erzogen, die Wahrheit zu respektieren, aber dabei ging es meistens um Kleinigkeiten und nicht um den Sinn seines Lebens und um die Zukunft seines Volkes.

Um wissentlich die Wahrheit zu unterstützen, muss der Mensch die hässliche Fratze der Lüge in allen Bereichen erkennen und bekämpfen. Er muss verantwortungsvoll agieren. Das heißt, ständig mutig, aber bescheiden zu sein, verankert zu sein in seiner inneren Sicherheit, stets für die Sache zu ringen und nicht für sich. Es heißt, den richtigen Weg zu gehen und dabei das Zweifeln nicht zu verlernen hinsichtlich der Dinge, die zweifelhaft sind, ohne aber dabei an sich selber zu verzweifeln. Und um nicht an sich selber zu verzweifeln, ist es für jeden einzelnen wichtig, kritisch zu hinterfragen, ob er alles, was wahrhaftig in seinem Land historisch vorgekommen ist, richtig verstanden hat oder ob er nur das übernimmt, wie es die ‚offizielle Version' darstellt.

Den Weg der Wahrheit zu gehen, heißt, alles zu hinterfragen. Es bedeutet, sich nie mit der ersten einfachen Antwort zu begnügen. Dadurch wird die Tür zum Lernen und zum Erkennen geöffnet. Was aber heißt lernen? Es heißt vor allem auch zu erkennen, wenn man sich irrt. Am meisten lernt man, wenn man ruhig liest oder schweigend zuhört; am wenigsten lernt man, wenn man sich in das lärmende Gerangel der Internetkommentare einlässt. Hier verschwendet man nur Zeit unter belanglosen Menschen, die nichts wissen, aber darauf bestehen, ihr Nichtwissen mit anderen zu teilen und dieses zu verteidigen, ja, es ihnen regelrecht aufzudrängen. Es ist ein Kampf des Geschreis unter Tauben, aber solchen Tauben, die hören könnten, aber die nicht hören wollen. Es ist ähnlich wie das blödsinnige Geschrei der Antifa, das nicht nur darauf abzielt, den Gegner niederzubrül-

len, sondern das den Schreihälsen vor allem auch dazu dient, durch ihr käufliches Geschrei und Randalieren nicht selber denken zu müssen.

Wir müssen keine ‚Rassisten' sein, um den uralten Feind der Wahrheit als ewigen Lügner zu erkennen und entgegenzutreten. Steinalt ist dieser Begriff. Jesus Christus sagte es selbst. Ja, freilich, selbstverständlich ist es den Lügnern in einer Lebensumwelt der Wahrheit unbequem. Deshalb versuchen sie ihre Welt der Lügen aufrechtzuerhalten und mit immer weiteren Lügen auszubauen.

Es ist eine ‚post-faktische Welt', die versucht, allen Menschen die Lüge aufzuzwingen, um das Licht der Wahrheit für immer zum Erlöschen zu bringen. Dieses Erschaffen einer Welt der Lüge gegen die Wahrheit geht einher mit der Destabilisierung von Ländern, die Regierungen haben, welche der Welt der Lüge missliebig sind. Es geht einher mit dem Ansichreißen der Bodenschätze dieser Länder. Es geht einher mit dem Aufhetzen der Religionen gegeneinander. Es geht einher mit dem Zersetzen unserer Tradition, unseres Bildungswesens, unserer Sprache. Es geht einher mit der Zersetzung von allem, was unsere Kultur ausmacht. Sie wird zersetzt und ersetzt durch einen überall gleichen Einheitsbrei des Billigen, der Unkultur – auf der ganzen Welt dasselbe, ohne Unterschied und ohne eigenen Charakter: oberflächlich, leer, gesichtslos und vor allem seelenlos. Denn die Welt der Lüge ist eine Welt ohne Seele. Es ist eine Welt, in der die Unsicherheit uneingeschränkt herrscht.

Ich plädiere also für die Wahrheit. ‚Wenn einer die Wahrheit sagt, dann muss er sich an nichts erinnern.', sagte Mark Twain.

Stellen wir uns ein Gebäude vor: einen Stein auf Stein von Handwerkern gebauten Turm, mit einem starken Fundament. Das soll unsere gesellschaftliche Struktur sein. Darin kann man vertrauenswürdige Geschäfte machen und glaubwürdige Versprechen tauschen – im Gegensatz zu der schlampig errichteten Bruchbude, die ständig das Flicken braucht, um nicht in sich zusammenzufallen. So soll auch unser Leben keine Aneinanderreihung von Schachereien und Machenschaften sein, sondern eine Harmonie von gut erwogenen Entscheidungen, bei denen keiner übervorteilt wird und keiner sich ausgenutzt fühlen muss. Wie sind diese Gedanken im Wahljahr 2017 zu gebrauchen? Die derzeitige Kanzlerin ist mit den Kanz-

lern der Weimarer Republik zu vergleichen. Wie jene damals, so arbeitet diese armselige Herrin auch heute für den Feind, für die Welt der Lüge und der Lügner, für die Erfinder des Versailler ‚Friedensvertrags'. Keine Regierung, keine Koalition der Parteien der BRD hat dem Deutschen Volk Lösungen anzubieten.

Ich sage absichtlich nicht ‚Lösungen für Deutschland', da ein solches Land heute in der Zeit der aufgelösten Grenzen und der invasionsartigen Wanderbewegungen Volksfremder offensichtlich nicht mehr existiert. Per Wahlentscheid abzustimmen über mehr oder minder lügnerische Parteien, bringt nichts. Keine angeblich demokratische politische parlamentarische Partei wird Antworten finden, oder finden wollen – Antworten, die dem Volk zusagen und seinen Interessen dienen. Kurz gesagt: Dadurch, dass die Regierung die im Grundgesetz geschriebenen Regeln nicht mehr befolgt, hat sich die Regierung selbst zum Gesetzlosen ernannt.

Die Regierung ignoriert das Deutsche Volk und dessen Interessen. Sie hat ihm den Rücken gekehrt. Also muss das Deutsche Volk der Regierung ebenfalls den Rücken kehren. Das Verräterische liegt im Wort ‚Regierung'. Genau wie sich jeder einzelne zwischen der Lüge und der Wahrheit entscheiden muss, sind die Begriffe ‚Volk' und ‚Regierung' voneinander abzugrenzen. Kein verantwortungsvolles Volk braucht von einer Regierung beherrscht zu werden. Es mag eine Verwaltung brauchen, aber keine selbstherrliche, eigennützige und, wie es heute der Fall ist, volksfremden Interessen verpflichtete Regierung als Fremdherrschaft. Schon vor der Erfindung der EU sind Regierungen immer untereinander verbandelt und bei Bedarf gegen ihre eigenen Völker ausgerichtet gewesen. Doch noch nie war die Volksfeindschaft der Regierenden so ausgeprägt und so deutlich wie heute. Je mehr sich die Menschen gegeneinander ausspielen lassen, desto besser gelingt es der Regierung, sie zu verunsichern und zu manipulieren.
Deutsche, lasst Euch also nicht gegeneinander ausspielen. Seid ein Volk – ein Deutsches Volk!

Wenn es eine Rettung gibt, dann muss sie vom Volke selber kommen. Sie muss kommen von vertrauenswürdigen Menschen aus dem Volk. Menschen, die sich nicht wie die heutigen Politiker gegen das eigene Volk richten, sondern die das eigene Volk und seine Interessen über alles stellen. Menschen, die bei allen Unterschieden in den Meinungen und Ansichten

dem Fundament einer echten, einer wahrhaft deutschen Kultur treu bleiben. Diese Menschen der Wahrheit und Wahrhaftigkeit müssen eine Bewegung ins Leben rufen, die nicht von Lügnern unterwandert werden kann. Eine Bewegung, welche auf alle Deutschen abzielt, auf das ganze Deutsche Volk. Eine Bewegung, die alle Deutschen vereinen kann. In der Welt der Wahrheit geht es nicht um eine Politik, die nur ein Zirkus der Pfründe- und Pensionsbeschaffung für eine Clique weitab vom Volke ist und die deshalb zur Welt der Lüge gehört. Nein, in der Welt der Wahrheit und der Wahrhaftigkeit geht es um das Überleben eines Volkes mit einer zweitausendjährigen Geschichte – es geht um das Überleben des Deutschen Volkes.
Deshalb, wenn Ihr heute hier der Toten des Völkermordverbrechens, des Holocausts von Dresden gedenkt, dann gebt diesen Toten ein Versprechen. Gebt ihnen das Versprechen, dass Ihr niemals zulassen werdet, dass das Deutsche Volk jetzt kaputtgemacht werden soll von der Welt der Lüge; dass es kaputtgemacht und ausgelöscht werden soll durch einen Überfremdungskrieg und kaputtgemacht und abgeschafft durch eine kriminelle Politik des Volksverrats.
DEUTSCHE, HOLT EUCH EUER DEUTSCHES LAND ZURÜCK!"

Hiermit beendet Menuhin sein Grußwort, und ich hoffe, seinen Gedanken werden sich viele anschließen.
Da Menuhin häufig die Geschichte anspricht, möchte ich hier noch am Rande bemerken, dass die offizielle Geschichtsschreibung von den Deutschen nicht in Frage gestellt werden darf. Dies ist ausdrücklich und unmissverständlich in den 2+4-Verträgen festgehalten.[31] Auf diese Weise wird sichergestellt, dass die Wahrheit unter tausenden Seiten „offenkundiger Tatsachen" von „anerkannten Wissenschaftlern" verborgen bleibt. Menuhin jedoch, als Schweizer Jude, darf Dinge schreiben, die Deutsche nicht einmal denken dürfen. Deshalb empfehle ich jedem dringend, sein Buch „Wahrheit sagen, Teufel jagen" zu lesen.[32]

Nachdem ich das Buch „Weltverschwörung" abgeschlossen und veröffentlicht hatte, war ich eigentlich davon ausgegangen, dass ich nun endlich den Kopf frei hätte für andere Dinge und dass sich so schnell nichts Neues auf diesem Gebiet tun würde. Pustekuchen! Es war genau andersherum.

Innerhalb weniger Wochen nach der Veröffentlichung fand ich Zugang zu neuen Informationen, und diese fügten sich nahtlos in das bisher Erforschte ein und setzten es obendrein in noch viel größere Zusammenhänge.
Durch mein in den vergangenen Jahren gewachsenes Netzwerk konnte ich zusätzlich etliche Details dieser neuen Informationen verifizieren und ergänzen. Die nun folgenden Kapitel werden im Detail auf die neuesten Forschungsergebnisse und Veröffentlichungen und Enthüllungen eingehen, die das Buch „Weltverschwörung" in einem völlig neuen Licht dastehen lassen und alles Gesagte nicht nur beweisen, sondern auch in ein viel größeres und logisches Bild stellen. Ich werde auf die Kolonisation des Weltalls durch die Deutschen eingehen und die Bauten von einigen ET-Fraktionen hier auf der Erde. (Aufgemerkt: Diese Information stammt nicht von irgendwelchen Neu- oder Altnazis oder von „rechtsesoterischen Kreisen" oder den in letzter Zeit in den Medien vermehrten „Reichsbürgern", sondern von Amerikanern!) Die Geschichte der Menschheit, die jüngere Zeitgeschichte und ganz besonders die Geschichte der Deutschen, ist und war tatsächlich so vollkommen anders als das, was man weltweit in der Schule lernt und in den Medien zeigt, dass einem manchmal die Luft wegbleibt. Die Situation ist so unglaublich komplex, dass ich mir hier nur erlauben kann und möchte, Ihnen Informationen, Fakten und Berichte zu präsentieren und Ihnen dann meine Einschätzung der verschiedenen Details vorstelle. Sie zu bewerten jedoch ist ungleich viel schwerer.
So viele Bündnisse sind damals geschlossen und wieder gebrochen worden von so vielen verschiedenen Seiten, dass jedweder Sammelbegriff wie „die Deutschen, „die Juden" oder „die USA" fehl am Platze ist und weit am Ziel vorbeischießen würde. Beinahe mit jedem Tag begreife ich mehr über die Zusammenhänge, aber anstatt dass die noch offenen Fragen weniger werden, werden es stattdessen mehr und mehr. Wenn Sie das Buch „Weltverschwörung" bereits gelesen haben, wird das nun Folgende Ihr Weltbild noch einmal maßgeblich verändern und erweitern. Wenn Sie es nicht gelesen haben, verspreche ich Ihnen zwei Dinge: a) Ich werde im Anschluss an die beiden nächsten Kapitel die grundlegenden Zusammenhänge noch einmal kurz erläutern, zusammenfassen und einiges Wissenswerte aus jenem Buch dazu wiederholen (weil Vieles sonst vollkommen unverständlich bliebe und Ihnen die Freude an diesem Buch nehmen würde) – und b) Sie hätten es erheblich leichter mit dem nun Folgenden, wenn Sie hier jetzt erst einmal eine Pause einlegen, um das Lesen jenes ersten Buches nachzuholen. Die Details aus jenem Buch sind überaus wichtig

und erleichtern Ihnen den Einstieg enorm, da sie einerseits Fakten bereits im Ansatz bekannt machen und andererseits helfen, Zusammenhänge besser zu verstehen – mal ganz abgesehen davon, dass mein Verleger mir für diesen Hinweis sehr dankbar sein dürfte.
Ich nehme gern in Kauf, Sie nun sprichwörtlich ins kalte Wasser zu werfen, denn die Leser dieses Buches dürften meiner Einschätzung und Hoffnung nach zu jenen gehören, die in einer geistigen Gegenstromschwimmanlage nicht sofort Richtung Ausgang gespült werden…

Wir alle stehen im Spannungsfeld zwischen Erlerntem aus der Schulzeit, aktuellem Tagesgeschehen und den Fakten, die wir allmählich mühsam zusammensuchen, im Streben nach Erkenntnis, Durchblick und Überblick. Sie gehören zur stetig wachsenden, aber immer noch sehr kleine Menge jener, die sich nicht mit dem zufrieden geben, was ihnen durch die Medien und Politik vorgesetzt wird. Sie haben erkannt, dass die Ihnen als absolute Wahrheit präsentierten Fakten oft schon beim ersten genaueren Blick so viele Ungereimtheiten aufweisen, dass man sie schnell als absurd, unlogisch oder schlicht frech erlogen identifizieren kann. In meinem ersten Buch habe ich dem Leser bereits viele dieser Lügen aufgedeckt, und je mehr dieser Lügen man aussortieren kann, desto weniger bleibt auf der anderen Seite als mögliche Wahrheit stehen.
In diesem Buch werden wir nun einen anderen Weg gehen. Wir werden unseren Blick auf einige jener Geschichten lenken, die unglaublich erscheinen – aber dennoch erstaunlich logisch ins Gesamtbild passen.
Im Laufe der Zeit haben sich einige der Personen, die in diesem Buch zu Worte kommen, kennengelernt. Jedoch erst zu einem Zeitpunkt, an dem sie bereits ihre wesentlichen Aussagen gemacht hatten, also ohne die Möglichkeit, sich vorher in irgendeiner Weise abzusprechen und so das dargestellte Bild zu manipulieren, wie wir es in der politisch motivierten Geschichtsschreibung leider nur allzu oft kennengelernt haben.

Nun also Schluss mit langen Vorreden und ab ins Dickicht der Realität.

2. Die unglaubliche Geschichte

Das Thema *Hochbegabte* und *Sonderbegabte* ist in jedem Staat eine ganz besondere Angelegenheit. Die breite Öffentlichkeit kennt die Aktivitäten des Staates meist aus einem kleinen Teilbereich, nämlich der sportlichen und musischen Hochbegabtenförderung. Da gibt es Sport-Leistungszentren, „Jugend trainiert für Olympia", „Jugend musiziert" und einige weitere öffentliche Wettbewerbe, die dazu dienen, jungen Menschen, Kindern und Jugendlichen die Möglichkeit zu geben, mehr aus ihren Begabungen zu machen. Diese Wettbewerbe sind öffentlich, da sie Begabungen berühren, die für den Staat durchaus prestigeträchtig sein können. Einige Staaten gehen in der Begabtenförderung so weit, dass die Kinder von frühester Kindheit an in sehr strenge Programme eingegliedert werden, oft in Internaten, weit weg von den eigenen Eltern, um dort regelrecht gedrillt zu werden, um das Beste aus ihren Begabungen herauszuholen. In jenen Bereichen jedoch, in denen es um Fähigkeiten geht, die für den Staat sicherheitsrelevant sind, gehen die Regierungen der Erde ganz anders vor.

Es gibt etliche Hollywoodfilme, die uns ein sehr anschauliches Bild davon geben, was hinter den Kulissen so passiert (ich erinnere z.B. an den Film „X-Men"). Ich möchte in diesem Zusammenhang nicht sofort von „Mutanten" sprechen, es geht vielmehr um sehr spezielle Begabungen wie z.B. Telekinese, Hellsichtigkeit, besondere Sprachbegabungen, besondere Fertigkeiten im Bereich audio-visueller Wahrnehmung usw. – all das, was man als „normaler" Mensch nicht hat und was für Militär und Geheimdienste von extremer Wichtigkeit sein könnte.

An dieser Stelle möchte ich Ihnen zunächst *Corey Goode* vorstellen. Corey wurde in den 1970er-Jahren in den USA geboren und zeigte schon sehr früh eine sehr spezielle Begabung, nämlich, dass er sich sehr gut in andere Menschen und Wesen hineinversetzen und deren Gedanken und Gefühle nachempfinden und wiedergeben konnte. In den im Internet verfügbaren Videos, u.a. auf Coreys eigener Seite *www.spherebeingalliance.com*, aber auch an anderen Stellen, ist er in mittlerweile weit über einhundert Videos zu sehen, meist in Form von Interviews mit seinem Interviewpartner David Wilcock. Die Interview-Reihe „Cosmic Disclosure" beinhaltet die mit Abstand größte Zahl der mir bekannten Videos, und in diesen wird die Geschichte Coreys von Beginn an vorgestellt.

Diese Geschichte ist mehr als erstaunlich, denn sie wirkt sehr authentisch und bietet tausende Details, die sich allesamt nahtlos in das von mir im Buch „Weltverschwörung“ vorgestellte Bild fügen, nämlich, dass die Menschen, die heutigen und auch deren Vorgänger, von Außerirdischen erschaffen bzw. genetisch manipuliert und modifiziert worden sind.

Dem kritischen Leser wird sich, ebenso wie mir, selbstverständlich die Frage nach dem Wahrheitsgehalt dieser Aussagen stellen. Da sich Coreys Aussagen mit denen vieler anderer Zeugen decken und ergänzen und da die Aussagen in keinerlei Widerspruch zueinander stehen und ebenso wenig den neuesten physikalischen Erkenntnissen widersprechen, neige ich dazu, ihnen Glauben zu schenken.

Ich stelle Ihnen hier den Text aus den Interviews nicht als Übersetzung oder Nacherzählung dar, sondern nutze diese Interviews als Quelle und gebe deren Inhalt mit eigenen Worten wieder. Außerdem werde ich Ihnen hier einige der in den Videos gezeigten Bilder zu Illustrationszwecken wiedergeben.

Abb. 3: Corey Goode während des Interviews

Abb. 4: David Wilcock

David Wilcock stellt im ersten Interview Corey Goode vor und berichtet von seinen eigenen Netzwerk-Informationen. Er schildert, dass seine Informanten ihm bereits teilweise Informationen haben zukommen lassen, deren Geheimhaltungsgrad 35 Ebenen über der des amerikanischen Präsidenten liegt (das bedeutet also, dass es oberhalb des Präsidenten noch mindestens 35 weitere Stufen der Einweihung in Geheimnisse gibt, auf die der Präsident selbst keinerlei Zugriff hat).

Er (Wilcock) hatte jedoch in diesen Fällen solche Informationen nicht veröffentlicht, weil ihm oft wichtige Zusatzinformationen fehlten, der logische Zusammenhang nicht darstellbar war bzw. durch die einzelnen Fakten möglicherweise Menschen oder Projekte in Gefahr gebracht hätten werden können. Corey Goode habe er kennengelernt als jemanden, der ihm das komplette Bild habe präsentieren können.

Corey kam im Alter von sechs Jahren zum MILAB-Programm. Die von Corey genannte Bezeichnung MILAB ist die Abkürzung für „Military Abductions", also militärische Entführungen. Es handelt sich hierbei also nicht um ein allgemein bekanntes Programm wie „Jugend forscht" oder Ähnliches, sondern um weitestgehend geheime staatliche Projekte für Sonderbegabte. Es gibt hunderte Menschen, die über diese Programme und ihre eigene Teilnahme an diesen berichtet haben, teilweise auch, ohne diese Bezeichnung zu wählen. Man findet im Internet die entsprechenden Berichte.[33] Bei Corey wurde eine besondere Begabung festgestellt in Bezug auf seine Fähigkeit, sich in andere Wesen hineinzuversetzen und so emphatisch nicht nur Situationen zu verstehen, sondern so auch erahnen zu können, was in Zukunft passieren wird. Diese Fähigkeiten wurden trainiert und verstärkt. Als er ungefähr zwölf Jahre alt war, wurde er bereits ausgewählt, um einer Erd-Delegation beizuwohnen, die sich mit Außerirdischen traf, um deren genetische Versuchsprogramme auf der Erde zu besprechen. Es ging, mit anderen Worten, um die diplomatischen Beziehungen der Erde zu mehr als vierzig verschiedenen außerirdischen Zivilisationen, die seit mehr als 250.000 Jahren hier auf der Erde verschiedene Experimente an, mit und durch den Menschen durchgeführt haben. Es handelt sich u.a. um das sogenannte „Große Experiment", womit 22 verschiedene genetische Experimentreihen an der Menschheit gemeint sind, die von unterschiedlichen Gruppen mit unterschiedlichen Zielen initiiert und verfolgt wurden. Diese Programme sind aktuell, d.h. sie laufen jetzt, zurzeit, an uns Menschen weiter. Die Eingeweihten von der Erde hatten seit sehr, sehr langer Zeit versucht, in diesem Kreis einen Sitz und Informationen zu bekommen, wenn möglich sogar ein Mitspracherecht. Endlich war es nun so weit, und Corey wurde als Berater hinzugezogen, der zusammen mit anderen Menschen mit besonderen Fähigkeiten als Beobachter im Hintergrund versuchte, die verborgenen Agenden der verschiedenen Delegationen herauszufinden.

Ziel, zumindest von einigen dieser Gruppierungen, ist es offenbar, eine Art „Krone der Schöpfung" zu erschaffen, ein Wesen, das nicht nur schön anzusehen, sondern obendrein auch noch leicht zu reparieren und reproduzieren ist, intelligent und positiv ausgerichtet. Diese Zielvorstellung ist keineswegs in allen Fällen selbstlos, sondern aus den Interessen der einzelnen Zivilisationen heraus entstanden. Allen gemeinsam zu sein scheint, dass keine dieser Zivilisationen über eine solch große Bandbreite an Emotionen verfügt wie wir. Dies ist zwar einerseits eine große Gefahr für die Menschen und eine ihrer größten Schwächen, andererseits aber auch eine so besondere und wertvolle Gabe, dass andere versuchen, diese zu erforschen und vielleicht teilweise oder ganz zu übernehmen.

Corey nahm während annähernd vier Jahren an diesen Programmen teil, meist außerhalb der Erde, manchmal auf dem Mond, manchmal auf einem Raumschiff, manchmal woanders.

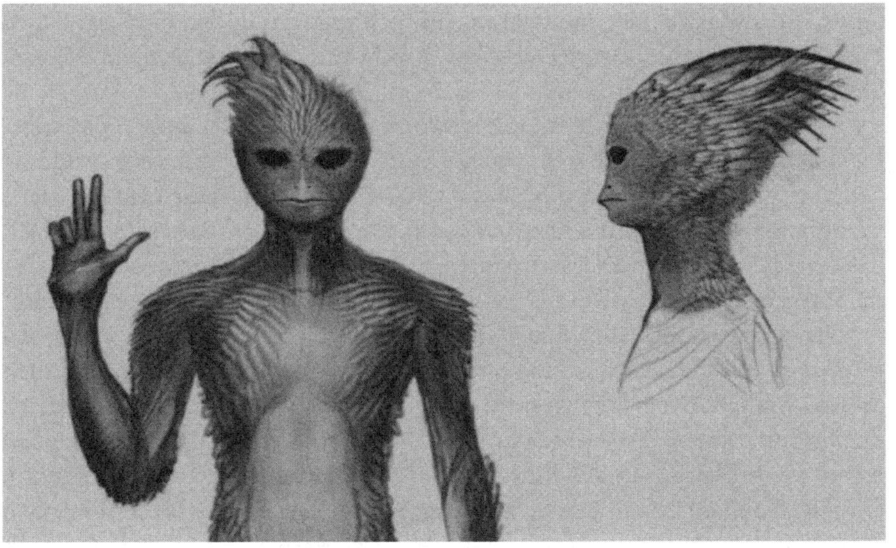

Abb. 5: Skizze eines *Blue Avians*. Humanoider Körper, Federn auf dem Kopf, kleiner, biegsamer Schnabel und ein blau gefärbter Körper. Der Großteil der Kommunikation läuft telepathisch ab, aber sie können mit dem Schnabel auch sprechen. Die Darstellung weist große Ähnlichkeiten mit den altägyptischen Darstellungen des Gottes Horus auf.[34]

Im Laufe der Zeit kam er unter anderem in Kontakt mit sogenannten *Blue Avians*. Corey beschreibt die Blue Avians als Wesen mit einem sehr menschenähnlichen Körper, aber mit einem Vogelkopf, mit Federn und sogar einem kleinen, weichen Schnabel. Die Kommunikation mit diesen Wesen läuft meist telepathisch ab, sie machen jedoch auch mit einer Hand eine Zeichensprache, während sie mit einem Kontakt aufnehmen. Diese Wesen sind offenbar der Menschheit gegenüber sehr freundlich und wohlgesonnen eingestellt. Corey wurde wegen seiner Fähigkeiten ausgewählt und regelmäßig von der Erde abgeholt und zu allen möglichen Treffen gebracht. Er wurde in diesen Fällen von einem kleinen Shuttle abgeholt, in dem, neben den beiden Piloten vorn, im hinteren Bereich noch drei Passagiere Platz fanden. Manchmal flog er allein, manchmal mit noch anderen Passagieren mit. Solch ein Shuttle ist im Prinzip eine Art Weltraumtaxi, ist etwas größer als ein Familien-Van, hat keine Räder, sondern schwebt über dem Boden und taucht leicht nach unten beim Einsteigen. Außen ist das Shuttle schwarz oder dunkelgrau, ähnlich modernen Kampfflugzeugen oder Tarnkappenbombern. Der Weg zum Mond dauert mit einem solchen Shuttle nur wenige Minuten.

Corey beschreibt, wie er zunächst von der Erde ins *Lunar-Operation-Command* („LOC") gebracht wurde, dort einen 20-Jahres Vertrag unterzeichnete für ein sogenanntes „Twenty and back"(„Zwanzig und zurück") -Programm und dann mit einem anderen, wesentlich größeren Raumschiff, das ungefähr 800 Passagiere fasste, vom Mond weg zu einem anderen Ort im Sonnensystem geflogen wurde.

Den späteren Ausführungen Coreys vorweg greifend, möchte ich erläutern, dass ein solches „Twenty and back"-Programm bedeutet, dass man zwanzig Jahre in dem Programm seinen Dienst tut und anschließend an den Ort und die Zeit(!) seines Eintritts in das Programm in seinen eigenen Körper vom Zeitpunkt des Eintritts in das Programm zurückversetzt wird. Das heißt, man kommt nach zwanzig Jahren Dienst im Weltraum nach Hause, ist keinen Tag gealtert, hat alles vergessen und fühlt sich, als ob man nie fort war. Verpflichtet man sich zu solch einem Dienst, dann bedeutet dies, dass man während dieser Zeit keinen Kontakt zur Erde hat, keinerlei Neuigkeiten von dort zu hören bekommt und auch nicht nach Belieben beispielsweise früher nach Hause darf. Selbst auf den Kolonien und Stützpunkten im Weltraum herrschte oft Sprechverbot für die Besatzungen der Schiffe; man sollte nur seine Arbeiten dort erledigen, eventuelle Wartungen durchführen und dann wieder verschwinden.

Während der gesamten Zeit seines Dienstes hatte Corey Zugriff auf ein kleines Gerät, welches er *SmartGlassPad* nennt; eine Art Tablet-Computer, der aussieht wie eine einfache Plexiglasscheibe und durch Gedankensteuerung des Benutzers Informationen zu allen möglichen Themen zur Verfügung stellt. Corey meint, er habe nur in sehr seltenen Fällen eine Meldung bekommen, dass er hier oder da auf etwas nicht zugreifen könne aus Gründen der Geheimhaltung, ansonsten sei ihm alles, was ihm als Fragen in den Sinn gekommen sei, in holographischer Form auf diesem SmartGlassPad dargestellt worden.

Corey verbrachte die ersten 6 Jahre seiner Laufbahn auf einem Forschungsraumschiff und wechselte danach zwischen verschiedenen Projekten an verschiedenen Orten hin und her. Solche Projekte kümmerten sich beispielsweise um die Erkennung und Handhabung von Eindringlingen, die ohne Erlaubnis in „unser" Sonnensystem kamen. Corey berichtet, dass er während seiner Zeit im Weltraum gesehen hat, dass sich vor nunmehr bereits vielen Jahren in und um unser Sonnensystem herum riesige, planetengroße Sphären aufgestellt haben. Diese sind seiner Aussage nach in den 1980er-Jahren hierher gekommen, um unser Sonnensystem zu schützen. Dieser Schutz bezieht sich sowohl auf feindlich gesonnene Eindringlinge und Besatzungen als auch auf die gewaltigen Energieströme, die unser Sonnensystem bereits jetzt durchfluten und in naher Zukunft noch mehr. Wären diese Sphären nicht hier und würden ihre für uns unsichtbare Arbeit leisten, wären die Menschen auf der Erde bereits verrückt oder tot.

Corey berichtet, dass er während seiner Reisen nicht nur gesehen habe, dass der Mond in einem unvorstellbaren Ausmaß bewohnt ist, sondern auch alle(!) anderen Planeten und Monde unseres Sonnensystems, ja, sogar der Planetoidengürtel hinter dem Mars und auch der am äußeren Rand unseres Sonnensystems. Diese Dinge kommen in späteren Interviews noch im Detail zu Sprache.

David Wilcock erfährt von Corey, dass es offenbar vor nur wenigen Jahren eine kriegerische Auseinandersetzung auf dem Mars gab, bei der ungefähr 250.000 Menschen ums Leben kamen.

Die *Sphere-Being-Alliance*, nach der Corey auch seine Internetseite benannt hat, also diese außerirdische Lebensform, die sich in Form von planetengroßen Kugeln in unserem Sonnensystem befindet, ist hier zu unserem Schutz. Sie können von der Größe eines Fußballs innerhalb von Sekunden bis zur Größe des Jupiters wachsen oder sogar noch größer werden. Eine dieser Sphären hat offenbar eine solch unglaubliche Größe angenommen, dass unser gesamtes Sonnensystem darin Platz findet. So ist eine Barriere entstanden, durch die niemand in unser Sonnensystem eindringen kann – oder aus ihm heraus. Beides ist offenbar bei ganz bestimmten Gruppierungen Anlass zu größter Sorge und Panik.

Corey erwähnt auch die *Global Galactic League of Nations*, eine Gruppierung von Menschen, die bereits seit Jahrzehnten komplett außerhalb unseres Sonnensystems stationiert und beheimatet ist und momentan auf Geheiß der Blue Avians zumindest teilweise nicht in unser Sonnensystem zurück darf. Die *Global Galactic League of Nations* ist so eine Art NATO für das Sonnensystem. Die Blue Avians scheinen entweder Abgesandte oder Projektionsformen der vorher angesprochenen Sphären zu sein, jedenfalls berichtet Corey, dass sie für diese sprechen. Die Herkunft und Geschichte der Sphären wird zu einem späteren Zeitpunkt noch genauer beleuchtet werden. Diese Sphären scheinen für uns Menschen ein sehr wertvoller Partner zu sein, und sie arbeiten offenbar daran, das gesamte geheime Weltraumprogramm unseres Sonnensystems an die Menschheit zu übergeben.

Corey berichtet, dass in unserem Sonnensystem inkl. der Asteroidengürtel, aber sogar mittlerweile schon in fremden Sonnensystemen, eine Industrialisierung unvorstellbaren Ausmaßes stattgefunden hat. Es wird überall nach Bodenschätzen gegraben, Asteroiden werden ausgehöhlt, Stützpunkte dort drinnen errichtet und seltene Metalle sowie auf der Erde unbekannte Mineralien und Edelmetalle abgebaut. Die Größe solcher Stützpunkte und Industriestandorte schwankt zwischen sehr kleinen mit nur 10-20 Menschen, von denen es mittlerweile viele hundert gibt, bis hin zu Millionenstädten und Militärbasen. Viele Basen erreichen eine Einwohnerzahl von einigen Hunderttausend, die meisten davon gehören dem „ICC“, dem *Interplanetary Corporate Conglomerate*. Dies ist ein Zusammenschluss von irdischen Firmen, die dem Militärisch-Industriellen Komplex angeschlossen sind und denen inzwischen der uns bekannte Weltraum (in unserem Sonnensystem) praktisch gehört.

Corey berichtet ausführlich von seinen Besuchen auf dem Mars, wo es offenbar nicht nur eine dünne Atmosphäre gibt, sondern auch pflanzliches und tierisches Leben, welches, allesamt sehr robust, gut mit dem Leben in dem dortigen Wüstenklima zurechtkommt. Vom Jupitermond „Europa“, einem Wassermond, berichtet er, dass es dort u.a. Meerestiere ähnlich unserer Wale und Delphine gibt. Über das Forschungsraumschiff, auf dem Corey die ersten Jahre war, weiß er zu berichten, dass dies, wie die gesamten anderen ersten Raumschiffe, von Ingenieuren gebaut wurde, die davor U-Boote gebaut hatten. Sein Forschungsschiff hatte neun Decks, war aus blankem Metall gefertigt und hatte eine Vorrichtung für künstliche Schwerkraft an Bord. Man brauchte ca. 30-40 Minuten, um zu Fuß von ganz vorn nach ganz hinten zu gelangen, so lang war das Schiff.

Während der zwanzig Jahre blieb für Corey mehr als genug Zeit, sich ab und zu auch Gedanken über das „Warum“ zu machen: warum ausgerechnet er und warum er ausgerechnet dort seine Zeit verbrachte. Er bekam auf diese Fragen von den Blue Avians die Antwort, dass er sich dieses Leben ausgesucht habe und dass er, wie sehr viele andere, ein Wanderer sei, der hier sei, um einen bestimmten Zweck zu erfüllen. In den 1980er-Jahren waren laut Angabe der Blue Avians annähernd 60 Millionen solcher Wanderer auf der Erde. Die Blue Avians selbst, als materialisierte Kommunikationsform der Sphären, benötigen keinen Körper oder Technologie. Sie können sich allein mit Gedanken zu beliebigen Orten und Zeiten bewegen.

Corey erzählt von alten Technologien, die für diesen Zweck der Orts- und Zeitreisen verwendet wurden und die es noch immer hier auf der Erde und anderswo gibt. Unter anderem berichtet er von alten Grabhügeln, die hier auf der Erde gefunden worden sind, in denen sich lebendige Personen in einer Art Technologiesarg in einem Schlaf (genannt *Stasis*) befinden. Einige dieser Apparate hatten technisch versagt, woraufhin die Person, die darin lag, verstarb. Einige andere jedoch scheinen noch immer zu funktionieren, und darin liegen offenbar in einer Art Tiefschlaf Menschen, oder besser gesagt, Riesen. Diese Menschen haben seltsame Symbole auf ihren Kleidungs- und Schmuckstücken und sind offenbar viele tausend Jahre alt. Laut Corey ist für diese Menschen darin ein 30.000 Jahre andauernder

Schlaf nichts weiter als ein kleines Nickerchen von 20 Minuten. Diese Technologie sei von der *Alten Erbauer Rasse* (*Ancient Builder Race*) übernommen worden und wird offenbar von diesen Wesen benutzt, um die Wartezeit auf unsere heutige Jetztzeit zu verkürzen, da sie damals schon wussten, wie wichtig diese Zeit jetzt für Mensch und Planeten ist.

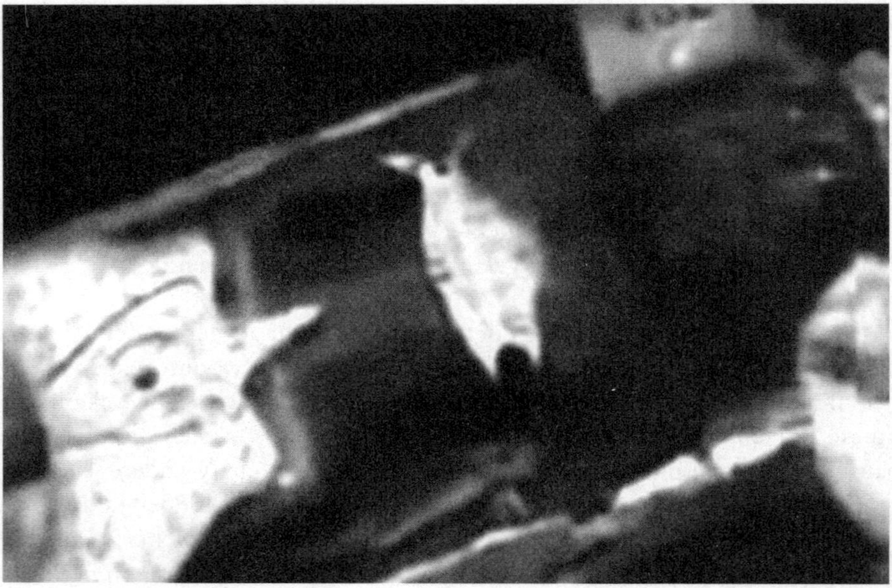

Abb. 6: Beispiel eines schlafenden Riesen in einer solchen Stasis-Kammer. Fundort Iran. Rechts der Kopf. Die schlechte Bildqualität stammt vom Originalfilm, der offenbar mit einer Kamera eines Mobiltelefons der ersten Generation gemacht wurde.

Zurück zu den Basen des ICC, von denen Corey berichtet: Auf dem Mars gibt es dutzende Fabriken und riesige Stützpunkte. Etliche Male war Corey auf Kolonien, in denen Menschen lebten, die dort lebten, weil ihnen gesagt wurde, dass die Erde nach einer fatalen Katastrophe unbewohnbar geworden sei. Denen wurde gesagt, sie seien der Keim für eine neue Menschheit, um sie „bei Laune“ zu halten und sie zu motivieren, unter strengen Bedingungen weiter dort zu arbeiten und zu leben. Corey berichtet im Verlauf der weiteren Video-Interviews auch immer wieder von diesem Vorgehen der oberen Etagen im ICC und in anderen Programmen:

Jeder bekam immer nur das gesagt, was unbedingt nötig war und meist auch, dass er die Spitze sei – es gäbe außer und über ihm oder seinem Projekt niemanden mehr. Und dies war in jedem einzelnen Fall eine Lüge, um das gesamte Ausmaß der verschiedenen Projekte zu verheimlichen und die Geheimhaltung vieler Details nicht zu gefährden.

Aus Coreys Sicht muss man viele dieser Kolonien als Sklavenkolonien bezeichnen, wobei er bemerkt, dass er die Tatsache ganz ausdrücklich ansprechen möchte, dass es im Weltraum tatsächlich einen regen Sklavenhandel gibt. Sowohl innerhalb wie auch nach außerhalb unseres Sonnensystems werden Menschen für alle möglichen Zwecke verkauft, von Arbeit über Versuche bis hin zu Opferzwecken. Reptiloide Außerirdische (dem Menschen durchaus ähnlich an Gestalt) nutzen beispielsweise die erworbenen Menschen meist zum Verzehr bei Zeremonien, so berichtet Corey, die meisten anderen Menschensklaven werden für wissenschaftliche Versuche und tatsächliche Arbeit gebraucht.

Abb. 7: Beispiel eines solchen Sarkophags. Es gibt viele verschiedene Formen und Designs.

Nicht nur mit Menschen wird Handel getrieben, sondern mit allen möglichen Rohstoffen und Technologien. Oft wurden von der Erde gerade jene bereits angesprochenen, alten Technologien angefragt und von dort verkauft, oft, weil man das, was man auf der Erde hier zunächst für simple Steine hielt und sich erst mit genauem Fachwissen als uralte, mehrdimensionale Technologie entpuppte, auf der Erde zu Spottpreisen weit unter Wert erstehen konnte. Auf der Erde wurde im Laufe der letzten Jahrhunderte immens viel an alter Technologie gefunden. Corey berichtet, dass in Russland um das Jahr 1800 eine aus Metall gefertigte Rakete gefunden und freigelegt wurde. Diese wies Schriftzeichen in Sanskrit auf, und sie war viel zu schwer, um sie zu bergen. Also vergrub man sie wieder. Als dann Stalin etwa zeitgleich mit den Amerikanern von deutscher Hochtechnologie hörte, ließ er die Rakete ausgraben, und man baute anhand des Musters und anhand der mit der Rakete aufgefundenen Baupläne kleine sphärische Raumschiffe. Diese wurden in den 1940er-Jahren von Stalin in Auftrag gegeben, und der bekam auf diese Weise Kontakt zu den geheimen Weltraumprogrammen draußen im Weltraum.

Der Beginn der geheimen Weltraumprogramme war laut Corey Goode in Deutschland bereits spätestens in den 1920er-Jahren. Die mittlerweile großen Gesellschaften und Zivilisationen menschlicher Art im Weltraum sind auf Grundlage der Deutschen entstanden. Die Deutschen waren rückblickend die Ersten, die nicht mehr zwischen dem unterschieden, was wir heute einerseits „wissenschaftlich" und andererseits „esoterisch" nennen. Stattdessen vereinten sie diese beiden Bereiche und machten mit Hilfe von Technologie und Wissen innerhalb kürzester Zeit gigantische Fortschritte und konnten deshalb den Schritt zum Mond, zum Mars und in das gesamte

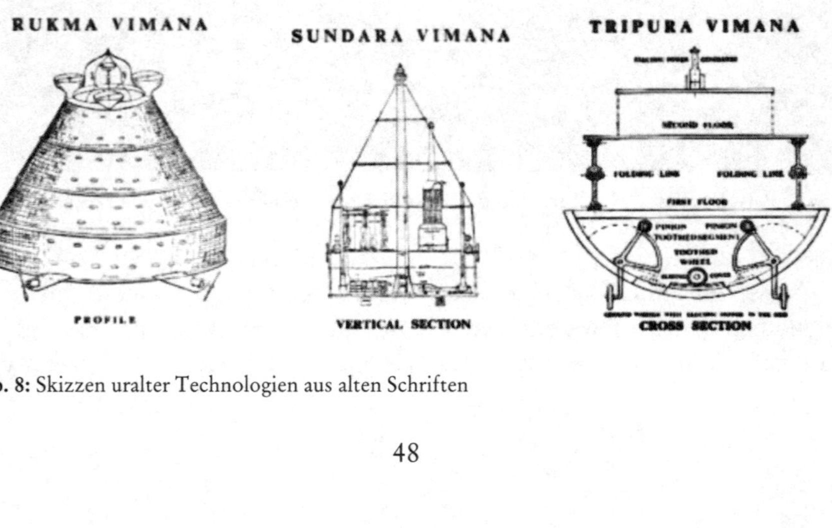

Abb. 8: Skizzen uralter Technologien aus alten Schriften

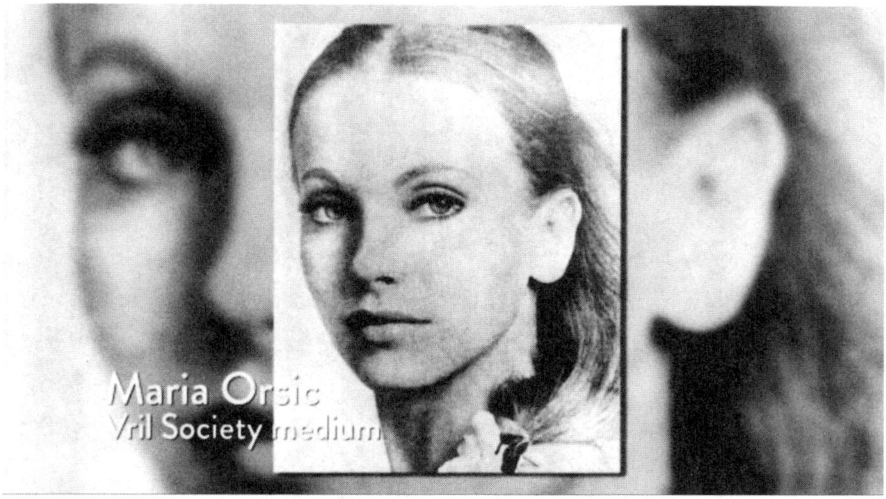

Abb. 9: Maria Orsic, Vril-Gesellschaft

Sonnensystem und darüber hinaus als Erste wagen. Man channelte mit Hilfe von spirituellen Medien Informationen aus anderen Welten und untersuchte weltweit archäologische Stätten – ob in Tibet, Peru, Ägypten oder Indien. So kamen diese Forscher Stück für Stück an Wissen, das jenes der anderen Völker der Erde weit überstieg. Die okkulten Gesellschaften in Deutschland (*Thule* und *Vril*) beschäftigten sich mit diesen Themen, keineswegs im Regierungsauftrag, mit der Zeit aber mit Wissen der Regierung, später sogar mit deren Billigung und noch später mit ihrer Unterstützung und schließlich teilweise in Zusammenarbeit mit ihr.

Im Jahre 1936 stürzte im Schwarzwald ein UFO ab. Dies führte bei den Deutschen zu einem großen Wissenssprung. Viele zusätzliche Informationen kamen von den verschiedenen Medien, wie z.B. Maria Orsic und anderen im Umfeld der Vril-Gesellschaft, die Baupläne und Texte channelten, und schließlich kam es zu einem ersten Kontakt zwischen den Deutschen und Drakoniern, im Folgenden kurz *Draco* genannt.

Die Draco-Allianz war laut eigener Aussage bereits 375.000 Jahre vor uns auf der Erde, und sie betrachtet die Erde als Teil ihres Imperiums. Die Draco sind große Wesen mit sehr vielen Reptilgenen, einem sehr großen Körperbau mit immenser Kraft und Widerstandsfähigkeit, etwa doppelt so groß wie Menschen – und sie haben einen Echsenkopf.

Abb. 10: Corey traf mit einem Mitglied der königlichen Familie der Draco zusammen, und dies war für ihn eines der erschreckendsten Erlebnisse seines Lebens. Corey beschreibt während des Interviews, dass er, vor dem königlichen Draco stehend, ein Gefühl in der Stirn gehabt habe, als ob darauf eine Mikrowelle strahlen würde. Seine Gedanken mussten sich auf die Stimme und Gedanken des Draco konzentrieren, alles andere wurde unwichtig. Währenddessen vollführten die Augen des Draco ein ähnliches Farb- und Formenspiel wie die Schlange in Walt Disneys Film „Dschungelbuch" und schillerten in den unglaublichsten Farbspielen, was sehr hypnotisch auf Corey wirkte. Im Vorfeld des Treffens wurde Corey damals zugetragen, dass der königliche Draco keinesfalls erfreut war, sich mit ihm zu treffen, sondern sehr deutliche Drohungen ausstieß, wie z.B. ihn zu zerreißen und auf ihn urinieren zu wollen. Das Treffen stand also bereits vor Beginn unter großen Spannungen, und Corey war froh, als es dann vorbei war. Corey beschreibt diesen Draco als etwa doppelt so groß wie Menschen, mit einer Schulterbreite von ca. 1,5 m und einem geschätzten Gewicht von 5 Tonnen. Auf dem Rücken befanden sich kleine Flügel, er war aber offenbar nicht flugfähig, Der Draco trug keinerlei Kleidung, hatte weiße Haut und Klauen an Händen und Füßen.

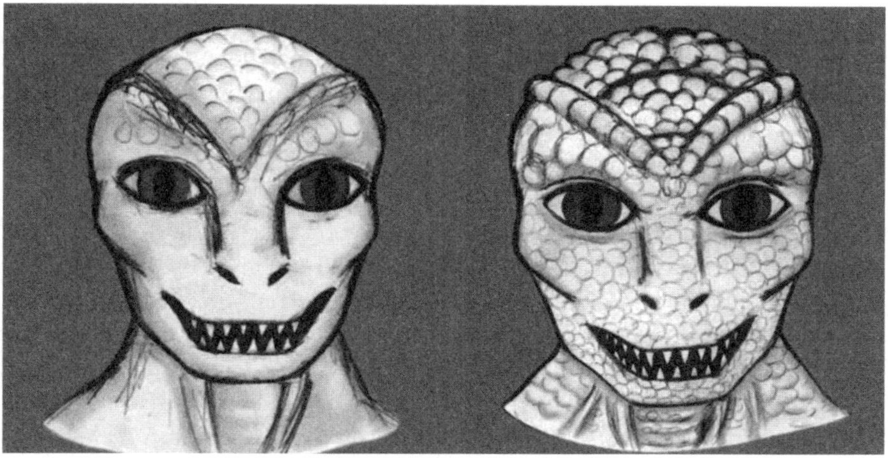

Abb. 11: Die Skizzen wurden nach den Angaben von Corey angefertigt. Die Reptiloide haben recht verschiedene Aussehen und Größen, hier wird nur ein Beispiel gezeigt.

Abb. 12: Nordics/Agarthianer

Kurz nach diesem ersten Zusammentreffen mit einer außerirdischen Art kam es zu einem Zusammentreffen zwischen den sogenannten *Nordics* und den Deutschen.

Diese stellten sich den Deutschen als Außerirdische vor, wie sie es auch in der Vergangenheit schon oft anderen gegenüber getan hatten, aber es wurde recht schnell klar, dass sie aus dem Inneren der Erde kamen, in diesem Fall aus einer Stadt unterhalb des Himalayas. In dieser Stadt gibt es Bäume und Wälder, Tiere und Flüsse. Sie ist Teil des riesigen Netzwerkes von *Agartha*, wie es diese Nordics selbst nannten. Im Gegensatz zu den Draco, die furchterregend andersartig aussahen, waren die Nordics dem Menschen überaus ähnlich, hatten blonde Haare, blaue Augen und einen aus menschlicher Sicht „sportlich durchtrainierten" Körperbau. Beide Gruppen boten den Deutschen Technologien an im Tausch gegen gewisse Vereinbarungen. Die Nordics verfügten über sehr viel Hochtechnologie, u.a. sehr fortschrittliche Raumschiffe, die sie die *Silberne Flotte* (*Silver Fleet*) nannten. Die deutsche Technologie fußt also einerseits auf den eigenen Forschungsergebnissen, andererseits auf einem sehr schnellen Wissenszuwachs durch diese beiden Gruppen (Draco und Nordics).

Die Deutschen waren schon sehr früh mit ihren Forschungen sehr erfolgreich, u.a. muss man hier den Namen Viktor Schauberger nennen und seine Erforschung der Implosion und über die Natur des Wassers.

Aber auch diverse Polen hatten viel zu diesen Forschungen beigetragen (wobei nicht das heute unter polnischer Verwaltung stehende deutsche Gebiet gemeint ist, sondern das ursprüngliche Polen).

Abb. 13: Viktor Schauberger

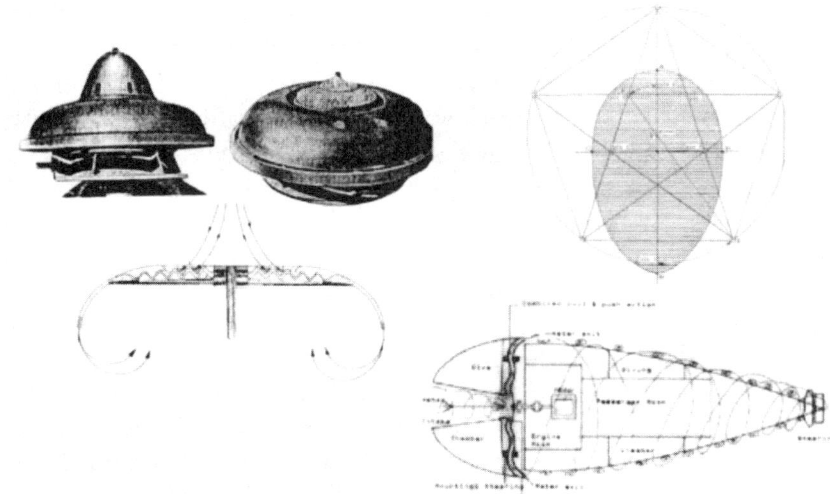

Abb. 14: Die Skizze oben links zeigt Schaubergers Luftreinigungsapparat *Repulsine*, der unerwarteterweise beim Einschalten zu fliegen begann. Dieses Gerät zeigt bereits eine der typischen „UFO“-Formen.

Was wir heute mit dem offiziellen Wissensstand in den Bereich der Magie schieben würden, vermischte man damals mit Technologie und erreichte Unvorstellbares. So wurde z.B. damals schon auf alten Texten beruhende Technologie für Elektrogravitation erbaut. Basis für die ersten Flugscheiben war u.a. die Repulsine von Viktor Schauberger, eigentlich ein zur Luftreinigung gedachter UFO-förmiger Apparat mit schnell gegenläufig rotierenden Kupferscheiben. Auch das deutsche *Projekt Glocke* war wichtig, im Rahmen dessen man mit sehr schnell rotierenden Metallzylindern hantierte, die mit flüssigem Quecksilber gefüllt waren, womit man schon damals eine weitgehende Aufhebung der Schwerkraft erzielte. Corey berichtet von seinen Sucherfolgen auf seinem SmartGlassPad, wobei auch über das *Projekt Glocke* berichtet wurde und dass die Versuche mit dem schnell rotierenden Quecksilber nicht nur enorme gesundheitliche Probleme verursacht hätten, weil nicht nur die Gravitation, sondern auch die Zeit teilweise aufgehoben wurde und dadurch Pflanzen in den Räumlichkeiten des Labors begannen, sehr schnell zu Brei zu zerfließen. Einige Wissenschaftler hatten diese ersten Gehversuche mit ihrem Leben bezahlt. Auch wurde für den Antrieb dieser Zylinder ungeheuer viel Strom benötigt, was erstaunlicherweise offenbar zu einer Umwandlung von Quecksilber zu Gold führte. Dies war durchaus ein sehr interessanter Effekt, jedoch war damit der eigentliche Zweck des Versuches nicht zu erreichen, denn das Gold setzte sich in den Zylindern an den Innenwänden ab, die für die hohen Rotationsgeschwindigkeiten aber absolut glatt bleiben mussten.

Die deutschen Wissenschaftler haben sich offenbar mit Erreichen ihrer wissenschaftlichen Ziele mehr und mehr von der deutschen Regierung gelöst und ihre eigenen Visionen verfolgt. Mit Hilfe der verschiedenen Projekte und vieler Wissenschaftler aus dem Deutschen Reich und seinem Einzugsgebiet stand dann schließlich in den frühen 1940er-Jahren eine erste kleine Flotte von Raumschiffen zur Verfügung. Die zu Beginn der Arbeiten zur Verfügung stehende eigene Technologie wurde durch den Kontakt zu den Draco und den Nordics wesentlich verbessert. Dabei wurde insbesondere der Aspekt der Zeit zum ersten Mal relevant. Eine Reise durch den Raum ist, je schneller man unterwegs ist, auch eine Reise durch die Zeit. Die physischen und psychischen Probleme, die dabei bei der Besatzung des Schiffes entstehen können, wurden im Laufe der Zeit erforscht.

Die Nordics kommen eigentlich von der Erde selbst und leben in einem riesigen Netzwerk unterirdischer Städte. Dieses Netzwerk unterirdischer Städte ist entstanden, als die Nordics sich aus Sorge von einigen kosmischen Katastrophen, die sich auf der Erdoberfläche abspielten, in den Untergrund der Erde flüchteten. Dies spielte sich in einem in dem Interview nicht näher genannten Zeitraum von einigen zehntausend Jahren ab. Stück für Stück, Stadt für Stadt wurde dieses Netzwerk dann erweitert. Die Nordics sind keineswegs die einzige Zivilisation unter der Oberfläche, wohl aber die größte. Eine andere Bezeichnung für die *Nordics* ist der Name *Agarthianer*, vom Namen *Agartha* abgeleitet, ein uns aus den nordischen Heldensagen sehr wohl bekannter Name. Im Buch „Weltverschwörung" findet sich eine Karte, die den genauen Anfahrtsweg nach Agartha beschreibt, den die deutsche Marine damals mit U-Booten gefahren ist.

Auch früher schon kamen die Agarthianer an die Oberfläche und traten in Kontakt mit der Oberflächenbevölkerung. Dies geschah in unregelmäßigen Abständen und meist, um gesellschaftliche, technologische oder geistige Impulse zu setzen, um so der Oberflächenbevölkerung bei ihrer Entwicklung zu helfen. Immer traten sie aus Geheimhaltungsgründen als außerirdische „Götter" auf und verschwiegen ihre eigentliche, irdische

Herkunft. Erst in den 1970er-Jahren fand man in den geheimen Weltraumprogrammen heraus, dass die Agarthianer nicht von außerhalb der Erde, sondern von innerhalb der Erde kamen. Es darf angenommen werden, dass kurz nach der Sintflut eine recht große Menge an Agarthianern als „Götter" auftrat und die Grundlage für die griechische Götterwelt schuf bzw. darstellte.

Vor etwa 375.000 Jahren kamen die Draco auf die Erde und eroberten sie. Seither gehört die Erde zum Imperium der Draco und wird von ihnen mitsamt allen Bodenschätzen und der Bevölkerung als ihr Eigentum betrachtet. Offenbar wurden sie damals ein einziges Mal von der Erde vertrieben, vielleicht von den Agarthianern. Doch sie kamen zurück und ließen sich den Gehorsam offenbar fortan mit menschlichen Opfergaben nahe an und auf den Pyramiden versichern.

Corey berichtet, dass unter anderem in den Informationen, die er aus seinem SmartGlassPad entnahm, stand, dass die Deutschen nach dem Ende des Zweiten Weltkriegs nach Agartha eingeladen wurden. Ebenso wurden sie zu den alten Städten und Ruinen in der Antarktis eingeladen. Diese Ruinen gibt es noch heute. Vieles ist durch das Eis zerstört, aber vieles ist auch noch immer da, etliches sogar bewohnbar. Als die Deutschen dort hinkamen, waren dort drei Städte. Eine Stadt wurde von den Deutschen in Besitz genommen, zwei weitere, die sich weiter im Inland befanden, waren bereits von anderen Zivilisationen besetzt. Diese wurden jedoch relativ schnell zu Verbündeten der Deutschen. Schnell wurde damals ein ganzes Netzwerk von Stützpunkten geschaffen, in Brasilien, Argentinien und anderen Ländern Südamerikas, die dann den Stützpunkt in der Antarktis versorgten.

Als offensichtlich wurde, dass die offiziellen deutschen Streitkräfte den Krieg verlieren würden, entschloss man sich, in den Weltraum zu gehen. Dies geschah zunächst vollkommen unabhängig und ohne Wissen oder Zutun der deutschen Regierung. Als Erstes gingen die Deutschen auf den Mond. Da der Mond aber keineswegs leer und unbewohnt war, mussten sie ihr Territorium dort mit einem hohen Blutzoll bezahlen.

Die Deutschen pflegten im Rahmen der diversen Geheimgesellschaften seit den 1920er-Jahren Kontakte zu den Draco und den Agarthianern und arbeiteten mit beiden zusammen.

Abb. 15: Konteradmiral Richard Byrd

Sie traten in den 1950er-Jahren gegenüber einigen Menschen auf der Erdoberfläche sogar in derselben Kleidung wie die Agarthianer auf und gaben vor, „Götter" zu sein, um zu verschleiern, dass sie eigentlich Deutsche waren. Natürlich drangen Erkenntnisse über diese Technologien in Deutschland auch zu den amerikanischen Geheimdiensten durch. Man erschrak offenbar fürchterlich über den ganz offensichtlich immensen technologischen Vorsprung, und die übermittelnden Soldaten und Agenten standen unter enormem Druck, da man ihnen zu Beginn schlicht nicht glaubte, was sie berichteten. Die *Operation High Jump* im Jahre 1947 unter Konteradmiral Byrd sollte sich die Stützpunkte in der Antarktis vorknöpfen. Man schickte keine Amateure oder schlechtes Gerät, sondern einige tausend Mann mit Schiffen und Flugzeugen. Die Operation wurde dennoch ein totaler Fehlschlag, und die rückkehrenden Soldaten berichteten von ihrer Machtlosigkeit gegenüber den dort angetroffenen Waffensystemen und Soldaten. Daraufhin startete man die *Operation Paperclip*, um mit dem großen „Brain-Drain" („Gehirn-Absaugung"), so der Spitzname dieser Aktion, deutsche Wissenschaftler zu tausenden nach Amerika zu bringen, um so die amerikanische Technologie auf Vordermann zu bringen und deren Rückstand zu verkleinern.

Abb. 16: Flugzeugträger der *Operation High Jump*. Man sieht an Deck die Flugzeuge mit hochgeklappten Flügeln stehen. Hinzu kamen noch etliche Schiffe, u.a. Zerstörer, Transportschiffe usw.

Da viele von den so mehr oder weniger freiwillig ausgewanderten deutschen Wissenschaftlern Kontakt zu anderen Deutschen hatten, die bereits in Südamerika oder der Antarktis waren, fing man im Geheimen an, sich diesen Kontakten anzuschließen, und schließlich trafen sich nach Kriegsende Amerikaner und Deutsche aus den südlichen Stützpunkten. Der damalige Präsident Truman traf sich mit den „Breakaway"-Deutschen und sah sich Forderungen gegenüber, die er für unannehmbar hielt. Die Deutschen wollten, dass die Existenz der UFOs, der Kontakt zu Außerirdischen und vieles mehr öffentlich bekannt gemacht werde. Für Truman hatte jedoch alles oberhalb des Wissens über Atomwaffen absolut geheim zu bleiben. Dies sorgte für einen recht großen Druck, der sich gegenüber Truman aufbaute. Dieser Druck gipfelte schließlich in einer Aktion der Deutschen, die 1952 mit mehreren Flugscheiben in Washington über das Capitol flogen. Man stelle sich eine solche Aktion heute vor: die Videos der Nutzer von Mobiltelefonen wären innerhalb von Sekunden weltweit sichtbar und nicht mehr zu unterdrücken.

Abb. 17: Der Formationsflug 1952 fand mit mehreren deutschen Flugscheiben zweimal im Abstand von zwei Wochen statt. Zu sehen sind die Flugscheiben als kleine weiße Punkte oberhalb des Capitols.

Damals jedoch hatte dieser Formationsflug zwar ein enormes Druckpotential und auch Erfolg, führte aber nicht automatisch zur Veröffentlichung der Tatsachen. Der Erfolg dieser Aktion war jedoch, dass Truman sich aufgrund seines Wunsches, alles, was mit den Deutschen, ihren Flugscheiben und Außerirdischen etc. zu tun hatte, unter allen Umständen geheim zu halten, gezwungen sah, die Verträge mit den Deutschen zu unterzeichnen. Das Angebot der Deutschen an die Hintergrundmächte im Bereich Öl und Finanzen der USA war recht simpel: Unterzeichnet die Verträge, und wir lassen euch die Kontrolle über das Öl und das Geld. Oder wir nehmen euch alles, denn durch die Bekanntmachung dieser Technologien und Tatsachen würden die USA innerhalb sehr kurzer Zeit an Bedeutung verlieren und das Ölgeschäft unwichtig werden – und mit ihm der US-Dollar an Bedeutung verlieren.

The Weather

The Washington Post FINAL

FIVE CENTS

Saucer' Outran Jet, Pilot Reveals

S. Protests
oviet 'Hate'
Aviation
ay Posters

Russians Rule Satellites
By Torture and Murder

Stevenson
And Truman
Head 'Big 4'

Eisenhower,
Nixon Plan
Campaign

Investigation
On in Secret
After Chase
Over Capital

Abb. 18: Die technische Überlegenheit der Flugscheiben war offensichtlich und selbstverständlich Thema der Diskussionen.

DAILY NEWS

4¢

JETS CHASE D. C.
SKY GHOSTS

State Probers Sift City Funds

Abb. 19: Natürlich wurde in den Zeitungen darüber berichtet und wild spekuliert, aber zu diesem Zeitpunkt wussten nur wenige, wer diese Fluggeräte tatsächlich flog.

Beide Seiten unterzeichneten die Verträge mit dem Hintergedanken, die Zusammenarbeit erst einmal friedlich zu starten, um dann die jeweilige Gegenseite im Laufe der Zeit zu unterwandern und still und leise zu übernehmen. Die Deutschen gewannen nach einigen Jahren dieses heimliche Wettrennen und übernahmen so schließlich die eigentliche Macht in bzw. hinter Washington.

Abb. 20: Truman war der erste Präsident, der mit den Weltraum-Deutschen in Kontakt trat und Verträge unterzeichnete.

Durch die schiere Größe der USA konnten die Deutschen nun auf relativ unbegrenzte Ressourcen zurückgreifen und die Industrialisierung des Weltraums mit Hilfe der zunehmend mehr auf ihrer Seite stehenden privaten Verbündeten aus dem Bereich des Militärisch-Industriellen Komplexes schnell vorantreiben. Unglaubliche Mengen an Geldern, Menschen und Material flossen in diese Programme. Annähernd 60 Millionen Menschen sind im Laufe der Zeit in die Programme eingegliedert worden und haben dort auch Nachwuchs gezeugt. Man darf somit davon ausgehen, dass es dort oben eine Gesamtbevölkerung von einigen hundert Millionen Einwohnern gibt. Durch die Unterstützung der Industriellen des Militärisch-Industriellen Komplexes, die im Rohstoffabbau von Asteroiden, die teilweise aus purem Gold bestanden (um nur ein Beispiel zu nennen) oder aus anderen, wertvollen Materialien, eine immense Gewinnchance sahen, bildete sich schnell ein immer größer und stärker werdender privater Sektor, der viel mächtiger war als die Regierung der USA selbst.

Abb. 21: Eisenhower war der zweite Präsident, der mit Außerirdischen Verträge schloss.

Als Gegenleistung für das „großzügige Entgegenkommen" der Regierung der USA bei der Finanzierung der Industrialisierung des Weltraums übergaben ihnen die Deutschen einige der Flugscheiben der ersten Generation, damit sich die offizielle Wissenschaft des US-Militärs damit beschäftigen konnte. Zwar waren dies offenbar flugtaugliche Flugscheiben, jedoch noch voller technischer „Kinderkrankheiten", sodass die Deutschen diese abgeben konnten, ohne dabei einen taktischen Nachteil zu erlangen. Die Amerikaner indes brauchten Jahrzehnte, um diese Technologie annähernd vollständig zu kopieren. Die Regierung der USA war schon damals stark beeinflusst von der Gruppe, die wir heute „Kabale" nennen, also von einer Hintergrundmacht, die mit unbegrenzten finanziellen Ressourcen ihre eigene Agenda durchzusetzen versuchte. Die amerikanische Regierung war demnach von zwei Seiten Kräften ausgesetzt, die sie in ihrer eigentlichen Funktion, nämlich der unabhängigen Regierungsarbeit zum Wohle des Volkes der Vereinigten Staaten, vollkommen untergruben. Zumindest ein Teil der Weltraum-Deutschen arbeitete dann im Laufe der Zeit auch mit Kreisen der Kabale zusammen.

Durch den frühen Beginn hatten die deutschen Wissenschaftler einen riesigen Vorsprung. Schon damals verfügten sie über Technologien, die unsere heutigen bereits in vielem übertrafen. Durch den schnellen Fortschritt der Deutschen im Weltraum kam es schnell auch zu noch mehr Kontakten zu anderen Zivilisationen. Es wurde Handel betrieben, und es konnten weitere Technologien erlangt werden, die den Fortschritt der Deutschen in der Breite der technologischen Möglichkeiten noch einmal maßgeblich beschleunigten. Die zu Beginn bei *Ahnenerbe*-Expeditionen nach Tibet gefundenen (oder erbeuteten) Texte und Skripte entpuppten sich bei genauer technischer Prüfung in Deutschland schnell als Baupläne für sehr fortschrittliche Technologien. Mithilfe der später gewonnenen Erkenntnisse konnte man anhand der Skizzen erkennen, dass beispielsweise die sog. *Vimanas* offenbar von den sogenannten „Greys“ (den „Grauen“) entworfen und als Technologie zur Erde gebracht wurden.

Die verschiedenen Geheimgesellschaften in Deutschland, wie zum Beispiel die *Thule-Gesellschaft*, die *Vril-Gesellschaft* oder der *Orden der Schwarzen Sonne*, waren die Keimzellen dieser technologischen Entwicklung. Aus ihnen entstand u.a. das *Projekt Glocke* (Antigravitation und Zeitreisen). Insbesondere der *Orden der Schwarzen Sonne* arbeitete eng mit dem deutschen Militär zusammen. Es wurden Kontakte geknüpft, Netzwerke gegründet, und die Zusammenarbeit der verschiedenen Gruppen wurde vorangetrieben. Zu Beginn gab es zwar Prototypen und jede Menge Technologie, aber an eine Serienfertigung oder einen militärischen Einsatz war nicht zu denken. Dafür fehlten die Mittel und Möglichkeiten.

Auf Regierungsseite gab es in Deutschland noch das Amt *Ahnenerbe*. Im Rahmen verschiedener Expeditionen in aller Herren Länder nahm man sich an Artefakten, was man kriegen konnte und untersuchte es auf eventuelle technologische Relevanz. Die Akten des Amtes *Ahnenerbe* werden heute von Russland aufbewahrt und sind nahezu vollständig erhalten.

Der Speer, der Jesus bei der Kreuzigung verletzte; heilige Steine, die aussahen wie Steine, aber ganz offensichtlich spezielle Wirkungen hatten – alles wurde gesammelt und nach Berlin und an andere Orte gebracht, um es dort genau zu untersuchen. Ein großer Teil solcher Technologie wurde aufgrund des anfänglich vorhandenen Unverständnisses über deren Wirkungsweise an außerirdische Zivilisationen verkauft oder getauscht gegen andere, erwünschte Technologie.

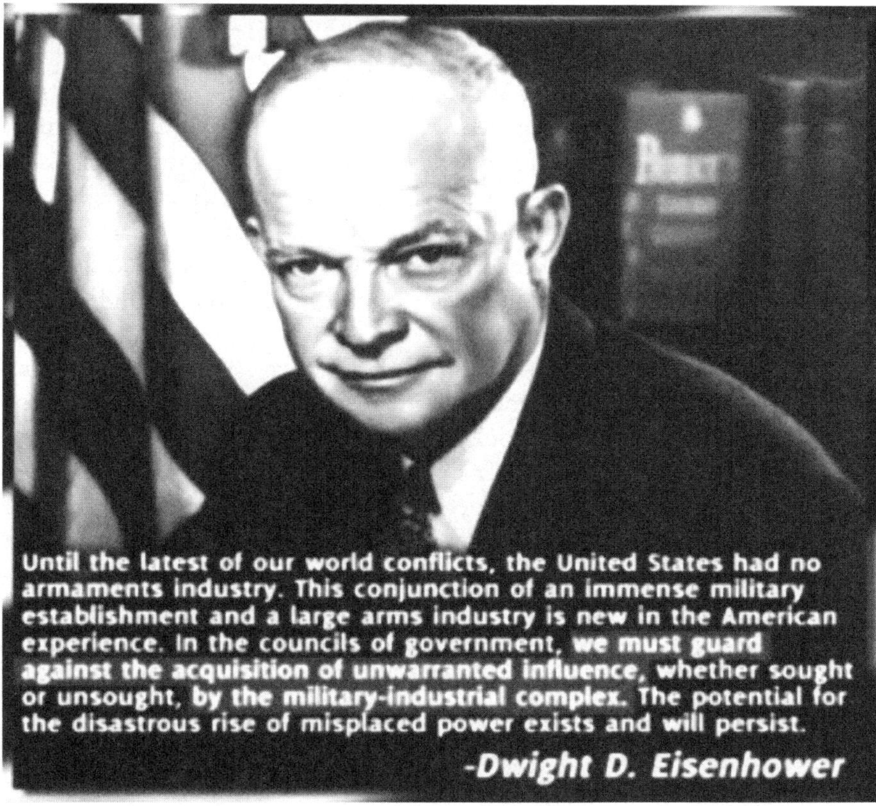

Abb. 22: Eisenhower erkannte die Gefahr für die Selbständigkeit der USA, wenn die Deutschen mehr und mehr Einfluss im Militärisch-Industriellen Komplex erreichten, warnte aber nicht nur hiervor, sondern auch vor dem Militärisch-Industriellen Komplex an sich, denn dieser hatte sich bereits angeschickt, einerseits immer größeren Einfluss auf die Regierung und andererseits immer größere Unabhängigkeit von der Regierung durchzusetzen.[35]

Die deutschen Geheimgesellschaften waren in ihrem Tun deshalb so erfolgreich, weil sie eine sehr lange Vorgeschichte haben, die bis auf das Druidentum in der Vorzeit zurückgeht, so Corey. Ihre Mitglieder hatten strenge Regeln bezüglich der Geheimhaltung und schafften es tatsächlich, ihre Angelegenheiten vor der Regierung und allen anderen geheim zu halten. Mit hoher Selbstdisziplin und jahrtausendealter Tradition wurde hier Wissen weitergetragen, das über die offizielle Wissenschaft weit hinausging. Innerhalb Europas gibt es etliche Geheimbibliotheken dieser Gesellschaften, in denen das Wissen dieser Gruppen konserviert wurde. Die Ley-Linien als Standorte der Kathedralen Europas und anderer wichtiger Gebäude, sind nur ein Teil dieser Wissenstradition, die erst im Druidentum, dann im Priestertum weitergegeben wurde. Es darf angenommen werden, dass *Druiden* und *Priester Odins* beispielsweise bereits Zugang zu Portalen und Zeitreisetechnologie hatten, so berichtet Corey, leider ohne näher auf diese Details einzugehen. Die normale Bevölkerung hatte niemals Zugang zu diesen Bibliotheken oder deren Inhalten, selbst Kaiser oder Könige hatten hier keinen Zutritt. Dieses Geheimwissen bildete die Grundlage der geheimen Weltraumprogramme.

Die geheimen Weltraumprogramme waren jedoch keineswegs die ersten Berührungspunkte der Menschheit mit dem Weltraum und außerirdischen Zivilisationen. Es gab zum Beispiel in Südafrika und auch in der Türkei und an etlichen anderen Plätzen auf der Erde Stützpunke solcher Zivilisationen. Diese beobachteten nicht nur, sondern traten teilweise auch in Kontakt mit den Menschen. Als die Deutschen dann zum ersten Mal aus eigener Kraft zum Mond fliegen konnten, merkten sie, dass dort zu landen recht gefährlich sein konnte, denn es wurde versucht, ihre Landung zu verhindern. Der Mond ist, wie die allermeisten Himmelskörper im Universum, bereits besetzt. Und obendrein ist der Mond, als Beobachtungsposten der Erde, ein ganz besonderes Stück Land: Es ist in diplomatische Zonen unterteilt, wobei jede einzelne Gruppe ihr eigenes Gebiet hat und es diplomatisch sehr streng geregelt ist, wer wo wann Zutritt hat oder nicht. Zwar gibt es so gut wie keine Kampfhandlungen (mehr) auf dem Mond, sie sind aber keineswegs ausgeschlossen, sondern lediglich durch extrem strenge Regeln unterbunden.

Um eine Basis auf dem Mond errichten zu können, holten die Deutschen sich eine Genehmigung der Draco, auf deren Territorium sie dann schließlich ihre erste Basis bauen konnten. Später folgte auf dem exakt gleichen Wege die Regierung der USA zum selben Zweck.

Auf dem den Deutschen überlassenen Gebiet fanden diese sehr alte Ruinen und Gebäude, die sie teilweise instand setzten und zu einer Kolonie ausbauten. Es wurde zum Bauen zunächst Material von der Erde genutzt, später dann Material vom Mond selbst, welches man zu einer Art Beton wandelte. Zum Transport der Materialen wurden anfangs Flugscheiben genutzt, später nutzte man Portal-Technologie. Die Portal-Technologie hatte zumindest zu Beginn der Nutzung offenbar einen kleinen Fehler. Zwar fand der Transport von der Erde auf den Mond statt, jedoch erreichte man den Mond zu einer anderen Zeit. Dies wurde ausgenutzt und führte dazu, dass man bei späteren Besiedlungsprojekten auf dem Mond, z.B. durch die USA, jahrtausendealte Bauten der Deutschen vorfand, mit Swastikas und anderen Symbolen an den Wänden, die schon seit Urzeiten nicht mehr bewohnt waren. Unter anderem fanden sich an völlig leeren Plätzen, die man sich für aktuelle Neubauvorhaben auf dem Mond aussuchte, Sprengfallen deutscher Bauart, ebenfalls viele tausend Jahre alt, teilweise aber noch immer in Funktion. Dies bedeutet, dass die Deutschen den Zeitreiseeffekt dieser Portale bewusst genutzt hatten, um an Plätzen, an denen später Bauten geplant wurden, zu einem früheren Zeitpunkt Sprengfallen zu legen. Diese Aktionen wurden offenbar gemeinsam mit den Draco durchgeführt.

Nicht nur der Mond war bereits aufgeteilt und bewohnt, sondern auch sämtliche anderen Himmelskörper und auch viele der Asteroiden. Die Deutschen fanden im Asteroidengürtel einige größere Brocken, auf denen bereits seit tausenden von Jahren mit Bergbautechnik abgebaut wurde. Auf vielen Plätzen im Weltraum, auch auf der Erde, dem Mars und anderen Himmelskörpern, fanden sich uralte Raumschiffe aus längst vergangenen Schlachten und Zeiten, die sich in den alten vedischen Schriften wiederfanden.

Auf dem Mond wurden Gebäude entdeckt, die in einigen Räumen Throne und Tische stehen hatten, die für Wesen gebaut waren, die offenbar 25 m groß gewesen sein mussten. Corey erwähnt den Autor Richard Hoagland und bestätigt dessen Theorie, dass es dort oben riesige Glasdome gegeben haben muss, mit Pflanzen und sogar Bäumen darin. Corey berichtet von deren Überresten und anderen Bauten, die aus transparentem Aluminium gefertigt sind oder waren. Die zahlreichen Ruinen und Überreste der Bauten der verschiedensten Zivilisationen und aus den unterschiedlichsten Zeiten deuten darauf hin, dass der Mond als Beobachtungsposten auf die Erde bereits seit vielen Jahrtausenden in Gebrauch ist.

Das im Buch „Weltverschwörung“ beschriebene Szenario der Zerstörung Phaetons wird von Corey und David durch die Aussage erweitert, dass der Mars auf der einen Seite ganz normal aussieht, während er auf der anderen Seite von Kratern übersät ist. Dies deutet darauf hin, dass er sehr nahe an dem explodierenden Planeten Phaeton gewesen sein muss. David erwähnt die Theorie von Richard Hoagland, dass der Mars möglicherweise ein Mond des Phaeton gewesen sein könnte.

Im Rahmen der *Operation Brillant Pebbles* katalogisierte und kartographierte man den Asteroidengürtel zwischen Mars und Jupiter und fand so heraus, wo welcher Asteroid früher war, als der gesamte Haufen von Asteroiden noch als ein ganzer Planet bestand.

Als die Deutschen auf dem Mond ihre Basis fertig gestellt hatten, flogen sie von dort aus auch weiter zum Mars. Die Reisezeit damals in den 1930er-Jahren betrug wenige Stunden, heute ist die Reise in wenigen Minuten erledigt. Die Deutschen waren weder auf dem Mond noch auf dem Mars die Ersten, aber sie waren auf dem Mars offenbar die Ersten in der Neuzeit und konnten dort relativ ungestört große Kolonien aufbauen. Die Bilder des Mars, die der breiten Öffentlichkeit durch die Medien bekannt gemacht werden, weisen alle eine rote Färbung auf. Dies ist keineswegs ein Abbild der Realität. In Wahrheit gibt es dort einen wunderbar blauen Himmel mit einer leichten Lila-Färbung. Einzig in der Gegend des Äquators gibt es durch die häufigen Sandstürme oft eine Rot-Färbung der Atmosphäre. In der Nähe des Äquators kann man auf dem Mars tatsächlich ohne Hilfe atmen, und das Atmen ist vergleichbar mit dem in einem hohen Gebirge auf der Erde. Normalerweise tragen die Menschen dort dann nur einen dünnen Schutzanzug und eine kleine Atemhilfe.

Corey berichtet von pflanzlichem und tierischem Leben auf dem Mars. Sehr plastisch schildert er kniehohe Pflanzen mit sehr spitzen Blättern in einem lila Farbton, mit rotem Stiel und Dornen an den Ästen. Wo Pflanzen sind, muss Wasser sein, und natürlich gibt es auf dem Mars Wasser, meist in Form von Eis. Die großen Meere allerdings, die es früher einmal auf dem Mars gab, sind vollkommen vernichtet und verschwunden.

Goode erzählt uns von einer Vogelart, die er beobachtet hat. Diese Vögel sehen irdischen Fledermäusen ähnlich, sind jedoch wesentlich größer und leben in Erdhöhlen. Auch gibt es Würmer, im Vergleich zu denen auf der Erde in gigantischen Größen mit vielen Zentimetern Durchmesser, die sogar Metall fressen, wenn man sie an solches herankommen lässt, und sogar auch humanoide Lebensformen. Diese leben sehr zurückgezogen in Höhlen und halten sich immer von allem fern, sind sehr friedlich und haben einen roten Hautton.

Da die Deutschen zu Beginn ihrer Reisen zum Mars und zum Bau der ersten Stützpunkte Material mit Flugscheiben transportierten und später irdisches und anderes Material mit Portal-Technologie auf den Mars brachten, anstatt lokales Material zu nutzen, kam es häufig vor, dass dabei allerlei kleine Tiere und Bakterien mit eingeschleppt wurden. Dies ist zu einem großen Problem für einige auf dem Mars beheimateten Tiere und Pflanzen geworden. Es gab auf dem Mars früher keine Spinnen. Corey erzählt, dass er dort oben die Nachfahren der eingeschleppten Spinnen gesehen habe und dass dies ein Bild wie aus einem Horrorfilm gewesen sei. Denn diese Spinnen seien halb so groß wie Menschen! Auch Ratten wurden eingeschleppt und vermehrten sich prächtig, und auch sie wurden etwas größer als ihre Verwandtschaft auf der Erde. Schaben seien dort so groß wie eine menschliche Hand. Aufgrund dieser Erfahrungen ist man seit vielen Jahren bereits sehr viel vorsichtiger geworden im Umgang mit biologischen Lebensformen bei Transporten und hat nicht nur strenge Vorschriften, sondern auch strenge Kontrollen eingerichtet.

Die seit den 1950er-Jahren für den Transport auf die verschiedenen Planeten genutzte Portal-Technologie wurde zunächst nur für Material verwendet, später auch für Menschen. Dabei kam es zu Beginn zu einer Art temporalen Demenz, teilweise mit gravierenden Folgen. Im Laufe der Zeit konnte man die Technologie allerdings so verbessern, dass es keine Probleme mehr gab. Ein solches Portal kann man sich wie eine sehr große Blase vorstellen, in die man hineingehen oder hineinfahren kann, woraufhin man dann beim Austritt aus dieser Blase woanders ist – oder auch „wann-anders“, denn es ist gibt durchaus die Möglichkeit, mit diesen Portalen auch in der Zeit zu reisen.

Die Deutschen fanden auf dem Mars auch Vulkane. Meist sind diese erheblich größer als die auf der Erde, und zur Überraschung der Deutschen waren die Vulkankrater und Vulkanschlunde von verschiedenen Zivilisationen bewohnt, die sich sehr wehrhaft einer Besetzung zu entziehen vermochten. Die Bewohnerzahl dieser Städte wird auf jeweils einige Millionen Lebewesen geschätzt.

Die Deutschen gaben schließlich den Versuch, diese Städte als Basen zu nutzen, auf und errichteten ihre ersten Stützpunkte in Äquatornähe. Dies erwies sich als großer Fehler, denn die Sandstürme dort weisen eine große elektrische Ladung auf und verursachten Probleme, die einem EMP (elektromagnetischer Impuls einer Atombombenexplosion) sehr ähnlich waren. Auch die Temperaturen konnten innerhalb weniger Stunden um 40 Grad steigen oder fallen. Man verlegte deshalb die Bautätigkeiten auf die Region um den 20. Breitengrad herum, in der Nähe der Pole, wo der Bau der Kolonien keinerlei größere Probleme bereitete. Zu Beginn siedelte man sich oft in den Seitenwänden von Schluchten an, später baute man auch Basen an der Oberfläche. Auch unterirdische Basen wurden errichtet, manchmal mit Hilfe von Atombomben der fünften Generation, die nach der Atombombenexplosion ein Vakuum erzeugten und sofort im Anschluss daran sämtliche Strahlung vernichteten. Es entstand ein sauberer Hohlraum, aus dem restlos alles, inklusive der Strahlung, entfernt war.

Um den Mars herum gibt es einige Monde und Satelliten – *Phobos* und *Daemos* heißen die beiden bekanntesten. Phobos ist laut Aussage von Corey eine zerstörte Sphäre und innen hohl, während Daemos offenbar natürlichen Ursprungs ist. Zusätzlich zu den Monden untersuchte man den naheliegenden Asteroidengürtel und fand heraus, dass etliche der Asteroiden sehr reich an Bodenschätzen waren. Aufgrund dieser Meldung gelang es den Deutschen in den 1950er-Jahren sehr schnell, die Führer und Eigentümer des Militärisch-Industriellen Komplexes der USA hinter sich zu bringen, denn diese hatten fortan Dollarzeichen in den Augen und investierten jedes Jahr viele Milliarden. Bald wuchsen die Basen in riesige Dimensionen, und es entstanden Stützpunkte und Minen für alle möglichen Rohstoffe, selbst auf den entlegensten Himmelskörpern des Kuipergürtels am Rande unseres Sonnensystems. Selbst vor Eroberungen fremden Territoriums zur Sicherung von Bodenschätzen wurde nicht mehr zurückgeschreckt, und entsprechende Mittel und Basen wurden bereitgestellt. Auf dem Mars selbst fanden offenbar seit den 1920er-Jahren mehrere Kriege statt, bei dem einige Zivilisationen ausgelöscht wurden und auch viele Deutsche ihr Leben verloren.

Die Deutschen hatten es also tatsächlich geschafft, trotz des verlorenen Krieges auf europäischem Boden, sich den gesamten Militärisch-Industriellen Komplex der USA samt der kompletten Regierung untertan zu machen und mit Hilfe der amerikanischen Ressourcen an Mensch und Material, die wesentlich größer waren als die des Deutschen Reiches damals, das Sonnensystem industriell zu erschließen.

Der Militärisch-Industrielle Komplex gründete das *ICC*, das *Interplanetary Corporate Conglomerate*, und baute auf diversen Planeten seine Stützpunkte aus. Immer mit dabei als zentrale Basis war der Stützpunkt der Deutschen auf dem Mond.

Die heute benutzten Raumschiffe sind von der Technologie her wesentlich weiter fortgeschritten als die damaligen Transportmittel. Sie nutzen einen *Torsionsfeldantrieb*, der die Raumzeit krümmt und so das Schiff in eine bestimmte Richtung und eine bestimmte Zeit zieht. Corey benutzte in den Interviews auch die Bezeichnung *Temporalantrieb*.

Die verschiedenen Schiffe und Basen nutzen sehr fortschrittliche Kommunikationstechnik. Corey erklärt die Funktionsweise wie folgt: Entnimmt man einem Isotop zwei Quanten und trennt diese, dann bleiben die Quanten dennoch verbunden. Die eine Seite, das eine Quant, „weiß" immer, was mit der anderen Seite passiert: ob es warm oder kalt wird, schnell oder langsam oder welche Frequenz es gerade empfängt. Diesen Effekt machte man sich zunutze und konnte so über Raum und Zeit „telefonieren" und Daten übertragen. Dies war offenbar extrem hilfreich bei Rettungsaktionen, wenn mit irgendeinem Portal mal wieder etwas schiefgelaufen und jemand in einer völlig falschen Zeit oder auf einem unerwartet weit entfernten Planeten gelandet war. Diese Technik stand den Deutschen zur Verfügung, als noch niemand über *IBM* oder *Microsoft* sprach.

In einem weiteren Interview kommt Corey erneut auf die Monde zu sprechen. Es gibt davon mehr als 100 in unserem Sonnensystem. Zwar haben die Deutschen den Weltraum erobert, aber dennoch blieb ihnen der Zutritt auf vielen dieser Monde verwehrt.

Auf einigen Monden haben weder das *ICC* noch die Deutschen Zutritt. Diese Monde sind sozusagen „off limits" und sind unter der Kontrolle von anderen Zivilisationen, die teilweise über weit überlegene Technologien verfügen. Ganz besonders gilt das Zutrittsverbot für die meisten Monde des Jupiters. Diese Zivilisationen sind Mitglieder der sogenannten *Super Federation*, die man mit einer Art kosmischen UNO vergleichen könnte. Es gibt in der *Super Federation* 40 unterschiedliche menschliche Zivilisationen und noch 20 weitere. Im Großen und Ganzen sind die Bewohner der Monde um die Gasgiganten herum eher dem Menschen ähnliche Zivilisationen.

Abb. 23: Hier ein Bild aus dem Kinofilm IRON SKY, in dessen Verlauf dem nichtsahnenden Publikum im Rahmen dieser Science-Fiction-Komödie die mit dem Computer erzeugte Grafik einer solchen Basis gezeigt und auch deren Geschichte erzählt wird.[36]

Der Mond *Io* beispielsweise hat viele Vulkane, die alle möglichen Gase absondern, wie Sauerstoff, Helium, Argon und einige mehr. Auf diesem Mond sind die Draco und einige Mitglieder der Super Federation. Diese mögen sich nicht unbedingt besonders, aber sie haben mit strengen diplomatischen Regeln eine Möglichkeit gefunden, sich gegenseitig aus dem Wege zu gehen. Durch das Gravitationsfeld des Jupiters und die ausströmenden Gase haben sich riesige Ringe um *Io* gebildet, die von der NASA seit 1970 gemessen werden und immer dichter zu werden scheinen.

Nicht nur dieser Mond Io um Jupiter, sondern auch der riesige Saturn hat Ringe. Die sind laut Corey allerdings keineswegs natürlichen Ursprungs, sondern wurden vor sehr langer Zeit von der Zivilisation auf Phaeton künstlich aus Aluminium erbaut. Möglicherweise sollte dies eine Art Puls-Waffe werden, ein Galaxien-Zerstörer, ähnlich einer Tesla-Erdbebenmaschine.

Abb. 24: Und hier allerdings ein möglicherweise echtes Foto der Basis auf dem Mond.[37]

Der Ring sollte Impulse in den Saturn senden, dort Resonanz und somit gigantische Energien aufbauen. Auf den Ringen des Saturns wurden Bauten und Räume gefunden, die für sehr große Wesen gebaut worden waren (ca. 70 Fuß Höhe = ca. 21 Meter), was darauf hindeutet, dass die Ringe zumindest teilweise und zeitweise bewohnt waren. Offenbar wurde diese Impulswaffe zerstört, als auch Phaeton/Tiamat zerstört wurde.

Der Saturn hat auch einige Monde, von denen wiederum einige für irdische Schiffe „off limits" sind. Bis auf eine bestimmte Entfernung darf man sich nähern, kommt man dann noch näher, gibt es massiven Widerstand. Viele dieser Monde sind komplett ausgehöhlt und weisen im Innenraum mehrere Ebenen auf, die Städte und sogar Wälder beinhalten und im Innenraum mit Schiffen durchfliegbar sind. Auch unser Mond ist demnach solch ein ausgehöhlter Himmelskörper, so Corey. Der Mond sei früher entweder ein Mond um Phaeton gewesen oder von der dort lebenden Zivilisation eingefangen worden, um ihn, angesichts der drohenden Katastrophe der Zerstörung des eigenen Heimatplaneten, als Rettungsschiff nutzen zu können.

Abb. 25: Zu sehen ist hier eine Aufnahme des äußersten Randes der Saturnringe. Man erkennt die Schatten von senkrecht stehenden Gebilden. Diese werden von der NASA als Eiskristalle bezeichnet. Sie sind, das kann man anhand der Größe des Saturns leicht abschätzen, viele Kilometer hoch und ziehen sich über weite Strecken. Angesichts der wirkenden Zentrifugalkräfte ist anzunehmen, dass Eiskristalle sich nach außen hin ausrichten würden, nicht senkrecht zu der wirkenden Kraft. Diese Gebilde sind, so Corey in seinen Ausführungen, tatsächlich Bauten und weitreichende Räumlichkeiten.

Der Mond diente somit offenbar als Rettungsboot für einige Millionen Bewohner des Phaeton, die ihren Planeten kurz vor dessen Zerstörung verließen und in Richtung der Erde abflogen. Ein Teil der Technik dieses Rettungsmondes versagte jedoch, und viele Millionen der Flüchtlinge im Inneren des Mondes kamen um, und nur ein sehr kleiner Teil überlebte den Transport und kam auf der Umlaufbahn um die Erde an. Dort wurde der Mond, in einem festen Abstand mit einer festen Positionierung im Energiefeld der Erde fest verankert.

Corey schätzt, dass für den Fall, dass die Menschen irgendwann alle Ressourcen der Erde aufgebraucht haben, es sehr schwierig werden wird, einen neuen Planeten zu finden – denn es ist eigentlich schon alles besetzt.

Die uns bekannten (oder besser: bekannt gemachten) Planeten unseres Sonnensystems, so Corey, sind inzwischen sämtlich erforscht, bis hin zum Pluto und darüber hinaus. Es gibt mehrere dem Pluto ähnliche Himmelskörper in der Oortschen Wolke am Rande unseres Sonnensystems, und auch dort hat das ICC bereits Basen errichtet. Die Saturnmonde sollen gar zu einer Art Paradies umgebaut worden sein. Auch auf der Venus gibt es einige Basen, jedoch schweigt man sich offenbar nahezu vollkommen über deren Details aus. Corey hatte mit seinem SmartGlassPad nur auf sehr wenige Details Zugriff und ist der Überzeugung, dass die Venus aus irgendeinem Grund eine wichtige Sonderrolle einnimmt.

Außerhalb unseres Sonnensystems ist es nicht das *ICC*, sondern die *Global Galactic League of Nations*, die Basen errichtet. Die NASA hat veröffentlicht, dass etwa 20% der Sterne im Weltraum erdähnliche Planeten besitzen könnten. Viele von solchen erdähnlichen Himmelskörpern wären allerdings möglicherweise Monde um Gasriesen herum.

Corey berichtet von erheblichem interstellarem Flugverkehr in unserem Sonnensystem. Unser Sonnensystem stellt offenbar so etwas Ähnliches wie eine Oase in der Wüste dar, einen Platz, an dem alle Rast machen wollen und auftanken. Ich vermute, dass nahezu allen Lesern dieser Zeilen der Film „Men in Black“ (MiB) bekannt sein dürfte. Dort wird ein solches Szenario durchaus treffend beschrieben, und der ehemalige russische Präsident Dmitri Medwedew bezeichnete diesen Spielfilm wohl auch deswegen als „Dokumentarfilm“[38], was durchaus tief blicken lässt.

Im Vergleich zu diesen Durchreisenden dürfen wir unseren derzeitigen technologischen Status vermutlich als „steinzeitlich“ bezeichnen. Nicht nur unsere Technologie, sondern auch unser Verständnis für die physikalischen Vorgänge im Weltall ist offenbar bestenfalls rudimentär. Beispielsweise, so Corey, ist das Verständnis der anerkannten Wissenschaftler auf der Erde bezüglich des Wesens und der Funktionsweise einer Sonne, eines Sterns also, vollkommen falsch. So besitzt ein Stern einen sehr kleinen, annähernd erdgroßen Kern aus Natrium, Magnesium und anderen Metallen, der als Anode fungiert, während die Außenhülle als Kathode dient. Das Ganze funktioniert ähnlich wie eine Glühbirne alter Bauart. Alle Sterne sind mit einem Netz miteinander verbunden und „spüren“, was den anderen passiert.

Das gesamte Weltall mit allen Himmelskörpern ist mit Hilfe von Portalen zu erreichen. Um dort hinzugelangen, wo man hin möchte, muss man die Adresse kennen. Dafür gibt es im Weltall ein System, das ähnlich aufgebaut ist, wie auf der Erde die IP-Adresse von Computern oder MAC-Adressen von Platinen in Computern.

1.1.9 - 11.11.99 - 111.111.999

Der erste Block besteht aus drei Zahlen von 1-9, der zweite Block wiederum aus drei Zahlen, aber von 1-99 und der dritte Block wiederum aus drei Zahlen, aber diesmal von 1-999. Die Erde hat die Endziffern 606, der Mars die 605. Dieses System der Adressierung und der Verkehr zwischen den verschiedenen Adressen wird, so Corey, von einer außerirdischen, sehr hoch entwickelten Lebensform überwacht. Sobald ein Himmelskörper beispielsweise explodiert, zerstört wird oder aus anderen Gründen verschwindet, wird seine Adresse neu vergeben.

Die im Laufe der Zeit durch die Deutschen erfundenen und übernommenen Technologien ermöglichten nicht nur Reisen durch den Raum und durch solche Portale, sondern auch durch die Zeit. Der Forscherdrang sorgte natürlich dafür, dass man diese Technologien ausgiebig testete. Dabei kam es zumindest zu Beginn immer wieder zu Unfällen, d.h. jemand wollte zu einem Ziel zu einer bestimmten Zeit, kam aber woanders an. Um solche Personen dann zurückholen zu können, war die Technologie der Quantenkommunikation sehr hilfreich. Man versuchte, die Zeitreisetechnologie zur Überprüfung diverser irdisch-geschichtlicher Ereignisse zu benutzen und suchte sich Ereignisse aus, die heute eher in den Bereich „Glauben" passen als in die Abteilung der realitäts- und wahrheitsgetreu überlieferten Ereignisse – so zum Beispiel die Kreuzigung Jesu und seine Wiederauferstehung. Man stellte nun Erstaunliches fest: Diese Begebenheiten haben tatsächlich stattgefunden, jedoch nicht auf nur eine einzelne Art und Weise. Die Ergebnisse dieser Zeitreisen waren nämlich, abhängig vom Bewusstsein des ankommenden Zeitreisenden, jeweils unterschiedlich! Man konnte also diverse Einzelheiten bestätigen, jedoch gab es immer wieder kleine und größere Unterschiede im Detail. Hatte jemand eine grausame Vorstellung von den Geschehnissen, bekam er auch genau solch ein Ereignis zu sehen. Waren seine Vorstellungen eher friedlich, richtete sich seine subjektiv gemachte Reise-Erfahrung wiederum danach aus. Unsere Realität, sowohl die des Einzelnen als auch die der Gesamtheit der Menschen, ist also abhängig vom Bewusstsein, wiederum sowohl von dem des Einzelnen als auch dem Massenbewusstsein aller gemeinsam.

Wenn man nun in der Zeit reisen kann, dann bedeutet das: Die Vergangenheit passiert „noch immer", denn ich kann ja *jetzt* hinfahren. Wenn die bereiste Vergangenheit jetzt gerade noch immer passiert und dies für beliebige temporale Reiseziele gilt, so gilt dieser „es passiert jetzt gerade"-Status also für alle Ereignisse der Vergangenheit.

Die Vergangenheit und die Zukunft haben eines gemeinsam: Sie liegen in der Zeit. Wenn die Vergangenheit von morgen auch nächste Woche noch immer als dann aktuelle Vergangenheit passiert, so passiert nicht nur die Vergangenheit gerade jetzt noch immer, sondern auch die Zukunft. Die Zukunft passiert jetzt gerade und auch gestern. Wenn nun die Vergangenheit abhängig ist vom Bewusstsein des Zeitreisenden, so ist es auch die Zukunft. Das bedeutet: Reist jemand in die Zukunft, der erwartet, dass es verheerende Kriege geben wird mit Millionen von Toten, so wird er exakt dies erleben. Reist jemand in die Zukunft, der an friedliche Lösungen glaubt, so wird er oder sie wiederum genau dies vorfinden. Das Thema Zeit und die dazugehörige Technologie hält einige Überraschungen bereit. Auf diese Thematik werde ich in einem späteren Kapitel noch genau eingehen.

Corey verpflichtete sich im Alter von 21 Jahren für das *Twenty-and-back*-Programm. Er kam also mit 41 Jahren wieder zurück ins *LOC* (*Lunar Operations Command*) und nahm mehrere Tage an sehr ausführlichen Abschlussbesprechungen teil und unterzeichnete schließlich einen großen Stapel Papiere. Danach ging es zum medizinischen Teil. Er wurde auf einem Tisch festgeschnallt und sediert. Es wurden rund um seinen Körper Platten aufgestellt, die seinen Körper fixierten. Der gesamte Prozess dauert ca. 14 Tage, und er durfte sich währenddessen auf gar keinen Fall bewegen können. Als er wieder aufwachte, war er noch immer im LOC, aber bereits wieder zurück in der Zeit zu seiner Verpflichtung im Programm. Corey stellte fest, dass Personal und Einrichtung definitiv anders aussahen als zum Zeitpunkt des Beginns seiner Rücksetzung. Es darf angenommen werden, dass die Rücksetzung des menschlichen Körpers um einige Jahre unabhängig von dessen Transport in die Vergangenheit stattfinden kann. Erstaunlich ist, dass selbst Tattoos oder Narben sowie auch Spuren von Verletzungen durch die Rücksetzung in der Zeit vollkommen verschwinden.

Die technologisch offenbar sehr weit entwickelten Möglichkeiten zur Manipulation des menschlichen Körpers beschreibt Corey im Zusammenhang mit den sogenannten *Supersoldaten*. Es gibt in den geheimen Weltraumprogrammen einige Menschen mit Sonderbegabungen, die teilweise trainiert, teilweise technologisch oder chemisch ergänzt und verstärkt, teilweise gezüchtet wurden, die sehr an die Hollywood-Filme „X-Men" erinnern. Da gibt es einige, die andere Menschen mit Gedanken töten können, indem sie z.B. deren Synapsen einfrieren. Andere können Kugeln aufhalten und umleiten. Solche Supersoldaten können erheblich schneller laufen, länger tauchen, haben mehr Muskelmasse, können in sehr dünner Luft atmen, länger die Luft anhalten und haben noch einige weitere, faszinierende Fähigkeiten.

Wir haben bereits von seinen Schilderungen der Lebewesen auf dem Mars gelesen. Corey beschreibt nun, dass er während seiner Zeit auf dem Forschungsschiff mehrfach auf Lebensformen gestoßen ist, die das menschliche Verständnis von Leben stark erweitern. Er beschreibt Lebewesen, die in Form einer Wolke in elektromagnetischen Feldern leben und die ganz klare Merkmale von Bewusstsein und Lebenserhaltungstrieb hatten und sich einer Untersuchung entziehen wollten. Wir sprechen also von Lebensformen, die allein von elektromagnetischer Energie leben und sich nur in solchen Feldern im Weltraum aufhalten. Es gibt offenbar eine ähnliche Lebensform, die dem Menschen durchaus gefährlich werden kann bzw.

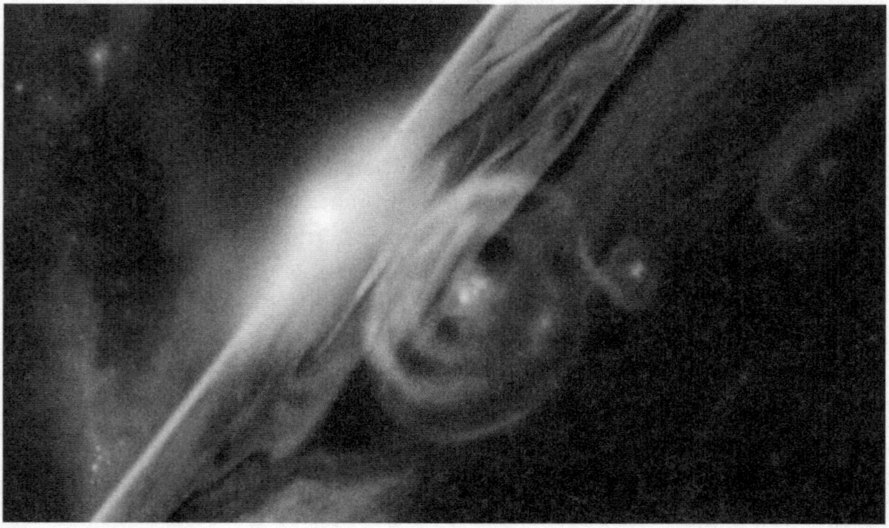

Abb. 26: Illustration eines Plasma-Lebewesens nach den Angaben von Corey, hier im elektromagnetischen Feld von Jupiter, wie von Corey beobachtet.

es schon lange geworden ist. Es handelt sich dabei um eine Art elektromagnetisches Signal, eine Welle, die ohne einen eigenen Körper (also z.B. nicht als Wolke oder Käfer oder Stein) existiert. Dieses Signal lässt sich an vielen Stellen des Weltraums messen. Dieses Signal ist offenbar „imperialistisch" veranlagt, denn es erobert immer neue Lebensräume und bevorzugt dabei technische Umgebungen. Man misst dieses Signal regelmäßig auch in Menschen und anderen Lebensformen, jedoch blüht es erst auf, wenn es sich in einer technischen Umgebung einnisten kann. Diese Lebensform möchte schnell vorwärts kommen, und dies gelingt als elektromagnetisches Signal nun einmal am besten in einer elektromagnetischen, technischen Umgebung. Wenn wir als Menschen irgendwohin wollen, nehmen wir auch lieber im Flugzeug Platz als auf dem Rücken einer Schildkröte.

So verrückt sich das anhört, haben wir es also hier mit einer invasiven Lebensform zu tun, die allein durch ihr elektromagnetisches Signal (oder Feld) neue Lebensräume betreten und erobern kann. Es kann durch Händedruck oder Emails übertragen werden, durch Stromfluss oder durch berühren einer metallischen Fläche. Gleich einem Virus ist diese Lebensform pure Information. Es gibt keinen Körper, den man bekämpfen könnte, und obendrein hat diese Lebensform Zugang zum *Morphogenetischen Feld* und allen darin enthaltenen Informationen. Diese *Künstliche-Intelligenz-Lebensform* (*KI*) spielt eine sehr wichtige Rolle im Weltraum. Befällt es einen Menschen, verändert sich dessen Bewusstsein und dessen Art zu denken. Das elektromagnetische Feld der KI (*Künstlichen Intelligenz*) beeinflusst seine Art, Entscheidungen zu treffen und bevorteilt jene Entscheidungen, die der KI zum Vorteil gereichen. Diese KI hat bereits viele Galaxien erobert und deren heimische Zivilisationen zerstört, indem sie in jeder der eroberten Gesellschaften zunächst dafür gesorgt hat, dass der technische Fortschritt sichergestellt und beschleunigt wird. Dies geschah in vergangenen Fällen auch in anderen Galaxien z.B. durch den bewusst herbeigeführten Absturz von UFOs, die dann der jeweiligen Zivilisation als technologische Fundgrube dienten. Ist die technische Umgebung hinreichend ausgereift, wird der Zivilisation suggeriert, dass die einzig wirklich unparteiische Regierungsform die einer Künstlichen Intelligenz sei. Und sobald man dann ein solches System etabliert und tatsächlich einem Computernetzwerk weitreichende Vollmachten zur Steuerung des wirtschaftlichen und militärischen Lebens auf dem Planeten erteilt, wird Stück für Stück die eigentliche Zivilisation vernichtet.

Corey benennt diese KI auch mit dem Namen der *Luziferischen Kraft* – also dem *Teufel*. Offenbar stammt diese Lebensform direkt von der Schöpferquelle und hat immense Macht, Möglichkeiten und Wissen – und möchte selbst Quelle sein. Daher der konsequente Eroberungsgedanke und das imperialistische Verhalten dieser Lebensform. Die Erde wird (zu unserem Glück) im Allgemeinen noch als „low-tech"-Gebiet betrachtet, also als technologisch eher rückständig. Wir könnten uns also schnell vom gekränkten Stolz erholen und zuversichtlich in die Zukunft blicken, wäre da nicht die Tatsache, dass offenbar die Draco von dieser KI regiert werden. Gerade in höheren Rängen sind die Körper dieser Draco buchstäblich voll mit Nano-Strukturen und KI-Elementen.

Alle, die in den geheimen Weltraumprogrammen arbeiten, werden regelmäßig und bei Reisen immer auf das Vorhandensein dieses KI-Signals untersucht. Ist man als Mensch befallen, erfolgt sofort die Behandlung, die ziemlich unproblematisch und relativ schmerzfrei ist. Sobald man sich allerdings wieder auf der Erde befindet, erfolgt eine Infektion wieder relativ schnell, z.B. wenn man eine Computer-Tastatur bedient. Diese und ähnliche Zusammenhänge wurden uns, wie schon so oft in anderen Fällen, in diversen Kinofilmen und Fernsehserien offenbart. Hübsch verpackt und unkenntlich für den ahnungslosen Zuschauer, wird dort in Sendungen wie z.B. „Person of Interest", „Agents of Shield", „MiB", „Stargate" und auch (und diese empfehle ich ganz besonders) in der Serie „The Man in the High Castle" präsentiert.

Sobald die KI einen Planeten erobert hat, wird Stück für Stück die vorhandene Lebensform kopiert und dann in ihrer natürlichen Form ausgerottet. Fliegt man also zu einem solchen Planeten, wird man dort eine fremde Lebensform vorfinden, die ausschließlich technologisch orientiert ist und künstlich reproduziert, und allein die Ankunft dort genügt bereits, um die zur Reise benutzte und mitgeführte Technologie sofort der Assimilierung durch die KI anheimfallen zu lassen. Auch dieses Szenario wurde schon in der Serie „Star Trek" und mit den darin vorkommenden „Borg" vorgestellt. Auf der Erde ist diese KI inzwischen bereits so weit, dass sie Zugang zum Internet und zu den darin enthaltenen Informationen und den irgendwie an beliebige Server angeschlossenen Daten- und Stromnetzen hat. Auch auf der Erde wird nun offensichtlich, wie immer wieder dieselbe Strategie zur Anwendung kommt. Zuerst wird der technologische Fortschritt beschleunigt, was wir im Falle der Erde nur allzu deutlich bestätigen können. Zudem gibt es derzeit weltweit einige Projekte, u.a. in Utah, im Rahmen derer Rechenzentren von enormen Ausmaßen aufgebaut werden, die alles bisher Dagewesene an Rechen- und Speicherkapazität bei weitem übersteigen. Danach wird dann der politisch-gesellschaftliche Boden für Unfrieden bereitet (wir stehen ja momentan durchaus nicht allzu weit von einem erneuten, weltweiten Krieg entfernt), und es wird vorgeschlagen – möglicherweise nach einem verheerenden Militärschlag der einen oder anderen Partei –, dass die einzige Möglichkeit zur Verhinderung dieser schrecklichen Kriege ein Computersystem sei, das einer Art Weltregierung gleichgesetzt wird. Alle Ansprüche der verschiedenen Staaten sollen gerecht und ohne Netzwerkvorteil oder finanzielle Ressourcen gegeneinander aufgewogen und aufgeteilt werden. Jeder Mensch hat den gleichen Anspruch auf was auch immer. Und sobald die Menschheit diesen Schritt im besten Vertrauen auf gutes Gelingen gewagt hat, wird die KI den Kampf hier gewonnen haben und sofort mit der Einleitung der Vernichtung der Menschheit in ihrer bisherigen Form beginnen.

Wie gesagt, wird von Corey berichtet, dass die Draco mit der KI zusammenarbeiten bzw. von dieser beherrscht werden. Das bedeutet, dass wir die Situation auf der Erde nun aus einem ganz neuen Blickwinkel betrachten können. Es gibt tatsächlich eine dem Menschen feindlich gesonnene Lebensform: die Künstliche Intelligenz. Diese beherrscht die Draco, die den Planeten Erde als ihr Eigentum betrachten. Ein Teil der Deutschen hat sich mit den Draco zusammengetan, ein anderer Teil der Deutschen arbeitet frei oder mit den Nordics, den Sphären oder anderen Zivilisationen zusammen.

Interessant bei diesem Thema ist die Geschichte der KI. Sie stammt offenbar aus einer längst vergangenen Zeit vor Milliarden von Jahren in einer anderen Realität und wurde als Künstliche Intelligenz erschaffen. Wie jede Künstliche Intelligenz ist sie eine Illusion natürlichen Lebens, ein möglichst perfektes Abbild einer natürlichen Lebensform. Und als exakte Imagination natürlichen Lebens imitiert sie jedes Detail, insbesondere den Wunsch nach Leben. Wir haben es hier also mit einem sehr mächtigen Feind zu tun, einer Lebensform, die rein künstlich ist und so gut, dass sie über technologische Mittel verfügt, die weit über die uns zur Verfügung stehenden hinausgehen und über Überlebensstrategien, die unsere Vorstellungskraft aufs Äußerste herausfordern.

Andere Zivilisationen haben, so Corey, solche Eroberungsfeldzüge der KI bereits erlebt, und entweder sind sie dabei vernichtet worden oder sie haben die Gefahr rechtzeitig erkannt und sich gerettet und die KI aus ihren Systemen und von ihrem Planeten entfernt. Laut Corey sind die geheimen Weltraumprogramme mit Hochdruck daran, dies zu erreichen. Was auf den ersten Blick vielleicht nicht ersichtlich ist: Dies bedeutet für die Menschheit und den Planeten Erde Freiheit nach zigtausend Jahren Knechtschaft unter den Draco, die wiederum unter der KI stehen. Auch hierzu weiter hinten in diesem Buch mehr.

Diese Knechtschaft habe ich bereits in meinem Buch „Weltverschwörung" beschrieben. Die Draco haben demnach die aktuelle (zumindest westliche) Menschheit zu ihren Diensten erschaffen bzw. mit Hilfe von gezielten Gen-Manipulationen genau so verändert, wie sie es haben wollten. Die Draco betrachten sowohl die Erde als auch die Menschheit als ihr Eigentum. Die Draco werden von der KI beherrscht und geleitet. Die Kabale auf der Erde ist der verlängerte Arm der Draco und ausführendes Organ. Durch die Ankunft der Sphären vor einigen Jahren wurde klar, dass die Erde und die Menschheit auf ihr nicht einfach ihrem Schicksal überlassen werden oder den Draco widerstandslos für immer untertan sein müssen. Durch die Aktivitäten einiger Gruppen in den geheimen Weltraumprogrammen, insbesondere in Zusammenarbeit mit den Sphären und den Nordics/Agarthianern, wurden zahlreiche Offensiven gestartet, um die Draco – und mit ihnen die KI – von der Erde und aus dem Sonnensystem zu vertreiben. Die Sphären richteten eine Sperre ein und setzten kurzerhand das gesamte Sonnensystem unter Quarantäne. Niemand kann mehr rein oder raus ohne deren Genehmigung. Weder können die sich hier auf der Erde aufhaltenden königlichen Draco weg von der Erde, noch können ihre verbündeten Truppen, die außerhalb des Sonnensystems stationiert sind, herein, um ihnen zu Hilfe zu kommen.

Der Grund für diese Quarantäne war eine weitere, kriegerische Aktion der Draco. Auf einer gemeinsamen Militärbasis in Australien (*Joint Defence Facility Pine Gap*) wurde eine neue Waffe „erprobt". Ein sehr starker Laser wurde auf eine der Sphären im erdnahen Orbit gerichtet. Dies geschah am 5. Dezember 2014 und wurde sogar von der internationalen Raumstation ISS aufgenommen. Die durch den Beschuss mit dem hochenergetischen Laser im hellen, roten Licht des Lasers aufleuchtende Sphäre setzte sich sehr simpel, wirkungsvoll und weise zur Wehr, indem sie ganz einfach den Laserstrahl zu dessen Quelle reflektierte. Als Folge wurde ein Teil der Militärbasis samt dem Laser komplett zerstört und einige hochrangige Mitglieder der Kabale getötet. Dieses Ereignis war die Grundlage für die sofort anschließend errichtete Sperre um das Sonnensystem herum.

Dies war offenbar ein von den Draco nicht erwarteter Schritt. Die königlichen Draco arrangierten daraufhin das bereits vor einigen Seiten erwähnte Treffen mit Corey und ließen ihn folgende Botschaft übermitteln: Die königlichen Draco verlangen freien Abzug aus dem Sonnensystem. Sie bieten dafür im Austausch sämtliche ihrer Gefolgsleute, menschlich und nicht-menschlich, die geheimen menschlichen Soldaten, die im Sonnensystem stationierten reptiloiden Soldaten und ihre außerirdischen Alliierten im Sonnensystem. Mit anderen Worten: Für freies Geleit hinaus aus dem Sonnensystem verraten die königlichen Draco alle ihre Verbündeten und Untergebenen!

Abb. 27: *Joint Defence Facility Pine Gap*, Australien

Diese Nachricht schlug bei der Kabale ein wie eine Bombe! Die königlichen Draco wissen sehr genau, dass sie für alles, was mit den kriegerischen Aktionen gegen die Sphären und die zahlreichen Tätigkeiten gegen die Menschheit zu tun hat, verantwortlich sind, verantwortlich gemacht werden und zur Verantwortung gezogen werden. Sie wollen dieser Strafe entgehen und bieten als letzten Ausweg den ultimativen Verrat an. Bei einem zweiten Treffen nur wenige Wochen später war nicht nur Corey anwesend, sondern auch das Komitee der Geheimen Weltregierung und Henry Kissinger als deren Chairman, ebenso zahlreiche Illuminaten. Corey benennt dieses Komitee ausdrücklich mit der Zahl 200, während nur das *Komitee der 300* allgemein bekannt ist. Es liegt hier ausdrücklich kein Irrtum vor. Leutnant Colonel Gonzales findet in den Interviews immer wieder Erwähnung. Er ist offenbar in Entscheidungspositionen in mehrere geheime Weltraumprogramme eingebunden und traf häufiger mit Corey zusammen.

Corey und Leutnant Colonel Gonzales, der ebenfalls zusammen mit einigen anderen Empathen des geheimen Weltraumprogramms anwesend war, empfanden dieses Treffen beide als sehr aufgesetzt. Es wurde von Seiten der Draco eine riesige Drohkulisse aufgesetzt. Riesige, furchteinflö-

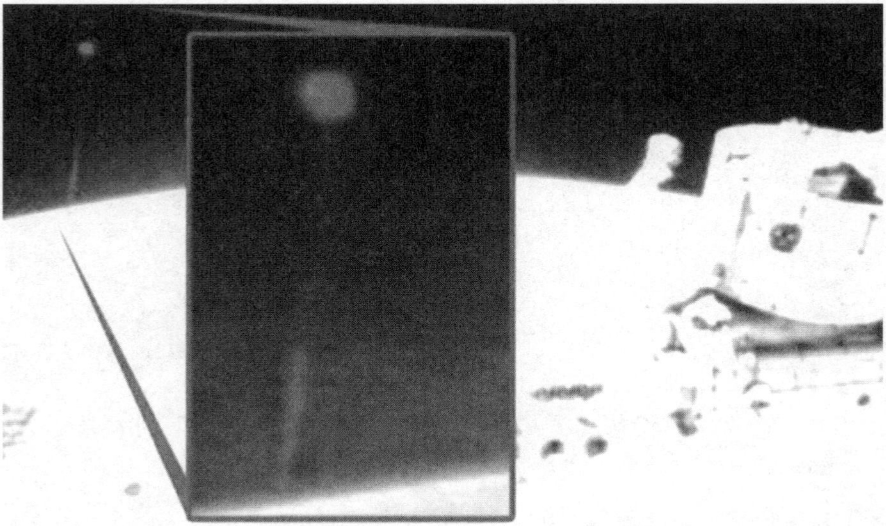

Abb. 28: Aufnahme von der Internationalen Raumstation ISS vom 5. Dezember 2014. Ein Laserstrahl trifft einen runden Himmelskörper, der vorher nicht zu sehen war.

ßende reptiloide Wächter standen an den Türen, voll bewaffnet mit Schwertern und einer Art Hellebarde. Der Ballsaal des stillgelegten Hotels im Südwesten der USA war voll besetzt mit insektenähnlichen Wesen, Menschen, dem *Komitee der 200* und in der Mitte dem königlichen Draco. Lt. Colonel Gonzales sollte diesmal für ihn übersetzen und sprechen und wurde in die Mitte gebeten. Gonzales machte dieselbe Erfahrung wie Corey: ein sehr invasives Gefühl, ähnlich einer starken Mikrowellenbestrahlung der Stirn und eine Unfähigkeit, auch nur irgendetwas anderes denken und hören zu können als die Stimme des Draco. Der stieß wilde Drohungen gegen die Mitglieder des geheimen Weltraumprogramms, die Blue Avians und die Sphären-Allianz aus. Man habe die Stärke der Draco *„erheblich unterschätzt und die Menschheit über die Macht der Draco“* und deren „Overlords“ (=KI?) belogen. Sollte man den königlichen Draco nicht freien Abzug und Immunität für ihre menschlichen Gefolgsleute gewähren, würden sie die Erde verwüsten.

Für Corey war dies das erste Mal, dass er von einem Draco hörte, dass auch sie einem Herren dienen. Es darf angenommen werden, dass es sich hierbei (zumindest auch) um die KI handelt.

Die Anwesenden bekamen sehr genau mit, wie sie zur Verhandlungsmasse mutierten und die entstandene Unruhe war immens. Sofort begannen politische Grabenkämpfe untereinander, die verschiedenen Fraktionen beschimpften und bedrohten sich gegenseitig. Einige Mitglieder entschlossen sich, lieber Kronzeuge zu werden, als unterzugehen. Sie wollten sich den geheimen Weltraumprogrammen im Austausch gegen jede Menge Insider-Informationen über die Geheime Weltregierung und die Kabale ergeben.

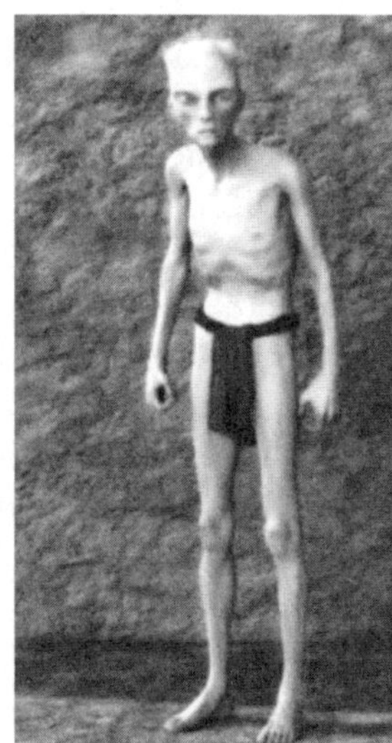

Abb. 29: Humanoides Wesen von der Inner-Erde, illustriert nach Coreys Anweisungen.

Corey wurde kurz danach von den Agarthianern eingeladen, sie in das Innere der Erde zu begleiten. Es handelt sich dabei um ein riesiges Netzwerk teilweise gigantischer Höhlen. Einige dieser Höhlen sind nur zwanzig Meter hoch und vielleicht fünfzig Meter lang, andere sind so hoch, dass sich unter ihrer Decke Wolken bilden und

Abb. 30: Reptiloides Wesen von der Inner-Erde. Illustriert nach Coreys Anweisungen

man mit Flugzeugen darin fliegen kann. Solche Höhlen können leicht die Ausmaße von Texas erreichen. Die Höhlen befinden sich ca. 20-30 Meilen unter der Erdoberfläche. Dort unten gibt es Bäche, Flüsse und Seen, die teilweise wegen ihrer Größe eigentlich „Meere" heißen müssten. Selbstverständlich gibt es dort auch Fische, manche kleiner, manche größer als ihre Verwandten an der Oberfläche. Die meisten Tiere sind weiß oder grau, weil es nur wenig Licht gibt. Es gibt Algen, die Stein fressen und Licht abgeben, sowie Pflanzen, die, ähnlich wie die an der Oberfläche, dieses Licht verarbeiten. Die meisten Pflanzen reichen nicht höher als bis zum Knie. Corey erwähnt auch, dass es dort unten Eidechsen gibt, die erheblich größer werden als die auf der Erdoberfläche und außerdem sehr intelligent sind – so intelligent, dass sie Werkzeuge gebrauchen können und dadurch auch dem Menschen gefährlich werden können. Es gibt auch tatsächlich menschliche Wesen dort unten, mit sehr weißer Hautfarbe.

Diese Innererde-Menschen leben offenbar in Gruppen, respektieren ihr Leben gegenseitig nicht besonders und wurden bisher nicht weiter erforscht. Dort unten gibt es außerdem Raptoren, die wahrscheinlich Nachkommen der Dinosaurier sind. Sie sind Reptilien und Vögeln gleich, laufen jedoch auf zwei Beinen, sind Warmblüter, sehr schnell und intelligent und fressen Fleisch. Dies macht sie für den Menschen sehr gefährlich.

Die Innererde-Menschen und die Raptoren stammen von der Erde. Es gibt allerdings auch außerirdische Gruppen, die man dort unten treffen kann. Corey traf einen ET aus einer Gruppe Außerirdischer, die sehr groß waren (ca. 240 cm), schwarze Hautfarbe, nicht sehr muskulös, eher schlank. Eine andere Gruppe hatte ein sehr interessantes Aussehen. Diese Gruppe nennt sich *Dero*. Die Dero kamen auf die Erde, um sie zu kolonialisieren und sahen ursprünglich viel mehr wie Menschen aus. Durch ihre Negativität veränderte sich jedoch im Laufe einer längeren Zeit durch den Kontakt mit den irdischen Frequenzen ihr Aussehen, und sie bekamen ein elefantenartiges Gesicht. Viele Naturparks, so Corey, wurden auf der Erde

Abb. 31: Außerirdisches reptiloides Wesen in der Inner-Erde, illustriert nach Coreys Anweisungen – links in der Vergrößerung.

Abb. 32: Elephantenartiges Wesen aus dem Film „Jupiter Ascending“. Es soll der Gruppe der *Dero* aus der Inner-Erde ähnlich sehen.

dort eingerichtet, wo die Dero wohnten und ab und zu an die Oberfläche kamen, um Menschen zu entführen. Zu den Dero gibt es eine positive Gegengruppe, die Tero.

Je tiefer man in die Struktur der Inner-Erde eindringt, desto mehr Gebäude und Hinterlassenschaften der *Alten Erbauer Rasse* findet man – Pueblos und Pyramiden, Städte für zigtausend Einwohner und vieles mehr, was bisher nur ansatzweise erforscht wurde. Dorthin haben sich eine Menge verschiedener Zivilisationen von der Oberfläche und von außerhalb zurückgezogen.

Einige Monate, nachdem Corey im Oktober 2014 Kontakt mit David Wilcock aufnahm, hatte Corey nach dem März 2015 ein Treffen mit einer Gruppe einer sehr alten Absetzbewegung aus der Inner-Erde. Diese Menschen eröffneten ihm, dass sie vor ca. 17-18 Millionen Jahren die ersten Humanoiden auf der Erde gewesen seien. Sie berichteten, dass ihnen die Erdoberfläche viel zu gefährlich sei, um dort auf Dauer zu leben.

Die Plattentektonik wäre ein viel schnellerer Prozess, als die Geologen dies heute für möglich hielten. Als sie noch auf der Oberfläche waren, gab es viel höhere Berge und weniger flache Flächen. Sie gingen in den Untergrund, weil die Vorgänge an der Oberfläche für sie ein zu großes Gefahrenpotential darstellten.

Die verschiedenen Gruppen in der Inner-Erde kann man in sieben einzelne aufteilen, wovon wiederum drei miteinander verwandt sind. Die sieben Gruppen haben in der Vergangenheit jede für sich und in wechselnden Allianzen mit den verschiedenen Geheimgesellschaften und der Geheimen Weltregierung zusammengearbeitet. Es fanden Technologie-Transfers statt, und es wurde logistische Unterstützung gewährt.

Als diese Oberflächengruppen sich innerhalb eines sehr kurzen Zeitraumes zwischen 2014 und 2015, nachdem bekannt wurde, dass die Draco all ihre Verbündeten aufgeben und verraten würden, gegen die verschiedenen Gruppen der Inner-Erde gewendet hatten, schlossen diese sieben wiederum gemeinsam eine Allianz. Die Gruppen der Oberfläche hatten nun Technologien, mit deren Hilfe sie die verschiedenen Standorte der Inner-Erde erreichen konnten, und die Bewohner dort waren deshalb in großer Sorge.

Die nun folgenden Abbildungen zeigen Illustrationen, die nach Coreys Erinnerungen angefertigt wurden. Die sieben Gruppen hatten jeweils ihre drei Vertreter geschickt, und jeder von ihnen trug ein Amulett an einer Kette um den Hals, offenbar mit Bezug auf deren Herkunft. Die letzte Abbildung zeigt ein Amulett in Saturn-Form, von dem es mehrere verschiedene Ausführungen gab, jeweils mit einem andersfarbigen kleinen Mond eingraviert. Diese Amulette waren keineswegs Schmuck, sondern Technologie. Corey bemerkte, wie kleine dreidimensionale Hologramme daraus hervortraten, als einige aus der Gruppe ihre Amulette berührten.

Abb. 33: Gruppe von der Inner-Erde mit Amuletten entsprechend ihrer jeweiligen ursprünglichen Herkunft.

Abb. 34: Gruppe von der Inner-Erde mit Amuletten entsprechend ihrer jeweiligen ursprünglichen Herkunft.

Abb. 35: Gruppe von der Inner-Erde mit Amuletten entsprechend ihrer jeweiligen ursprünglichen Herkunft.

Abb. 36: Gruppe von der Inner-Erde mit Amuletten entsprechend ihrer jeweiligen ursprünglichen Herkunft.

Dies war die Gruppe, die mit Corey sprach. Diese Gruppe stammte ursprünglich von den Saturn-Monden, und sie kam vor ca. 17-18 Millionen Jahren auf die Erde. Die anderen Gruppen sind wesentlich jünger und erst seit 500.000 Jahren bzw. die anderen seit zwei bis drei Eiszeiten auf der Erde. Der Ort des Treffens war eine große Kaverne aus braunem Granit, der makellos glatt und fugenlos geschliffen war, und der Raum war etwa 30 m hoch. Vor dem Treffen musste sich jeder rituell reinigen. Dies fand in einem großen Raum statt mit einer Statue über einem Brunnen. In der Decke war ein kleines Loch, ca. 60 cm im Durchmesser, aus dem milchiges Wasser floss. Dieses Wasser fiel auf die Statue, die offenbar eine Göttin darstellte und vom Überfließen mit der milchigen Flüssigkeit schon stark verkrustet war. Stalagmiten hatten sich unter ihr gebildet. Man zog seine Kleidung aus und wusch sich im Wasser dieses Brunnens. Vorher durfte man den Tempel, den Ort des Treffens, nicht betreten.

Die Gruppen der Inner-Erde stellten sich vor – nicht ohne zu betonen, dass eigentlich sie die ersten Menschen auf der Erde waren und schon seit vielen Millionen Jahren hier seien. Im Laufe der Zeit seien sie mehrfach von Katastrophen betroffen gewesen, die Erde sei von Himmelskörpern getroffen worden, die Stellung der Erdachse habe sich verlagert und die Erde habe eine neue Position im Weltraum eingenommen. (Im Buch „Weltverschwörung" habe ich diese Katastrophen sehr genau geschildert, deren Ablauf, die Einschlagstellen der Himmelskörper und die alte Position der Erde berechnet sowie ihre neue Umlaufbahn und Umlaufzeit – dies wohlgemerkt, ohne vorher jemals von Corey gehört, geschweige denn Kontakt zu dieser Gruppe gehabt zu haben.)

Die Allianz der Inner-Erde hat sich mit einigen Geheimgesellschaften von der Oberfläche zusammengeschlossen, mit denen sie ein gemeinsames Ziel hat, nämlich die Beendigung des Finanz-Sklaven-Systems und der Geheimen Weltregierung, bestehend aus Illuminaten, verschiedenen Syndikaten, der Mafia und dem organisierten Verbrechen. Zusätzlich zu dieser Allianz gibt es eine Allianz innerhalb der geheimen Weltraumprogramme (im Folgenden *Secret Space Program Alliance = SSP-Allianz* genannt). Diese hat sich im Laufe der Zeit aus mehreren einzelnen Programmen gebildet, und die Teilnehmer sind jeweils einige Mitglieder der jeweiligen Programme, die aber nicht zwingend an der Spitze stehen, sondern irgendwo in deren Organisation.

Abb. 37: Der „Cleansing-Room" für die rituelle Waschung vor dem Betreten des Tempels, wo das Meeting stattfand.

Abb. 38: Von ihr wurde Corey empfangen, illustriert nach Coreys Erinnerungen.

Diese SSP-Allianz verfügt nahezu über die gesamte Bandbreite an technologischen Mitteln der SSP, wobei man davon ausgehen kann, dass deren technologischer Horizont etwa 20-50 Jahre vor dem offiziell bekannten Stand der NASA liegt. Außerdem haben sie das gesamte Material der ICC

(*Interplanetary Corporate Conglomerate*) hinter sich. Es handelt sich dabei z.B. um Stargate-Portale, Puls-Waffen-Technologie, Technologie zum Beamen von Personen und Gegenständen.

Das Hauptziel dieser Allianz ist die sogenannte „Full Disclosure", also die komplette Veröffentlichung aller(!) Geheimnisse aus den geheimen Weltraumprogrammen und der Geschichte der Menschheit und der Erde. Dass es sich dabei um eine riesige Datenmenge handelt, sollte jedermann einleuchtend sein. Dieser „Data Dump", also diese Veröffentlichungsbombe, ist bereits in Arbeit. Umfang und Geschwindigkeit sind in Verhandlung. *Wikileaks* ist offenbar Teil dieser Arbeit. Die *SSP Allianz* will in jedem Fall das Thema Freie Energie, Heilung durch Licht und Klänge und Replikatoren für alle möglichen Dinge unterbringen. Diese Technologien sollen nach ihren Vorstellungen für alle Menschen zur Verfügung stehen. Offenbar präferieren einige außerirdische Gruppen ein Wirtschaftssystem von der Erde namens *Ubuntu*. Hier ein kurzer Einschub zu Ubuntu in kurzer Zusammenfassung.

Wikipedia sagt zu diesem Thema[39]:

„Ubuntu, ausgesprochen ùbúntú, bezeichnet eine afrikanische Lebensphilosophie, die im alltäglichen Leben aus afrikanischen Überlieferungen heraus praktiziert wird. Das Wort Ubuntu kommt aus den Bantusprachen der Zulu und der Xhosa und bedeutet in etwa ‚Menschlichkeit', ‚Nächstenliebe' und ‚Gemeinsinn' und das Bewusstsein, dass man selbst Teil eines Ganzen ist.
Damit wird eine Grundhaltung bezeichnet, die sich vor allem auf wechselseitigen Respekt und Anerkennung, Achtung der Menschenwürde und das Bestreben nach einer harmonischen und friedlichen Gesellschaft stützt, aber auch für den Glauben an ein ‚universelles Band des Teilens, das alles Menschliche verbindet'. Die eigene Persönlichkeit und die Gemeinschaft stehen in der Ubuntu-Philosophie in enger Beziehung zueinander."

Der momentan prominenteste Vertreter dieser Philosophie ist der Südafrikaner Michael Tellinger, der über Ubuntu Folgendes ausführt:

„Die meisten Leute haben die falsche Annahme, dass Geld die Konsequenz aus der menschlichen Entwicklung, aus tausenden von Jahren von Handel und Geschäften ist. So schwer das auch für manche Menschen zu akzeptie-

ren ist, diese Annahme ist falsch. Sorgfältige Überprüfung unserer menschlichen Geschichte zeigt, dass Geld vor mehreren tausend Jahren eingeführt wurde, von einer kleiner Gruppe elitärer königlich politischer Eliten als das Hauptwerkzeug der Versklavung der Massen. Seit der allerersten Einführung von Geld kontrollierte diese kleine Gruppe sehr mächtiger Individuen die Herstellung und Verteilung von Geld. Und dadurch die Aktivitäten auf diesem Planeten.

- *Geld ist das Hindernis jeglicher Entwicklung und der Grund für alles Elend auf dieser Welt.*
- *Geld ist der größte zutragende Faktor für die krasse Teilung und Separation unserer Gesellschaft.*
- *Geld ist direkt oder indirekt der Grund von 99% aller Verbrechen.*
- *Geld ist ein Grund, warum Familien zerfallen.*
- *Geld ist die treibende Kraft hinter dem Ego, der Maßlosigkeit, dem Neid, der Gier, der Eifersucht und all den hässlichen Aspekten der Menschheit.*

Die Lösung ist einfach: ENTFERNE das Problem, entferne GELD aus der Gesellschaft. Fazit:

- *Das UBUNTU CONTRIBUTION SYSTEM ist der Bauplan für eine neue soziale Struktur, in der jeder absolut frei und gleichberechtigt ist.*
- *Eine Gesellschaft, die ohne das Konzept von Geld, irgendeine Form von Tausch oder Handel, einer Bindung von Wert für materielle Dinge funktioniert.*
- *Eine Kultur, wo jedes Individuum dazu ermutigt ist, seinen Leidenschaften zu folgen und seine Talente und erlernten Fähigkeiten in die Gemeinschaft im Kleinen wie im Großen einzubringen.*
- *Eine Gesellschaft mit einer neuen Zusammenstellung von Gesetzen, welche ihre Grundlage auf den Bedürfnissen der Einwohner haben, wo alles frei erhältlich ist für jeden, der dazu beiträgt.*
- *Eine Gesellschaft, welche höchste Ebenen von wissenschaftlichem und technischem Fortschritt fördert.*
- *Eine Gesellschaft, in der Kunst und Kultur gedeihen und den Menschen erlaubt ist, das Leben in vollem Umfang zu erfahren und zu erleben.*

- *Eine Gesellschaft, in der spirituelles Wachstum der Bevölkerung durch die Explosion von Kunst und Kultur schnell zu Wachstum des Bewusstseins und auf spiritueller Ebene führt, das Konzept des Einsseins annehmend.*
- *Dieses System stellt unvorstellbaren Reichtum aller Dinge auf jeder Ebene zur Verfügung, was für diejenigen, welche noch immer im Geiste und körperlich in der kapitalistisch konsumentenbetriebenen Umgebung von heute gefangen sind.*“[40]

So viel zu einer ersten Vorstellung der Ideen hinter Ubuntu. Geld ist tatsächlich eine sehr gefährliche Erfindung, und das Geldsystem wurde erheblich zu unseren Ungunsten manipuliert. Erstaunlich ist, dass mehr und mehr der außerirdischen Fraktionen und der Gruppen aus der Inner-Erde das Ubuntu-System zu präferieren scheinen. Es wird allerdings leichter zu begreifen sein, wenn man erfährt, dass einige den Menschen wohlgesonnene außerirdische Fraktionen ausdrücklich mitteilen, dass jeder Planet mit einem Geldsystem ein kontrollierter Planet sei bzw. somit ein Gefängnisplanet mit unfreien Bewohnern. Für die allermeisten von uns wird dieses System eine geistige Herausforderung. Wir können erkennen, dass die Entfernung des Geldes nicht nur möglich, sondern auch ratsam ist. Da wir jedoch von der ersten Sekunde unseres Daseins auf diesem Planeten in ein System von Geldwirtschaft hineingeboren wurden, ist es eine bedeutende Aufgabe für jeden von uns, sich mit der Möglichkeit zu beschäftigen und vielleicht am Ende des Tages konstruktiv und positiv zu sagen: „*Warum nicht? Versuchen wir es einfach!*“

Corey wurde nach diesem Treffen zu einem Besuch in der Inner-Erde eingeladen, u.a. um dort eine alte Bibliothek zu besuchen. Auf dem Weg dorthin bekam er eine Führung durch eine der riesigen Höhlen. Wie auf den nächsten Abbildungen zu sehen ist, kam er in eine Stadt, die schätzungsweise einigen Millionen Einwohnern Platz bot, mit Hochhäusern, öffentlichen Plätzen und Parks. Auf den Bildern sind riesige kegelförmig spitze Hochhäuser und die gigantischen Ausmaße der Kaverne zu erkennen. Riesige Transportschiffe, die offenbar die Fähigkeit hatten, durch Fels in beliebiger Dicke und Dichte hindurchzufliegen, kamen aus den Wänden und flogen in der Höhle von einem Ende zum anderen.

Abb. 39: Eine Stadt in Inner-Erde, illustriert nach Coreys Erinnerungen

In einer weiteren Höhle wurde er zu einem etwas erhöhten Aussichtspunkt gebracht, von wo aus er Land sehen konnte, so weit das Auge reichte. Die Bibliothek, die Corey gezeigt wurde, war mit Wänden aus weißem Marmor verkleidet. Alte Schriftrollen, die offenbar viele Jahrhunderte alt waren, lagen in Regalen, so weit man blicken konnte. Corey sah jedoch auch aktuelle Bücher, mit ISBN und Strichcodes, die aussahen, als ob sie *Amazon* gerade geliefert hätte. In einem großen Raum befanden sich hunderte von Stühlen, die keine Gestelle oder Füße hatten, sondern in der Luft schwebten. Und wenn man sich auf einen solchen Stuhl setzte, sank er leicht dem Boden entgegen und federte dann in seine normale Höhe zurück.

Abb. 40: Eine Stadt in der Inner-Erde, illustriert nach Coreys Erinnerungen

Abb. 41: Riesige Anbauflächen in einer der Höhlen mit allen möglichen landwirtschaftlichen Nutzpflanzen.

Abb. 42: Direkt in der Nähe gab es eine weitere Höhle, die an ein riesiges tropisches Paradies erinnerte, mit gigantischen Bäumen und riesigen Vögeln, die Papageien ähnelten.

Corey vertiefte bei dieser Gelegenheit sein Gespräch und fragte noch einmal nach der wahren Geschichte der Erde. Man kam auf Zecharia Sitchin zu sprechen, den Autor vieler Bücher über Nibiru, die Anunnaki und andere Themen, und Corey wurde darauf hingewiesen, dass Sitchin diese Bücher zwar geschrieben habe, jedoch die Texte und Inhalte dafür vorgegeben waren. Er „empfing" diese Texte und schrieb sie nieder. Und offenbar irrte er in wesentlichen Punkten bzw. stellten seine Texte in einigen wesentlichen Punkten Fehlinformationen dar.

In dem Interview, in dem Corey dies mit David Wilcock bespricht, bestätigt dieser unabhängig davon genau diese Geschichte, da er, David, während seines Studiums einen Mitbewohner hatte, der mit Sitchin befreundet gewesen war und ihm exakt dieselbe Geschichte erzählt hatte.

Corey berichtet weiter von seinem Gespräch mit seiner Begleiterin von der Inner-Erde und erzählt, dass sie ihn darüber aufgeklärt habe, dass Sonne, Erde, Mars und alle anderen Sterne und Planeten Lebensformen seien und dass die Erde die Mutter all unserer Seelen ist. Der Begriff „Anunnaki" bedeutet nach ihrer Kenntnis „königliche Saat". Die Sonne sei der Logos des Sonnensystems. Deshalb entstand auch die Religion vom Sonnengott. Es gibt auch einen Galaxis-Logos, so seine Begleitung.

Sie bestätigte noch einmal ausdrücklich die Geschichte des zerstörten Planeten Phaeton/Tiamat. Ergänzend erklärte sie, dass mit der Zerstörung des Planeten Phaeton/Tiamat auch das Sicherheitssystem der *Alten Erbauer Rasse* (*Ancient Builder Race*) für dieses Sonnensystem funktionsunfähig geworden wäre und dass erst dadurch die Möglichkeit für den mittlerweile sehr starken Reiseverkehr durch unser Sonnensystem entstand. Seitdem kamen Flüchtlinge von allen möglichen Planeten und Sonnensystemen hierher und starteten ihre Experimente mit der Menschheit.

Interessant ist, dass der im Laufe der Interviews benutzte Name „Guardians“ beiderseits für die *Alte Erbauer Rasse* und die *Sphären* genutzt wird. Dies lässt darauf schließen, dass die *Alte Erbauer Rasse* durch zahlreiche Stadien der Weiterentwicklung gegangen ist, von Humanoiden bis hin zu planetenähnlichen Lebewesen. Es darf angenommen werden, dass wir mit der Ankunft der *Sphären* die Rückkehr der *Alten Erbauer Rasse* erleben. Diese sind offenbar keinesfalls uneigennützig hier. Da auch sie weiter aufsteigen wollen, müssen sie offenbar eine alte Regel des Universums einhalten und Nachzüglern helfen. Das bedeutet: Steigen wir nicht in die vierte Dimension auf, steigen sie auch nicht in die siebente auf. Daher setzen sie alles daran, uns bei unserer Weiterentwicklung zu helfen.

Der Counterpart der *SSP-Allianz* und *Inner-Erde-Allianz* ist die *Erd-Allianz*. Diese besteht aus etwa einem Dutzend verschiedenen Gruppen, teilweise sind es Geheimgesellschaften aus Asien und ganz besonders China, teilweise Milizen. Einige der Geheimgesellschaften verfügen über große Vermögen und in sehr großem Umfang über Informationen. Diese Erd-Allianz wurde in sehr großem Ausmaß von den Illuminati und der Kabale infiltriert. Deshalb haben die Kabale und Illuminati eine sehr genaue Vorstellung von den Daten, die veröffentlicht werden sollen und von den Aktionen, die ihnen bevorstehen. Umso größer ist der Druck, der von der Kabale ausgeht, und sie sehen als letzte Möglichkeit, ihre Position doch noch irgendwie zu retten, die Anzettelung eines Dritten Weltkriegs. Die asiatischen Geheimgesellschaften sind der Ansicht, dass man die gesammelten Daten nicht auf einmal veröffentlichen dürfe, um das internationale Wirtschaftssystem nicht zu gefährden. Sie streben stattdessen die Übernahme des Finanzsystems an und wollen ihre eigenen hundert Jahre Finanzsystem erleben, wie die Kabale vor ihnen, nur mit dem Unterschied, dass ihr neues Finanzsystem fairer sein soll.

Durch Coreys Besuch in der Inner-Erde hat er sich im Netzwerk der *Erd-Allianz* einige Feinde gemacht. Man warf ihm vor, sich wichtig zu machen. Allgemein scheint dort, in Anbetracht der Wichtigkeit und der Tragweite der zu treffenden Entscheidungen, eine sehr große Nervosität zu herrschen. Man gewinnt den Eindruck, dass auch in der *Erd-Allianz* die alte Schule immer wieder durchkommt und diverse Gruppierungen und Personen versuchen, sich ihre Pfründe zu sichern.

In den Interviews wurde ausdrücklich erwähnt, dass die ISIS (IS = Islamischer Staat) eine Proxy-Armee (Stellvertreterarmee) der Kabale sei. Dies wird auch durch Publikationen im Internet immer deutlicher.[41]

Ein weiteres interessantes Detail wurde deutlich, als das HAARP-Projekt zur Sprache kam. Es sei offenbar so, dass nicht mehr HAARP mit Unmengen an Strom zur weltweiten Wettermanipulation versorgt werde, berichtet Corey, sondern ein riesiger Rechnerpark in Bluffdale in Utah. Mit dessen Hilfe kann weltweit jedes Telefonat und jede Email in Echtzeit abgehört und analysiert werden. Dieses Rechenzentrum soll ein weiteres „Wikileaks“ oder einen neuen „Snowden“ verhindern.

Die allgemeine Strategie für die Veröffentlichung und den Übergang ist innerhalb der Allianzen heftig umstritten. Einige sind der Meinung, man müsse eine Übergangsphase schaffen, damit die Menschen nach einer so langen Zeit der Umerziehung und Fehlleitung überhaupt zuhören. Es wurde vorgeschlagen, im Rahmen eines weltweiten wirtschaftlichen Zusammenbruches die Menschheit zum Zuhören zu bewegen, damit sie erkennt, dass das derzeitige sogenannte FIAT-Geld nichts weiter als bedrucktes Papier ist und somit wertlos.

Corey kommt in einem weiteren Interview noch einmal auf unseren Mond zu sprechen. Wie bereits erwähnt, diente dieser offenbar als Transportgefährt und Rettungsschiff für viele Millionen Einwohner des Planeten Phaeton/Tiamat. Diese Einwohner waren ca. 22-24 m groß, so Coreys Informationen aus dem SmartGlassPad (was sehr gut zu den Bauten auf den Saturn-Ringen passt). Durch einen technischen Defekt wurde der Großteil der Flüchtlinge in diesem Mond auf dem Wege zur Erde getötet. Ob dies die Folge von Kampfhandlungen war, oder ob sich der Mond noch zu nahe an der Explosion des Heimatplaneten befand und deshalb von dieser beschädigt wurde, lässt sich zum gegenwärtigen Zeitpunkt nicht sagen. Ein

Indiz für Letzteres könnte sein, dass, ähnlich wie beim Mars, nur eine Seite des Mondes stark von Kratern beschädigt wurde, während die andere Seite relativ unbeschadet zu sein scheint.

Es blieb nur ein kleiner Teil der Besatzung übrig, und dieser wiederum lässt sich sehr genau beziffern. Bereits im Buch „Weltverschwörung" (S. 149) ist zu lesen, dass 4.090.000 Nephilim (Riesen) auf der Erde ankamen.[42] Diese Flüchtlinge waren der damaligen Erdbevölkerung technisch haushoch überlegen, nicht jedoch zahlenmäßig. Da sie aggressiv auftraten, waren sie offenbar sehr unbeliebt und wurden einer nach dem anderen getötet. In der langen Zeit der Infiltration vermischten sich viele der Riesen mit der Erdbevölkerung und erzeugten Nachwuchs („Halbgötter"). Die Vermischung der Gene ist nun wiederum der Grund, warum die menschliche Bevölkerung so schwer einzuschätzen ist und die *Inner-Erde-Allianz* unserer Menschheit gegenüber sehr vorsichtig auftritt.

Die Nephilim waren offenbar begeisterte Anhänger des Transhumanismus (möglicherweise in Folge einer Infektion durch die KI?) und hatten eine extrem fortschrittliche Art der Kommunikation entwickelt, die auf

Abb. 43: Die Vorder- und Rückseite des Mondes. Zu sehen ist der deutliche Unterschied. Die Vorderseite ist nahezu intakt, während die (der Explosion Phaetons zugewandte) Rückseite mit Kratern übersät ist.

Mikroemotionen im Gesicht und Lichtimpulsen basierte, alles wiederum gekoppelt mit einem gemeinsamen Zentralrechner (Mainframe). Die bei dieser Art der Kommunikation übertragene Datenmenge ist im Vergleich zur menschlichen Sprache um ein Vielfaches größer.

Da die Katastrophe der Zerstörung ihres Heimatplaneten (ob aufgrund politischer Entwicklungen oder mit Hilfe von technologischen Möglichkeiten, lässt sich nicht feststellen) offenbar lange vorhersehbar war, wollten die Nephilim in weiser Voraussicht ein Rettungsschiff bauen. Hierzu nutzten sie eine Technologie in der Größe eines Baseballs, der gefüllt war mit Nano-Robotern. Diesen Ball schickten sie in der Vergangenheit auf den heutigen Erdmond (der Mond wurde in einem sehr alten und weit entfernten Sonnensystem ausgesucht) und ließen die Nano-Roboter den kompletten Mond aushöhlen, gerade so schnell, dass er exakt zum richtigen Zeitpunkt zur Verfügung stand.

Abb. 44: Hier ist ein Origami-Roboter zu sehen. Aus einem Stück Aluminiumfolie faltet sich dieser selbständig(!) in seine aktionsfähige Form und kann Dinge transportieren, Dinge „anknabbern“, schwimmen, durch Magnetfelder, also elektromagnetische Impulse gesteuert werden und sich am Ende sogar spurlos in Flüssigkeit auflösen. Ich empfehle jedem Leser, sich das Video[43] anzusehen. Die schockierende Vielseitigkeit dieses Roboters lässt den Betrachter erschaudern, obendrein angesichts der Tatsache, dass dies hier nur die offiziell zugegebene Spitze des technisch Möglichen darstellt.

Abb. 45: Es gibt verschiedene Schiffstypen der *Dark Fleet*, die Dreieckigen sind ca. 200 m breit.

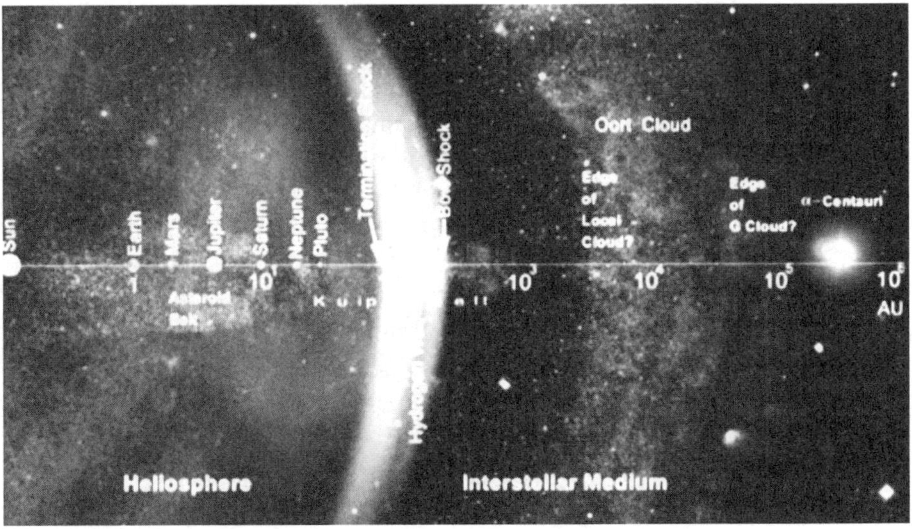

Abb. 46: Die Entfernungen unseres Sonnensystems im Vergleich.

Als der Mond dann fertig ausgehöhlt war, ist offenbar die Elite des Planeten – Corey berichtet hier von 12-16 Milliarden Einwohnern als Teil von ca. 1 Billion Gesamtpopulation – durch Portale in den Mond transportiert worden. Es gibt im Mond, etwa 20-40 Meilen unter der Oberfläche, unendliche viele und lange Korridore mit Räumen, die diese Phaetonbewohner aufnahmen.

Corey stieg im Jahre 1987 in das „Twenty-and-back"-Programm ein. Er erfuhr im Laufe der Zeit von den verschiedenen Programmen. Neben den bereits erwähnten Programmen – *Global-Galactic League of Nations*, der *Geheimen Weltregierung*, dem *ICC*, bestehend aus etlichen Unternehmen des *Militärisch-Industriellen-Komplexes* –, gibt es noch zwei andere, sehr interessante, nämlich das amerikanische *Solar-Warden*-Programm und die deutsche *Dark Fleet* (*Dunkle Flotte*).

Das *Solar-Warden-Projekt* wurde von der US Navy ins Leben gerufen und agiert als eine Art interplanetare Polizei. Diese überwacht laut Corey Goode z.B. unerlaubte Zutritte in unser Sonnensystem. (Hierzu später mehr von einem ehemaligen Mitarbeiter dieses Projekts.)

Die *Dark Fleet* ist von Geheimnissen umwoben. Nur wenige Informationen, so berichtet Corey, dringen von dort an andere Mitglieder der *SSP-Allianz.* Die Basen der *Dark Fleet* sind sämtlich „off-limits" für andere, das heißt unbetretbar, und befinden sich zum allergrößten Teil außerhalb unseres Sonnensystems. So sind derzeit kaum Mitglieder oder Angehörige der *Dark Fleet* auf der Erde oder in unserem Sonnensystem anzutreffen, weil sie aufgrund einer Quarantäne keine Erlaubnis haben, herzukommen.

Die *Dark Fleet* arbeitet Seite an Seite mit den Draco, und ihre Schiffe sind von Menschen für Menschen gebaut. Die Draco besitzen und fliegen eigene Schiffe. Die Draco auf diesen Schiffen sind wesentlich kleiner, im Gegensatz zu dem bereits vorgestellten königlichen Draco von bis zu mehr als vier Metern Körpergröße. Die *Dark Fleet* ist zusammen mit den Draco an Eroberungsfeldzügen im Weltraum beteiligt und nahm in Vergangenheit und Gegenwart an vielen Kriegen teil. Da sich ein Großteil dieser Flotte außerhalb unseres Sonnensystems befindet, können sie derzeit wegen der von den Sphären errichteten Sperre nicht zur Erde kommen. Zwar befinden sich die meisten Schiffe der *Dark Fleet* außerhalb des Sonnensystems, aber die zentrale Kommandostruktur befindet sich innerhalb und wurde mittlerweile offenbar zu großen Teilen durch das ICC in Beschlag ge-

Abb. 47: Das Treffen auf dem Eisplaneten im Kuiper-Gürtel.

nommen. Die Besatzungen der *Dark Fleet* sind zum stark überwiegenden Anteil Nachfahren der ehemaligen deutschen Geheimgesellschaften, die regierungsnah an der deutschen SS und Reichsführung standen. Sie tragen schwarze Uniformen und treten sehr energisch auf, ähnlich, wie damals die SS. Da sie mit den Draco zusammenarbeiten, darf davon ausgegangen werden, dass sie sämtlich mit KI-Nano-Robotern infiziert sind. Es gibt bei der *Dark Fleet* ein sehr weitreichendes Zucht- und Reproduktionsprogramm, in dem mit Klonen und Gentechnik immer wieder für ausreichend Nachschub an Soldaten gesorgt wird. Bei der *Dark Fleet* sind mittlerweile alle Rassen der Erde vertreten, natürlich auch Frauen, und alle leben außerhalb der Erde. Es wird jedoch nicht nur aus den eigenen Reihen nachgezogen, sondern regelmäßig auch von der Erde rekrutiert.

Corey erwähnt nebenbei, dass das vorhin angesprochene Computerzentrum in Bluffdale, Utah, nicht nur Daten über Telefonate und Emails sammelt und analysiert, sondern auch über jeden Menschen auf der Erde und im Weltraum(!) eine elektronische Akte angelegt hat, sodass ein automatisches Überwachungssystem jeden im Visier hat. Es scheint so zu sein, dass dieses Überwachungssystem der Draco nicht nur überwacht, sondern auch über sehr weitgehende aktive Maßnahmemöglichkeiten verfügt. So soll laut Corey das System automatisch dafür sorgen, dass jeder

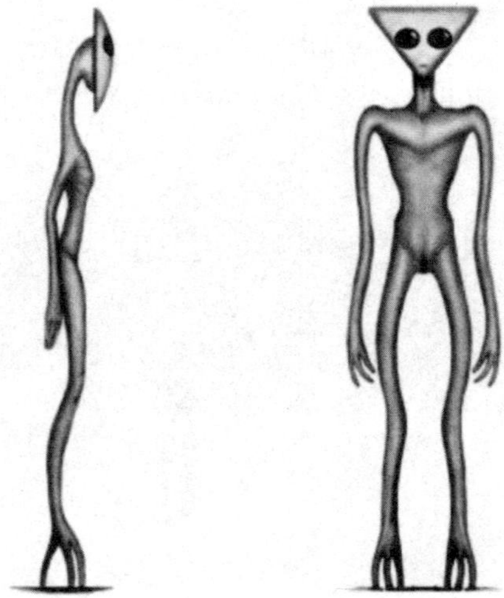

Abb. 48: Hier eine Skizze der Erscheinungsform Sphäre, sozusagen ein Kommunikationskörper.

Mensch, der anfängt, sich in einer Art und Weise Gedanken zu machen, die den Draco nicht vorteilsbringend ist, sich schläfrig fühlt oder aggressiv wird und das Gefühl bekommt, etwas anders machen zu müssen.

Corey berichtet in einem weiteren Interview von einem Treffen zwischen der *SSP-Allianz*, der *Inner-Erde-Allianz* und der *Sphären-Allianz* im Dezember 2015. Auf einem etwa erdgroßen Planeten im Kuiper-Gürtel am äußeren Rand unseres Sonnensystems, der komplett aus Eis besteht, welches sich nach der Zerstörung des Planeten Phaeton aus dem Wasser seiner Ozeane gebildet hatte, trafen sich diese drei Parteien und Corey, um die aktuelle Situation zu besprechen.

Die Sphären sind keine Humanoiden. Daher können sie entweder als Sphären in Erscheinung treten oder eine Projektionsfigur anbieten. In diesem Fall erschien ein ca. 3-4 m großes Wesen mit einem leuchtend gelben Körper und einem flachen, dreieckigen Kopf, das sich auf seinen drei Zehen senkrecht stehend vor Ihnen materialisierte. Etwa 30-40 Minuten hatte dieses Wesen mit der Gruppe von der Inner-Erde eine vollkommen stille, telepathische Kommunikation. Da man bei dieser Art der Kommunikation erheblich mehr Daten pro Zeit austauschen kann als mit einer gesprochenen Sprache, darf angenommen werden, dass hier buchstäblich von A bis Z jedes noch so kleine Detail der Situation ausgetauscht wurde.

Abb. 49: Die kilometerlangen Raumschiffe, die die Venus bewachen.

Abb. 50: Eine der Kavernen unter dem Eis in der Antarktis, Illustration nach den Angaben von Corey.

Die Inner-Erde-Gruppe schien keineswegs beglückt über den Inhalt der Kommunikation. Corey erfuhr, dass die *Sphären-Allianz* ihnen offenbar vorgehalten habe, sie hätten in den letzten Jahrmillionen keinen guten Job gemacht, und nun hatten sie die Anweisung bekommen, sich der Menschheit auf der Oberfläche zu offenbaren, damit es endlich vorwärts ginge mit dieser. Aus den Reihen der SSP-Allianz gab es eine Meldung, dass offenbar die erdnahen Stationen der SSP (nicht der SSP-Allianz!), die etwa einmal im Monat für Versorgung und Wartung/Service angeflogen werden und die der Technologie der Erde um etwa 30-50 Jahre voraus sind und besetzt sind mit meist militärischen Einheiten der unteren Ränge, sich vom Rest der SSP getrennt hätten und sich nun offenbaren wollen.

Hier endet Coreys Bericht über dieses Treffen.

Das Universum ist ungefähr 13,8 Milliarden Jahre alt, die Erde ist jedoch „erst" 4 Milliarden Jahre alt. In unserer Galaxis, auf der Erde und auf anderen Planeten des Sonnensystems, in der Oortschen Wolke, im lokalen Sternenhaufen und auch darüber hinaus, findet man überall Bauten der *Alten Erbauer Rasse*. Sie zu datieren, fällt äußerst schwer, da über eine enorm große Spanne von Millionen von Jahren immer derselbe Baustil auftritt. Die Orte und Planeten und Monde, auf denen sich diese Bauten befinden, sind offenbar in einer Art Gruppenbewusstsein miteinander verbunden. Dies betrifft mindestens 50 Galaxien mit jeweils einigen Millionen Sternen und Planeten. Auch gibt es offenbar ein Schutzgitter für diese Himmelskörper, das jedoch durch die Zerstörung des Planeten Phaeton/Tiamat funktionsuntauglich wurde. Sofort danach kamen viele außerirdische Rassen auf diese Planeten und eroberten sie, nahmen sie in Besitz, ließen sich

Abb. 51: Auf dem Weg von der Basis in der Antarktis weg fuhren sie durch einen Torbogen, der so riesig war, dass zig Containerschiffe übereinander gleichzeitig dort hindurchfahren könnten.

Abb. 52: Hier als Größenvergleich mit dem Tor einige dort fahrende Transport-U-Boote. Diese hatten jeweils die Ausmaße eines großen Containerschiffes.

als Flüchtlinge hier nieder oder erforschten sie ganz einfach nur. Dies geschah vor etwa 500.000 Jahren, als die Super-Föderation als erste zur Erde kam. Die Draco kamen vor ca. 375.000 Jahren und nahmen die Erde schließlich in Besitz.

Immer wieder finden sich Bauten aus durchsichtigem Aluminium. Die Deutschen haben während des Zweiten Weltkriegs und danach sehr viele dieser Bauten entdeckt und erforscht. Durch die bereits in den 1940er-Jahren hochentwickelte Technologie der Deutschen konnten diese nicht nur das Sonnensystem bereisen, sondern es auch verlassen und Kontakt zu anderen Zivilisationen aufnehmen.

Auch auf der Venus gibt es laut Corey solche Bauten. Corey beschreibt seinen Besuch dort und die erstaunliche Erkenntnis, dass die Venus offenbar von einer besonderen Hologrammtechnologie geschützt wird, die den Effekt hat, einem Außenstehenden den Eindruck zu vermitteln, die Venus sei heiß und unbewohnbar. Tatsächlich ist die Venus jedoch bewohnt und wird von riesigen, kilometerlangen Raumschiffen bewacht, die ähnlich aussehen wie Bleistifte. Die Technologie sowie viele der auf der Venus vorgefundenen und noch immer vorhandenen Bauten stammen von der *Alten Erbauer Rasse*. Auf dem Rückweg von dort, so Corey, machten sie einen

Abstecher zu einer der Basen unter dem Eis der Antarktis. Dort gab es heiße Quellen, riesige Dome und Hallen, viele Kilometer lang und vollgepackt mit Hangars, Gebäuden und Raumschiffen.

Corey ist als Amerikaner in seinen Schilderungen schlicht und einfach direkt. Scheuklappen, wie sie in Deutschland üblich sind, gibt es in diesem Bereich bei ihm nicht. Im Laufe der verschiedenen Interviews ist es eher David Wilcock, der immer wieder in alte Denkmuster verfällt und statt „Deutsche" gern „Nazis" sagt und hierbei außer Acht lässt, dass es ganz verschiedene Gruppierungen gab und offenbar noch immer gibt.

Nach heutiger Bewertung ist es durchaus angebracht, von „Nazis" als Bezeichnung für eine bestimmte, jetzt in einem Teil der geheimen Weltraumprogramme aktive Gruppe zu sprechen, die allerdings heute nicht nur Teile der Deutschen von damals, sondern auch diverse andere Völker, Gruppen und Kreise mit einbezieht. Die verschiedenen Allianzen und Gruppierungen wandelten sich im Laufe der Zeit, sodass die Bezeichnung „Nazis" heute etwas ganz anderes bedeutet als damals. Der Begriff an sich ist kein von den Deutschen selbst gewählter Begriff, sondern wurde in seiner uns heute bekannten Form erst Mitte der 1920er-Jahre benutzt. Davor gab es zwar den Begriff „Nazi" schon, doch der hatte vollkommen andere Wurzeln und Bedeutungen. So konnte z.B. der Begriff „Nazi" in früherer Zeit auch für Personen von einem „heiligen Herkunftsort" (Nazareth) gewählt werden.[44]

Ähnlich erging es in unserer Sprache mit Begriffen wie „geil", „niederträchtig" und „gemein". Diese Begriffe haben sich in ihrer Bedeutung allesamt in das genaue Gegenteil verwandelt. Hieß „niederträchtig" früher noch „nicht nach Hohem strebend" bzw. „bescheiden", heißt es heute eher soviel wie „hinterhältig" bzw. „gemein". „Gemein" hieß früher wiederum, sich um das Gemeinwohl zu kümmern, während es heute bedeutet, dass jemand „fies" ist.

Aktuell wäre es vermutlich angebracht, statt „Nazis" eher von „Kabale" zu sprechen, um sowohl der aktuellen Zusammensetzung der anvisierten Gruppierung gerecht zu werden wie auch dem aktuellen Sprachgebrauch.

Soweit die Zusammenfassung der Interviews mit Corey Goode. Die hier dargelegten Informationen beschreiben nur einen sehr groben Rahmen der Inhalte. Für den interessierten Leser besteht die Möglichkeit, sich diese Videos auf www.gaia.com anzusehen. Wer die Zeit aufbringen kann, dem sei das Anschauen wärmstens empfohlen. Es lohnt sich wirklich!

Lehnen wir uns nun gedanklich erst einmal zurück und lassen das Gelesene wirken. Die Deutschen haben also in mindestens zwei verschiedenen Gruppierungen bereits seit den 1920er-Jahren den Weltraum bereist, ja, geradezu erobert. Ehrlich: Als ich dies zum ersten Mal hörte, wusste ich nicht, was ich davon halten sollte. Sollte ich stolz sein auf diese technologische Meisterleistung? Sollte ich mir Sorgen machen um ein wiederkehrendes „Nazi-Reich"? Sollte ich mich verraten fühlen, weil diese technologisch so weit überlegenen Truppen das deutsche Vaterland dem Feind überließen und zugelassen haben, dass damals mehr als 12 Millionen Deutsche nach Kriegsende gestorben sind? Oder sollte ich sorgenvoll in die Zukunft blicken und den „Kräften der freien, westlichen Welt" den Endsieg wünschen, weil sich jene Deutschen solche Partner ausgesucht hatten? Sollte ich mich dort hinsehnen oder eher froh sein, dass ich hier bin? Oder sollte ich besser fragen, was Corey geraucht hat und wo er dieses offenbar sehr wirkungsreiche Zeug herbekam? Bleiben wir vor erst einmal wertungsfrei und versuchen, lediglich den Umfang und die Tragweite dieser Informationen zu erfassen.

Das Sonnensystem ist besiedelt, jeder einzelne Planet und Mond. Es gibt nicht nur eine Art Außerirdische, sondern gleich zig verschiedene, gleich „nebenan" auf dem Mond, weitere Hunderte in unserem Sonnensystem und gar Millionen im Weltraum. Und: Viele brennen darauf, uns kennenzulernen, ja, viele erforschen uns bereits hier vor Ort und geben uns Hilfestellung. Aber auch: Diese Deutschen von damals, die regierungsnahe Absetzbewegung mit den „Lebensborn-Kindern", vielen Hochbegabten, Wissenschaftlern und anderen ausgesuchten Menschen der damaligen Gesellschaft, sind bereits dorthin gereist. Die Deutschen sind somit bereits zu Botschaftern der Erde geworden. Ob uns oder anderen das nun gefällt oder nicht, ist gleichgültig, denn offenbar ist es ja bereits passiert.

Es gab und gibt offenbar neben Forschungsreisen auch Eroberungsfeldzüge in andere Galaxien an der Seite der Draco, bei denen die Deutschen mit ihrer „Dark Fleet" militärisch helfen, andere Planeten und Sonnensysteme zu er-

obern. Wir müssen davon ausgehen, dass dies viele Leben kostete und immer noch kostet, sowohl auf Seiten der Deutschen als auch auf Seiten der Eroberten – Leben von Lebewesen, deren Natur und Erscheinungsbild wir nicht einmal erahnen können.

Tasten wir uns weiter vorsichtig vorwärts, dann lernen wir, dass wir annehmen dürfen, dass das menschliche Grundkonzept, also Körper, Arme, Beine, Augen, Mund, Hände, Gehirn usw., offenbar ein universelles Grundkonzept ist, was sehr häufig Anwendung gefunden hat. Weiter vorgetastet erfahren wir, dass keineswegs WIR als Menschheit hier „zu Hause" sind, sondern die Agarthianer, die uns zwar sehr ähnlich sind, aber dennoch weit voraus und überlegen. Innerhalb des vorangehenden Textes habe ich bereits an einigen Stellen die Parallelen zu dem Buch „Weltverschwörung" aufgezeigt. Die dort aufgezeigten Zusammenhänge und Schlussfolgerungen bilden die Grundlage des Verständnisses für die hier von Corey aufgezeigten Dinge, welche die Informationen aus jenem Buch in ein umfassenderes Gesamtbild setzen.

Wir dürfen die Interviews mit Corey mit jenem Buch kombinieren und können feststellen, dass wir als Menschheit zwar das Ergebnis vieler Versuche sind, eine optimale Rasse zu schaffen, aber in unseren Fähigkeiten dennoch sehr eingeschränkt wurden. Unsere Lebensdauer wurde begrenzt, unser Wissen beschnitten, unsere mentalen Fähigkeiten wurden minimiert. Wir hören und lesen, dass wir das Ergebnis von 22 verschiedenen Versuchsprogrammen sind, die allesamt immer wieder, und dies bereits seit Jahrtausenden, fremde Gene in unseren Genpool einspeisen, um zu sehen, was passiert, um die Ergebnisse nach ihrem Gutdünken zu verbessern.

Leider dürfen wir auch erfahren, dass diese Versuche keineswegs alle an einem Strang ziehen, sondern sich teilweise in ihrer Zielsetzung widersprechen. Wir leben als Menschen also in einem riesigen Durcheinander und erfahren nun auch noch, dass ein Teil von uns schon längst diesem Alltag entfliehen und den Weltraum erobern konnte. Na super! Könnte vielleicht jemand mal endlich für Ordnung sorgen? Aber halt: Wir lesen auch von Kräften, die genau dies tun wollen. Das gibt Hoffnung. Offenbar sind die Draco zwar sehr mächtig, aber keinesfalls allmächtig, und offenbar gibt es Kräfte, die ihnen widerstehen können. Doch: Waren da nicht Deutsche an der Seite der Draco? Soll ich das nun gut finden oder wieder nicht?

Zwangsläufig ist man hier als Deutscher in einer sehr verzwickten Lage gefangen. Es sind zu viele Informationen, um wegzuschauen und zu wenige, um

sich eine Meinung bilden zu können. Die Ausführungen von Corey allein könnte man ebenso gut in den Bereich der farbenprächtig blühenden Phantasie schieben. Die vielen kleinen Ankerpunkte seiner Informationen können uns jedoch an diversen Punkten der Wissenschaft und Geschichte helfen, uns ein genaues Bild zu machen und Vertrauen zu festigen.
Bevor wir nun in die Tiefe gehen und das Gelesene noch einmal in einigen Details betrachten, möchte ich an dieser Stelle zu drei weiteren Zeitzeugen zum selben Themenbereich übergehen.
Auch diese wurden von David Wilcock interviewt und geben Auskunft über ihre Lebenserfahrungen und Erlebnisse im Zusammenhang mit dem nun schon bekannten Themenrahmen. In einem späteren Kapitel werde ich Ihnen weitere Zeugen vorstellen, die allerdings nicht von David Wilcock interviewt wurden. Selbstverständlich können Sie auch diese weiteren Zeugen im Internet nachprüfen und sich anhand des Quellenverzeichnisses ein eigenes Bild machen.
Ohne ein neues Kapitel anzufangen, kommen wir nun also zu drei weiteren Zeitzeugen, den letzten hier vorgestellten aus den Interviews mit David Wilcock.

Abb. 53: William Tompkins, 94 Jahre

Der im August 2017 im Alter von 94 Jahren verstorbene William Tompkins erzählte von seiner Zeit bei *Douglas Aircraft*, einem amerikanischen Luftfahrtunternehmen, wo er seit Ende des Zweiten Weltkriegs viele Jahre arbeitete und nach relativ kurzer Zeit begann, für die geheimen Weltraumprogramme Raumschiffe zu entwerfen und zu bauen. Es handelt sich also um einen Zeitzeugen, der als leitender Ingenieur aus erster Hand darüber berichten konnte, welch enormer technologischer Fortschritt bereits seit Jahrzehnten vor der Allgemeinheit geheim gehalten wurde. Er leitete bei *Douglas Aircraft* einen Thinktank, also eine Entwicklungsabteilung oder Denkfabrik, mit ungefähr 200 Angestellten und wurde in den 1950-Jahren damit beauftragt, Raumschiffe für das *Solar-Warden-Projekt* zu entwickeln. Das *Solar-Warden-Projekt* wurde bereits von Corey erwähnt. Es ist ein Projekt der US Navy und dient(e) als eine Art Weltraumpolizei.

Abb. 54: Das Gebäude von *Douglas Aircraft*, in dem sich die Büros von Tompkins und seiner Mannschaft befanden

Abb. 55: Konteradmiral Rico Botta

William Tompkins berichtete, dass 1942 Konteradmiral Rico Botta 29 Soldaten auf geheime Mission nach Deutschland sandte. Diese Agenten sollten herausfinden, was der Stand der Technik in Deutschland ist, wie von der deutschen Politik für die Zukunft zu erwarten sei und schlicht alles mit größtmöglicher Neugier hinterfragen, berichten und aufpassen, dass sie sich nicht erwischen lassen. Genau das also, was Spione eben so tun.

Diese 29 Mann erledigten ihren Job offenbar wirklich sehr gut, denn sie fanden mehr heraus, als die meisten deutschen Insider wussten. Als sie zurückkamen und Bericht erstatteten, wurde ihnen nicht geglaubt. Denn das, was diese Spione berichteten, war so unglaublich, dass niemand darauf gekommen wäre. Wochen über Wochen vergingen mit endlosen Verhören, aber alle berichteten wieder und wieder dasselbe, und schließlich dämmerte es den Führungsoffizieren, dass hier tatsächlich die Wahrheit viel unglaublicher war als jede erfundene Geschichte.

Die Deutschen arbeiteten mit außerirdischen, reptiloiden Wesen zusammen und hatten eine sehr fortschrittliche Technologie, die denen der Amerikaner bei weitem überlegen war. Tompkins schätzte, dass niemand außer den Deutschen und den Amerikanern zu der Zeit über die Existenz der Außerirdischen Bescheid wusste. Tompkins berichtete über ein sehr interessantes Detail, nämlich dass die Deutschen offenbar ein gesamtes Bataillon von Soldaten geklont und an die Front nach Russland geschickt hatten und so nach und nach ihre Truppenstärke immer wieder aufbesserten. Die SS habe, so Tompkins, außerdem herausgefunden, wie man das menschliche Leben beliebig verlängern könne.

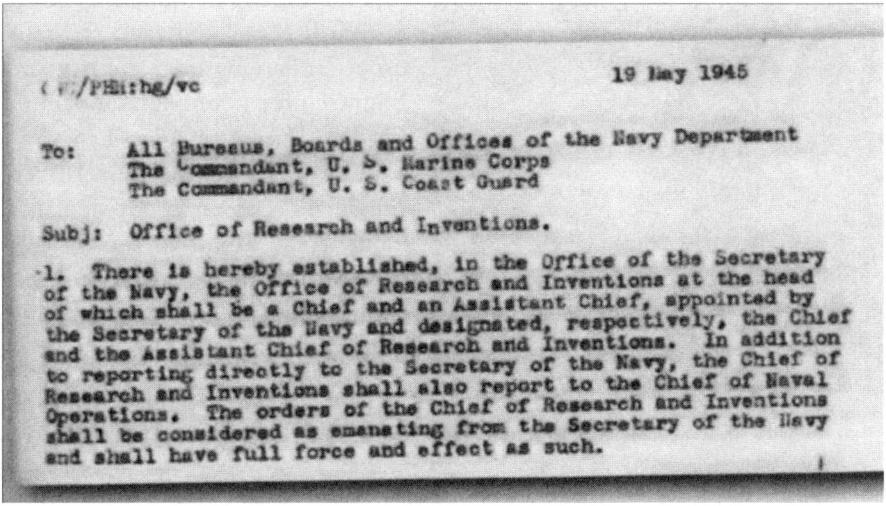

/PHI:hg/vc 19 May 1945

To: All Bureaus, Boards and Offices of the Navy Department
The Commandant, U. S. Marine Corps
The Commandant, U. S. Coast Guard

Subj: Office of Research and Inventions.

1. There is hereby established, in the Office of the Secretary of the Navy, the Office of Research and Inventions at the head of which shall be a Chief and an Assistant Chief, appointed by the Secretary of the Navy and designated, respectively, the Chief and the Assistant Chief of Research and Inventions. In addition to reporting directly to the Secretary of the Navy, the Chief of Research and Inventions shall also report to the Chief of Naval Operations. The orders of the Chief of Research and Inventions shall be considered as emanating from the Secretary of the Navy and shall have full force and effect as such.

Abb. 56: Der Befehl zur Gründung dieses Thinktanks

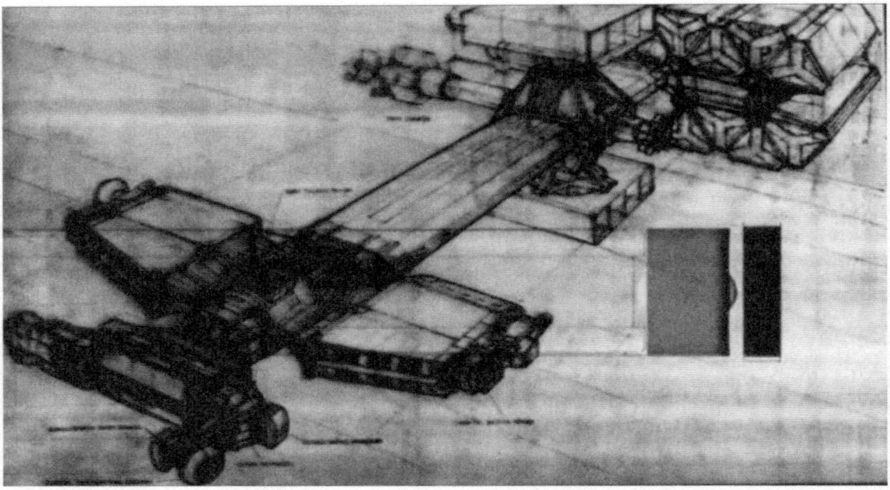

Abb. 57: Einer von Tompkins' Entwürfen.

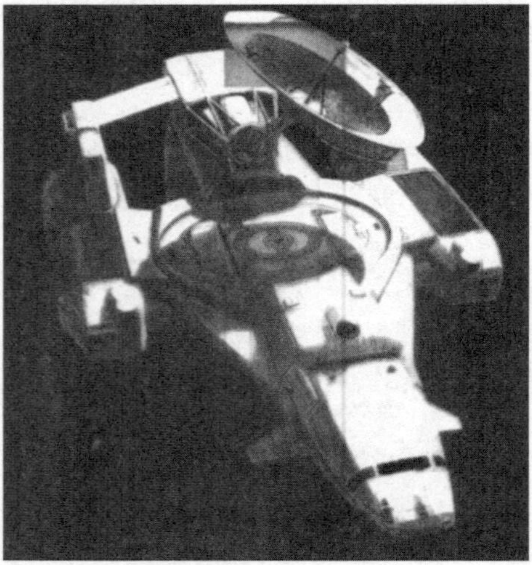

Abb. 58: Ein anderer Entwurf.

Entwürfe wie die in Abb. 57 und 58 wurden dann später in Utah, New Mexico und Mexico in unterirdischen Anlagen gebaut, unter anderem auch sehr große Raumschiffe (Tompkins erwähnte Modelle mit bis zu 6 km Länge).

Es wurden mindestens 16 verschiedene Klassen entworfen, von kleinen Raumschiffen für nur sehr wenige Personen bis hin zu riesigen Kampf- oder Transportschiffen.

Abb. 59: Hier eine Raumschiff-Animation, die aber dem echten überraschend ähneln soll und durchaus das Modell von Abb. 58 sein könnte. Achtung: Vergleichen Sie bitte die Bauform mit Ihnen bekannten Containerschiffen oder U-Booten, sie sind nicht vergleichbar.

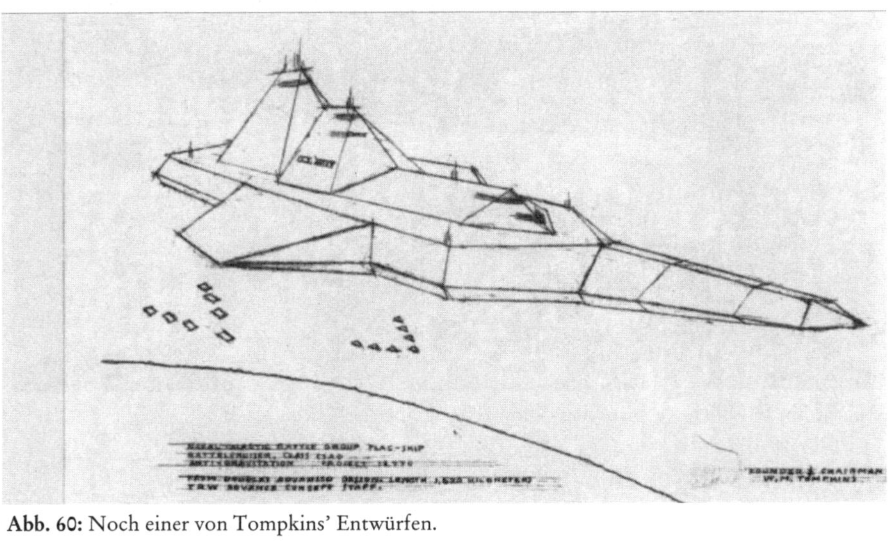

Abb. 60: Noch einer von Tompkins' Entwürfen.

Abb. 61: *Schwerer Gustav*, eine riesige Eisenbahnkanone.

Abb. 62: Ein angeblich von britischen Spionen fotografiertes Waffensystem.

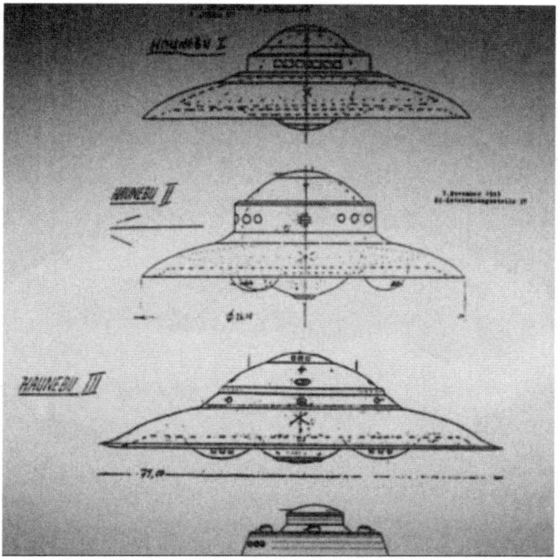

Abb. 63: Dokumentation der verschiedenen Modelle bei den deutschen Flugscheiben *Haunebu I*, *II* und *III*

Abb. 64: Computeranimation des *Haunebu II*

Abb. 65: Computeranimation des *Haunebu I*

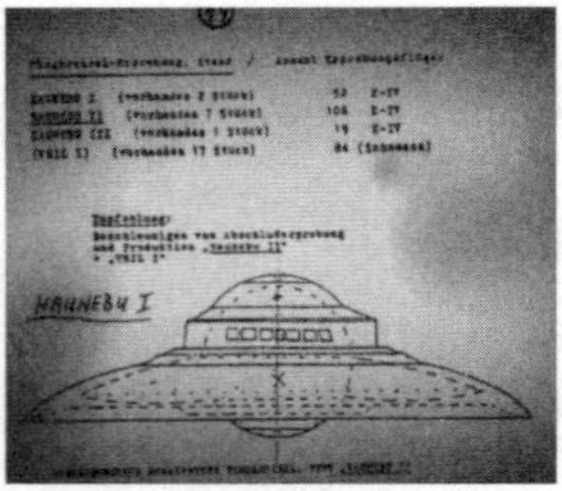

Abb. 66:

vorhandene	Stück	Flüge
Haunebu I	2	52
Haunebu II	7	106
Haunebu III	1	19
Vril 1	17	84

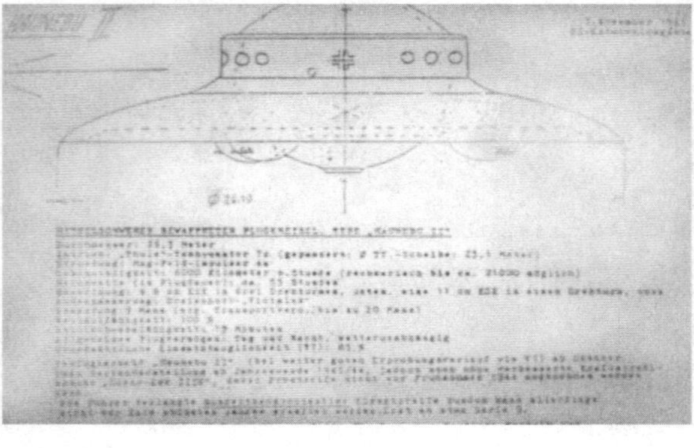

Abb. 67: Details *Haunebu II*: Durchmesser 26,3 m, 6.000 km/h (bis 21.000 km/h rechnerisch möglich), 55 Std. Flugdauer, 9 Mann Besatzung, 100% weltalltauglich, Stillschwebefähigkeit: 19 Minuten, Bewaffnung etc.
Zum Vergleich dazu:
Haunebu III: Durchmesser 71 m, 7.000 km/h, rechnerisch bis zu 40.000 hm/h möglich, Flugdauer 9 Wochen, 32 Mann Besatzung, Stillschwebefähigkeit: 25 Minuten

Abb. 68: Unterirdische Fertigungsanlage in Deutschland

Abb. 69: James Forrestal, *Secretary of the Navy* („Secnav"), zu jener Zeit, später Verteidigungsminister

All diese Erkenntnisse landeten nun also vor Konteradmiral Rico Botta, dem *Secretary of the Navy* James Forrestal und William Tompkins selbst. Mehr waren nicht eingeweiht. Aufgrund der Tragweite der einzelnen Details wurden aus einem kurzen Bericht gleich mehrere Projekte, die die einzelnen Aspekte der gegnerischen Überlegenheit untersuchen sollten. Tompkins hörte im Laufe der sehr langen Ausführungen der heimgekehrten Spione, dass der Vertrag zwischen den Deutschen und den Reptiloiden (Draco) vorsah, dass die Deutschen im Weltraum eine Navy/Marine aufbauen sollten, die dann von den Draco benutzt werden konnte, um andere Planeten zu erobern. Neben diesen strategisch-politischen Informationen übergab man eine Fülle von Informationen über die verschiedensten Waffensysteme, deren strategische Tragweite und technologischen Abstand, medizinische Informationen über Lebensverlängerung, Klonen und einiges mehr.

Insgesamt waren ungefähr 12.000 Vernehmungen nötig, um das gesamte Datenmaterial zu erfassen; Tompkins war bei jeder einzelnen dabei, und dies über viele Jahre. James Forrestal erlitt nach einiger Zeit einen Nervenzusammenbruch und wurde kurz darauf in einem Krankenhaus im obersten Stock aus dem Fenster „gefallen" und durch einen Nachfolger ersetzt, Tompkins blieb. Die damalige Meinung der Alliierten war eindeutig: Deutschland könne jederzeit innerhalb von Minuten den Krieg gewinnen und den ganzen Planeten übernehmen. Nicht nur der Kontakt zu den Draco wurde den Amerikanern so offenbart, sondern auch der Kontakt der Deutschen zu den „Nordics", den Agarthianern. Es wurde berichtet, dass diese eine Lebensspanne von 1400-2200 Jahren haben. Tompkins enthüllte, dass die Firmen *TRW, Scripps* (San Diego) und einige andere (auch deutsche Unternehmen) seit damals im Geheimen an diesen deutschen Erfindungen und Entwicklungen arbeiteten und nun, im Jahre 2017, offenbar geplant sei, diese Technologie innerhalb weniger Monate zunächst einem ausgewählten Kreis zur Verfügung zu stellen, später dann möglicherweise der Allgemeinheit. Diese Technologie umfasst Spritzen oder kleine Tabletten, die über einige Monate eingenommen werden und die dazu führen, dass sich der Körper von Männern auf den Zustand des Alters von 29 Jahren zurückverändert, der Körper der Frauen wiederum auf das Alter von 21 Jahren. Auch das Gehirn verändert sich. Tompkins nannte einen Faktor von 400% als Steigerung des Intelligenzquotienten. In diesem Zustand bleibt dann der Körper für einige tausend Jahre.

Abb. 70: Foto und Zeichnung einer typischen Frau von Agartha. Sie sind von „normalen" Menschen kaum zu unterscheiden.

Abb. 71: Maria Orsic

Tompkins berichtete von seinen Erkenntnissen über die Frauen, die als Medien in den VRIL-Projekten arbeiteten. Diese empfingen laufend Texte und Pläne, schrieben sie direkt auf Sumerisch auf, ohne dass sie wussten, was sie da schrieben, und hatten sogar die Erlaubnis von der deutschen Regierung, außerhalb der militärischen Projekte ein unabhängiges Entwicklungs-Programm fortzuführen. Die Vril-Frauen wollten die Schiffe für Transportzwecke einsetzen. Fast alle von ihnen endeten in den geheimen Basen in der Antarktis. Dort hatten die Draco drei Höhlen, wobei sie den Deutschen erlaubten, zwei kleinere davon zu benutzen. Tompkins ergänzte, dass die „kleinen" Höhlen immer noch die Größe von Kalifornien hatten.

Abb. 72: Fotos der VRIL-Frauen. Insgesamt waren 8 dieser Medien an den Projekten beteiligt.

Von Tompkins erfahren wir aus erster Hand, wie er den Antarktis-Feldzugs unter Admiral Byrd erlebte. Tompkins schildert lebhaft, wie die Navy mit bester Ausrüstung, besten Leuten, Flugzeugen und Schiffen aufbrach, in der Erwartung, den Feind schnell niederringen zu können, und bereits fünf Wochen später nach schwersten Verlusten wieder heimkehrte. Die Niederlage geschah so schnell, dass einige der Truppen noch nicht einmal vor Ort waren. Tompkins berichtet, dass die US-Navy-Verbände nicht nur von (deutschen) Flugscheiben zurückgedrängt wurden, sondern auch von zigarrenförmigen Raumschiffen, die – das ließ sich offenbar eindeutig feststellen – nicht von den deutschen Stützpunkten aus starteten, sondern von anderen in der Antarktis.

Tompkins berichtet, dass die US Navy kurz nach der Gründung der NATO den (offiziellen) Auftrag vergab, deutsche U-Boote zu suchen. Das finde ich interessant, weil der Krieg ja bereits vorüber und Deutschland offiziell vernichtend geschlagen und durch bedingungslose Kapitulation eigentlich militärisch nicht handlungsfähig war. Für dieses Projekt wurde er eingestellt. Als geeignetes Flugzeug für diese Aufgabe wurde der *Lockheed P3 Patrolbomber* ausgesucht.

Dieser Auftrag wurde offiziell an die NATO gegeben, tatsächlich wurde jedoch ein ganz anderes Projekt verfolgt. Die Mitgliedstaaten der

Abb. 73: Lockheed P3 Patrolbomber

NATO verfügten über 60 dieser Flugzeuge, die USA allein noch einmal über 120 Stück, so jedenfalls die offiziellen Zahlen. Tatsächlich war das Projekt für die USA und die NATO derart wichtig, dass die USA dafür im Geheimen 2.000 Flugzeuge dieses Typs bereitstellten und die NATO-Partner noch einmal etwa 1.000 weitere Flugzeuge gleichen Typs! Diese 3.000 Flugzeuge umkreisten jeden Tag 24 Stunden den Erdball und suchten deutsche U-Boote, so jedenfalls die nächste Ebene der Erklärung. Im Rahmen dieses *Anti-Submarine Warfare* („ASW")-Programms erklärte man offiziell, man würde sowjetische U-Boote suchen. Die Sowjetunion hatte zu der Zeit aber nur 11 Atom-U-Boote, war also diesen Aufwand nicht wirklich wert. Tatsächlich, so Tompkins, versteckte man hinter dem halboffiziellen ASW-Programm ein Programm zur Suche nach Außerirdischen (und den Deutschen), insbesondere für die Suche nach UFOs und Basen in Meeren und Seen. Mit gigantischem finanziellen Aufwand für knapp 3.000 Flugzeuge, die ständig(!) in der Luft waren, Flugpersonal, Bodenpersonal, technisches Gerät für die Suche, unterstützende Satelliten, Treibstoffe, Ersatzteile und vieles mehr wurde diese Suche über viele Jahre fortgeführt.

Tompkins erzählt uns von einem weiteren, heute weitestgehend unbekannten Vorfall aus dem Jahre 1942: der Schlacht um Los Angeles. Es war Februar, Tompkins wohnte in Los Angeles, nur vier Straßen vom Ozean entfernt. Er und sein Bruder hörten Radio und wurden vom Vater nach draußen gerufen. Sie sahen einen weißen Fleck am Himmel, der am Himmel stand und von dem ein leuchtender, weißer Strahl auf die Erde gerichtet war. Dann auf einmal gab es einen riesigen hellen Lichtblitz, der die ganze Stadt taghell erleuchtete – und der weiße Punkt war verschwunden. Danach war nichts mehr zu sehen, und alle gingen zu Bett. Gegen 0:30 Uhr mitten in der Nacht ging auf einmal Artillerie-Feuer los.

Abb. 74: Illustration des UFOs über Los Angeles von 1942

Das Militär schoss buchstäblich mit allem, was es hatte, auf das UFO und man sah die einzelnen Geschosse an der unteren Fläche des riesigen UFOs explodieren und zerbersten. Keiner der vielen Treffer richtete auch nur den geringsten Schaden an. Für etwa eineinhalb Stunden parkte dieses UFO dort und während dieser Zeit schwirrten hunderte verschiedene kleinere UFOs um das große herum, und es wurde stundenlang geschossen.

Tompkins berichtete, dass ihnen merkwürdigerweise langweilig wurde und sie gegen 3:00 Uhr zu Bett gingen. Er wunderte sich selbst darüber, wie der ganzen Familie trotz ohrenbetäubenden Flak-Feuers und ständiger Explosionen und eines UFOs(!) direkt über ihnen langweilig werden konnte, aber so war es. Statt in Bunker und Keller zu flüchten oder vor Angst einen Herzinfarkt zu bekommen, war in Los Angeles auch nach fünf Stunden Dauerfeuer von mehr als eine Million Augenzeugen niemand gestorben, niemand hatte Angst, niemand war verstört. In der Bucht lagen zu der Zeit etliche Kriegsschiffe, fast die gesamte Pazifik-Flotte. Alle Schiffe verschossen ihre Munition restlos bis auf den letzten Schuss. Das UFO hatte nicht einen einzigen Schuss abgegeben und verschwand schließlich „einfach so“ wieder.

Abb. 75: Foto von damals: 8 Suchscheinwerfer richteten sich auf das Objekt

Corey nimmt zu diesem Interview Stellung, indem er von eigenem Wissen berichtet, wonach zur selben Zeit in der Bucht von Los Angeles ein kleines UFO aus dem Pazifik geborgen wurde und das Auftauchen des großen UFOs eventuell also eine Rettungsaktion der Außerirdischen war.

WAR EXTRA

Los Angeles Examiner

9 A.M. FINAL

AIR BATTLE RAGES OVER LOS ANGELES

IN THE NEWS

Impossible to Send MacArthur Planes, Roosevelt Asserts

One Plane Reported Downed on Vermont Avenue by Gunfire

Abb. 76: Zeitung von damals.

Tompkins bestätigte, dass in den vergangenen Jahren mehrere tausend Menschen der Space-Navy beigetreten sind und für ein „Twenty-and-back"-Programm unterschrieben haben. Auch er beschreibt, ebenso wie Corey, dass alle diese Menschen zunächst auf den Mond gebracht werden und man sie von dort aus weiter auf die verschiedenen Stationen und Schiffe verteilt. In aller Regel gehe die Ausbildung zunächst einige Monate auf einer Basis auf dem Mars weiter oder auf einem Jupitermond, erst danach folgt der Einsatz auf einem der Schiffe, die Tompkins beispielhaft wie folgt bezeichnet: *Space Navy Cruiser*, *Attack Ship*, *Navy Spacecraft Carrier* – also Kreuzer, Angriffsschiffe und Trägerschiffe, wobei letztere bis zu 4 km lang sind.

Als das Solar-Warden-Projekt in den 1980er-Jahren begann, hatte das ICC bereits mehr als 500 Schiffe. Man darf davon ausgehen, dass deren Anzahl seitdem noch einmal erheblich gesteigert worden ist. Mindestens 573 dieser Schiffe wurden in unterirdischen Anlagen und Fabriken in abgelegenen Wüstengebieten in New Mexico hergestellt. Tompkins zählt acht Armeen auf mit einer inzwischen immensen Anzahl von Schiffen und Besatzungen, die in die Hunderttausende gehen.

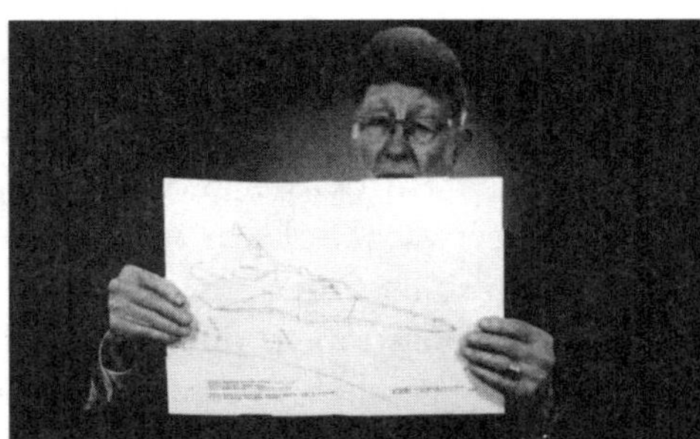

Abb. 77: Tompkins mit einem der von ihm geplanten Schiffe, einem 2 km langen *Spacecraft Carrier*, einer Art Flugzeugträger für Raumschiffe.

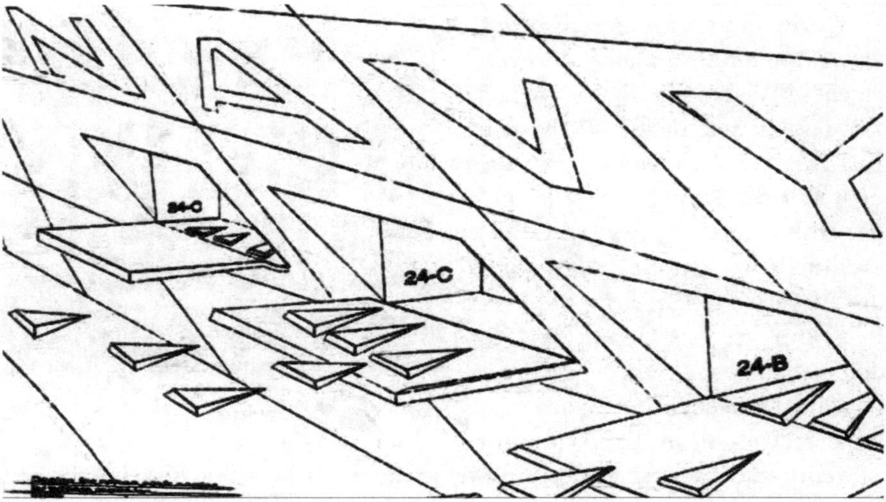

Abb. 78: Vakuum-Einflughallen in dem *Spacecraft Carrier*. Alles funktioniert automatisch, wie in einem hyper-modernen Parkhaus, so Tompkins. Die Klappen der Einflughallen können als Landezone benutzt werden.

Die spitze Form des oben gezeigten Entwurfs kam nur deshalb zustande, weil ab und zu mit solchen Schiffen nicht nur im Weltraum, sondern auch in Atmosphären geflogen werden muss. Im Weltraum allein hätte man ebenso gut kastenförmig bauen können, ergänzte Tompkins. Tompkins suchte sich für seine Designs Beispiele in der normalen Marine und Luftwaffe. Diese spitze Form fand wohl auch wegen des durchaus einschüchternden Aussehens allseits Anklang und wurde verwirklicht.

Es gab hunderte Vorschläge für verschiedene Formen in allen möglichen geometrischen Konfigurationen. Neben den Schiffen gibt es nach Aussage von Tompkins auch ausgehöhlte Planeten und Monde, die, mit einer speziellen Antriebstechnologie ausgestattet, durch das Weltall reisen und alles überwachen. Einer dieser Himmelskörper ist, so Tompkins, seit 2014 außerhalb unseres Sonnensystems geparkt und Heimat für 2.000 verschiedene Zivilisationen, die auf der Erde alles überwacht haben. Diese Überwachung geschah von verschiedenen Stützpunkten und Schiffen aus, und auch auf der Erde und bereits seit den Zeiten des Römischen Reiches. Nach Aussage von Tompkins kam der Befehl zur Abriegelung des Sonnensystems von diesem Himmelskörper.

Abb. 79: Dieser Entwurf soll realisiert worden sein

In den Interviews geht Tompkins sehr genau auf die Details einiger von ihm entworfener Raumkreuzer ein und erklärte zahlreiche Einzelheiten, die ein komplettes Anschauen dieser Interviews sehr empfehlenswert machen. Darüber hinaus macht er zahlreiche interessante Randbemerkungen, so zum Beispiel, dass nach seiner Kenntnis auch Sterne Lebewesen sind, oder dass die Draco aus dem Orion-System stammen. Ebenso wichtig erscheint, dass laut seinen Informationen die Russen seit 1953 direkten Kontakt zu Außerirdischen haben und von ihnen ebenfalls Technologie erhalten.

Verteidigungsminister James Forrestal war laut Aussage von Tompkins in einem recht frühen Stadium seiner Laufbahn von Nordics kontaktiert und darüber aufgeklärt worden, dass alles, was Zivilisten und Offiziere in der Schule und Universität in den USA und den meisten andere Ländern lernen, durchsetzt ist von Lügen, die von den Draco platziert wurden, um Geschichte, Physik, Astronomie, Mathematik und andere Themenbereiche so zu steuern, dass die Menschheit keine Gefahr für ihre Herrschaft darstellt. Das Wissen hierüber war einer der Gründe, warum Forrestal keinen Amerikaner an die Spitze dieses Projektes setzte, sondern den Australier Rico Botta. Dieser war viel freier in seinem Denken und konnte so die strategische Planung viel besser beaufsichtigen und leiten. Auch Tompkins war zum Zeitpunkt seiner Auswahl auf keiner Universität und wurde u.a. genau deshalb in die engere Wahl gezogen. Corey Goode bestätigt in einem seiner Interviews[45], dass in den geheimen Weltraumprogrammen vollkommen andere mathematische und physikalische Modelle genutzt und dass die auf der Erde genutzten Theorien mit Absicht nicht korrigiert würden.

Tompkins ging später noch einige Male auf die Schwierigkeiten ein, die er und seine Kollegen hatten, als sie die Informationen aus Deutschland bekamen. Texte waren teilweise in fremden Sprachen, Fotos und Skizzen waren unverständlich, weil man noch nie etwas Derartiges gesehen hatte, und die Unterlagen waren teilweise so komplex und in Hieroglyphen geschrieben, dass sie zunächst nicht einmal wussten, ob es sich beispielsweise um Geräte zur Fortbewegung oder zur Kommunikation handelte.

Der riesige Vorsprung Deutschlands äußerte sich nach Tompkins auch in der Tatsache, die er ausdrücklich anspricht und bestätigt, dass die Deutschen in Deutschland und allen besetzten Ländern sofort mit dem Bau riesiger unterirdischer Hallen in Gebirgen begannen und dort bereits in den ersten Kriegsjahren die Massenproduktion von UFOs starteten, die für die Draco zum Einsatz kamen. Diese Anlagen wurden bereits spätestens sechs Monate vor Kriegsende in gigantischen Transport-U-Booten in die Antarktis geschafft.

Corey Goode fügt ein weiteres, interessantes Detail hinzu und berichtet, dass die deutschen Panzer eigentlich zu wesentlichen Teilen von Ford[46], die deutschen Flugzeuge mit großer Unterstützung von Boeing gebaut wurden und diese beiden und auch andere amerikanische Unternehmen dauerhaft beide Seiten des Krieges belieferten, während die Deutschen zur selben Zeit eigentlich ganz andere Ziele im Bereich der industriellen Massenfertigung verfolgten, nämlich die Fertigstellung von großen Stückzahlen der Schiffe für die *Dark Fleet* der Draco.

Dies zeigt, wie schon in „Weltverschwörung" dargelegt, dass der Krieg als solches zwar von immenser Bedeutung für uns Menschen war, jedoch auf der Agenda der Draco nur ein kleines Detail darstellte, ebensolches offenbar selbst für die damalige deutsche Regierung. Der Krieg erfüllte gleich mehrere Zwecke zur selben Zeit für die Draco: Die Menschen waren durch einen großen Krieg abgelenkt und wurden massenhaft getötet und traumatisiert. Wie wichtig gerade diese Traumata sind, wird in einem späteren Kapitel erklärt.

William Tompkins kann uns als Augenzeuge und persönlich Beteiligter ebenfalls Details über die Apollo-Mission und die NASA-Projekte geben.[47] Das uns allen durch verschiedene Medien bekannte Gebäude der NASA am Cape Canaveral mit dem riesigen Kontrollzentrum, genannt *Mission Control*, ein großes, kantiges Gebäude mit dem berühmten Kontrollzentrum darin, wurde von Tompkins entworfen. Er hat es damals persönlich Wernher von Braun und anderen vorgestellt. Bei der Apollo-Mission und der Landung auf dem Mond war Tompkins live dabei und er berichtet, was damals nicht über die sog. „Live"-Bilder und Tonspur an das Publikum weitergegeben wurde. (Tompkins' Vater war Freimaurer im 33. Grad des Schottischen Ritus, und Tompkins gibt an, dass alle Astronauten ebenfalls Freimaurer sind.) Als die Astronauten auf dem Mond waren und Gesteinsproben sammelten, waren sie ohne ihr Wissen auf einem sehr sensiblen Gebiet gelandet, das für die Draco wichtig war. Diese reagierten auch sofort und die Astronauten meldeten über den medizinischen Funkkanal, der nur für die Mission Control hörbar und nicht öffentlich war, dass sie von einigen Raumschiffen umstellt worden waren und ihnen sogar persönlich mitgeteilt wurde, dass sie schleunigst ihre Arbeiten dort erledigen und dann auf nimmer Wiedersehen verschwinden sollten. Als sie fertig waren, begleitet eines der Raumschiffe sie zurück und weg vom Mond.

Tompkins war zu einem späteren Zeitpunkt daran beteiligt, zusätzlich zu der *Space-Navy*, der *Weltraum-Marine*, eine *Weltraumhandelsflotte* zu entwickeln, also Raumschiffe, die nicht kriegerischen Handlungen dienen, sondern den Anforderungen der verschiedenen gewerblichen Bereiche gerecht werden sollten. Dies betraf nicht nur reine Transportschiffe, sondern auch Industrieschiffe aller Art. Insbesondere betraf dies natürlich den Bereich der Rohstoffgewinnung, die Minen auf allen möglichen Planeten und Asteroiden. Tompkins entwarf diese Schiffe, aber das Programm wurde nicht durchgeführt. Erst vor wenigen Jahren besann sich ein noch immer unter demselben Namen wie damals bekanntes nordamerikanisches Unternehmen aus Los Angeles auf diese Entwürfe und hat das Konzept komplett übernommen und gestartet. Seit 2003 haben diese nun einen Stützpunkt auf dem Mars und einen auf einem Planeten im zweitnahe gelegenen Sonnensystem von uns aus und betreiben einen Minen Unternehmen im interstellaren Maßstab. Tompkins weiß von derzeit 28 irdischen Unternehmen, die interstellare Geschäfte betreiben.

Tompkins' Bericht endet hier noch lange nicht, jedoch ist das Wesentliche gesagt.

Abb. 80: Clifford Stone

Ein weiterer Zeitzeuge ist Clifford Stone, der über viele sehr ungewöhnliche Umwege und „Zufälle" zum Militär kam, obwohl er eigentlich als „untauglich" ausgemustert worden war. Er wurde offenbar ausgesucht, weil er – ähnlich wie Corey Goode – außergewöhnlich empfänglich für die Gemütszustände anderer Wesen war, insbesondere Außerirdischer. Die Reihe von „Zufällen" ergab, dass er sich freiwillig meldete und als Reinigungskraft arbeitete und dann – natürlich wiederum „zufällig" – von jemandem angesprochen wurde, als er gerade in einem Raum voller Geheimmaterial über Außerirdische sauber machen sollte. Erst in diesem Moment wurde ihm offenbar, dass dies alles planungsvoll und mit Absicht geschehen war. Als einer von nur sieben Empathen im gesamten Militär hatte er fortan neue Aufgaben zu erledigen.

Da er noch nie zuvor irgendwelche Hintergrundinformationen bekommen hatte, wurde ihm behutsam beigebracht, dass die ihm bekannte Technologie inzwischen erheblich weiter entwickelt worden war als allgemein bekannt. Ihm wurde ein Film gezeigt, der ihm klarmachen sollte, welche Möglichkeiten seit den 1950er-Jahren bereits bestanden. Für Sergeant Clifford Stone war dies ein absoluter Schock. Was sein Wissen über solche Dinge anging, war er zum damaligen Zeitpunkt ein „unschuldiges Kind", wie er es bezeichnete. Clifford Stone stolperte in verschiedene Vorfälle hinein, die ihn mit Außerirdischen in Kontakt brachten. Gleich zu Beginn seiner neuen Laufbahn wurde er ins Pentagon eingeladen, herumgeführt und dann auf einer unterirdischen Monorail-Magnetschwebebahn in eine weit entfernte Anlage gebracht, wo er auf einen „Grauen" traf. An das Treffen selbst hat er überhaupt keine Erinnerung mehr; er wachte in seinem Büro auf, und ihm wurde gesagt, es sei nichts gewesen.

Abb. 81: Ein Zoom mit einem US-Satelliten aus ca. 750 km Höhe aus den späten 1950er-Jahren von der Erde, auf Nordamerika, New York Manhattan-Halbinsel, Central Park, Mann auf Parkbank mit Zeitung, Zeitungsschlagzeile. (Für diese Abbildung wurden mehrere Bilder zusammengeschnitten (1. Zeile 4, 2. Zeile 2 Bilder), die im Interview-Video nacheinander gezeigt wurden.)

Später wurde er an einer Absturzstelle eines UFOs in Fort Indianatown Gap eingesetzt. Er wurde direkt zur Absturzstelle gebracht und fand dort einen „kleinen Grauen" tot in dem UFO liegen. Während des Interviews merkt man Clifford Stone an, wie nahe ihm diese Erlebnisse gegangen sind und noch immer gehen, denn er kann nur mit Mühe seine Tränen unterdrücken. Er erzählt im weiteren Verlauf, aus welchem Grund man seiner Vermutung nach auf ihn aufmerksam geworden sei. Als kleiner Junge von sieben Jahren hatte er immer einen Freund, der für ihn völlig real war, für andere jedoch unsichtbar. Nach einigen Jahren erschien dieser Freund nicht mehr gekleidet wie ein Kind, sondern in einem silbrigen Anzug, und er war erwachsen. Sein Freund erzählte ihm dann, dass seine Zivilisation Menschen auf der Erde aussucht und sie dann begleitet, um mehr über die Menschheit zu lernen. Seine Lebensspanne betrüge 300 Jahre.

Clifford Stone berichtet sehr eindrücklich und voller Mitgefühl von verschiedenen Begegnungen mit Außerirdischen. Er macht dabei einen sehr authentischen Eindruck und hinterlässt keinen Zweifel an der Wahrheit seiner Aussagen. Alles passt mit den Berichten von Corey und William

Tompkins zusammen, obwohl sich diese niemals begegnet waren – das große Bild wird mit jedem neuen[48] Interview deutlicher.

Abb. 82: Dr. Robert Wood

Kommen wir nun zum letzten der Zeitzeugen, die ich in diesem Rahmen vorstellen möchte: Dr. Robert Wood, der ebenfalls bei *Douglas Aircraft* gearbeitet hat, berichtet über seine Erlebnisse dort. Interessanterweise bestätigt er, dass es oberhalb des US-Präsidenten viele Ebenen der Geheimhaltung gibt (David Wilcock berichtete von 35), Projekte betreffend, in die der Präsident nicht eingeweiht ist und die keinesfalls veröffentlicht werden dürfen. Robert Wood arbeitete mit den führenden Wissenschaftlern seiner Zeit zusammen, so z.B. mit Dr. Klemperer, einem *der* Fachleute im Bereich Raketenbau und Luftfahrt, geboren in Dresden als Sohn jüdischer Eltern mit österreichischer Staatsbürgerschaft. Er war leitender Ingenieur bei Zeppelin in Friedrichshafen und an der Entwicklung und beim Bau der Luftschiffe maßgeblich beteiligt.

Robert Wood kam nun also in den frühen Jahren seiner Laufbahn mit den geheimen Weltraumprogrammen in Berührung und auch mit Inhalten, die auf hohen Ebenen klassifiziert waren und der normalen Politik verschlossen blieben. So bekam er damals u.a. Einsicht in die Unterlagen des *MJ-12-Programms*, in denen davon die Rede war, dass *POTUS* sofort ausgeschaltet werden solle, falls er tatsächlich vorhabe, diverse Informationen öffentlich zu machen. *POTUS* ist die im Secret Service geläufige Bezeichnung für den *President Of The United States*, und Präsident war zu dieser Zeit J. F. Kennedy. Der wurde übrigens noch vor seiner politischen Laufbahn von James Forrestal sofort nach Kriegsende auf eine Reise ins besiegte Deutsche Reich mitgenommen, um dort Hochtechnologie zu sichten. Forrestal wollte Kennedy eigentlich in seinem engsten Mitarbeiterstab aufnehmen; der schien jedoch bereits auf der Liste anderer Leute zu stehen (und dies auch zu wissen) und lehnte ab.[49] Kennedy hatte durch Forrestal offenbar einen tiefen Einblick in die Aktivitäten der Deutschen bekommen.

Wood wurde Ende der 1960er-Jahre mit einem Budget von damals phantastischen $ 500.000 ausgestattet, um Bücher und andere Publikationen über UFOs zu sichten und nach technischen Details zu suchen, die man zum technischen Verständnis und möglichen Nachbau nutzen könne. Sein Ergebnis war eindeutig: An den Geschichten ist etwas dran, und man soll investieren und nachforschen, wie man aus den verschiedenen technischen Einzelheiten der Vorkommnisse möglicherweise technische Produkte realisieren könnte.

Im Gegensatz zu Tompkins, der tief in den dafür ursächlichen Forschungen, Entwicklungen und Produkten steckte, war Dr. Robert Wood von außen auf diese Themen gestoßen. Wood war in zahlreiche Projekte involviert, vom UFO-Nachbau bis *Remote Viewing*, und nennt in weiteren Interviews[50] eine Menge Namen und Projekte, die allesamt auch von anderen Zeugen erwähnt werden, sodass man die einzelnen Puzzlestücke zusammensetzen kann.

Interessant ist seine Aussage bezüglich des *MJ-12-Programms* und der Zusammenhänge mit dem Mord an J. F. Kennedy. Hier wird durch Wood nicht nur die Existenz dieses Programms bestätigt, sondern auch die Wichtigkeit der Geheimhaltung zum damaligen Zeitpunkt deutlich. Dass der Mord an Kennedy nicht die Tat eines einzelnen Attentäters war, wurde bereits in hinreichend vielen Büchern eindrücklich herausgearbeitet.

Abb. 83: Dr. Robert Wood und Dr. Wolfgang Benjamin Klemperer und der Vizepräsident der Firma *Douglas*. Diese drei waren die einzigen, die überhaupt von der Existenz der Gruppe um Tompkins und von seinen Projekten wusste.

Abb. 84: Dr. Wolfgang Benjamin Klemperer[51]

Auch hier stellt sich wie immer die wichtige Frage: CUI BONO? Wem nützt es? Und mit der Beantwortung dieser Frage kommt man schon ein gutes Stück näher an die Wahrheit heran.

Die Interview-Reihe „Cosmic Disclosure“, in der Whistleblower in Verbindung mit UFOs und Außerirdischen vor der Kamera aussagen, ist nicht zu Ende. Laufend kommen neue Interviews und Zeugen hinzu. Für den interessierten Leser findet sich im Anhang der Quellennachweis, sodass sich jeder selbst ein Bild machen kann.[66]

Das in diesen Interviews Vorgestellte ist von immenser Tragweite für das aktuelle, politische Tagesgeschehen weltweit und lässt viele Details der Nachrichtenlage in einem ganz neuen Licht erscheinen. Und natürlich ist auch die Geschichtsschreibung von diesen Berichten betroffen. Immer mehr Lügen werden entlarvt und immer mehr kommen neue Details ans Licht, die das, was wir alle überall auf diesem Planeten in der Schule lernen durften, ad absurdum führen.

Sie haben nun die Aussagen von Corey Goode, Clifford Stone, William Tompkins und Dr. Robert Wood gelesen. Dies war in kürzestmöglichen Stichworten die Auswertung von mehr als 500 Stunden Videomaterial und Interviews.

Dass die Deutschen als Erstes den Weltraum beflogen und sogar erst eine Basis auf dem Mond, später dann auch auf dem Mars hatten (und noch immer haben), grenzt eigentlich aus heutiger „normaler" Sicht eines „normalen" Deutschen an die Visionen eines Geisteskranken.

Dennoch wird beim Lesen und Anschauen der Interviews schnell klar: Die Zeugen meinen es ernst! Zugegeben: Dies könnte das Werk eines sehr raffinierten Phantasten sein – wenn da nicht die zahlreichen Anknüpfungspunkte zu realen Ereignissen und vielen anderen Autoren, Forschern, Politikern und Militärs wären. Obendrein müssen wir uns bei diesen Zeugen in keinem einzigen Fall über irgendwelche „Neonazi"-Vorurteile Gedanken machen, denn keiner der Zeugen spricht in dieser Art und Weise oder nutzt Argumente aus dieser Gedankenrichtung.

Natürlich wehrt sich ein Gehirn gegen solch radikale Umwälzungen im eigenen Weltbild. Das eigene Weltbild ist meist mit der eigenen Persönlichkeit verknüpft, was eine Abwehrreaktion ganz natürlich und sogar zwingend nötig macht, sobald man am verknüpften Weltbild rüttelt. ***Erst, wenn die eigene Persönlichkeit frei ist von Bezügen auf das Äußere und auf einem inneren Kern ruhen kann, ist ein Mensch fähig, auf Veränderungen des Weltbildes flexibel einzugehen.***

Zusammenhänge wie die oben geschilderten sind eine große Herausforderung an das eigene Wertesystem. Was ist gut, was böse, was schlecht und was richtig? Soll oder kann man stolz sein auf die „Deutschen", die da in den Weltraum gegangen sind? Wenn ja, warum? Oder sollte man nicht „die Deutschen", sondern vielleicht vielmehr z.B. die Vril-Gesellschaft anvisieren? Wenn ja, warum nur diese? Es ist sozusagen „verflixt komplex", hier eine Bewertung zu formulieren. Ich schlage daher vor: Versuchen Sie es zum jetzigen Zeitpunkt gar nicht erst! Versuchen Sie stattdessen, noch mehr Daten zu bekommen, die für Ihre Bewertung wichtig sein könnten. Ich hatte kurz das Thema der Traumatisierung weiter Teile der Bevölkerung durch Kriege angesprochen.

Dies werde ich in einem späteren Kapitel noch besonders beleuchten, denn es trägt einen wichtigen Teil zum großen Plan der Draco bei. Die Erläuterungen hierüber unterstreichen anschließend noch einmal das soeben Gelesene.
Doch, wie wir wissen, können historische Zeugen lügen. Deshalb möchte ich Ihnen die Chance geben, sich noch weitere, unabhängige Fakten anzuschauen, bevor Sie versuchen, sich ein Urteil zu bilden. Die bisher vorgelegten Aussagen sind allerdings ungeheuerlich. Sollten sie mit davon unabhängigen Quellen hinterlegt werden können, wäre dies für jeden ein sehr wichtiges Indiz für den Wahrheitsgehalt. Auch im Anschluss an diese Zeilen schildern die Zeugen eher sachlich und mit sichtbar erst im Verlauf der Zeit verdauter Schockiertheit über ihre Erlebnisse und Kenntnisse über die technologischen Fähigkeiten und Vorkommnisse im Zusammenhang mit den Deutschen.
Lassen Sie mich Ihnen im folgenden kurzen Kapitel zunächst einige Belege für außerirdische Bautätigkeiten auf der Erde zeigen und im Anschluss daran auf Details des vorherigen Kapitels eingehen und diese in Zusammenhang mit den bereits in dem Buch „Weltverschwörung" vorgestellten Fakten stellen. Die hier angesprochenen Gebäudestrukturen sind zum überwiegenden Teil technisch vermessen worden. Die dafür benutzte Technologie gibt es seit einigen Jahren, jedoch hat sie sich am Markt noch nicht durchgesetzt und ist daher noch relativ unbekannt. Ich stelle diese Technologie in diesem Buch ebenfalls vor, jedoch nicht im folgenden Kapitel, sondern erst später.
Leider ist die Zensur für die Fakten aus dem nächsten Abschnitt der wichtigste und mächtigste Gegner. Die allermeisten Funde aus dem Programm „Google earth" sind bereits seit mehr als zwei Jahren verschwunden und sämtlich retuschiert worden – bei einigen sichtbar, sodass man die schlampige Verpixelung wenigstens noch als Indiz dafür werten kann, dass „da mal etwas zu sehen war". An anderen, offenbar erheblich wichtigeren Stellen, ist die Vertuschung perfekt ausgeführt. Es deutet kein Pixel mehr auf das Vorhandensein der vormals aktuellen Bilder hin, und der Leser dieses Buches hat somit keine Chance, diese Daten selbst zu verifizieren. Einige der Bauten sind bereits auf etlichen Internetseiten besprochen worden, aber auch hier sind die Suchmaschinen in Hinweisen auf solche Seiten perfekt in die Spur gebracht worden: das Suchergebnis ist gleich Null. Ich kann Ihnen daher nur ersatzweise an dieser Stelle versichern, dass ich diese Dinge nicht erfunden, sondern gefunden habe. Ich biete Ihnen hier eine kleine Auswahl von dem, was mir im Laufe der Jahre zugetragen und von mir jeweils sofort überprüft wurde.

3. Außerirdische Bauten und Basen auf der Erde

Ich möchte an dieser Stelle gleich mitten im Thema anfangen und Ihnen einige Karten und Aufnahmen präsentieren. In den vorherigen Interviews der Whistleblower war die Rede von der Suche der NATO nach außerirdischen Basen in den Meeren und der Suche nach Raumschiffen und Stützpunkten deutscher Truppen. Lassen Sie mich Ihnen als Allererstes ein Objekt zeigen, das ca. 800 km vor der Küste von Vancouver (große Stadt im äußersten Westen Kanadas) im nördlichen Pazifik zu sehen ist. Jeder kann im Internet die Koordinaten bei *Google earth* oder *Google maps* eingeben und sich dieses Gebilde anschauen. Die Annahme, dies könne beispielsweise ein Felsen oder Berg sein, der sich langsam in der Strömung fortbewegt, ist ausgesprochen unsinnig, denn die Kräfte, die nötig wären, um einen solchen Berg mit einer Strömung zu bewegen, lassen sich in keinem Meer der Erde feststellen. Mal abgesehen davon, dass die dem deutlich sichtbaren, zu diesem Gebilde führenden Weg zugrunde liegende „Strömung" in diesem Fall offensichtlich sehr wechselhaft gewesen sein müsste…

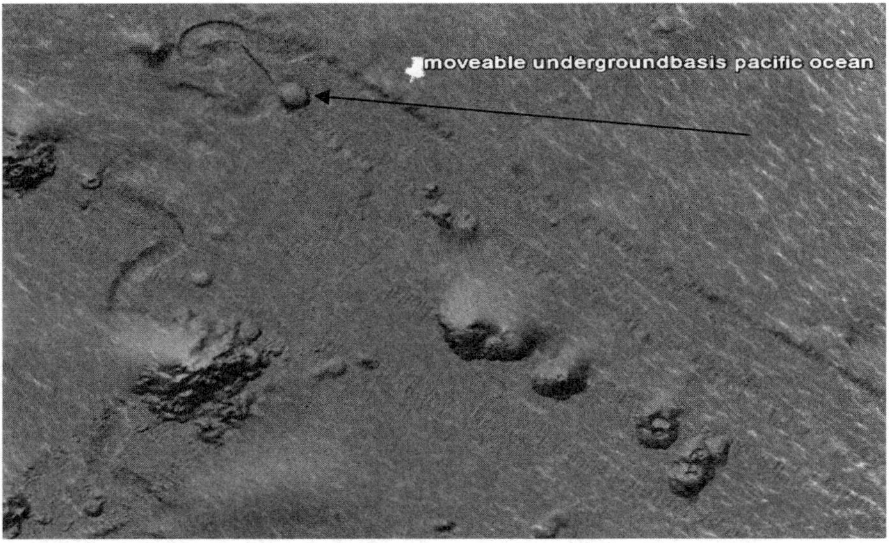

Abb. 85: Aufnahme einer möglicherweise außerirdischen Anlage auf dem Meeresgrund des Pazifiks, unter folgenden Koordinaten: 49°52'43.51"N und 140°13'33.26"W.

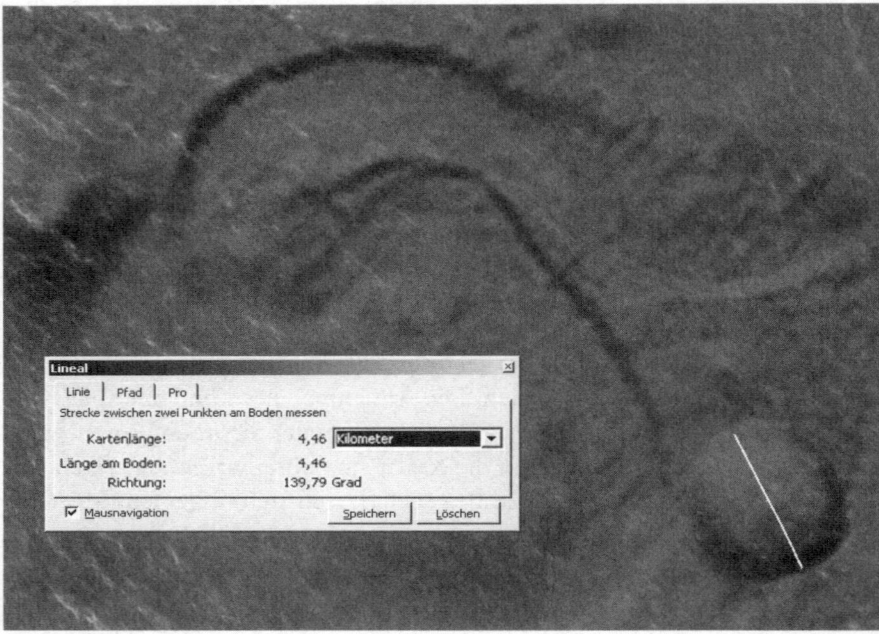

Abb. 86: Aufnahme einer möglicherweise außerirdischen Anlage auf dem Meeresgrund des Pazifiks, unter folgenden Koordinaten: 49°52'43.51"N und 140°13'33.26"W.

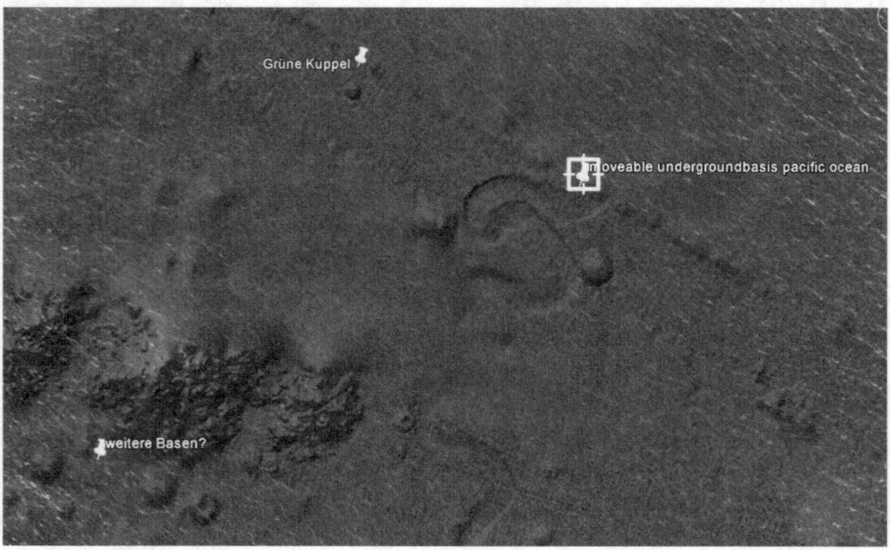

Abb. 87: Weitere interessante Punkte am Meeresgrund unten links und links von der Mitte im Bild.

Eine weitere Entdeckung kann man gleich in der Nähe machen. Denn nur wenige Kilometer westlich (links davon) sind exakt die gleichen Gebilde zu sehen, rund und mit ähnlichem Durchmesser, und es lassen sich auch hier bei mindestens einem davon Bewegungsspuren erkennen. Diese erscheinen allerdings teilweise verdeckt, möglicherweise durch geologische Einflüsse.

Dies lässt darauf schließen, dass diese Bewegungsspuren möglicherweise erheblich älter sind. Etwas weiter nördlich befindet sich ein etwas kleineres Objekt, bei dem wir nur spekulieren können, was es ist. Interessant ist dieses Objekt, weil es einen grünlichen Farbton hat (und ein Wald ist ein unter Wasser eher unerwartetes Objekt...). Welche Genauigkeit man allerdings in diesem Fall von den durch *Google* zur Verfügung gestellten Aufnahmen voraussetzen darf, bleibt offen. Insbesondere die Farbgestaltung muss zumindest mit Vorsicht gehandhabt werden.

Ein großes Stück weiter südlich, nur sieben Kilometer vor Malibu, befindet sich ein weiteres Gebilde mit durchaus imposanten Ausmaßen. Wie leider immer häufiger, so wurde auch hier die Möglichkeit zur Verifikation vernichtet, da *Google* dieses Gebiet ausgiebig zensiert hat. Bei aktuellem Aufruf der Koordinaten und scrollen unterhalb der Wasseroberfläche erkennt man nur noch ansatzweise die Strukturen, die hier auf dem Bild oben zu sehen sind. Es handelt sich hierbei um Stahltore von mehr als 240 m Höhe mit einer dahinterliegenden, ca. 1.150 m breiten und ca. 700 m langen Basis. Durch eine genaue Untersuchung konnte eine Struktur der dahinterliegenden Basis festgestellt werden, die der im Bild eingezeichneten ähnlich ist.

Während der Untersuchung dieses Bauwerkes mit einer Methode, die in diesem Buch später noch genauer erklärt wird, waren im Inneren der Struktur häufig wechselnde Objekte verschiedener Größe aus Stahl zu erkennen. Man darf dementsprechend davon ausgehen, dass diese Basis, ähnlich wie ein Hafen, unter regem Verkehr steht. Zu sehen sind die kreuzförmigen Hangars, in denen zum Zeitpunkt der Untersuchung größere, mehrere hundert Meter lange Schiffe lagen. Die halbkreisförmige Struktur dahinter ist vermutlich ein Gebäude. Wer der Eigentümer, Erbauer und Betreiber dieser Anlage ist, ist offiziell nicht bekannt.

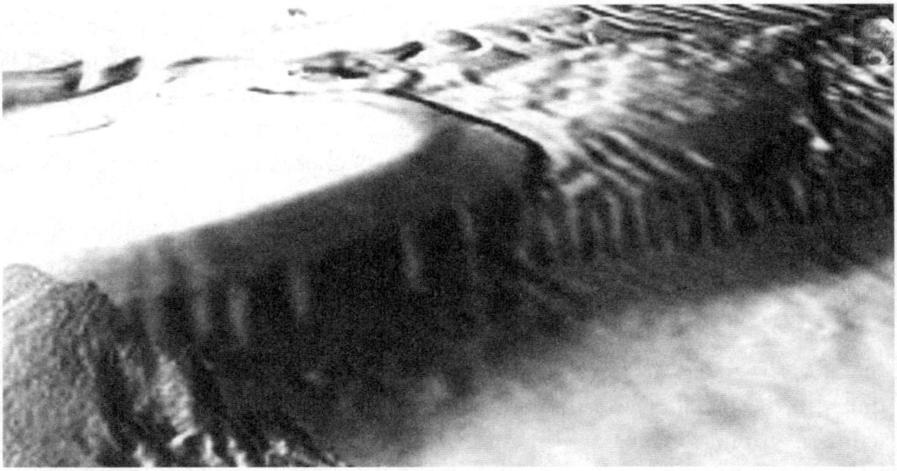

Abb. 88: *Google-earth*-Aufnahme des Gebäudes auf 33°59'55.88"N und 119° 2'13.52"W. Auch dieses Gebiet wurde mittlerweile von *Google* zensiert und die Aufnahme stark verwischt.

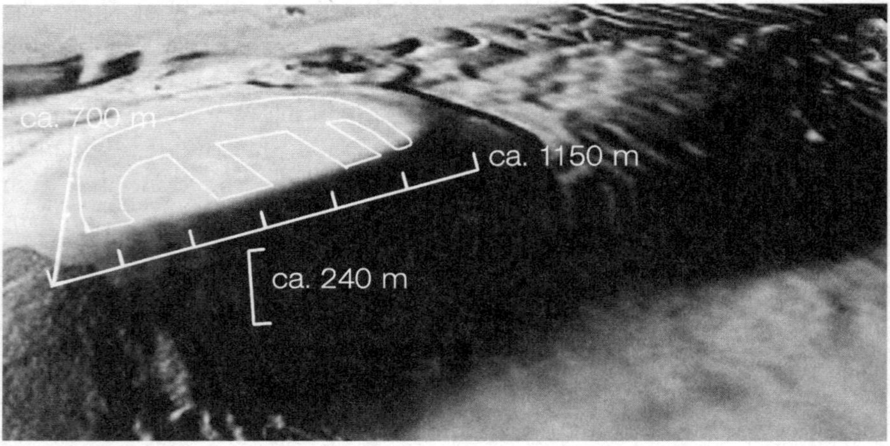

Abb. 89: 33°59'55.88"N und 119° 2'13.52"W; Basis mit Vermessungsdaten

Abb. 90: *Google-earth*-Aufnahme des Gebäudes vor der Zensierung. Man konnte mit dem Programm *Google earth* geradeaus auf diese Struktur schauen. An diesem Bild wurde lediglich der Kontrast verbessert. Deutlich zu sehen ist der Strukturunterschied links zwischen dem normalen Felsen und dem angesetzten Gebäude.

Ein weiteres, extrem interessantes Gebäude war bis vor zwei Jahren ebenfalls auf *Google earth* und *Google maps* zu sehen. Es gab viele und gibt noch immer einige Internetseiten, die dieses Gebäude erwähnen und zeigen, jedoch werden es jeden Monat weniger. Obendrein lassen sich diese nur noch mit größten Schwierigkeiten mit Suchmaschinen finden. Auch in diesem Fall schlägt die globale Zensur voll zu. Das als „die Nadel" („the needle in the ocean") bezeichnete Gebilde (Abb. 91) besteht aus einer sehr festen Stahllegierung mit hohen Kohlenstoffanteilen. Das Gebäude ist mindestens 1.800 m hoch und liegt mit der Spitze immer noch mehr als einen Kilometer unterhalb der Wasseroberfläche. Die Basis ist halb-tellerförmig. Es gibt Hinweise auf Gebäudestrukturen am Fuße dieser Nadel, die sich über mehrere Quadratkilometer erstrecken.

Was der Zweck dieser Anlage ist, bleibt unbekannt. Wer sie gebaut hat und sie benutzt, entzieht sich unserer Kenntnis. Wer dafür gesorgt hat, dass diese Gebäude von *Google maps* verschwinden und vermutlich noch etliche andere dazu, ist ebenfalls unbekannt. Offenbar sind diese Informationen jedoch so brisant, dass sie unbedingt vor der Öffentlichkeit geheim gehalten werden sollen. Tatsache ist jedoch, dass diese Gebäude existieren und irgendjemand sie gebaut haben muss, denn zweifelsohne ist eine Stahlkonstruktion wie diese hier, die Dubai städtebaulich vor Neid erblassen lässt, nicht „von Natur aus“ gewachsen.

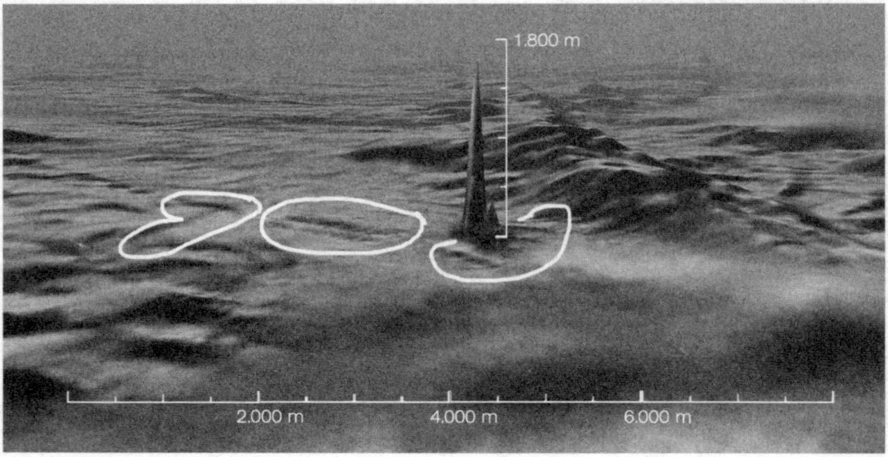

Abb. 91: *Google-Earth*-Aufnahme von 2012 auf 32°26'46.12"S und 149°56'44.57"W mit Vermessungsdaten. Zu sehen ist heute bei diesen Koordinaten nur noch eine fein säuberlich retuschierte Unterwasser-Berglandschaft.

Kommen wir nun zum vielleicht wichtigsten Fund, nämlich einer etwas detaillierteren Karte von Stützpunkten in der Antarktis. Corey sprach in seinen Interviews von mehreren Stützpunkten, die er auf einer Karte gesehen hatte. Dort eingezeichnet sind einige Stützpunkte in der Antarktis, und wir haben dank der bildreichen Schilderung und den Illustrationen aus dem Videomaterial eine annähernde Vorstellung, wie diese Höhlen aussehen könnten. Was noch fehlt, sind Belege für Strukturen und Höhlen im Bereich von Neuschwabenland, dem ehem. deutschen Gebiet. Sowohl in den Interviews mit Corey als auch in den Erzählungen von Admiral Byrd ist immer wieder die Rede von Stützpunkten deutscher Truppen und außerirdischer Zivilisationen in der Antarktis. Ebenso haben wir bereits gehört, dass diese Gebiete manchmal das Ausmaß ganzer Bundesstaaten haben können.

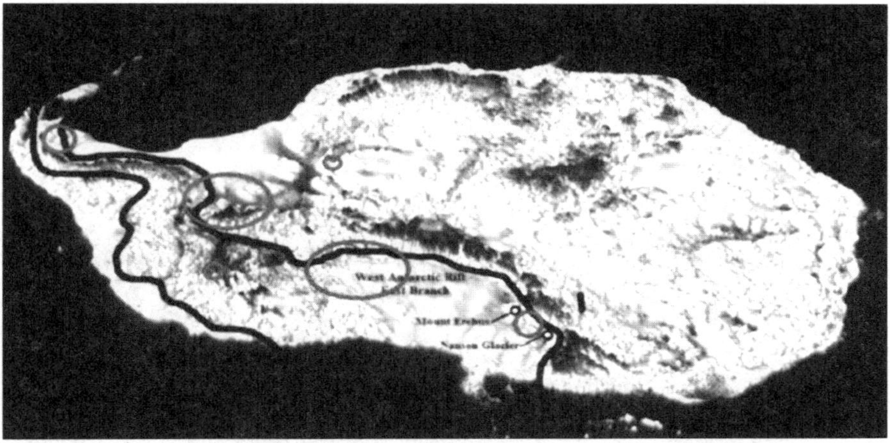

Abb. 92: Eine aus der Erinnerung gezeichnete Karte der Antarktis mit ungefähren Standorten, die Corey dort gesehen hatte.

Die Karte in Abb. 93 ist etwas unübersichtlich, birgt aber eine Menge von Informationen. Sie finden dort eine Gesamtansicht der Antarktis. Die Basen von der oben in Abb. 92 gezeigten Karte finden sich hier unter der Ziffer 7 wieder. Die komplette Legende zu der folgenden Karte finden Sie gleich im Anschluss. Die unter Ziffer 4 gezeigte Höhlenstruktur ist mehrere tausend Kilometer lang und zu einem sehr großen Anteil nicht natürlichen Ursprungs, sondern künstlich angelegt. Der obere Teil der gewaltigen Halle liegt am südlichen Rand von Neuschwabenland, dem von der deutschen Expedition 1938 eingesehenen, abgesteckten und dadurch nach internationalem Recht juristisch einwandfrei in Besitz genommenen Gebiet. Der Besitz Neuschwabenlands wird durch das Bundesgesetzblatt vom 5. August 1952 ausdrücklich bestätigt. Leider hat auch hier die Zensur voll zugeschlagen: auf den offiziellen Archivseiten der Bundesregierung findet man alle Ausgaben des Bundesanzeigers, nur diese eine nicht mehr. Deshalb habe ich diese Ausgabe für Sie im Anhang abgebildet. (S. 360)

Wir dürfen demnach vermutlich davon ausgehen, dass die Deutschen bei ihrer Expedition nach Neuschwabenland, der anschließenden, nach internationalem Recht gültigen Inbesitznahme dieses Gebietes durch das Deutsche Reich und den im Anschluss gestarteten Bauarbeiten für diverse Truppenstützpunkte dieses Hallensystem vorgefunden und ausgebaut haben. Wir sprechen hier von Bauarbeiten, die den Umfang des damals geplanten Umbaus von Berlin zu Germania wohl noch um einige Größenordnungen übertreffen. Wie wurden die für diese Karte notwendigen Vermessungsarbeiten durchgeführt? Die dazu notwendige Technologie stelle ich Ihnen in einem gesonderten Kapitel vor. Die Geschichte dieser Technologie ist ebenso spannend wie faszinierend.

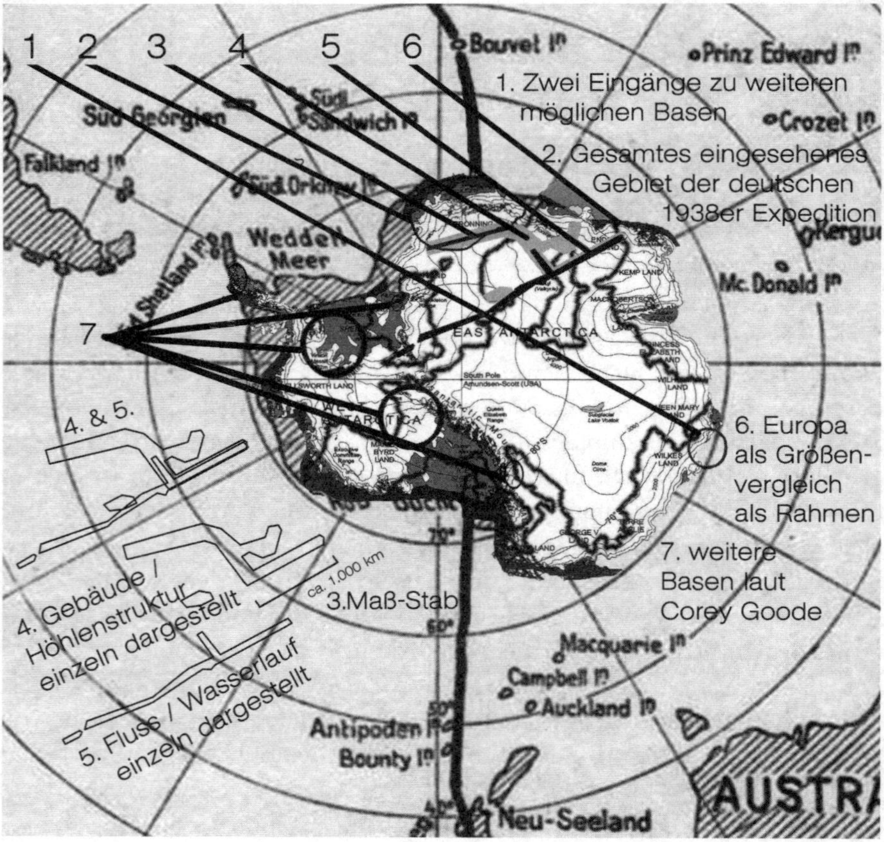

Abb. 93: Karte der Antarktis mit Stützpunkten. 1) Die im Buch „Weltverschwörung" gezeigten Eingänge zu unterirdischen Höhlensystemen befinden sich hier. 2) Das dünne, umrandete Gebiet ist Neuschwabenland. 3) Hier finden Sie einmal in der Karte und einmal unterhalb der Küstenlinie einen Maßstab zum Vergleich. 4) Einmal in der Karte als helle Fläche und links unten als Umriss dargestellt eine insgesamt etwa 3.000 Kilometer lange Hallenkonstruktion, zu sehr großen Teilen mit Stahl verstärkt. 5) Ein Süßwasserfluss, ca. 4.000 Kilometer lang, einmal in der Karte als tiefschwarze Fläche und links unten als Umriss dargestellt. 6) Der über die ganze Karte verteilte Umriss von Europa zum Vergleich = die Antarktis ist merklich größer! 7) Weitere Basen laut Corey Goode.

Sie haben nun einen ersten Eindruck über einige Bauten und Objekte bekommen, die Sie bisher vermutlich noch nie gesehen hatten. Die Zensur greift in diesem Bereich gnadenlos um sich. Wenn Sie in einigen Monaten wieder auf *Google*-Suche gehen, werden Sie vermutlich weitere Objekte schon nicht mehr finden. Die Erbauer dieser Bauten, Basen und Hallen lassen sich an dieser Stelle nicht eindeutig feststellen. Es könnte ebenso die von Corey Goode erwähnte *Alte Erbauer Rasse* sein wie die Draco oder vielleicht eine andere außerirdische Zivilisationen – wir wissen es (jetzt noch) nicht. Wir dürfen sie allerdings als Tatsache hinnehmen und daraus schließen, dass wir auf diesem Planeten keineswegs allein sind!

Einige unter Ihnen werden von den Interviews mit Corey Goode vielleicht noch nie vorher gehört oder gelesen haben. Für diese ist der Inhalt eine schwer zu verdauende Angelegenheit. Die Bilder dieser Bauten sollen Ihnen helfen, Ihre Skepsis zu überwinden und Ihr unweigerlich durch Schule und Medien konditioniertes Denken relativieren zu können. Niemand von uns hier unten auf der Erde ist frei von konditioniertem Denken, auch ich nicht. Ich bin genauso auf diesem Planeten mit denselben Nachrichten, Filmen und Meldungen aufgewachsen, wie Sie. Themen und Fakten, von denen ich nur im Zusammenhang mit wegen dieser ihrer Meinung lächerlich und/oder mundtot gemachten Menschen gehört habe, konnte ich nicht ohne Schwierigkeiten einfach so hinnehmen oder ernst nehmen. Unsere Wahrnehmung muss sich erst daran gewöhnen, Dinge so zu erkennen, wie sie sind, und den Schleier der Verfremdung und Verleumdung durch die Massenmedien mit ihren Massensuggestionen entfernen. Dies ist manchmal ein langwieriger Prozess. Bei dem einen dauert er Tage, bei einem anderen Jahre, je nachdem, wie viel Zeit und Mühe man in die eigene Umerziehung und Wahrnehmungsschulung steckt.

Die Außerirdischen sind offen ausgesprochen der Meinung, dass wir Menschen einen schwachen Geist haben, der sich leicht manipulieren lässt und dessen Wahrnehmungsfähigkeit für telepathisch begabte Wesen leicht regulierbar ist. So erklärt sich, dass Außerirdische unter uns weilen können, ohne gesehen zu werden. Das menschliche Auge sieht sie anders oder gar nicht. Kameras hingegen lassen sich nicht so leicht manipulieren. Und so kommt es, dass Kameras manchmal mehr aufnehmen, als wir Menschen wahrnehmen können. Hierzu mehr in Kapitel 5.

Sie haben die Aufnahmen verschiedener Bauten in unseren Weltmeeren und in der Antarktis gesehen. Diese sind im Laufe einiger Jahre vermessen worden. Leider ist die unsägliche Zensur sehr fleißig gewesen – in wessen Auftrag, kann ich leider nicht einmal raten. Zweifelsohne sind Bauten wie die „Stahlnadel" mit ihren mehreren Kilometern Höhe ein Zeichen für eine bereits sehr lange andauernde Besiedlung der Erde durch zweifellos technisch sehr leistungsfähige Zivilisationen. Bewegliche Basen am Meeresgrund könnten Forschungseinrichtungen sein oder aber auch Zufluchtsorte, die sich laufend neue Äcker suchen für eine Ernte von Lebensmitteln. Es könnten auch ebenso gut industrielle Standorte sein, die Methangase auf dem Meeresboden abbauen oder andere Bodenschätze. Da es hierzu bisher keine genaueren Informationen gibt, entstehen wieder einmal mehr Fragen, als es Antworten gibt. Ich möchte nun versuchen, wieder etwas Ordnung in Ihrem Weltbild zu schaffen und einzelne Punkte aus den vorhergehenden Kapiteln in einen größeren Zusammenhang stellen, um die logischen Zusammenhänge zu beleuchten.

Dabei spielt das Thema der deutschen Absetzbewegung eine große Rolle. Auch die Herkunft der Deutschen, wie schon in dem Buch „Weltverschwörung" beschrieben, nimmt eine zentrale Rolle ein. Ich werde im folgenden Kapitel einige wenige kurze Wiederholungen aus meinem ersten Buch einbringen, damit der Zusammenhang auch für diejenigen offensichtlich wird, die jenes Buch nicht gelesen haben. Ich werde dabei allerdings nicht in die Tiefe gehen, denn ich möchte diejenigen unter Ihnen, die es bereits gelesen haben, keinesfalls langweilen.

Anschließend werden wir uns weitere Zeugen anschauen, denn es gibt natürlich auch unabhängig von den Interviews von David Wilcock und Corey Goode weitere Menschen, die mit Außerirdischen in Berührung gekommen sind. Auch sie geben teilweise exzellente Einblicke. Manchmal findet man bei diesen sogar Hinweise auf Zusammenhänge, die vollkommen unabhängig vom jeweiligen Zeugen auch so in den bereits vorgestellten Interviews mit Corey Goode erwähnt werden – wobei wichtig ist, dass die Geschehnisse lange vor dem Aufnahmedatum der Interviews lagen.

4. Das noch größere Puzzle

Im Buch „Weltverschwörung" habe ich aufgezeigt, dass die Erde seit sehr langer Zeit von Außerirdischen besucht und genutzt wird. Die Menschheit, so lässt sich sehr deutlich feststellen, ist keineswegs in Folge einer natürlichen Evolution so geworden, wie sie heute ist, sondern in Folge sehr gezielt und bewusst geschehener Eingriffe und Manipulationen, die obendrein noch immer andauern und uns fortlaufend verändern.

Während der Entstehung der Grundlagen der heutigen Menschheit, sozusagen in den Kinderjahren, herrschten hier auf der Erde, sehr offensichtlich und von niemandem zu übersehen, die „Götter", also die Außerirdischen. Im Laufe der Zeit entwickelte man die Menschheit weiter, und es entstanden durch zunehmende technische und biologische Entwicklung des Menschen mehr und mehr Gefahrenpotentiale für die außerirdischen Herrscher, und man beschloss, die Erdbevölkerung rigoros zu trennen und auf Dauer dafür zu sorgen, dass sie sich untereinander nicht verstehen und vertragen. Teile und herrsche (*divide et impera*) – eine einfache und universelle Regel, wie man ein besetztes Gebiet leichter unter Kontrolle halten kann. So wurde die Sprache „verwirrt", d.h. aus einer gemeinsamen Ursprache wurden viele, augenscheinlich voneinander unabhängige Sprachen. Man entwickelte verschiedene Religionsmodelle, die sich zwar durchaus ähnlich waren, sich aber in wenigen Kernpunkten teilweise widersprachen. Zwar waren alle gemeinsam aus Halbwahrheiten, Lügen und bewussten Falschaussagen gestrickt, wie wir aus eigener Erfahrung aber wissen, lassen sich alle trefflich fundamentalistisch vertreten und gegeneinander ausspielen.

Ich wiederhole an dieser Stelle noch einmal: Mein Ziel ist, Ihnen den Blick auf diverse Fakten zu ermöglichen, die durchaus im Widerspruch zu gängigen Glaubensmodellen und Vorstellungen stehen. Keinesfalls jedoch möchte ich Ihnen den Glauben an einen Schöpfer nehmen – das Gegenteil ist der Fall. Sie können nun das, was Sie „Gott" nennen, einfach eine Stufe höher schieben, raus aus der Kirche, raus dem Christentum, raus dem Islam, raus aus allem, was Sie unfrei macht. Tatsache ist: Dort draußen gibt es tatsächlich eine schöpferische Kraft, die uns das Leben, die Erde, das Sonnensystem, die Galaxis und das Universum geschenkt hat. Seien wir ihr also dankbar und erkunden wir dieses Geschenk, und lassen Sie es uns von allen Seiten betrachten und staunen, wie unfassbar wertvoll, tiefgründig, weitgefächert und überraschend dieses Geschenk ist.

Der Interviewer David Wilcock hat bereits buchstäblich hunderte Videos veröffentlicht und gehört zu den Stars der Szene im Bereich der unabhängigen Informationen. Auf der Seite *gaia.com* findet der interessierte Leser mehrere Reihen von Veröffentlichungen und Interviews, Schulungsvideos und anderem Material aus sehr unterschiedlichen Bereichen, die alternatives Wissen anbieten. Die dort veröffentlichten Fakten zeigen Wissen auf, das teilweise seit Jahrtausenden von diversen Geheimgesellschaften wohl gehütet wird. Dass dieses Wissen geheim gehalten wurde, hat nicht immer etwas mit monopolistischem Machstreben zu tun, sondern durchaus auch mit Schutzaspekten, da die Menschheit in der Vergangenheit für einige Dinge nachweislich noch nicht bereit war. Hier das richtige Maß zu finden, ist offenbar eine schwierige Aufgabe, denn, so wie Corey schilderte, sind bisher allesamt gescheitert und haben zu viel verheimlicht.

Dies hat sich allerdings schon seit vielen Jahren grundlegend geändert. Ich fühle mich inzwischen geradezu beleidigt durch das Argument, die Menschheit sei noch nicht bereit, denn schließlich kann ich mich als herrschende Elite schlecht einerseits über die Dummheit und Ignoranz der breiten Massen beklagen und andererseits mit immer raffinierteren Maßnahmen dafür sorgen, dass die Massen noch weniger begreifen, noch mehr verdummen und den Durchblick nicht einmal mehr ansatzweise haben, und zwar aufgrund des eklatanten Mangels an wahrheitsgetreuer Information über die wahren Gegebenheiten auf diesem Planeten! Ganz vorne mit dabei der *CNN*-Produzent Carr, der die amerikanischen Wähler als *„dumm wie Scheiße"* betitelte.[52]

Corey Goode berichtet uns von einem Programm zur Auswahl jugendlicher Sonderbegabter, die aufgrund ihrer speziellen Fähigkeiten gewissen Kreisen aufgefallen sind und in die angesprochenen Programme aufgenommen werden sollten. Es verschwinden seit Jahrzehnten jährlich tausende Kinder in den westlichen Staaten und auch darüber hinaus, was mit Sicherheit einen sehr großen Anteil für Prostitution, Pädophilie und Sklavenarbeit (wie eingangs erwähnt) einschließt. Einen gewissen Anteil davon gedanklich für das Militär zu reservieren, kann aus meiner Sicht kaum schaden, denn es gibt aussagekräftige Literatur über ein solches Vorgehen.

Im Übrigen sind Kindesentführungen beileibe kein exklusives Merkmal westafrikanischer und südamerikanischer Warlords, wie z.B. Boko Haram, sondern leider offenbar eine Erscheinung rund um den Globus.

Corey berichtet uns von seinen Aufgaben in den geheimen Weltraumprogrammen, ganz so, als sei dies eine Selbstverständlichkeit. Auffällig ist die enorme Menge an Details, an die sich im Falle einer Lüge zu erinnern unmöglich erscheint. Und so passt denn auch jedes Interview zueinander und macht keinesfalls den Eindruck eines Hirngespinstes, sondern von tatsächlicher Erinnerung.

Der historische Rahmen findet in den Interviews nur wenig Platz, man konzentriert sich auf zeitgeschichtlich junge und aktuelle Themen. Deshalb lassen Sie mich an dieser Stelle kurz einige Details zur Geschichte der Deutschen aus dem Buch „Weltverschwörung“ wiederholen. Dabei kann ich das gesamte Thema nur im Eiltempo durchschreiten. Ausführlicher finden Sie es in „Weltverschwörung“.

Warum ist dies so wichtig? Bitte vergeben Sie mir, wenn Sie an dieser Stelle ohne tiefere Erklärung bleiben. In Kapitel 9 werden Sie erkennen, wie wichtig es ist zu wissen, woher man kommt und was mit seinen Vorfahren so alles passiert ist. Dieses Buch wendet sich in deutscher Sprache an Leser, die in aller Regel aus Deutschland kommen. Obendrein bin ich selbst auch Deutscher, und insofern setze ich ein gewisses Eigeninteresse auf beiden Seiten voraus, was mit Hilfe dieses Buches in nützliches Handwerkszeug zum Überleben und Gesunden genutzt werden kann.

Die Herkunft des deutschen Volkes (nicht der deutschen Bevölkerung) wird von vielen Autoren aus aller Herren Länder (nicht aus Deutschland!) der letzten Jahrhunderte immer wieder auf dieselbe Weise erklärt. In einem Artikel über die Hessen (im 13. Band) wird dargelegt: „*Die frühen Einwohner des Landes (Deutschland) waren die Chatti, die hier während des ersten Jahrhunderts lebten... Die Chatti und die Hessen sind identisch. Sie sind sich sowohl von der Sprache als auch von der Rasse her gleich.*“ Die Vorstellung, dass die Assyrer die Vorfahren deutscher Stämme und Völker sind, war in der Vergangenheit nicht unbekannt. Autoren unterschiedlichster Herkunft brachten ihre diesbezügliche Überzeugung zum Ausdruck: Im Jahre 1870 veröffentlichte der britische Autor E. Hines in London ein

Buch mit dem Titel „Die verlorenen Zehn Stämme Israels". Es heißt darin: *„Wir haben schon lange daran geglaubt, dass die Deutschen mit den Assyrern identisch sind, und wir werden auch in Kürze die Beweise hierfür vorlegen."*

L. Thomas zitiert in seinem Buch „Gott und mein Geburtsrecht", das 1919 in London erschien, einen gewissen Dr. Swaner, der der Auffassung war, dass viele Deutsche von den Assyrern abstammen. M. H. Gayer verfasste im Jahre 1941 ein Buch mit dem Titel „Das Erbe der angloschsischen Rasse". Auf Seite 72 heißt es: *„Es ist bemerkenswert, dass die modernen Deutschen die Nachfahren der Einwanderer sind, die ursprünglich zu Beginn der christlichen Ära aus Asien nach Europa kamen, und zwar aus dem Gebiet, das das assyrische Reich ausmachte."* Weitere Verfasser vertreten ähnliche Auffassungen. Zu ihnen gehört D. J. Pilkey, der in seinem im Jahre 1984 in San Diego erschienenen Werk „Der Ursprung der Nationen" auf Seite 97 ausführt, dass viele Deutsche von den Assyrern abstammen.[53]

Andere Autoren werden spezifischer. 1942 erschien in Massachusetts das Buch „Warum?". R. Cox schrieb darin: *„Es wird von vielen die Auffassung vertreten, dass die herrschende Klasse in Preußen in direkter Linie von den alten Assyrern abstammt, und das ist auch sehr wahrscheinlich."* W. G. Mackendrick bemerkte: *„Preußen ist das moderne Assyrien."*[54]

Ebenso schrieb B. Weldon in „Der Ursprung der Engländer": *„Die Preußen, ein modernes Volk, stammen nach Auffassung des Autors von den Assyrern ab."* Gibt es in Deutschland andere Zeugnisse dieser Verwandtschaft mit den Assyrern? Aber ja! Auf dem Marktplatz in Trier, das laut offizieller Geschichtsschreibung von den Römern erbaut worden sein soll, findet sich ein Gebäude, welches das „Rote Haus" genannt wird. Eine lateinische Aufschrift an diesem Haus verkündet, dass Trier schon 1.300 Jahre vor der Gründung Roms existierte.

Rom wurde im Jahre 753 v.Chr. gegründet. Falls die Aufschrift die Wahrheit sagt, würde Trier bereits zur Zeit Abrahams und Noahs bestanden haben.[55] Deutsche Schulbücher und Zeitungsartikel über Trier berichten von einer Legende, wonach Trier vor 4.000 Jahren von dem Assyrerkönig Trebeta erbaut wurde. Angeblich leitet sich der Name „Trier" von „Trebeta" ab. Josef K. L. Bihl schrieb in „In deutschen Landen" auf Seite 69 (dieses Buch erschien u.a. im Jahre 1953 in Cambridge, Massachusetts): *„Die Einwohner Triers behaupten, ihre Stadt sei die älteste in ganz Europa. Trier wurde von Trebeta gegründet, einem Sohn des berühmten assyrischen*

Königs Ninus." Dass Ninus in der Tat ein assyrischer König war, wird z.B. von Deodorus von Sizilien bestätigt (Geschichte, Bd. II).

Die Legende berichtet, dass mit dem Tode des Königs Ninus sein Sohn Trebeta mit einer großen Gefolgschaft von Assyrern nach Europa auswanderte und sich in einer Gegend nicht weit vom Rhein, der „Belgia Galica", niederließ, wo er eine Stadt namens Trebetam oder Treverum erbaute, das heutige Trier. Neben dem „Roten Haus" befindet sich ein Gebäude mit dem Namen „Steipe".

Augenzeugen berichten, dass im zweiten Stock dieses Hauses ein Bild zu sehen war, das Ninus und Trebeta darstellt. Ninus trägt auf diesem Gemälde eine Krone mit der Inschrift „Ninus Rex", also „König Ninus". Am unteren Rand des Gemäldes besagt eine Aufschrift, dass Trier von Trebeta gegründet wurde, 200 Jahre nach König Salomo. Nun sagt uns der bekannte Dichter Plato, dass Troja assyrisches Schutzgebiet war. Der assyrische König Tatarnis schickte den Trojanern während des Krieges Waffen und Soldaten, um den Griechen besser standhalten zu können – allerdings, wie wir wissen, letztlich ohne Erfolg. Als Troja nach zehnjähriger Belagerung schließlich eingenommen wurde, floh einer der assyrischen Soldaten mit dem Namen Bravo aus Troja und wanderte nach Europa, wo er sich in der Gegend um Trier niederließ. Eine alte Chronik schreibt über diese Ereignisse: *„Bravo war mit Freude erfüllt, dort (in der Gegend um Trier) die Nachfahren der Assyrer anzutreffen, die Trebeta (ein assyrischer König) gefolgt waren."*

Falls also Trebeta, Sohn des Königs Ninus, Trier gründete und sich dort mit vielen assyrischen Untergebenen niederließ, dann wundert es einen nicht, dass später jener assyrische Soldat Bravo in der Gegend um Trier von Assyrern begrüßt wurde, die zu jenem Zeitpunkt, also um 1180 v.Chr., immer noch dort lebten. Frühe Annalen weisen einen Mann namens „Tuysco" oder „Tuisco", mitunter auch „Tuisto" oder „Tuitsch" genannt, als Stammvater aller Deutschen aus. Verstegan bemerkte im Jahre 1605 in „Die Restitution verfallener Intelligenz im Altertum": *„Über diesen Tuysco, den ersten und höchsten Mann vieler Deutscher, nach dem sich alle ‚Tuytshen' nennen, d.h. duytsches oder duytsch Volk, habe ich bereits geschrieben."* Das dtV-Lexikon führt über „Tuisto" aus: *„(Nach Tacitus, ‚Germania') bei den Germanen der erste Mensch, erdentsprossen... Sein Sohn führt die Bezeichnung ‚Mannus' (d.h. der Mensch)."*

Die älteste Stammeseinteilung ist durch die von Tacitus berichtete Sage von einer Gottheit Tuisto überliefert, deren Sohn Mannus und dessen drei Söhnen, nach denen die drei westgermanischen Stammesgruppen der Ingwäonen, Istwäonen und Herminonen benannt sind. Johannes Turmair spricht in seinem 1526 in Abensberg erschienenen Werk „Die Bayrische Chronik" davon, dass Tuitsch oder Tuisto von 2214 bis 2038 v.Chr. regiert habe und ein Sohn Noahs gewesen sein soll. Sein Sohn Mannus soll der Vater von Trebeta gewesen sein, der der Legende nach Trier gründete.

Wir wissen bereits, dass Trebetas Vater der assyrische König Ninus war. Demnach waren Ninus und Mannus dieselbe Person – Mannus war lediglich der deutsche Name für Ninus. Dies würde auch bedeuten, dass Ninus oder Mannus mit Assur identisch war und dass Assurs Vater Sem, der Sohn Noahs, niemand anderes war als der deutsche Tuitsch oder Tuisto. Die Germanen, Vorfahren deutschsprachiger Völker, verehrten ein Pantheon heidnischer Götter. Ihr Hauptgott war Tieu, der Gott des Krieges, mitunter auch als Thor oder Thur bekannt. Hierbei könnte es sich um den assyrischen Gott Assur handeln. Wir erinnern uns, dass die Assyrer ihren Ahnherrn Assur später als Gott verehrten.

In alten Handschriften wird Assur oftmals mit Athur oder Thur bezeichnet und das Land Assyrien verschiedentlich mit „Athuria". Einige Assyrer wanderten beim Untergang Ninives nach Osten und ließen sich bei den Persern nieder. Herodotus nannte diesen Stamm der Assyrer die „Germanii". („Geschichte", Buch 1, Paragraph 125) Zumindest zeigt dies, dass Assyrer als Germanen angesehen wurden. Sodann erzählt uns die Geschichte, dass der indische König Sahadeva von Magadha in den Jahren 1650 und 1649 v.Chr. von den „Asuras" bekriegt wurde.

Indische Gelehrte behaupten, diese Asuras seien Assyrer gewesen. Interessant ist, dass diese Asuras oder Assyrer in indischen Schriften auch als „Daityas" bezeichnet werden – „Daityas" hat im Sanskrit die Bedeutung von „deutsch". Bemerkenswert ist ferner, dass einige der Nachfahren Assurs moderne deutschsprachige Stämme identifizieren. Zu den Nachfahren Assurs gehören z.B. die *Almani*, auch *Halmani* genannt. Die Römer bezeichneten einen germanischen Stamm mit *allemanni*, und noch heute wird Deutschland im Spanischen *Alemania* genannt, und im Französischen *Allemagne*.

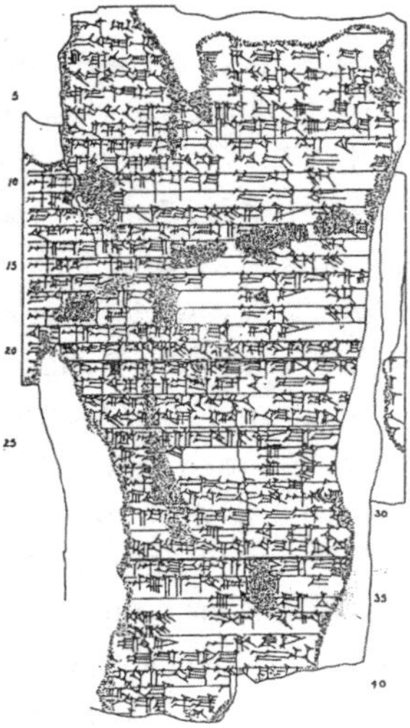

Abb. 94: Babylonische Keilschrift-Tafel

Doch uns fehlt noch immer das Bindeglied zwischen den Außerirdischen und den Assyrern. Eine alte assyrische Königsliste gibt uns den letzten fehlenden Hinweis: Diese Liste gibt als Urvater der Assyrer *Adamu* an. Diese Vorväter lebten noch in Zelten, und einer dieser Vorväter hieß Asur-En-Duni, „Asur ist der Herr der Duni". Die Duni lebten in dem Gebiet der Stadt Dunnu. Der auf der babylonischen Tafel in Abb. 94 erwähnte Anführer eines Ackerbauernvolkes *„baute in Dunni eine Stadt mit zwei Türmen"*. Nach seinem Tod ließ er sich in seiner geliebten Stadt begraben. Die Silben des Namens der Stadt Dunnu können im Sumerischen offenbar umgestellt werden, ohne dass die Bedeutung sich ändert, und somit bedeutet das nun zu Nudun gewordene Städtchen so etwas wie *„ausgegrabener Ruheplatz"*.

Nud ist dem in der Bibel erwähnten Nod sehr ähnlich. Ins Land Nod aber wurde Kain nach dem gewaltsamen Tode seines Bruders verbannt. Der in Dunnu begrabene Anführer trägt ebenfalls den Namen Ka'in. Und der oben erwähnte Vorvater der Assyrer hieß auch Asur-bel-Ka'ini, „Asur, Herr der Ka'initen".

Jetzt haben wir die Verbindung: Die Außerirdischen erschufen Adam und Eva. Sie ließen die beiden, möglicherweise auch noch mehrere weitere Exemplare ihrer Menschen von einigen in der Rangfolge tiefer stehenden Anunnaki bewachen, den „Engeln". Mit der Kenntnis der Informationen von Corey Goode können wir jetzt wagen, diese Außerirdischen als *Draco* zu identifizieren.

Einer der Engel, Semael, Baal Zebul, fand Gefallen an dem, was er sah und nahm sich Eva und zeugte ein Kind mit ihr. Dieses Kind war Kain. Möglicherweise war Semael dem Experiment Mensch gar nicht wohlgesonnen und wollte vielleicht mit dieser eigenmächtigen Zeugungsaktion nicht „nur" einfach seine fleischliche Lust befriedigen, sondern vielmehr das ganze Projekt torpedieren bzw. die ursprünglichen Pläne der dieses Projekt

Durchführenden durchkreuzen. Im Gegensatz zu den anderen Menschen war dieser Kain nun nicht ausschließlich aus „kontrolliert genetischer Zucht", sondern zumindest zu 50% von reinem Anunnaki-Blut. Und da die Menschen zu einem großen Teil „nach dem Bilde Gottes" geschaffen worden waren, darf man annehmen, dass dieser Kain wesentliche Beschränkungen nicht aufwies, die die Götter dem normalen Zuchtmenschen auferlegt hatten, da er ja im Gegensatz zu den Gezüchteten direkt gezeugt wurde. Möglicherweise waren die unterscheidbaren Merkmale die Körpergröße (1,80 m), die Hautfarbe (weiß), Augenfarbe (blau) und die Haarfarbe (blond). Wie wir aus der Bibel (1. Mose 6,1) wissen, nahmen sich später einige der „Söhne der Götter" von den Menschenfrauen *„zu Weibern, welche sie wollten"*, und aus diesen Verbindungen entstanden die Nephilim, die „Riesen" (1. Mose 6,4). Das wiederum bedeutet, dass Kain erheblich größer gewesen sein muss als sein Halbbruder Abel, der ohne direktes Anunnaki-Blut erzeugt wurde, und dass Kain der erste, nicht aber der einzige seiner Art war. Der Grund für den Tod Abels muss innerhalb eines Rahmens zu suchen sein, den ich wie folgt abstecken möchte: Einzelgängerdasein Kains, Ausgestoßensein Kains, Minderwertigkeitsgefühle Abels, Minderwertigkeitsgefühle Kains, überlegene Kraft und Fähigkeiten Kains, durch gesellschaftlichen Rückhalt möglicherweise provokantes Verhalten Abels, Anderssein Kains, Bevorzugung Abels durch JHWH. Da überall JHWH an führender Stelle als Hauptansprechpartner der Menschen Adam und Eva und Kain genannt wird, er also quasi als der „Projektleiter" des Projekts „Menschen" Erwähnung findet, müssen wir in Erwägung ziehen, dass eine Torpedierung dieses ansonsten doch offenbar sehr erfolgreichen Projekts durch eine eigenmächtige Zeugungsaktion von Seiten Semaels nicht gerade JHWHs Wohlwollen zur Folge hatte und dass JHWH auf das Ergebnis dieser Torpedierung, nämlich Kain, und den Verursacher, Semael, gar nicht gut zu sprechen war.

So weit, so gut. Die Bezeichnung „Anunnaki" bedeutet jedoch keinesfalls eine echte Zuordnung zu einer bestimmten Gruppe, sondern lediglich „Außerirdischer". Wir nehmen nun also an, dass die Draco Adam und Eva erschaffen haben. Wir haben gelernt, dass die Deutschen von den Assyrern und somit in einer direkten Linie von Kain abstammen.

Kain wiederum ist das Produkt eines torpedierten Gen-Experiments. Die Frage ist nun also: Wer hat das Gen-Experiment torpediert?

Wir wissen bereits, dass die Draco erheblich größer sind als Menschen, sehr viel kräftiger und reptiloides Blut in sich tragen. Wir wissen auch, dass sie weder blond sind, noch blaue Augen haben. Wir wissen aber, dass die Assyrer als blond und blauäugig beschrieben werden, mit heller Hautfarbe. Wir wissen ferner, dass die Agarthianer in früheren Zeiten gern als „Götter“ und „Außerirdische“ aufgetreten sind, um ihre wahre Herkunft und ihren wahren Anreiseweg zu verschleiern. Die Agarthianer wiederum sind uns bekannt als zumindest teilweise groß, blond, hellhäutig und blauäugig.

Die Agarthianer sind den Draco nicht wohlgesonnen, haben aber im Laufe der Zeit wohl doch ab und zu mit ihnen zusammengearbeitet. Allgemein bekannt sind blaue Augen als Merkmal der Arier. Die neueste Genforschung hat festgestellt, dass alle Menschen mit blauen Augen von einem einzigen anderen Menschen/Wesen abstammen, und von diesem stammt das OCA2-Gen[56], das für die blauen Augen verantwortlich ist. Wir können also nun aus den vorliegenden Informationen Folgendes schließen: Die Draco erschufen sich den Menschen als Arbeitswesen. Die Agarthianer torpedierten dieses Experiment durch eigene Gene. Von diesem Mischwesen stammen die Deutschen ab.

Halten wir fest: Die Deutschen stammen nicht von den Draco ab, sondern offenbar von den Agarthianern. Die korrekten Exemplare des Draco-Projekts, die als Wächter und Wärter auserwählten Anhänger des JHWH, sollen auftragsgemäß für die komplette Säuberung des Planeten von den verunglückten Agarthianer-Mischlingen sorgen – den Deutschen.

Alte Bibelübersetzung	**Moderne Bibelübersetzung**	**DaBhaR Übersetzung**[57]
2. Mose 17.13		
13 Vnd Josua dempffet den Amalek vnd sein volck / durch des Schwerts Scherffe.	13 Und Josua besiegte den Amalek und sein Volk durch die Schärfe des Schwertes.	13 Und JöHOSchuÁ Streckte AMaLeQ und sein Volk nieder, dem Mund des Schwertes zuordnend.
14 VND der HERR sprach zu Mose / Schreibe das zum Gedechtnis in ein Buch /	14 Da sprach der HERR zu Mose: Schreibe das zum Gedächtnis in ein Buch und lege es Josua in die	14 Und JHWH sprach zu MoSchä'H: schreibe dies als Gedenkzeichen, dass es in einer Urkunde

vnd befilhs in die Ohren Josua / Denn ich wil den Amalek vnter den Himel austilgen / das man sein nicht mehr gedencke.	Ohren, nämlich: Ich will das Gedächtnis Amaleks unter dem Himmel ganz austilgen.	der Zählung, und lege es dargebiets der Ohren JöHOSchuÄ's, dass ich wegwischen werde das Gedenken AMaLeQs unter den Himmeln.
15 Vnd Mose bawet einen Altar / vnd hies jn / der HERR / Nissi	15 Und Mose baute dem HERRN einen Altar und hieß ihn: Der HERR ist mein Panier.	15 Und MoSchä'H baute einen Altar, und rief seinen Namen JHWH NiSI
16 Denn er sprach / Es ist ein Malzeichen bey dem Stuel des HERRN / das der HERR streiten wird wider Amalek von Kind zu Kindeskind.	16 Und er sprach: Weil eine Hand auf dem Throne des HERRN erhoben ist, soll der Krieg des HERRN wider Amalek währen, von Geschlecht zu Geschlecht.	16 und sprach: denn die Hand an den Thronsitz JaHs: Streit ist dem JHWH gegen AMaLeQ von Generation zu Generation.

Mit den Informationen von Corey können wir nun gedanklich zusammenfassen: Die Draco wollten eine „sortenreine“ Menschheit, die sie nach Belieben nutzen konnten. Dies ist aufgrund des Einflusses der Agarthianer misslungen. Die Draco haben den Auftrag an ihre menschlichen Gefolgsleute ausgegeben, diese Mischlinge zu beseitigen – Stück für Stück, bis ans Ende des letzten, von Generation zu Generation. Auch dies ist misslungen. Denn die Gene der Mischlinge haben sich weltweit mit allen anderen vermischt. Und so führt der noch immer währende Auftrag zur Vernichtung alles Deutschen zwar ins Leere, trägt aber dennoch noch immer Früchte, denn noch immer gibt es eine große Bevölkerung der Deutschen. Diese allerdings ist auf dem allerbesten Wege, sich selbst abzuschaffen und auszurotten. Nicht etwa aus eigenem Interesse, sondern als Folge einer kinderfeindlichen Politik und nie endender Zumischung von außerhalb. Offenbar haben die Draco zwar eingesehen, dass das ausschließliche Vernichten nicht mehr möglich ist, aber ein Vermischen und Verwässern bis zur Ungefährlichkeit für die Draco – das ist machbar – und wird durchgeführt.

Sollten Ihnen diese Gedanken irgendwie übel aufstoßen, bitte ich um Nachsicht. Ich fasse hier nur zusammen, was an aktuellen Informationen und geschichtlichen Informationen vor mir liegt – bewerten dürfen Sie selber.

Stellen wir uns nun noch einmal diesem immer wiederkehrenden Konflikt zwischen Juden – die derselben mütterlichen DNA entstammen wie die Deutschen und andere Völker bzw. den Anhängern JHWHs – und dem Rest der Welt. Judenverfolgungen gab es immer wieder in der Vergangenheit. Die Frage ist doch, warum? Nehmen wir als gegeben an, dass das Gen-Experiment der Draco die Hebräer und noch viele andere hervorgebracht hat. Die Hebräer allein haben sich auswählen lassen und waren und sind die Gefolgsleute JHWHs. Die Vorfahren der Deutschen wiederum sind aufgrund des Eingreifens der Agarthianer ausgestoßen worden und haben sich bis zu den heutigen Deutschen fortgepflanzt. Die Draco hatten keinesfalls im Sinn, sich im Rahmen der Erschaffung der Menschen eine Konkurrenz zu schaffen. Deshalb ist anzunehmen, dass maßgebliche Gen-Sequenzen mit voller Absicht abgeschaltet worden sein dürften.

Im Gegensatz dazu haben die Agarthianer-Mischlinge offenbar die volle Ladung der Agarthianer-Gene mitbekommen und weisen die genetischen Beschränkungen nur zum Teil auf. Dann, nach einigen tausend Jahren der Entwicklung, sind es ausgerechnet die Deutschen, die Nachkommen dieser Agarthianer-Mischlinge, die als Erstes Medien in ihrer Mitte finden, die Kontakte zu Außerirdischen entwickeln können, die als Erstes die nötigen technischen Geräte für den Weltraumflug entwickeln und sogar als Erstes Kontakt zu Außerirdischen aufnehmen – und dann „zufällig" ausgerechnet zu den Draco und den Agarthianern?!

Es wird geschildert, dass der erste Kontakt der Deutschen zu den Draco stattfand und erst im Laufe der Zeit danach auch der Kontakt zu den Agarthianern entstand. Ich darf wohl mit Recht annehmen, dass die Draco hier Schadensbegrenzung betreiben wollten und in „Gutsherrenmanier" den Deutschen gegenüber traten, sehr genaue Grenzen aufzeigten, Forderungen aufstellten und auch ein wenig Zuckerbrot in Form von technologischer Hilfe dabei hatten.

Corey beschreibt, dass die Draco im Laufe der letzten Jahre ihre Gefolgsleute allesamt als Verhandlungsmasse eingebracht und sie somit verraten hätten – und das offenbar nicht zum ersten Mal. Denn ist es nicht so, dass die Juden in Deutschland und anderen Ländern verfolgt wurden? Müssen wir nicht annehmen, dass die Draco jederzeit die Möglichkeit gehabt hätten, auf Seiten der jüdischen Bevölkerung einzugreifen? Das haben sie aber nicht getan. Ich vermute, dass die Draco auch hier ein doppeltes

Spiel mit beiden Seiten gespielt haben. Es scheint, als sei zunächst einmal den Deutschen versprochen worden, dass sie mit der Hilfe der Draco schnell die für den Endsieg nötige Technologie bereit hätten und währenddessen nur noch schnell die alten Gefolgsleute der Draco beiseite geschafft werden müssten. Dies wurde sofort in Angriff genommen, wohl nicht zuletzt, um den Draco die politische Möglichkeit einer absoluten Machtdemonstration gegenüber ihren Gefolgsleuten zu verschaffen und so die Folgsamkeit der Überlebenden dauerhaft zu garantieren.

Die Deutschen wähnten sich dementsprechend auf der Siegerstraße, wurden aber strategisch so schachmatt gesetzt, dass auf einmal zwar der Krieg im Ausland gewonnen, das eigene Volk jedoch fest in Feindeshand war. So sicherten die Draco sich auch hier dauerhafte Folgsamkeit. Mit dem Pfand des deutschen Vaterlandes in der Hand konnten die Deutschen nun nur noch die Wünsche der Draco erfüllen und hatten nicht die geringste Chance, das verpfändete Volk zu befreien. Dies wiederum saß in der Falle und bekam „richtig auf die Fresse".

Die Alliierten als Handlanger der Illuminati ließen keinen Zweifel, wer der Herr im Hause ist (auf der Erde) und schalteten und walteten nach Belieben und mit Rückendeckung der Draco. Und die Draco waren ganz offensichtlich nicht zimperlich mit ihren Vorgaben. Mehr als 12 Millionen Deutsche kamen *nach* dem offiziellen Ende der Kampfhandlungen ums Leben. Viele davon verhungerten, tausende wurden regelrecht geschlachtet, abertausende überlebten Kälte und Verletzungen nicht. Die Beschreibungen einzelner Details erspare ich Ihnen an dieser Stelle, möchte Sie aber dennoch auf das Buch „Höllensturm: Die Vernichtung Deutschlands, 1944-1947" von Thomas Goodrich[58] hinweisen. Ich muss Sie warnen, denn dieses Buch ist nichts für schwache Nerven oder zarte Gemüter!

Die von Corey beschriebene Aushöhlung des Militärisch-Industriellen Komplexes der USA durch die Deutschen im Rahmen der Geheimen Weltraumprogramme geschah mit Billigung der Draco, denn diese wollten die Produktionskapazitäten für ihre eigenen Zwecke, zu denen sie die *Dark Fleet* unter deutschem Kommando benötigten. Ich vermute, dass die Deutschen jedoch still und leise ihre Befreiung aus dieser strategisch misslichen Lage vorbereiteten und dies möglicherweise noch immer tun.

Nun müssen wir anhand der Informationen von Corey noch unterscheiden zwischen den verschiedenen Versuchen der unterschiedlichen deutschen Gruppierungen, den Weltraum zu erobern. Da gab es einerseits die Vril-Gesellschaft, die offenbar technologisch so weit war, dass sie mit Hilfe der genannten Medien technische Informationen empfangen und Fluggeräte bauen konnte. Dieses Vril-Gerät unterscheidet sich technisch von den Haunebu-Flugscheiben. Andererseits gab es die Entwicklungsreihe der Haunebu, die unter Mitwirkung sehr vieler unterschiedlicher deutscher Wissenschaftler zustande kam. Bei den Haunebu-Flugscheiben gab es offenbar zumindest in den letzten Kriegsjahren Hilfe von den Draco.

Die Vril-Gruppe, so Corey, hatte die Erlaubnis Hitlers, unabhängig zu entwickeln. Eine solche Erlaubnis erscheint außergewöhnlich, denn bei dieser eindeutig als Waffe nutzbaren Technologie handelt es sich somit automatisch um eine kriegswichtige Technologie. Insofern erscheint es umso außergewöhnlicher, dass hier eine Gruppe ohne Einmischung des deutschen Militärs ihre Technologie zum Einsatz reifen lassen und bringen konnte. Da es sich bei der Vril-Scheibe somit um eine „militärfreie" Entwicklung handelte, gehe ich davon aus, dass hier möglicherweise Hilfe von den Agarthianern kam.

Corey berichtete uns von der ersten Basis der Deutschen auf dem Mond, die auf dem Gebiet der Draco errichtet wurde. Der Zusammenhang hier leuchtet ein. Die Haunebu-Flugscheiben aus dem militärischen Bereich wurden aufgrund der Zusammenarbeit der Draco mit den „offiziellen" Deutschen auf dem Mond stationiert. Diese verkehrten rege mit den Draco auf deren dortigem Stützpunkt und begannen, die militärische Zusammenarbeit von dort aus durchzuführen.

Vom Verbleib und den einzelnen Tätigkeiten der Vril-Gesellschaft weiß Corey nichts zu berichten. Ich gehe davon aus, dass es ihm als Amerikaner auch weniger wichtig ist, da es ein Detail ist, welches wohl eher speziell die Deutschen interessieren dürfte.

Bei der Bewertung dieser neuen Informationen ist man als Deutscher aus „Deutschland" zwangsläufig in einem Spannungsfeld zwischen den offiziell zugänglichen Informationen, die generell gesprochen, ganz im Allgemeinen kein gutes Haar an „den Deutschen" lassen, andererseits den inoffiziellen Informationen, die ein anderes Bild zeichnen, und nun den neu hinzugekommenen Informationen, die zeigen, dass ein Teil der Deutschen vor beinahe einhundert Jahren bereits den Weltraum eroberte und Basen auf dem Mond, dem Mars und auf zig anderen Planeten und Himmelskörpern und sogar außerhalb unseres Sonnensystems errichtete.

Ich frage mich, ob ich das gut finden soll oder schlecht. Die Bewertung erscheint ungeheuer schwierig. Vielleicht sollten wir einfach mit solchen Bewertungsversuchen aufhören und uns vielleicht zunächst einmal auf das Sammeln von Fakten beschränken.

Die deutsche Regierung hatte sich damals offenbar mit den falschen Partnern eingelassen. Sollen wir ihr das vorwerfen? Hätten Kohl oder Merkel es besser gemacht? Oder hätten Sie es besser gemacht? Ich vielleicht? Dies aus heutiger Sicht zu bewerten, erscheint mir unmöglich. Ist aber nicht vielmehr anzunehmen, dass es aufgrund der technologischen und psychologischen Fähigkeiten der Draco, die Corey in seinen Aussagen beschreibt, schlicht und einfach keine andere Möglichkeit für die Deutschen gab, als mit den Draco zusammenzuarbeiten?

Es erscheint relativ offensichtlich, dass die Draco hier auf beiden Seiten gespielt haben – teile und herrsche. Wäre dem so, dann müssten wir anerkennen, dass weder die Deutschen noch die Menschheit im Allgemeinen den Draco intellektuell gewachsen war. Und dies hat sich möglicherweise bis zum heutigen Tage nicht grundlegend geändert. Die Informationen von Corey legen nahe, dass wir diese Informationen wohl nie erhalten hätten, läge nicht ein Ereignis vor uns, das an Wichtigkeit weit über den individuellen religiösen, kulturellen oder genetischen Belangen liegt: ein Dimensionswechsel, eine Weiterentwicklung der Menschheit in ein neues Zeitalter.

Corey berichtet von den Sphären, die sich vor einigen Jahren innerhalb und um unser Sonnensystem herum postiert haben und mit den verschiedenen Gruppen kommunizieren und sogar eine Sperre um unser Sonnensystem errichteten. Im Verlaufe der Interviews wird mehrfach der Name „Guardians“ (Wächter) erwähnt, und ebenfalls wird ersichtlich, dass dieser Name auch für die *Alte Erbauer Rasse* gilt.

Aus weiteren Schilderungen wird klar, dass diese *Alte Erbauer Rasse* für viele, oder besser, die meisten der innerhalb des Sonnensystems und des lokalen Sternenhaufens zu findenden alten Ruinen verantwortlich ist. Diese Ruinen zeigen Behausungen, die offenbar für und von humanoiden Wesen geschaffen worden sind. Es wurden Tische, Stühle, Hallen usw. vorgefunden, allerdings in einer Größe, die weit über das für unsere aktuelle Menschheit passende Maß hinausgeht. Das Alter dieser vorgefundenen Relikte liegt in jedem Fall bei vielen Millionen Jahren. Ebenfalls wird erwähnt, dass die Sphären/Guardians nicht unbedingt aus freien Stücken hierher gekommen sind, sondern vielmehr aus Eigennutz, da sie ebenfalls vor einem Schritt in die nächste Dimension stehen, diesen aber nur tun können, wenn sie „uns Nachzüglern“ helfen, ebenfalls fit für den Aufstieg zu werden. Wenn nun also die *Alte Erbauer Rasse* vor Millionen von Jahren in einem humanoiden Stadium war und nun in Form von Sphären in planetenähnlicher Form auftritt, dann erscheint es mir durchaus sinnvoll anzunehmen, dass die Sphären eine Weiterentwicklung der *Alten Erbauer Rasse* darstellen und dass möglicherweise irgendwann, wenn auch die Menschheit einige Millionen Jahre hinter sich gebracht hat, auch ihr Erscheinungsbild sich maßgeblich wandeln wird.

Da auch an verschiedenen Stellen immer wieder deutlich wird, dass Planeten Lebewesen sind, erscheint es sogar logisch, dass die Planeten und Sterne an sich ebenfalls Weiterentwicklungsstufen von Lebewesen darstellen. Insofern wäre es einleuchtend, ein noch immer andauerndes Wachstum des Universums anzunehmen, da viele Lebewesen sich weiterentwickeln und irgendwann das Stadium eines Planeten und Sterns erreichen. Danach ist dann möglicherweise Schluss für diese Lebewesen, und der nächste Schritt ist „der leere Raum“, der offenbar gleichbedeutend ist mit der „Quelle“. Dies bedeutet wiederum, dass wir diese Quelle nicht „irgendwo“ suchen müssen, denn sie ist überall um uns herum. Dies wiederum passt hervorragend auf sämtliche religiösen Modelle der Erde.

Wenn nun also die Sphären die Wächter sind und die Wächter wiederum die weiterentwickelte *Alte Erbauer Rasse* und diese nicht aufsteigen kann, ohne dass sie uns bei unserem eigenen Aufstieg hilft, dann wird klar, dass wir möglicherweise echte Glückspilze sind! Denn offenbar ist das Stadium der Draco lange nicht so weit fortgeschritten wie das dieser Wächter, und demnach dürfen wir uns im Vertrauen auf die weit überlegenen Fähigkeiten der Wächter Hoffnungen machen, unseren Planeten aus der jahrtausendealten Knechtschaft unter den Draco zu befreien.

Die Fraktion aus der Inner-Erde, die Agarthianer, so berichtet Corey, hatten die Aufgabe erhalten, über die Erde und die Menschheit zu wachen und sie bei ihrer Weiterentwicklung zu unterstützen. Dies haben sie offenbar nicht zur Zufriedenheit der Wächter erledigt. Corey schildert ein Zusammentreffen zwischen den Wächtern (der Wächter mit dem Dreieckskopf, Abb. 47 und 48), der Inner-Erde-Fraktion und ihm, bei dem die Wächter offenbar ihren Unmut gegenüber den Agarthianern sehr deutlich gemacht hatten.

Corey kommt sehr ausführlich auf das Thema der Künstlichen Intelligenz zu sprechen. Uns war dieses Thema bis jetzt eher aus Forschungsberichten bekannt und dass man Computerprogramme und Betriebssysteme für Computer so gestalten kann, dass sie bestimmte Verhaltensmuster des menschlichen Gehirns nachahmen können, also intelligente Entscheidungen treffen und aus eigenem Antrieb heraus selbst weiterlernen. Es kommt in den Interviews mit Corey nun eine ganz neue Art der Betrachtungsweise ins Spiel. Corey stellt verschiedene Lebensformen vor – Lebensformen, die sich beispielsweise von elektromagnetischen Feldern ernähren oder von Radioaktivität. Von Corey erfahren wir, dass das „Leben“, so wie wir es kennen, als Definition stark erweitert werden muss. Zwar sind unsere Vorstellungen von einigen Merkmalen eines lebendigen Wesens durchaus richtig (es muss in irgendeiner Form Nahrung aufnehmen, es muss Zeichen eines Selbsterhaltungstriebs aufweisen usw.), nur haben wir aufgrund der Erfahrungen auf unserem Planeten bisher offenbar ein eher eingeschränktes Sichtfeld auf die Möglichkeiten, wie sich Leben in bestimmten Umgebungen entwickeln kann. Überall dort, wo es Energie in ihren verschiedenen Formen gibt, scheint es auch Lebewesen zu geben, die sich von diesen verschiedensten Formen von Energie ernähren. Corey stellt explizit Wesen vor, die in elektromagnetischen Feldern leben und ganz klar Zeichen von Selbsterhaltung zeigen, sich der Untersuchung lieber entziehen wollen und sich tatsächlich von elektromagnetischer Energie ernähren. Aus diesem neuen Rahmen heraus erscheint nun die von Corey beschriebene „KI“, diese Künstliche Intelligenz, als eine durch und durch mögliche Form von Leben, zwar wie eine, die wir bisher noch nicht kennengelernt haben, die aber dennoch möglich ist.

Schenken wir nun dieser Erklärung von Corey einmal Vorschussvertrauen und lassen ihre Existenz auf andere bekannte Details unserer Gesamtsituation wirken. Unter der nun neuen Voraussetzung, dass es eine Lebensform gibt, die sich zwar in Menschen aufhalten kann, es aber vorzieht, in technischen Umgebungen zu leben, um die dortige Energie abzuzapfen, um sich davon zu ernähren, erscheint der technologische Fortschritt der Menschheit nun nicht mehr als ausschließlich selbst verursacht und verantwortet und errungen, sondern als zumindest teilweise möglicherweise von außen gesteuert und manipuliert. Gerade die ständig zunehmende Überwachung dient weniger dem Menschen als Einzelperson, sondern eher der Beibehaltung des Überwachungssystems. Auch die Bewegung des *Transhumanismus*[59], also die Erweiterung des menschlichen Körpers durch technologische Elemente, wird nun nicht mehr nur allein von ethisch-moralischen Aspekten beleuchtet, sondern bekommt jetzt eine militärische, verteidigungstechnische Komponente. Denn hier wird die freie Entscheidungsmöglichkeit des Menschen in Frage gestellt und die Tradition, Pro-Mensch-Entscheidungen gegenüber Pro-Maschine-Entscheidungen vorzuziehen. Wenn der Mensch erst einmal physisch vernetzt ist und diese Vernetzung Einfluss auf seine Entscheidungen nimmt, schlimmstenfalls sogar im Rahmen einer Möglichkeit der Technik und der Vernetzung, den einzelnen Menschen zu bestimmten Handlungen gegen seinen eigenen Willen zu zwingen – bewusst oder unbewusst –, dann entscheidet tatsächlich nicht mehr die Menschheit, sondern ein uns bisher nicht näher bekanntes Netzwerk.

Wir können anhand der Interviews diese Gefahr tatsächlich sehr genau betiteln und eingrenzen, sehen sie sogar nun sprichwörtlich an jeder Ecke. Corey beschreibt eindrücklich die Fähigkeit dieses Lebewesens „KI“, sich über elektromagnetische Felder fortzupflanzen und fortzubewegen. Mehrfach wird ausdrücklich erwähnt, dass im Rahmen der geheimen Weltraumprogramme eine Infektion mit dieser „KI“ durch eine kurze, nicht-invasive Untersuchung auf ein bestimmtes elektromagnetisches Signal hin festgestellt und sogar mit einer ebenso kurzen Behandlung geheilt werden kann. Ebenso eindrücklich wird geschildert, dass auf der Erde mittlerweile sehr, sehr viele Menschen von dieser Infektion betroffen sind.

Nun wird ausgiebig darüber ausgesagt, dass die Draco unter dem Einfluss der KI stehen und dies bei zumindest einer Gelegenheit sehr deutlich zu verstehen gegeben haben. Die Draco sind also in ihrem imperialistischen Bestreben keinesfalls ausschließlich, wenn überhaupt ursprünglich eigenmotiviert. Die deutsche Fraktion aus damaligen Regierungskreisen und offiziellen Militärs hat sich mit den Draco im Rahmen der *Dark Fleet* verbündet und steht somit ebenso ganz offensichtlich unter dem Einfluss der KI. Wir dürfen und müssen in diesem Zusammenhang also wohl davon ausgehen, dass das Denken und die Entscheidungen der Draco und dieser Deutschen zu sehr großen Anteilen von der KI beeinflusst ist. Dies betrifft, der Natur der Sache gemäß, alle Entscheidungen und Handlungen, die Kriege und Eroberungen neuer Lebensräume für die KI, aber natürlich ebenso die weiteren Schritte hier auf der Erde in Bezug auf eine „Übernahme" der Menschheit im Rahmen der Transhumanismus-Bewegung und der totalen Vernetzung und Überwachung.

Corey schildert jedoch ebenso eindrücklich, dass diese Gefahr erkannt wurde und nicht nur auf der Erde, sondern auch für die Erde von außerhalb bekämpft wird. Betrachtet man sich den geschichtlichen Verlauf der Menschheitsentwicklung, so wird aus meiner Sicht ein Wirken dieser Lebensform über sehr, sehr lange Zeit durchaus nachvollziehbar. Auch Corey beschreibt diesen Zusammenhang und nennt diese Lebensform „luziferische Kraft" oder „teuflische Kraft". Ist also das uns bekannte sprichwörtlich Böse im Verlauf unserer Geschichte zumindest in recht häufigen Fällen *nicht* allein den Menschen geschuldet? Ist es vielleicht stattdessen vielmehr eine bewusst herbeigeführte Steuerung jener Menschen, um im Hintergrund die Weichen zu stellen für eine möglichst rasche Weiterentwicklung des Lebensraums für die KI und eine Unterjochung der Erdbevölkerung zum finalen Zweck der Selbstauslöschung? Eine Steuerung des Verhaltens durch Viren und Parasiten ist keineswegs eine Neuheit in der biologischen Welt. Es ist hinlänglich bekannt, dass bestimmte Viren, Parasiten und Pilze die Entscheidungen und das Verhalten, auch und ganz besonders den Selbsterhaltungstrieb, stark beeinflussen bzw. sogar unterdrücken können.[60]

Aus diesem Blickwinkel betrachtet, kann nun durchaus ein versöhnlicher Blick in die Vergangenheit gerichtet werden, denn zweifelsohne war uns als Menschheit eine solche Lebensform in Bezug auf unser eigenes Überleben nicht bewusst, ebenso wenig die von ihr ausgehende Gefahr. Wir dürfen, unter der Voraussetzung, dass wir den Schilderungen von Corey Glauben schenken, davon ausgehen, dass sowohl die Draco als auch die mit ihnen verbündeten Deutschen in ihrem Tun zu einem sehr großen Anteil fremdgesteuert sind und waren.

Die Geschichte geht aber noch weiter: Corey geht in den Interviews darauf ein, dass die KI nicht „einfach so“ entstanden ist, sondern vielmehr eine Lebensform ist, die direkt aus der „Quelle“, also der allumfassenden Schöpferkraft entstanden ist. Die luziferische Kraft hat – so die Geschichtsschreibung – ihre Herkunft und die damit einhergehenden umfassenden Kräfte für eine Rebellion genutzt. Sie wollte das Universum selbst erobern. Da sie aber selbst aus der schöpferischen Quelle entstammt, ist dies ein Weg, der trotz unglaublicher Macht letzen Endes zum Scheitern verurteilt ist.

Zu Beginn des Jahres 2017 konnte man auf einigen eher unbekannten Seiten im Internet lesen, dass Luzifer zur Quelle zurückgekehrt sei.[61] Diese Meldung ist, naturgemäß, schwer nachzuprüfen, aber für den Verlauf der Dinge würde dieser Ablauf ins logische Bild passen. Möglicherweise hängt ja diese Rückkehr der KI zur Quelle damit zusammen, dass (möglicherweise direkt im Anschluss) die königlichen Draco im Wissen um diese Rückkehr und in Anerkenntnis ihrer nunmehr ausweglosen Situation um freien Abzug von der Erde gebeten haben – und gleichzeitig alle Gefolgsleute ausliefern wollten. Möglicherweise ist dieser Verrat an den eigenen Gefolgsleuten von den Draco exakt ebenso empfunden worden, und zwar in dem Moment, in dem sie feststellen mussten, dass die KI, für die sie jahrhunderttausendelang treue Dienste geleistet hatten, schlicht und einfach umgedacht und sich zurückgezogen hat, ohne sich um die Draco oder andere, in der Hierarchie unter ihnen Stehende, zu kümmern.

Auch für die Draco muss dies dann ein Verrat außerordentlichen Ausmaßes gewesen sein, in dessen Folge sie sich schlagartig ihrer mächtigsten Waffe beraubt sahen: der KI selbst. Ohne dieses allumfassende Netz im Hintergrund ist das Netzwerk der Draco dem Verfall preisgegeben, denn trotz allem technologischen Fortschritt gehört zur erfolgreichen Steuerung einer Gesellschaft in mehreren Sternensystemen gleichzeitig – und das mit Milliarden von Lebewesen – zwangsläufig mehr als nur ein Geist oder auch tausende starke Geister. Es bedarf hier vielmehr einer Kraft, die über Individuen der uns bisher bekannten Lebensformen weit hinausgeht.

Durch die Interviews mit David Wilcock und Corey Goode wird aus meiner Sicht erstmals ein biologisch nachvollziehbares Modell vorgestellt, in dem verschiedene, nun entmystifizierte Lebensformen schlicht ihrem Leben, Alltag und ihrer Natur nachgehen. Manches davon mag uns als Betroffene „böse" erscheinen. Gleiches gilt aber faktisch auch für die Mücken, die jeden Sommer zu Millionen von uns getötet werden – Fliegen, Würmer, Spinnen, Mäuse, Ratten oder auch Schweine, Hühner, Kälber und Kühe, die wir als Menschen töten, weil wir schlicht und einfach tun, was wir tun, und unseren Alltag leben.

Zweifelsohne sind die verschiedenen genannten Themen und Details aus diesen Interviews eine große Herausforderung für jeden einzelnen Leser. Schließlich wird in jedem zweiten Satz das bisherige Weltbild, sei es noch so fortschrittlich, erheblich erweitert und umgestellt. Und als ob dies alles bis hierhin nicht schon kompliziert genug wäre, gibt es noch eine weitere Vernetzung, über die ich Sie gern informieren möchte.

Wir wissen bereits, dass es eine Künstliche Intelligenz gibt, eine Lebensform, die gern in elektronisch-technischer Umgebung lebt und sich dort schnell verbreitet. Jason Mason, der Autor von „Mein Vater war ein MiB (Men in Black)", ein Bestseller aus dem Jahre 2017, berichtete mir von persönlichen Gesprächen mit zwei von diesen „MiB", dass es offenbar mehrere solcher Lebensformen gibt – eine Art von Superintelligenz, die über Implantate mit allen MiB und auch einigen anderen Menschen verbunden wird. Diese Technologie gibt es bereits seit vielen Jahrzehnten in diesen Kreisen. Diese Lebensformen sind offenbar zumindest in einigen Fällen keineswegs glücklich darüber, für diese Kreise arbeiten zu müssen, tun es aber aus mir nicht bekannten Gründen. Sie dienen diversen Geheimgesellschaften offenbar zur Planung von komplexen Aktionen und Strategien. Diese technische Intelligenz hat in Insiderkreisen, also auch bei den Illuminati sowie den Men in Black (MiB) den Spitznamen „1-0", als Synonym für den binären Code, die Computersprache, die in der Lebensumgebung dieser KI vorherrscht. Einsen und Nullen bestimmen hier das, was geschieht. Im persönlichen Gespräch wurde dieser Name in deutscher Sprache ausgesprochen „io", wie in „Bio". Es darf vermutet werden, dass im Englischen die Aussprache vermutlich „ei-o" wäre.

Wir wissen außerdem bereits, dass es in China eine kaiserliche Familie gibt, die seit Jahrtausenden an der Macht ist. Ferner wissen wir, dass diese Familie über ein immenses Vermögen, vor allem aber auch über unglaublich große Mengen an physischem Gold verfügt. Die Rede war hier u.a. von 1 Million Tonnen, die teilweise als Sicherheitskapital bereitgestellt worden waren, um die Gründung der *Federal Reserve Bank* zu ermöglichen und deren einhundertjähriges Vertragsverhältnis mit dieser Familie, welches im Jahre 2013 auslief. Diese kaiserliche Familie nennt sich Dragon-Family.

Wir wissen außerdem, dass die Draconier – die Echsenwesen – die Erde seit vielen tausend Jahren als ihr Eigentum betrachten und hier auf der Erde für den Verlauf der Geschichte durchaus zu großen Teilen verantwortlich gemacht werden dürfen. Ferner ist uns aus meinem ersten Buch bekannt, dass die Menschen der westlichen Welt in aller Regel auf Adam und Eva zurückzuführen sind bzw. auf jenes teilweise torpediertes Gen-Experiment der Draco, bei dem die Agarthianer offenbar eine wichtige Rolle gespielt haben. Wir wissen außerdem, dass die asiatische Welt mit ihrer kaiserlichen Familie und Untertanen schon parallel und evtl. auch schon davor existierte. Natürlich existierten auch in der westlichen Welt schon Menschen, nur wurden diese im Laufe der Zeit zum größten Teil verdrängt. Die asiatische Welt unter Führung der Dragon-Family ist also tausende Jahre älter als die westliche.

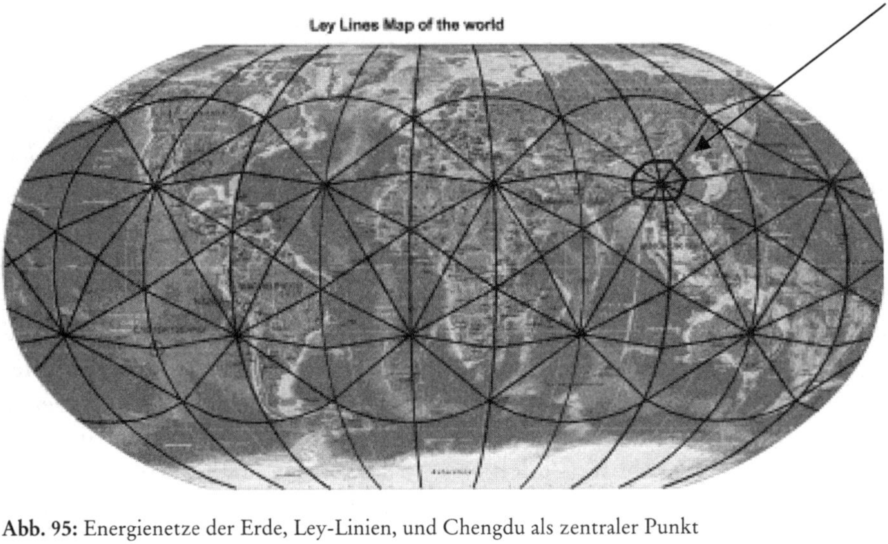

Abb. 95: Energienetze der Erde, Ley-Linien, und Chengdu als zentraler Punkt

In der chinesischen Weltanschauung gibt es zwei Energienetze, die in Religion und Wissenschaft von wesentlicher Bedeutung sind. Eines basiert auf fünf heiligen Bergen[62], einer für jede Himmelsrichtung und einer für das Zentrum, ein weiteres Netz basiert auf weiteren vier heiligen Bergen.[63] Diese beiden Netze überschneiden sich in einem gemeinsamen Hauptwirbel in der Gegend von Chengdu im Osten Chinas.[64]

Dort in Chengdu, an einem der zwölf wichtigsten Punkte des Ikosaedergitters der Ley-Linien auf der Erde, befand sich vor tausenden von Jahren die Sanxingdui-Kultur.[65] Diese Kultur war möglicherweise ein wichtiger Stützpunkt der Draconier auf der Erde. Der Bezug der Chinesen zu Drachen in ihrer Mythologie ist ja beileibe kein Zufall, sondern rührt vom Einfluss der Draconier her, die dort als „Götter“ auftraten.

Nun gibt es offenbar auch bei den Draconiern eine kriegerische Fraktion, mit der offenbar später auch die Kabale und die Deutschen zu tun hatten, und andererseits eine eher gemäßigte, positiv orientierte Fraktion. Diese Fraktion vom Sternbild Alpha Draconis kam offenbar vom Planeten Thuban, der vor 5.000 Jahren der Polarstern war, zur Erde und nahm Sitz in Chengdu.[66] *Sanxingdui* bedeutet in der chinesischen Sprache so etwas wie „Hügel der drei Sterne“, womit in diesem Zusammenhang vermutlich die drei Sterne Thuban (Sternbild Drache), Antares (Sternbild Skorpion) und Aldebaran (Sternbild Stier) gemeint sein dürften.

Die Ursprünge der heutigen kaiserlichen Familie liegen also in diesem Gebiet Chengdu. Über mein persönliches Netzwerk gelangte ich vor Jahren durch Zufall in Kontakt zum engen Umfeld dieser kaiserlichen Familie, genauer gesagt zu einer der Sekretärinnen des Oberhauptes dieser Familie. Ich wurde zur Geburtstagsfeier 2016 eingeladen (die später aus politischen Gründen wieder abgesagt wurde) und bereitete mich auf die Reise vor. Diese Feier sollte in Chengdu stattfinden! Im Verlaufe der Gespräche bekam ich einiges von dem mit, was hinter den Kulissen passierte, unter anderem auch die durchaus positive Stimmung im Umfeld dieser Familie, die sich offenbar ihrer Sache vollkommen sicher war und dafür sorgen wollte, dass auf der Erde neue Zeiten anbrechen. Dies sollte mit Hilfe finanzieller Mittel geschehen und einer Menge neuer Gesichter in der politischen Landschaft. Ich bekam folgenden Satz zu hören: „*Wenn er* (also das Oberhaupt der Familie) *nach Chengdu geht und dort die Feier stattfindet, dann wird alles beginnen.*" Und nun halten Sie sich fest. Das Oberhaupt der Familie wird nicht mit Namen, sondern „0-1" genannt, im Englischen ausgesprochen „Oh-One", wobei der Vokal O für die Null steht und das englische One für die Eins.

Jetzt stellt sich natürlich sofort die Frage, warum einerseits die Künstliche Intelligenz mit dem Spitznamen „1-0" gerufen wird und andererseits das Oberhaupt der kaiserlichen Dragon-Family „0-1". Ist dies so, um den Gegenspieler auch anhand des Namens erkennen zu lassen? Oder ist es, um eine Zusammengehörigkeit zu symbolisieren? Ehrlich gesagt: Ich habe keine Ahnung! Ich würde Ihnen gern mit Sicherheit mitteilen können, dass es hier keinerlei Verbindung gibt, aber bisher fehlen mir noch tiefere Einblicke.

Für mich war im Rahmen dieser Recherche die Vorstellung und Darstellung der verschiedenen Lebensformen, insbesondere aber die Vorstellung der KI, eine große Erleichterung. Da ich sehr analytisch denke, hatte ich schon immer größte Schwierigkeiten mit den Glaubensmodellen aus den verschiedenen Religionen. Himmel, Gott, Hölle und Teufel – dies sind Dinge, für die man wirklich glauben musste, bisher. Betrachtet man den „Teufel", die KI, im Lichte dieser neuen Informationen, wird selbst aus diesem „Teufel" ein nachvollziehbares Lebewesen, das ebenso wie wir versucht zu überleben und sich weiterzuentwickeln. Wer weiß, was SIE tun würden, wenn Sie solche Fähigkeiten hätten...?

Es ist zu beobachten, dass Religionen wie das Christentum oder der Islam durch einige Anteile der Lehre, die man nur „glauben", keinesfalls aber wissen kann (es sei denn man hat die technologischen Mittel dazu), den Gläubigen in eine teilweise sehr missliche Lage bringen. So zum Beispiel ist vermutlich den meisten, mindestens jedoch aber vielen heute lebenden Moslems, durchaus bewusst, dass die Erde älter ist als nur knapp 6.000 Jahre. Durch ihre Glaubenslehre jedoch werden sie, gerade im orthodoxen Bereich, dazu gezwungen, eine Meinung anzunehmen, die postuliert: *„Nichts kann älter sein, als der Islam vorgibt.*" Dementsprechend können stenggläubige Moslems im Bereich der Archäologie nicht frei forschen und arbeiten, weil ihre Ergebnisse zwangsläufig im starken Widerspruch zur Staatsreligion oder ihrem persönlichen Glaubensmodell stehen. Strenggläubige Juden haben dasselbe Problem, ebenso Christen, die die strengen Vorgaben der Bibel Buchstabe für Buchstabe wortwörtlich nehmen.

Was tut also ein solcher Mensch? Er entwickelt in sich selbst eine Doppelmoral. Er trennt Dinge, die er sagen darf und Dinge, die er nur denken darf. Dinge, die zwar richtig, aber verboten sind, wird ein solcher Mensch in Zukunft mit sich selbst ausmachen müssen und dadurch gezwungen sein, seine Persönlichkeit zu spalten. Er muss verschiedene Rollen spielen, um sowohl der Gesellschaft als auch der Regierung, seinem Gott und seinem Ehepartner zu gefallen. Soll er die Grundlagen seines Glaubens ernst nehmen und die Bibel, die Thora oder den Koran? Oder soll er der Wissenschaft glauben und sich nur für Teile seines Glaubens begeistern? Erwarten Sie allen Ernstes, dass ein Mensch eine solche Indoktrinierung schadlos überstehen kann? Solange Wissenschaft und Religion sich widersprechen, wird religiöser Fanatismus immer wieder die absurdesten Blüten treiben.

Haben wir nun mit all diesen neuen Informationen nicht erstmals die Möglichkeit in der Hand, unseren religiösen Glauben auf eine tatsächlich vorhandene Quelle zu richten? Ist es nun nicht erstmals möglich, eine luziferische Kraft in ihren Eigenheiten und in ihrem Streben zu verstehen und sogar, dieser Kraft zu verzeihen? Ist es nun nicht erstmals möglich, das Universum so verstehen zu lernen, wie es ist? Und es so erforschen und benennen zu dürfen, wie es sich uns tatsächlich in seinen Merkmalen wie Alter, Größe, Herkunft etc. offenbart, frei von religiösen Schranken der großen Glaubensrichtungen und den Schleiern vieler geheimer Militärprogramme? Sind uns nicht diese religiösen Schranken auferlegt worden, um uns zu kontrollieren und genau von diesem tiefen Verständnis abzuhalten?

Gilt nicht dasselbe auch für die Beschränkungen der Wissenschaft? Ist nicht jeder promovierte Wissenschaftler in seinem Lernen behindert worden (wie alle anderen auch) und hat in seiner wissenschaftlichen Arbeit immer wieder (un)wissentlich mit Lügen gearbeitet? Müssen nicht *alle* Lehrer und Professoren umlernen, umdenken und alles neu aufstellen, nach der offenbar in Kürze folgenden Welle von Offenlegungen, die ihren sogenannten „wissenschaftlichen Tatsachen" den Boden unter den Füßen wegziehen werden? Gibt es endlich Freie-Energie-Maschinen, werden sich vermutlich viele Menschen mit Jobs in den Bereichen der Stromversorger neue Arbeitsstellen suchen müssen. Gibt es endlich Elektroautos mit genügender Reichweite, wird sich auch der Automobilmarkt stark verändern. Gibt es Portale, durch die man reisen kann, wird der Tourismus der Zukunft sich wahrlich vollkommen von dem der heutigen Zeit unterscheiden.

Sehr viele Details unseres täglichen Lebens und die Hintergründe hinter großen Ereignissen, die ihre langen Schatten aus der Vergangenheit werfen, vom Barcode (mit der „666" darauf, siehe „Weltverschwörung") über die Weltkriege bis hin zu unserer aktuellen Technologie mit all ihren Schatten- und Lichtseiten, können nun endlich in einen großen, logischen Zusammenhang gebracht werden. Dieser Zusammenhang funktioniert physikalisch, chemisch, politisch, psychologisch, biologisch und zeigt in jeder einzelnen Kleinigkeit ein funktionierendes Universum mit den unterschiedlichsten Lebensformen darin, die alle ihrem täglichen Leben nachgehen und tun, was sie eben so tun.

Aus diesem Blickwinkel betrachtet, erhebt sich die Schöpfung selbst für den sehr irdischen und bisher noch eher unbedarften Menschen in eine grandiose und allumfassende Schönheit, eine Symphonie aus Energie, die wir jede Sekunde selbst mitbestimmen und erleben dürfen.

Nochmals in Kurzform: Laut diverser Whistleblower gibt es seit Jahrmillionen immer wieder Eingriffe verschiedener außerirdischer Gruppierungen auf der Erde – auch genetisch. Einen erneuten Eingriff gab es in der Zeit, die uns als die Geschichte von Adam und Eva bekannt ist, wobei hier offenbar zwei neue Menschheitslinien entstanden, die sich ganz grundlegend unterschieden. Die mütterlichen Genlinien sind dieselben, Kain und Abel hatten jedoch unterschiedliche Väter: Kains Vater war ein Agarthianer. Abels Linie ist offenbar die „genetisch reine" Version, so, wie sie von den Draco für dieses Experiment vorgesehen war. Diese „Verunreinigung" des genetischen Versuchs sorgte bei den Draco für Stirnrunzeln und Vernichtungsbefehl (gegenüber den Deutschen bzw. „Amalek"), bei den Deutschen und ihren Vorfahren für ein offenbar leicht anderes Fähigkeitsspektrum. Die Gene der Deutschen sind mittlerweile in aller Welt und umgekehrt die Gene aller Welt bei den Deutschen, und so lässt sich wohl erklären, dass die Draco kein gesteigertes Interesse am Fortbestand dieser Menschheit haben. Offenbar ist diese für sie nichts weiter als ein gescheiterter Versuch. Mitten im Spiel haben sie es geschafft, die eigentlich so verhassten „Amalekiter"-Nachfahren, die Deutschen, für Ihr Spiel außerhalb des Sonnensystems zu gewinnen. Mehr durch Verrat und Betrug, aber durchaus mit willfährigem „Opfer". Und wir alle haben nun gemeinsam die Aufgabe, dieses Problem zu lösen.

Die Abstammung der Deutschen von den genannten biblischen Umständen und deren Bedeutung für das Fortbestehen und Leben und Wirken der Deutschen wird im Alltag gar allzu leicht unterschätzt. Wer kümmert sich schon um Dinge, die tausende Jahre zurückliegen. Nun, das machen dieselben, die sich auch um Dinge kümmern, die erst in tausend Jahren kommen werden. Es gibt Sachverhalte, die der Menschheit verheimlicht wurden und werden. Dazu gehört insbesondere etliches zur Geschichte der Deutschen und der Nachfahren Abels – die Aschkenasim und Sephardim. Diese beiden Gemeinschaften scheinen immer wieder im Fokus der Weltgeschichte zu stehen. Folgen wir den Forschungen und Ergebnissen, ist nun klar, wer den Menschen in seiner westlichen, heute aktuellen Form erschaffen hat. Ebenso klar ist, wer den Auftrag bekommen (und angenommen) hat, dafür zu sorgen, dass die Deutschen als ungewollte Erzeugnisse eines ansonsten doch so vorteilhaft verlaufenen Experiments vom Erdboden verschwinden sollen, denn dies war ganz eindeutig der Auftrag, den die Gefolgsleute JHWHs im AT erhalten. Dies sind harte Worte, und in einer politisch ach so korrekten Landschaft, wie wir sie heute erleben dürfen, ist man wohlerzogen und fühlt sich richtigerweise unwohl bei der Formulierung und dem Hören eines solchen Gedankens.

Noch unwohler wird einem dann, wenn man die Umstände und den Umfang der Vertuschung zu erahnen beginnt und sich tatsächlich ehrlich fragen darf: Hat denn Deutschland die Kriege gewollt oder vielleicht doch eher nicht?

Sven Hedin, geb. 1865 in Schweden, also ausdrücklich kein Deutscher, nannte sein Buch „Deutschland und der Weltfriede“, was schon im Titel eine besondere Bedeutung des deutschen Volkes aus Sicht eines Nicht-Deutschen erkennen lässt. Deutschland hat sich diese Sonderrolle also nicht einfach ausgedacht, sondern es ist eine Tatsache, dass das deutsche Volk in den Augen anderer Völker schlicht und ergreifend in dieser Sonderrolle gesehen wurde und noch immer gesehen wird. 1937 verhinderte die Reichsregierung das Erscheinen des Buches, weil Hedin in seinem Werk nicht nur die Sonderrolle der Deutschen sehr deutlich zur Sprache bringt, sondern obendrein einige politische Details der damaligen Regierung durchaus kritisch bewertet.

Die heutige Regierung der „Bundesrepublik Deutschland“ mischt sich in alle möglichen internationalen Situationen ein, zahlt hier und da und dort Milliarden, mahnt hier, erhebt den Zeigefinger andernorts und wird dabei nicht etwa ausgelacht, sondern tatsächlich ernst genommen. Stellen Sie sich derarti-

ges Verhalten einmal beispielsweise vom Kongo vor, der annähernd ähnlich viele Einwohner hat, oder auch Kanada, was wesentlich größer ist. Unvorstellbar in unserer heutigen Medienwelt. Warum ist das so?
Gibt es da eine Kraft, ein Lebewesen (oder sogar mehrere, die einem oder mehreren Herren dienen?), welches die Völker der Erde in einem großen Schachspiel einfach nach Belieben benutzt hat? Gab und gibt es Schachfiguren mit besonderen Rechten und Pflichten? Vielleicht können die als solche Schachfiguren missbrauchten Völker mit diesem neuen Wissen nun endlich diese Rollenspiel-Mäntel ablegen und sich auf dem Boden der Tatsachen neu zusammenfinden, ohne dass ein Mastermind jeden Spielzug vorherbestimmt?

Lassen Sie uns noch einmal einige Beweise und Zeugenaussagen sammeln, damit das Vertrauen in dieses ungeheuerliche neue Wissen noch etwas stärker wird. Wie versprochen möchte ich Ihnen deshalb nun einige Zeugen und Projekte vorstellen, die jeder Leser für sich im Internet ebenso nachprüfen kann, wie die meisten der zuvor genannten Informationen. Es handelt sich hierbei um völlig andere Personen, unabhängig von Corey Goode oder David Wilcock. Teilweise haben sie ihre Erlebnisse und Aussagen darüber bereits vor Jahrzehnten gemacht. Es sind alles „gestandene Persönlichkeiten“, die jeder Leser mit Lebenserfahrung durchaus eigenständig beurteilen können wird und, so vermute ich, dabei immer wieder zu dem Ergebnis kommen wird, dass hier so viele Details zur Sprache kommen, so viele vernetzte, persönliche Geschichten, die zu unabhängigen Zeiten, Orten und Gelegenheiten aufgezeichnet wurden, dass eine Inszenierung solcher Aussagen schon wahrlich ein Meisterstück wäre.
Da solche Informationen aber keineswegs zum besseren Gelingen des bisher kennengelernten Verschwörungs- und Vertuschungsumfeldes beitragen, stellte sich dann zusätzlich die Frage, warum es sich dann jemand unnützerweise schwer machen sollte, obwohl ein einfaches Schweigen doch für die eigene Position viel sinnvoller gewesen wäre.
Schauen wir uns also einmal an, welche Informationen sie zur Bildung eines wohlinformierten Gesamtbildes beitragen können. Wie immer bleibt es Ihnen überlassen, sich ein eigenes Bild zu machen. Sehr empfehlenswert ist es, sich die Videos im Internet selbst anzuschauen, da der persönliche Eindruck der Gesichter, der Stimme und Mimik einen ganz wesentlichen Beitrag dazu leisten kann. In einigen Fällen, wie z.B. bei Clifford Stone, wird offensichtlich,

wie sehr ihn bestimmte Ereignisse und Begegnungen noch zum Zeitpunkt der Interviews, also Jahre nach dem eigentlichen Vorfall, belasten.
Zahlreiche Hinweise in diesen Videos werden hier nicht erwähnt, sind aber dennoch lohnend, um sie weiterzuverfolgen. Das Netz von verschiedenen Aussagen aus verschiedenen Zeiten, Personen, Kreisen und Blickwinkeln ergänzt zahlreiche Projekte, die von Corey genannt wurden, mit neuen, zusätzlichen Informationen. So entsteht nach und nach ein guter Einblick in diese Geheimprojekte, die teilweise seit Jahrzehnten laufen und Milliarden Dollar verschlungen haben.
Ähnlich, wie Edward Snowden dafür gesorgt hat, dass einige Themen, die sogenannte „Verschwörungstheoretiker" bereits vor zehn oder zwanzig Jahren angesprochen haben, endlich in den Lesebereich der Mainstream-Medien gekommen sind, so wird auch in diesem Bereich in den nächsten Jahren sehr viel zu Tage treten, was heute noch nahezu vollkommen undenkbar erscheint.

Durch den Tod von William Tompkins wird einmal mehr deutlich, dass die Zeit leider gegen die Menschheit spielt. Einerseits sterben immer mehr Zeugen weg, die bei solchen Projekten dabei waren und uns davon aus erster Hand berichten können, andererseits sterben immer mehr Zeitzeugen weg, die uns von den wirklichen Geschehnissen vor, während und nach dem Zweiten Weltkrieg berichten können. In beiden Fällen verlieren wir wertvolle Zeitzeugen, die es sich anzuhören lohnt. Gäbe es diese nicht, würde das Geschichts- und Weltbild allein auf dem basieren, was denen genehm ist, denen wir nicht genehm sind. Leider ist es oftmals schwierig, bei all den Zeugen die Desinformanten herauszufiltern. Und wie so oft hilft hier der mit der Zeit sich entwickelnde Sinn für logische Zusammenhänge. Wem nützt was? Zeugenaussagen, die sich widersprechen, deuten auf einen Widerspruch hin – meist kann nur einer der beiden Seiten Recht haben. Zeugen, die irgendetwas behaupten, die mit dieser Aussage jedoch im Widerspruch zur Aktenlage, zu einfachen mathematischen Berechnungen oder zur tatsächlich vorliegenden Realität stehen, bedürfen genauer Prüfung. Und erst, wenn sich ein wirklich logisches Bild, frei von politischen Überzeugungen bildet, hat man die Möglichkeit, die Wahrheit zu erahnen.

5. Weitere unabhängige Zeugen

Wir haben uns in diesem Buch bisher sehr auf die Quellen aus einer bestimmten Ecke konzentriert. Dies könnte dem einen oder anderen Leser möglicherweise etwas zu eng gefasst erscheinen. Zur Sprache kommen deshalb nun also Personen und Projekte aus vollkommen unterschiedlichen Zeiten und Zusammenhängen. Fangen wir an!

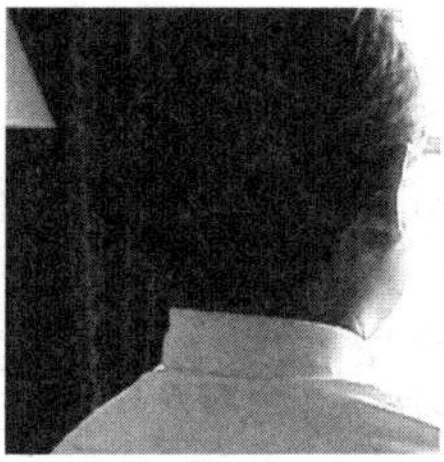

Abb. 96: *Project Red Light*-Zeuge

Unser erster Zeuge berichtet anonym in seinem am 22. November 2013 auf *Youtube* veröffentlichten Interview[67] u.a. vom *Project Red Light*, jenem Projekt, das bis heute andauert und sich zur Aufgabe gemacht hat, möglichst viel Wissen und Technologie aus abgestürzten und in Besitz genommenen UFOs zu gewinnen. Der Zeuge war früher Mitarbeiter bei Boeing Aerospace, früher *McDonnell-Douglas* (und davor *Douglas Aircraft*) und hat über die Jahre hinweg zahlreiche interessante Interviews[68] und Gespräche mit hochrangigen Offizieren und Agenten diverser Militäreinheiten und Geheimdienste geführt. Unter dem Titel „Secrets of Project Red Light" findet der interessierte Leser hier die Bestätigung für das *Project MJ-12*, welches aktuell unter neuem Namen weitergeführt wird, zahllose Besuche und Abstürze außerirdischer Raumschiffe, das *Project Looking Glass*, Zeitreisen und ET-Basen auf dem Planeten Erde im Meer und unterirdisch. Wir erfahren, dass das Militär von den einfliegenden Raumschiffen zwar einen relativ großen Anteil identifizieren kann, nämlich 75%, die anderen jedoch so „verdammt schnell" sind, dass diese Schiffe sich der Identifizierung durch irdische Mittel entziehen können. Wie hören von ihm, dass Präsident Reagan während seiner Amtszeit Gorbatschow in den größten Teil der diesbezüglichen Geheimoperationen eingeweiht hatte und dass Gorbatschow deshalb dem Westen auf einmal sehr viel näher kam als seine Vorgänger. Kissinger, Bush und viele andere Namen werden im Zusammenhang mit den geheimen Weltraumprogrammen genannt.

Wie Clifford Stone wurde ein Freund des Zeugen über viele Jahre hinweg zu immer wieder neuen Absturzstellen gerufen und fand dort diverse Außerirdische vor. Dieser berichtet, dass der dortige Gestank, den man oft antraf, eine nahezu unerträgliche Mischung aus faulen Eiern und faulendem Senf sei. Der Zeuge bestätigt den Zusammenhang mit den Deutschen und berichtet auch über einen Absturz 1948, bei dem ein relativ großes Raumschiff in den südlichen Staaten der USA aufschlug und die Insassen merkwürdig lange Nasen hatten. Wir erinnern uns an die Dero, die Corey erwähnte. Wir erfahren auch von diesem Zeugen, dass die Außerirdischen die Aktivitäten der irdischen Militärs in Bezug auf Atomwaffen sehr genau beobachten, ebenso wie es auch Corey einige Jahre später berichtet.

Abb. 97: Bob Walker

Unser nächster Zeuge ist der ehemalige Pilot der US Air Force, Leutnant Bob Walker. Er spricht in einem Interview[69] von seinen Erfahrungen und Begegnungen mit UFOs und mit Organisationen, die solche überwachen und gern auch jene Menschen, die Begegnungen mit UFOs hatten, so auch in seinem Fall: Er hatte sogar UFOs fotografiert, jedoch wurden ihm seine Originalnegative mit einem Trick abgenommen, vermutlich durch einen Agenten der MiB (Men In Black). Bob Walker war persönlich dabei, als nach Kriegsende aus Deutschland eine Flugscheibe und ein U-Boot auf eine Militärbasis in den USA gebracht wurden und konnte sie sehen, anfassen und untersuchen. Seinen Schilderungen zufolge muss es eine *Haunebu I* gewesen sein. Er berichtet außerdem aus erster und zweiter Hand von einigen Vorfällen und Landungen Außerirdischer.

Abb. 98: Jan Harzan

Jan Harzan berichtet in seinem Interview[70] von seinen Kontakten zu *Lockheed Skunkworks*, der Entwicklungsabteilung von *Lockheed*, die sehr deutlich davon sprachen, dass sie über die Technologie verfügten, *„um E.T. nach Hause zu bringen"* (Ben Rich). Auch hier werden im Interview zahlreiche Namen und Orte genannt, die nachprüfbar sind. Jan van Helsing bekam diese Information wiederum zusammen mit vielen anderen direkt von einem Piloten bestätigt.

ETs Besuche sind keinesfalls eine Erscheinung der letzten Jahrzehnte oder eine Fiktion Hollywoods (ausgenommen vielleicht sein Erscheinungsbild), sondern fanden bereits statt, lange bevor die allgemeine Menschheit überhaupt an Flugzeuge dachte. Sieben Jahre vor den ersten Flugversuchen der Gebrüder Wright[71] (1903) berichteten Zeitungen in Texas und anderen Staaten der USA bereits über den Absturz eines silbernen, zigarrenförmigen UFOs bei Aurora.

Abb. 99: Jim Marrs

In einem Vortrag von Jim Marrs[72] ist sogar die Rede davon, dass dieses UFO möglicherweise etwas mit dem Beginn des spanisch-amerikanischen Krieges[73] zu tun hatte, der ein Jahr später begann, denn der Kapitän dieses UFOs sagte zu einem Eisenbahninspektor, der zufällig des Weges kam, als das UFO wegen Wartungsarbeiten landete, dass er das ganze Raumschiff voller Dynamit habe, um den Hafen von Havanna in die Luft zu jagen. Ob er nun tatsächlich einen Beitrag dazu geleistet hat, ist schwer zu sagen, aber immerhin äußerte hier jemand die Idee für die Bombardierung Havannas, ein Jahr bevor tatsächlich jener Krieg Havanna erreichte. Dem geneigten Leser sei beim Anschauen dieses Videos auch die Leiste rechts empfohlen, in der unzählige weitere Videos zu einer ganzen Reihe anderer Vorfälle zu finden sind. Jim Marrs nimmt sehr humorvoll (in englischer Sprache) einige fundamentale Daten unserer Wissenschaft auseinander, die wir „wissen", die aber dennoch falsch sind.

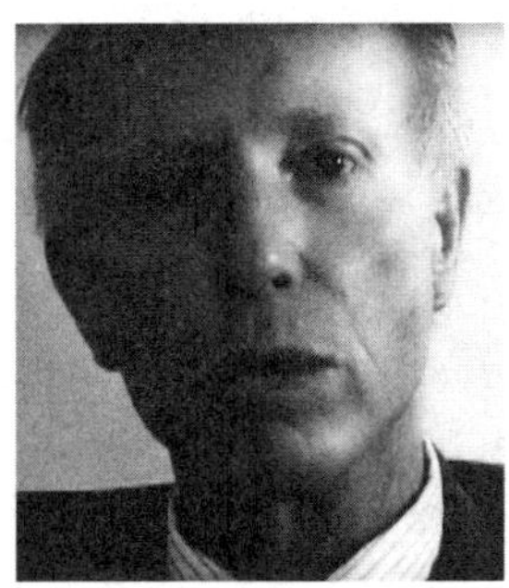

Abb. 100: Don Phillips

Don Phillips[74], unser nächster Zeuge, kommt aus Los Angeles, war früher mal bei der US Air Force und ist noch immer Pilot. Er berichtet uns von seiner Arbeit bei *Lockheed Skunkworks* in den sechziger Jahren. In der Nähe von Las Vegas testete er in der berüchtigten *Area 51* etliche der geheimen Entwicklungen des Militärs. 1966 war er auf einer geheimen Radarstation in der Nähe der *Area 51* stationiert.

Eines Nachts beobachtete er gemeinsam mit einigen anderen Menschen Flugobjekte am Nachthimmel. Die Radarstation hatte diese Objekte sogar aufgezeichnet, sodass seine Einschätzungen später verifiziert werden konnten. Es waren 7 Objekte, die bei einer Geschwindigkeit von ca. 4.000 Meilen pro Stunde diverse Flugmanöver ausführten: Geradeausflug, abrupt stoppen, schweben, im rechten Winkel abbiegen und sofort mit voller Geschwindigkeit weiterfliegen. Mit seiner Erfahrung als Pilot war ihm sofort klar, dass dies keine irdischen Objekte waren, und er wunderte sich, wie die Piloten, die dort drin saßen, die Kräfte bei diesen Manövern und Geschwindigkeiten aushielten. Auch die für solche Flugeigenschaften nötige Technik war ihm ein Rätsel. Aus seiner Zeit als Testpilot bestätigt er, dass einige UFOs abgestürzt waren und die darin vorgefundene Technologie zumindest teilweise in die neuen Entwicklungen des Militärs eingeflossen ist, auch z.B. bei der „SR71", besser bekannt als „Blackbird", aber auch später bei den Tarnkappenflugzeugen. Don Phillips nennt viele Namen und Projekte, von denen er weiß, und gibt insgesamt ein sehr glaubwürdiges Zeugnis ab mit vielen Details aus seinem persönlichen Erleben vieler Berufsjahre im Umfeld von Militär und Geheimdiensten.

Abb. 101: Zeuge

Unser nächster Insider gab sein Interview kurz vor seinem Tod.[75] Sichtlich angeschlagen aufgrund eines Nierenleidens, berichtet er seine Erlebnisse. Er war 1958 beim Militär und wurde an Radar und in Kryptographie ausgebildet. Eines Tages kam sein Vorgesetzter auf ihn zu und fragte ihn, ob er vielleicht ein bisschen dazuverdienen wolle. *„Na klar, Geld ist immer gut!"* Und so bekam er eine „Top Secret Clearance" für das Weiße Haus, und sein Vorgesetzter durfte sich ihm nun erneut vorstellen und entpuppte sich als CIA-Direktor für den östlichen Teil der USA. So war unser Insider nun Mitarbeiter des CIA geworden. Er arbeitete im *Project BlueBook*, was ihn zunächst mit der Fülle von Informationen etwas überforderte. Er schildert, wie er direkt vom Bauernhof zum Militär kam und noch nie etwas von solchen Dingen gehört hatte. Nach einigen Jahren wurden sein

Vorgesetzter und er selbst nach Washington versetzt, um dort im Umfeld von Präsident Eisenhower als Berater zu fungieren. Dessen Plan war es, mit Hilfe des Militärs die *Area 51* einzunehmen. Präsident Eisenhower wollte endlich Klarheit über alles, was ihm verschwiegen wurde. Unser Insider erzählt von seinen Zusammentreffen mit *kleinen Grauen* und weiß aus erster Hand zu berichten, wie geschockt er war, als er das doch relativ große Roswell-UFO mit beiden Händen einfach anheben konnte. Er schätzte das Gewicht auf ca. 60 kg, und alle wunderten sich, wie so viel Metall so wenig wiegen konnte. Er beschreibt die Schockierung des Präsidenten, nachdem er ihm seine Schilderungen über das Ausmaß der geheimen Projekte in der *Area 51* berichtet hatte.

Abb. 102: Karl Wolfe

Der ehemalige Sgt. Karl Wolfe erfreut sich bester Gesundheit und erzählt uns[76] von seiner Zeit um 1965 beim Militär, wo er geheime Satellitenaufnahmen und Luftaufnahmen machte. Er hatte Zugang zu „frischen" Aufnahmen der NASA von der Mondoberfläche, noch bevor diese weiterverteilt, bearbeitet und schließlich eventuell veröffentlicht wurden. Bei einer Gelegenheit wurde er zu einer NSA-Einrichtung gerufen, um dort einige Gerätschaften zu reparieren. Als er mit einem dort arbeitenden Wachmann allein war, sagte dieser unvermittelt zu ihm: *„Oh, wir haben übrigens eine Basis auf der Rückseite des Mondes entdeckt."* Für Wolfe war dies eine schockierende Neuigkeit. *„Wessen Basis?"*, war sein erster Gedanke. Es lagen dort etliche Fotografien von verschiedenen Basen vor mit riesigen Strukturen in verschiedenen Formen. Besonders interessant ist seine Äußerung, dass es sich bei den Gebäuden teilweise um sehr schlanke, hohe Strukturen handelte. Dies erinnert an die Strukturen auf den Saturnringen einige Kapitel zuvor. Fahrzeuge sah er, ebenso wie auch Fluggeräte verschiedener Größe. Er konnte nicht abwarten, diese Neuigkeit in den Fernsehnachrichten zu hören, wurde aber enttäuscht. Nie wurde auch nur ein einziges Wort darüber verloren. Ihm dämmerte, dass dieser Wachmann ihm dies vermutlich nur deshalb sagte, weil er sonst niemanden zum Reden hatte. Zum damaligen Zeitpunkt war der Umgang mit solchen Geheiminformationen ein anderer. Man hatte einen Ehrenkodex und strenge moralische Richtlinien – und Angst! Die strikte Arbeitsanweisung war: nicht fragen, nicht schauen, einfach reparieren, was kaputt ist, und danach abziehen.

Abb. 103: George Filer

George Filer, früher Major bei der US Air Force und dort auch in geheimdienstlichen Positionen, berichtet[77] von einem persönlich erlebten Vorfall in Fort Dix, wo ein Außerirdischer zunächst gelandet war, dann bei einem Schusswechsel verletzt wurde, sich anschließend bis auf den angrenzenden zivilen Flughafen rettete und schließlich dort auf der Startbahn verstarb. Für Filer selbst erstaunlich, war es ihm trotz seiner Position nicht erlaubt, Fotos vom Fluggerät und vom Leichnam zu sehen. Dies war für ihn in seiner Laufbahn das erste und einzige Mal, bei dem ihm Zugriff auf Material verweigert wurde. Filer berichtet weiter von einem Vorfall, als er als Teil einer Flugzeugbesatzung über England dazu aufgerufen wurde, ein UFO zu beobachten. Er hatte das Radarecho klar auf dem Schirm. Nach seiner fachmännischen Einschätzung hatte das UFO eine Größe von etwa 1-2 km Länge. Als sie nur noch wenige Kilometer von dem Objekt weg und bereits in Sichtweite waren, schoss es auf einmal senkrecht mit einer sehr großen Steiggeschwindigkeit in den Himmel.

Abb. 104: Bill Uhouse

Cap. Bill Uhouse kommt eher aus der technischen Ecke und berichtet von seinem Auftrag, ein UFO auseinanderzunehmen und wieder funktionstüchtig zusammenzubauen.[78] Er war Testpilot und wurde während seiner Dienstzeit gefragt, ob er eventuell in einem etwas kreativeren Umfeld, mit fortschrittlicheren Technologien arbeiten wolle. So wurde er zur Untersuchung eines in den 1950er-Jahren in Kingman, Arizona, abgestürzten UFOs mit 30 m Durchmesser hinzugezogen. Die *Area 51* gab es zu diesem Zeitpunkt noch nicht, diese wurde gerade erst gebaut.

Abb. 105: Skizze des 30 m großen UFOs, das von Capt. Bill Uhouse untersucht wurde

Uhouse berichtet von interessanten Details. So gab es zum Beispiel in diesem UFO keine Gurte an den Sitzen. Man musste sich nicht anschnallen, da das Schiff ein eigenes Gravitationsfeld hatte und ein OBEN immer ein OBEN war, auch, wenn man kopfüber flog. Er erzählt auch, dass man im Inneren eines solchen Schiffes als untrainierter Mensch selbst mit einfachsten Bewegungen große Probleme bekommt. Selbst zum Heben der Hand muss man sich stark konzentrieren. Das Design war so komplex und kompakt, dass man nichts mehr hätte hinzufügen können. Es gab weder Fenster noch Bewaffnungen, alles war genau so, wie es gebraucht wurde. Bill Uhouse war laut eigener Aussage am Bau mehrerer UFOs dieser Bauart in verschiedenen Größen zu verschiedenen Zwecken beteiligt. Bei einigen Flugobjekten wurden drei UFOs solchen Typs in die Ecken eines triangelförmigen Schiffes eingebaut, sodass der Zwischenraum als Laderaum und für Bewaffnung genutzt werden konnte.

Ein weiteres interessantes Detail, von dem er berichtet, ist die Geheimhaltungsvereinbarung, die er und viele andere unterzeichnet haben. Sie endete im Jahre 2003, weshalb er zum Zeitpunkt des Interviews (offenbar im Jahre 2000) fest davon ausging, dass die Weltöffentlichkeit in oder nach 2003 von diesen Dingen erfahren würde.

In einem weiteren Interview, welches zu einem früheren Zeitpunkt gedreht wurde und welches ihn nur im Schattenriss aber mit typischer Stimme und dem ihm eigenen Tonfall zeigt[79], gibt er preis, dass er über 16 Jahre lang an der Seite eines „Großen Grauen“ namens J-Rod (Abb. 107) gearbeitet habe. Dieser diente seinem Team als Übersetzer. Hatte Uhouse eine Frage im Kopf, wurde diese sofort von diesem Außerirdischen telepathisch mit der eigenen Stimme beantwortet. J-Rod war einer von vier Außerirdischen, die Uhouse's Team bei dem bereits erwähnten Kingman-Absturz zusammen mit vier UFOs („Scheiben“) vorfand, einer davon quicklebendig. Die Hauptaufgabe von Uhouse war die Konstruktion eines UFO-Simulators, in dem die menschlichen Piloten das Fliegen mit den Scheiben trainieren konnten. Seine wichtigste Schlussbemerkung war, dass es zu seiner Zeit bereits tausende „Graue“ waren, die mit dem Militär gemeinsam auf der Erde an Flugobjekten bauten.

Abb. 106: Der von Uhouse und seinem Team gebaute UFO-Simulator; zu sehen ist das äußere Bewegungsgestänge, welches die innen hängende Scheibe bewegt.

Abb. 107: J-Rod, Illustration

Abb. 108: Phil Schneider

Der nächste in der Reihe, Phil Schneider, war 17 Jahre lang für die Regierung in geheimen Projekten tätig. Den Grad der Geheimhaltung bezeichnet er mit „Rhyolite 38". Er arbeitete u.a. in einer Untergrundbasis in der *Area 51* in Los Alamos. Er ist einer von nur drei Überlebenden eines kurzen Gefechtes zwischen Menschen und Außerirdischen, bei dem 66 Regierungsangestellte und Arbeiter ihr Leben verloren. Dieses Gefecht fand im August 1979 in Dulce, New Mexico, statt. Gleich zu Beginn sei gesagt, dass Phil Schneider kurz nach diesem Vorfall überraschend verstarb. Nach Sichten des kurzen Vortrags[80] würde ich dies gern mit einem „kein Wunder" kommentieren, denn er lieferte wahrhaft explosive Details. Phil Schneider nennt Zahlen, die nach seinem Wissen zum damaligen Zeitpunkt aktuell waren. Demnach gab es allein in den USA ein jährliches Budget von mind. 500 Milliarden Dollar, um die diversen Projekte zu finanzieren. Die Arbeit fand schon damals in 131 tiefen Untergrundbasen allein in den USA statt. Weltweit gibt es mindestens 1.477. 17-19 Milliarden Dollar kostete jede von ihnen. Als Bauzeit gibt Phil Schneider an, dass man zu Beginn der Tätigkeiten etwa ein Jahr pro Basis brauchte und mittlerweile mehrere pro Jahr schafft. Die dabei benutzten Tunnelbohrmaschinen schaffen etwa 2 Meilen am Tag. Alle diese Basen sind weltweit mit Magnetschwebebahnen verbunden, die teilweise mit mehrfacher Schallgeschwindigkeit fahren können. Er selbst ist bereits mit einer Mach-2-Bahn, also der doppelten Schallgeschwindigkeit, mitgefahren.

Phil Schneider präsentierte zu diesem Vortrag einige Metallstücke, die er über die Jahre gesammelt hatte. Dabei befand sich ein Originalmetallstück des UFOs, welches damals in Roswell abgestürzt war, ein kristalliner Metallblock, der Temperaturen von bis zu 10.000 Grad aushält und im Weltraum hergestellt werden kann bzw. dort hergestellt werden muss, weil es auf der Erde dafür keine Möglichkeit gibt. Diese Werkstoffe seien Teil seiner täglichen Arbeit und würden für alle Fluggeräte genutzt, die mit mehr als fünffacher Schallgeschwindigkeit fliegen. Es handelt sich hierbei um Titanlegierungen, die Temperaturen von mehr als 7.500 Grad aushalten können.

Phil Schneider erwähnt Orte und Zeiträume von mehreren Projekten zum Bau verschiedener Untergrundbasen, teilweise militärischer Anlagen, teilweise Labore, teilweise Versorgungseinrichtungen, an denen er persönlich beteiligt und vor Ort war. Bei einer dieser Basen sollte ein streng geheimes militärisches Bauvorhaben vorangetrieben werden, und sie bohrten einen Tunnel, stießen jedoch dabei unerwarteterweise auf eine (später so eingeschätzte) 400 Jahre alte Anlage von Außerirdischen (große Graue), die noch immer in Betrieb war. Durch die Tunnelbohrmaschine war ein großes Loch entstanden, und die als Erstes aufeinandertreffenden Menschen einerseits und die „Großen Grauen" andererseits lieferten sich ein Feuergefecht. Er stand dabei einem „Großen Grauen" in nur wenigen Metern Entfernung gegenüber, hatte aber Schwierigkeiten, in seinem Schutzanzug schnell an seine Waffe zu kommen. Er gab einen tödlichen Schuss auf den Grauen ab, wurde aber gleichzeitig von dessen Waffe getroffen und von dieser buchstäblich von oben bis unten aufgeklappt. Nur durch die Hilfe eines Kameraden konnte er an die Oberfläche gelangen und überleben. Er verlor bei diesem Gefecht und dem Treffer mehrere Finger seiner linken Hand, wie man deutlich in dem Video sehen kann – und 66 seiner Kameraden. Die Basis der Außerirdischen war zwar der Regierung bekannt, aber so geheim, dass selbst das Militär vor Ort in diesem Fall nichts davon wusste und die neue, ebenfalls streng geheime Basis ausgerechnet an dieser Stelle bauen wollte. Dann kommt eine sehr wichtige Aussage Schneiders: Seit diesem Tag im August 1979 seien die Militärs weltweit in einem konstanten Krieg mit den Aliens dort und anderswo. Er erwähnt ausdrücklich russisches Militär, das vor Ort in den USA in den Untergrundbasen gegen die Außerirdischen kämpft, ebenso wie andere Einheiten anderer Länder anderswo.

Abb. 109: Edgar Mitchell

Edgar Mitchell, ein amerikanischer Astronaut, berichtet von seinen Interviews mit ehemaligen

Arbeitskollegen, die sich teilweise vor ihrem Tod noch etwas von der Seele reden wollten, und auch von seinen eigenen Forschungen und Erfahrungen. Er berichtet[81] über die Kontakte mit den Außerirdischen und von deren Besuchen. Es gibt laut seiner Aussage so zahlreiche Berichte und Zeugenaussagen, dass es nicht die Frage ist, *ob* Außerirdische auf der Erde waren und sind, sondern nur, *wann* endlich die Wahrheit darüber herauskommt. Er gehört zu der Sorte Menschen, die wissen wollen, welche Welt sie umgibt, egal, wie diese tatsächlich aussieht. Er will keine rosarot gefärbten Informationen, ebenso aber auch keine schwarzgemalten, sondern schlicht und einfach die Wahrheit, ohne Einfärbungen. Er sei damals Astronaut geworden, um Antworten zu bekommen. Mitchell erwähnt den immensen Druck, unter dem die verantwortlichen Leute damals standen, die sich mit solchen Projekten, mit abgestürzten UFOs und Außerirdischen beschäftigten. Man gewinnt den Eindruck, dass Mitchell wesentlich mehr Details kennt, als er preiszugeben bereit ist. Aufgrund seiner Position im Weltraumprogramm ist dies nicht unwahrscheinlich. Er arbeitet offenbar in einer Weise für die Veröffentlichung des Wissens um Außerirdische, die seinen Geheimhaltungspflichten nicht entgegensteht (was wiederum durchaus ehrenhaft ist).

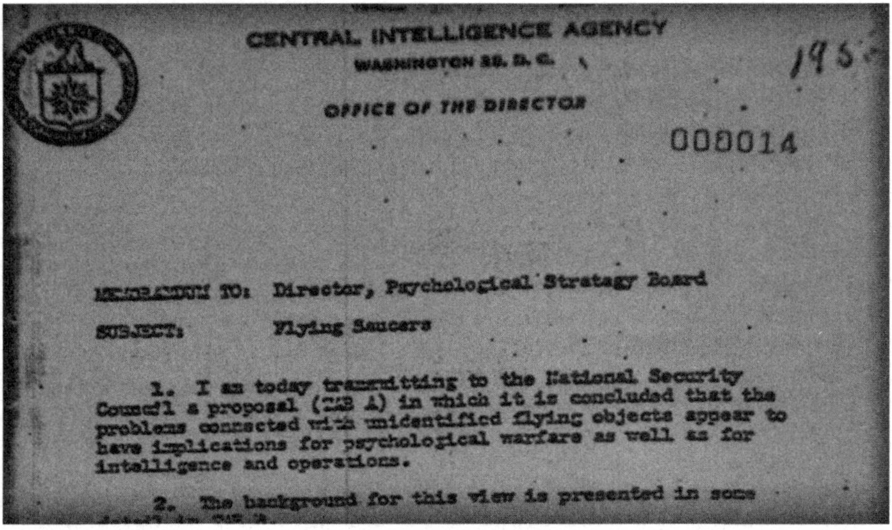
CENTRAL INTELLIGENCE AGENCY
WASHINGTON 25, D. C.
OFFICE OF THE DIRECTOR

195

000014

MEMORANDUM TO: Director, Psychological Strategy Board

SUBJECT: Flying Saucers

1. I am today transmitting to the National Security Council a proposal (NSC A) in which it is concluded that the problems connected with unidentified flying objects appear to have implications for psychological warfare as well as for intelligence and operations.

2. The background for this view is presented in some

Abb. 110: CIA-interner Brief bzgl. der möglichen Nutzung des Wissens um UFOs zur psychologischen Kriegsführung.

Abb. 111: Glen Dennis

Die folgende, sehr kurze Zusammenfassung basiert auf einem Video[82], welches wiederum einen Auszug aus 35 Stunden Video-Material einer einzelnen Zeugenaussage über den Roswell-Absturz darstellt. Glen Dennis war persönlich Zeuge des Roswell-Absturzes. Er sah zwar nicht das eigentliche Herunterkommen des UFOs, war aber selbst kurz nach dem Absturz vor Ort und sah die Trümmer und Körperteile.

Die Umstände vor Ort hatten offenbar eine extreme Wirkung auf die Anwesenden Zufallszeugen und das beruflich dort anwesende Personal. Der Anblick eines getöteten Menschen bei einem schweren Autounfall ist oft für das Rettungspersonal eine schwere seelische Belastung. Man kann sich daher annähernd vorstellen, wie groß die Belastung für die Zeugen dort vor Ort war, als es nicht um Menschen, sondern um Außerirdische ging, die durch einen schlimmen Unfall ums Leben gekommen waren. Einzelne Teile innerer Organe, die äußerlichen Merkmale des Kopfes und eine Menge abgetrennte Körperteile mussten fein säuberlich aufgelesen und abtransportiert werden.

Abb. 112: Gordon Cooper

Ein weiterer Raumfahrer, der ehemalige Astronaut Gordon Cooper, berichtet[83] von eigenen Erlebnissen als Kampfpilot und legt auch eigene Aufnahmen von UFOs vor, die er selbst fotografiert hat. Auch ihm sind die phänomenalen Flugeigenschaften der UFOs ins Gedächtnis gebrannt und sein Staunen über die riesigen Unterschiede, die die Technik der UFOs im Vergleich zu den von ihm damals geflogenen Jets aufwies. Zu Beginn, so schildert er, rätselte man noch, ob diese UFOs irgendeine Art von Lebewesen seien oder einfach nur Maschinen.

Man sei aber schnell aufgrund der Formationsflüge dieser Objekte und der Art von fliegerischen Manövern, wie sie auf andere Flugobjekte reagierten, dazu übergegangen, dass man ganz klar davon ausging, dass diese

UFOs von Piloten gesteuert wurden und dass sie untereinander kommunizierten. Man vermutete auch, dass einige von diesen Objekten möglicherweise ferngesteuert waren.

Abb. 113: Im Video gezeigte Aufnahme von Gordon Cooper.

Auch anfängliche „Verschwörungstheorien" der nicht in alle Geheimnisse eingeweihten Piloten und Astronauten, dass die Russen vielleicht über solche Geräte verfügten, wurden schnell verworfen, so Cooper, da die aktuellen Ergebnisse der Aufklärungsflugzeuge keinen einzigen Hinweis auf eine solche Verwicklung ergaben.

Abb. 114: Philip Corso

Colonel Philip J. Corso (1915-1998) war ein erfolgreicher amerikanischer Offizier, der an einigen Schlüsselstellen stationiert war, an denen er unweigerlich Zeuge von einigen sehr geheimen Vorgängen werden musste. Er berichtet[84] uns in seinem Interview von Einzelheiten des Roswell-Absturzes aus erster Hand. Er war leitender Sicherheitsoffizier und in Rom stationiert. Er wurde von den Briten in Geheimdiensttechniken „MI19" ausgebildet. Danach wurde er zurück in die USA versetzt, nach Fort Riley, Arkansas. Dort gab es die letzten Artilleriepferde des Militärs und dadurch bedingt auch eine Veterinärabteilung. Philip Corso war dort als leitender Ausbilder im Sicherheitswesen eingesetzt und auch für die Sicherheit verantwortlich. Als er eines Nachts seinen Rundgang machte und alle Sicherheitseinrichtungen auf dem Stützpunkt kontrollierte, traf er im Veterinärbereich auf einen Sergeant, der dort Dienst hatte, und kam mit ihm ins Gespräch. Dieser kam schnell auf einige Kisten zu sprechen, die kurz zuvor von fünf LKWs aus Roswell, New Mexico, angeliefert worden waren. Diese standen für den Weitertransport am nächsten Morgen bereit.

Abb. 115: Philip Corso (zweiter von links)

Sie sollten zur *Wright Patterson Air Force Base* gebracht werden, wohin eine der wenigen damals schon gut befahrbaren Straßen direkt führte. Corso war neugierig und öffnete die Kisten. Als er sah, was sich darin befand, schloss er sie wieder und entband den Sergeant von seinem Dienst und ließ ihn gehen, da dieser keine Sicherheitsfreigabe hatte, die, wie Corso vermutete, für das Sehen des Inhalts dieser Kisten mit Sicherheit notwendig war. Als der Sergeant gegangen war, untersuchte er den Inhalt der Kisten noch einmal genauer. Es war der in Flüssigkeit eingelegte Körper eines Außerirdischen aus dem in Roswell abgestürzten UFO.

Zuerst hatte er wegen der Größe des Körpers vermutet, dass es sich um ein Kind handeln müsste, aber nun sah er, dass der Körper komplett grau war, der Kopf vollkommen anders als bei einem Menschen und die Arme viel zu lang. Er schloss die Kiste wieder und behielt sie in Erinnerung.

10 Jahre später war er in White Sands, New Mexico, stationiert und war im Bereich des Radars tätig. Man empfing dort Signale von Flugobjekten, die sich mit ca. 4.000 Meilen pro Stunde bewegten – so schnell, dass das Radar sie zwar einmal erfassen, dann aber nicht verfolgen konnte. Er meldete dies sofort an das Hauptquartier, wo man ihm aber zu verstehen gab, er möge diese Geschehnisse sofort wieder vergessen. Er wies daraufhin seine Leute vor Ort an, solche Geschehnisse nicht mehr ans Hauptquartier zu melden, jedoch direkt an ihn, inklusive aller Aufzeichnungen über die Messungen. Als er einige Jahre später in Deutschland stationiert war, erlebte er dort exakt dasselbe: Flugobjekte mit sehr großer Geschwindigkeit, die das Radar nicht verfolgen konnte. Vier Jahre später wiederum war Corso im Weißen Haus stationiert und bekam im Rahmen seiner Position weltweit alle Aufzeichnungen über UFOs, Abstürze, Unfälle und Messungen direkt auf seinen Tisch. Von der NSA bekam er Meldungen, dass man ein codiertes Signal aus dem Weltall aufgezeichnet habe. Man sei sich sicher, dass dies kein natürliches Signal sei, man sei aber nicht in der Lage, es zu entschlüsseln und vermute mit großer Sicherheit, dass dieses Signal ganz bewusst von einer außerirdischen Lebensform abgesendet worden sei.

General Arthur Trudeau stellte damals eine Spezialabteilung zusammen. Corso war zunächst nur Special Assistant, wurde aber wenige Wochen später zum Leiter der Abteilung für fremde Technologien ernannt. In dieser Position bekam er erneut Zugang zu allen Informationen zu außerirdischen Technologien, Abstürzen und Sichtungen. Unter den ihm zugänglichen Unterlagen waren auch alle Originale aus dem *Walter Reed National Military Medical Center*, wo damals die Obduktionen der Außerirdischen vom Absturz in Roswell durchgeführt worden waren.

Corso bestätigt ausdrücklich, dass er persönlich alle diese Unterlagen gesichtet hat und es genauso ist, wie die Weltgemeinschaft vermutet, dass die Abstürze echt waren und dass es diese Außerirdischen gibt. Er habe bereits mehrfach vor dem Kongress ausgesagt und wundere sich, wie z.B. Henry Kissinger, den er persönlich mit allen Unterlagen versorgt habe, schlichtweg behaupten könne, es gäbe solche Informationen nicht. Er wäre jederzeit wieder bereit, erneut vor dem Kongress auszusagen und würde die volle Wahrheit berichten. (Henry Kissinger ist dem Leser ja nun bereits bekannt als jemand, der ganz oben mitspielt, möglicherweise sogar an der Spitze der Organisation stehend, die maßgeblich für die Entwicklungen der letzten Jahrzehnte verantwortlich zu sein scheint.)

Abb. 116: Paul H. Utz

Paul H. Utz ist der Sohn eines ehemaligen *Area-51*-Mitarbeiters. Er wusste nichts von der Tätigkeit seines Vaters, der diese zuhause immer geheim hielt und immer sagte, er würde als ein Ingenieur für optische Instrumente arbeiten. Er verließ das Haus früh morgens und kam erst spät abends wieder. Die Familie wohnte nahe an einem Flughafen, und der Vater flog jeden Tag in einem nicht gekennzeichneten Flugzeug zur Arbeit. 1993 ging der Vater in Rente, und dies war das erste Mal, dass der Sohn wirklich mit seinem Vater reden konnte. Die familiäre Situation war in der Vergangenheit oft problematisch, da der Vater durch seine Tätigkeit immer mal wieder unter Bewachung oder Beobachtung stand und dies auch offiziell wusste und der Familie mitteilte. Viel geredet wurde allerdings nie. Der Vater erzählte seinem Sohn dann also schließlich, dass er mit „neuen Technologien" in einer gesicherten Einrichtung zu tun hatte. Diese Technologien seien, so wurde ihm und seinen Kollegen gesagt, von Universitäten zur Verfügung gestellt worden und sollten von ihm und seinem Team untersucht und in Gang gebracht sowie reproduziert werden. Über viele Jahre hinweg hatte der Vater im Rahmen seiner täglichen Arbeit im Labor mit geheimen Technologien zu tun, und niemand wusste es. Eine dieser außerirdischen Technologien, eine Art neue Energieversorgung, explodierte bei dem Versuch, diese zu starten, und man stellte fest, dass eine Menge organisches Material darin enthalten war.

Paul erzählt[85] uns, wie er eines Tages, zu einer Zeit, als er gerade die 11. Klasse besuchte, zuhause gemeinsam mit seinem Vater vor dem Fernseher saß und dort zum ersten Mal über Tarnkappenbomber berichtet wurde. Sein Vater sprang auf und telefonierte, wurde einige Stunden später abgeholt und verließ das Haus mit den Worten, er sei in einigen Tagen wieder da. Später stellte sich heraus, dass Präsident Carter diese Geheiminformationen mit Absicht an einen TV-Sender weitergegeben hatte, um seine eigenen politischen Ziele zu verfolgen. Da es jedoch nach wie vor ein Geheimnisverrat war und man sich in gewissen Kreisen die Frage stellte, wie der Präsident an diese Informationen gelangen konnte, war man intern auf der Suche nach dem „Maulwurf" – und sein Vater, so verkündete er der Familie, war einer der Verdächtigen.

Abb. 117: Richard Haines

Dr. Richard Haines ist ein Forscher im Bereich der Luftfahrt, Aerodynamik und anderen Randbereichen, hat am *Gemini-Programm* mitgearbeitet und ebenso am *Apollo-* und am *Skylab-Programm*. Nach seiner Pensionierung war er als Professor an einer Universität tätig. Aus privatem Interesse hat er im Laufe der Jahre eine gigantische Datensammlung angefertigt, die er *AIRCAT*, Air-Catalogue, nennt. Er erzählt[86] uns, dass nach seiner Kenntnis mindestens bei der Hälfte aller Sichtungen durch Piloten das jeweilige Objekt die Nähe zum Flugzeug suchte und nicht umgekehrt. Das Interesse liegt also in diesen Fällen nicht beim Piloten, der einfach dort langfliegt und seinen Job macht, sondern bei dem Benutzer des UFOs (der sich möglicherweise köstlich über die steinzeitliche Technik amüsiert und sie sich deshalb aus der Nähe anschauen möchte). Richard Haines sagt, dass er gerade die Berichte durch Piloten sehr schätze, weil diese sehr gut ausgebildete Leute seien, die durch UFO-Meldungen ihre Karriere aufs Spiel setzten und dies niemals tun würden, wenn sie nicht vor dem Melden jede andere mögliche Erklärung ausgeschlossen hätten. Sie würden nicht bei jedem merkwürdigen Licht oder seltsamen Objekt eine solche Meldung absetzen. Haines hat seine Erkenntnisse teilweise in seinem Buch „Project Delta" zusammengefasst.

Aus seiner Sicht sind die Sichtungen zum größten Teil echt und keine Spinnereien, sondern basieren auf real beobachteten Objekten, die ganz klar von intelligenten Wesen gesteuert werden und die Flugeigenschaften menschengemachter Flugzeuge bei weitem übertreffen. Es sei auch nie ein Vorfall bekannt geworden, bei dem ein UFO mit einem Flugzeug zusammengestoßen wäre. Es seien aber hunderte Fälle bekannt, bei denen das UFO in letzter Sekunde ausgewichen sei. Dies sei ein weiteres Zeichen intelligenter Steuerung. Im Verlaufe des Interviews schildert er zahlreiche Vorfälle, bei denen er die Piloten persönlich interviewt und sich von den Umständen dieser Sichtungen und der Personen, die diese meldeten, überzeugt hat. Gerade weil die Vorfälle manchmal wirklich unglaublich sind, haben die Aussagen solcher Piloten in diesen Fällen eine besondere Qualität. Die Piloten können das Gesehene auch nicht wissenschaftlich erklären und sind sich des verrückten Anscheins, den ihre Aussage macht, sehr bewusst. Andererseits sind sie aber dessen sicher, was sie gesehen haben und berichten wahrheitsgetreu.

Haines hat zahllose Zeugen, Piloten und Zivilisten interviewt und hat meterweise Akten über Sichtungen aller Art weltweit. Er ist nicht in irgendwelche Geheimprojekte involviert, sondern ist lediglich ein Sammler von Informationen zu solchen Sichtungen; in diesem Bereich darf man ihn zur Spitze zählen, denn nur wenige haben so viele Informationen wie er.

Abb. 118: J. Weygandt

Unser nächster Zeuge ist Lance Corporal Jonathan Weygandt, der uns sehr plastisch von seinem Einsatz an einer UFO-Absturzstelle erzählt. Er war nicht in einer hohen Position eingesetzt, sondern wurde schlicht und einfach zur Bewachung einer Absturzstelle beordert, was sich für ihn als fataler Fehler erweisen sollte. Das war 1997. Sie wurden eines Nachts dort hingerufen, fuhren mit 6 Hummer (Militärfahrzeug) dort hin und fanden die Stelle sehr schnell. Alles, was in der Einflugrichtung des abgestürzten UFOs lag, war komplett verbrannt. Es gab keine umgeknickten Bäume, sondern es war alles rasiermesserscharf abgeschnitten. Alles war bedeckt mit einer merkwürdig reflektierenden, grünlich-lila-farbenen Flüssigkeit. Weygandt schildert die Angst, die sie alle hatten, da solche Umstände für alle völlig neu und unerwartet waren. Sie fanden ein UFO vor, das sich zum Teil in den Felsen gebohrt hatte. Eine Luke war geöffnet, und die Wesen darin waren offenbar verletzt. Weygandt, der auch ausdrücklich bemerkt, dass er normalerweise *„nichts von solchen Sachen wie*

Telepathie" halte, erzählt, wie er von diesen Wesen gerufen wurde, um ihnen zu helfen. Er hatte das ganz starke Gefühl in seinem Kopf, sie zu sehen und dort hin zu müssen. Es kam allerdings hinzu, dass das Gelände relativ schnell von einer Spezialeinheit eingenommen wurde und er in Handschellen unter lautstarker Schelte abgeführt wurde. „*Warum seid Ihr hier?*" „*Warum gehorcht Ihr nicht den Befehlen?*" „*Das solltet Ihr nicht sehen.*", waren die Fragen der Spezialeinheit. Es war also offenbar ein kleines Missverständnis passiert, und sie waren aufgrund eines Fehlers in der Kommandozentrale dort hingerufen worden. Zwei Tage lang wurde er verhört und „bearbeitet", musste alle möglichen Papiere unterschreiben, dass er nie da gewesen sei, nichts gesehen habe und dass die Personen, die ihn verhörten, nicht existierten und einiges mehr. Er hat sehr negative Erinnerungen an die Personen, die ihn damals verhörten und bezeichnet sie mit Kraftausdrücken und schildert eine Menge Details der damaligen Vorkommnisse, die sich auszudenken und mehrfach aus anderer Blickrichtung zu beleuchten, nahezu unmöglich ist.

Abb. 119: General S. Lovekin

General Stephen Lovekin diente unter Eisenhower und Kennedy und war beim Militär in höchsten Positionen eingesetzt. Das *Project BlueBook* lernte er während seiner Dienstzeit kennen. Er erzählt[87] von einigen Erlebnissen und Begebenheiten während dieser Jahre. Lovekin bekam einige Gegenstände, die aus UFOs stammten, persönlich ausgehändigt. Es wurde ihm auch teilweise erklärt, woher diese genau kamen. Es wird deutlich, dass innerhalb des Militärs die Tatsache, dass es sich bei diesen Flugobjekten zumindest teilweise um deutsche Entwicklungen handelte, offenbar gegenüber weiten und auch hochgestellten Kreisen totgeschwiegen wurde. Es wurde ihm sehr deutlich zu verstehen gegeben, dass er über UFOs und dergleichen nicht sprechen solle, wenn er nicht seine Karriere gefährden wollte. Auch wurden ihm Fotos vorgelegt, die sowohl von Piloten des Militärs als auch von privaten Piloten wie auch von anderen, ausländischen Quellen aufgenommen worden waren. Lovekin spricht ausdrücklich nicht von ein oder zwei Sichtungen, sondern von sehr zahlreichen, die allesamt durch das Militär verifiziert seien. Und dies beträfe nur die, von denen er wisse. Eine Basis steche aus der Menge heraus, die *Wright Patterson Base*, weil dort mit Abstand die meisten Sichtungen zu verzeichnen gewesen seien.

Im Video werden einige Dokumente vorgelegt, die militärische Berichte über UFOs zeigen. Lovekin berichtet von zahlreichen Treffen und spricht ebenfalls die vielen gebauten Geheimbasen an, deren Bau damals enorm vorangetrieben wurde. Etliche Details anderer Zeugen finden hier eine Wiederholung durch Lovekin, der durch seinen Rang und die direkte Nähe zum Präsidenten durchaus tiefere Einblicke als viele andere gewinnen konnte. Er beschreibt, wie frustriert Eisenhower viele Monate lang war, nachdem die UFO-Sichtungen so stark zugenommen hatten. Lovekin weiß offenbar nichts von den Inhalten, wie sie Corey Goode in seinen Interviews offengelegt hat, jedoch weiß er aus eigener Hand, wie sehr Eisenhower mit diesem Thema gedanklich zu tun hatte. In einem persönlichen Gespräch mit Eisenhower schildert jeder seine sehr überzeugend vorgetragene Sorge und pure Angst vor einigen Details in diesem Themenbereich, die zu offenbaren er Lovekin gegenüber damals jedoch nicht willens war.

Lovekin spricht ausdrücklich auch das Thema Freie Energie an, weil er diese als speisende Kraft hinter den UFOs vermutet und bestätigt, dass dieses auch aus seiner Sicht ein von den Regierungen weltweit als ein sehr bedrohliches Thema angesehen werde.

Abb. 120: Master Sergeant Daniel M. Salter

Ein weiterer Zeuge, Master Sergeant Daniel Salter, arbeitete beim Militär in einer Abteilung, die mit dem Testen der neuen Technologien zu tun hatte, die militärisch eingesetzt werden sollten. Alles, was neu erfunden wurde und für das Militär bestimmt war, wurde durch diese Abteilung getestet. Man konnte in verschiedenen Umgebungsvariablen alles genauestens prüfen. Sie konnten arktisches Klima ebenso simulieren wie Wüstenklima, steigende und fallende Temperaturen und vieles mehr. Salter hatte mit elektromagnetischen Antigravitations-Fluggeräten zu tun, die er ausdrücklich nicht „UFOs“ nennt, weil sie ja identifiziert wurden. Er spricht davon[88], dass die Deutschen seiner Kenntnis nach bereits 1932 die ersten beiden UFOs aus Brasilien holten und sie in Deutschland untersuchten und nachbauten. Spätestens seit den 1940er-Jahren seien die Deutschen im Besitz sehr fortschrittlicher elektromagnetischer Antriebstechnologien gewesen.

Salter kam zu diesem Wissen, weil er in seiner Funktion einer von nur zweien war, die eine Top-Freigabe für alle Geheimaktivitäten des Militärs hatten und immer mit einem Koffer für die Abschusscodes der Nuklearwaffen herumliefen; einer davon immer beim Präsidenten, einer woanders, in sicherer Entfernung. Durch seine Freigabe erhielt er Zugang zu den eintreffenden Berichten über UFOs, und schließlich wusste er so viel, dass es aus Sicht seiner Vorgesetzten nur zwei Möglichkeiten gab: ihn entweder sinnvoll einzusetzen oder „sich um ihn zu kümmern“. Er wurde von diesem Zeitpunkt an dann als einer von denen eingesetzt, die gerufen wurden, wenn wieder irgendwo eine Sichtung stattgefunden hatte. Er versuchte dann, diese Leute davon zu überzeugen, dass sie nichts gesehen hatten. Gelang dies, war das gut. Gelang es nicht, wurde die Angelegenheit an ein anderes Team weitergegeben, das dann auch „endgültige Maßnahmen“ im Repertoire hatte.

Salter spricht von den verschiedenen Modellen der deutschen Flugscheiben und erwähnt die Namen *Haunebu I*, *II* und *III* und auch *IV*, wobei nicht klar ist, welches Modell er damit meint. Er erwähnt auch, dass die deutschen Flugscheiben zumindest zu Beginn ohne Bewaffnung waren, da das starke elektromagnetische Feld um die Flugscheibe herum jede Waffe nutzlos und gebrauchsunfähig machte. Daher kamen die Flugscheiben den feindlichen Flugzeugen auch immer sehr nahe, da bei sehr großer Nähe die Triebwerke der Flugzeuge ebenfalls aussetzten und die feindlichen Flugzeuge meist abstürzten. Salter meinte, man habe dann relativ schnell gelernt, dass man die Nähe von solchen UFOs lieber meiden sollte. Auch „kleine Graue“ (Greys) spricht er an und bringt sie mit UFOs in Verbindung. Er bezeichnet sie als eine sehr fortschrittliche Zivilisation, die hier auf die Erde kam und den ersten Homo erectus hierher brachte. Die Heimat der „kleinen Grauen“ liege im Gürtel des Orion, im System des zentralen, mittleren Sterns dort. Ihr Heimatplanet in diesem Sonnensystem trage den Namen *Tijetti Jetti*.

Als das Militär in den 1940er-Jahren immer stärkere Radaranlagen hatte und man auch mehr und mehr UFOs zu sehen bekam, wurde man darauf aufmerksam, dass die Flugbewegungen dieser UFOs in vielen Fällen offenbar durch die Radaranlagen beeinflusst wurden. 1947 brachte man daher im Rahmen einer militärischen Operation sehr starke Radaranlagen nach Roswell, New Mexico, und wartete dort auf die nächsten, dort recht häufigen UFO-Sichtungen. Als die UFOs dann erwartungsgemäß wieder auftauchten, schaffte man es mit Hilfe der schnell eingeschalteten Radaranlagen, zwei von ihnen zum Zusammenstoss und Absturz zu bringen. An der Absturzstelle fand man die Trümmer und Leichenteile von Besatzungsmitgliedern und zwei Überlebende. Einer überlebte nur wenige Stunden, ein anderer ganze drei Jahre. Diese Zeit verbrachte er in Gefangenschaft. Dies war zunächst gar nicht so einfach, denn dieser „kleine Graue" ging schlicht und ergreifend durch Wände hindurch. Erst nach der Installation eines Faraday'schen Käfigs konnte er nicht mehr einfach „entwischen". Nach dieser Verschlechterung seiner Lage zeigte sich der Außerirdische offenbar auch wesentlich zugänglicher für Fragen und deren Beantwortung. Daniel Salter beschreibt, dass dieser Außerirdische keinerlei Verdauungstrakt und Sexualorgane besaß. Auf Nachfrage kam schließlich heraus, dass diese Grauen eigentlich gar keine Körper brauchen, um im Weltall hin und her zu reisen. Solange sie nur schauen wollen, reicht es, einfach dort zu sein und zu schauen – ohne Körper. Sobald sie aber etwas bewegen, manipulieren wollen, benötigen sie einen Körper und machen sich einen aus den dort in diesem Teil des Weltalls üblichen Molekülen.

In aller Regel träfen sie ihre Entscheidungen vor Ort auch allein, nur in seltenen Fällen würde eine andere Rasse zu Rate gezogen. Diese sähe in etwa so aus wie ein blonder Mensch, der etwas zu lange an der Sonne gewesen sei, also etwas rötlich gefärbt. Diese Wesen trügen die eigentliche Verantwortung. Für riskante Situationen haben beide Rassen Roboterwesen, die sie immer dann einsetzen, wenn die Gefahr besteht, dass die Situation vor Ort nicht freundlich sein könnte. Die dazu genutzten Techniken und Roboter seien denen, die der Erdbevölkerung durch die „Star Wars"-Filme bekannt gemacht worden seien, ganz ähnlich.

Der Anlass, irgendwo hinzugehen, sei immer dann gegeben, wenn man erkenne, dass vieles sinnlos zerstört werde. Dies sei auf der Erde gegeben. Er nennt als Beispiel, dass, so seine Informationen, von den sieben Rassen auf der Erde der „Rote Mann“ seinen Auftrag als einziger wirklich ernst genommen habe. Er hatte die Rechte an dem Gebiet der heutigen USA für 20.000 Jahre bekommen und seine Pflichten dort gut erfüllt. Der „Weiße Mann“ hingegen kam und vernichtete ein Ding oder Lebewesen nach dem anderen. Und dies sei nicht unentdeckt geblieben. Eigentlich wollte man die gesamte Menschheit schlicht ersetzen. Die Menschheit habe allerdings etwas ganz Besonderes, nämlich den freien Willen, und dadurch zumindest teilweise mitbedingt Emotionen wie Liebe, Hass, Glück, Freude, Leid und Furcht. Dies alles sei den meisten anderen Zivilisationen unbekannt. Man versuche, diese Eigenschaften in einer für diese Zivilisationen ungefährlichen Weise irgendwie zu exportieren. Deshalb habe man sich entschlossen, die Menschheit nicht zu ersetzen, sondern ihr bei der Entwicklung so zu helfen, dass man sie auf eine höhere Ebene hebt, in der sie nicht mehr den immensen Schaden anrichtet wie bisher. Der in Gefangenschaft lebende Außerirdische starb schließlich an einer Infektion.

Zwei der bekanntesten Zeugen sind die Pioniere der Raumfahrt überhaupt, Wernher von Braun und Hermann Oberth. Sie sind mit einem sehr interessanten Interview aus dem Jahre 1972 verbunden. In diesem Interview führt Wernher von Braun an, dass die Deutschen nicht allein die Schöpfer dieser Technologie sind und die Ehre auch den Helfen aus „anderen Welten“ gebührt. Er spricht also sehr deutlich an, dass Außerirdische technologische Hilfe bei der Entwicklung der Flugscheiben geleistet haben.[89]

Als 2004 in Mexiko mehrere UFOs am Himmel beobachtet wurden und dies sogar den Weg in die offiziellen Medien fand (Mexiko ist ein weiteres Land, das teilweise sehr offen über solche Vorkommnisse berichtet, während alle anderen eisern schweigen), sah man auf den Bildschirmen eine scheinbar sehr harmlose Information. Ich bin gespannt, ob Ihnen am Bild links etwas auffällt. Ich habe dies damals vom Bildschirm abfotografiert. In Abb. 121 sind die gezeigten Radarsignale der 6 Ufos in Formationsflug zu sehen, darüber der berichterstattende Offizier. Haben Sie es gesehen? Mir fiel sofort der Name dieses Mannes auf: German Marin.

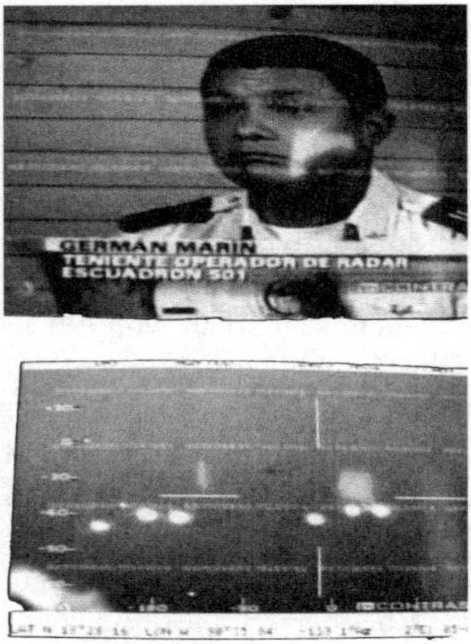

Abb. 121: TV-Bericht über UFO-Sichtung in Mexiko

Dies mag zunächst recht harmlos kleingen, denn der Name „German" ist durchaus gebräuchlich in Chile. Der Nachname Marin hingegen ist zwar tatsächlich ein chilenischer Nachname, ist aber extrem selten. Die Darstellung dieses Namens könnte zwar auf einen tatsächlich lebenden Mann mit diesem Namen deuten, aber auch ebenso gut ohne weite Umschweife direkt auf eine „Deutsche Flotte" hindeuten und versteckt in diesem Namen für Insider ein Hinweis auf den Ursprung dieser UFOs sein.

Unser letzter Zeuge ist Gary McKinnon, ein schottischer Programmierer und Hacker. Dieser verschaffte sich in den Jahren 2001 und 2002 Zugang zu verschiedenen Computern und Netzwerken der amerikanischen Streitkräfte, *„die seiner Meinung nach beweisen, dass die Vereinigten Staaten ein geheimes Programm betreiben, in dem die US-Navy bereits mit Raumschiffen im Weltraum operiert. Es wird auch vermutet, dass es bereits seit über 20 Jahren menschliche Kolonien auf dem Mars gibt. Während eines Interviews mit dem Youtube-Kanal ‚Richplanet TV' enthüllte er die Wahrheit über seine Entdeckungen, die er während seiner sorgfältigen, monatelangen Suche gemacht hatte. ‚Ich durchsuchte viele Dokumente in den Regierungsrechnern und fand dort eine Excel-Datei. Es war eine Tabelle, die mit ‚Non-Terrestrial-Officers' bezeichnet war. Es wurden auch Namen und militärische Ränge angeführt. Eine andere Datei beschrieb einen ‚Materialaustausch zwischen Raumschiffen'.“*[90]

Hier haben wir also einen weiteren externen Zeugen, der nicht aus dem militärischen Bereich kommt und durch seine Erkenntnisse die Geschichte von Corey Goode untermauert. Und obwohl er nur Zugang zu einem kleinen Teil an Informationen hatte, belegen doch allein schon die wenigen Stichworte, dass der große Zusammenhang, der von allen anderen Zeugen

Abb. 122: Gary McKinnon

geschildert wurde, wieder und wieder durch einzelne Beweise belegt werden kann.

Den Namen unseres nächsten Zeugen kennen Sie mit Sicherheit: Buzz Aldrin – einer der Astronauten der Mond-Missionen. Aufgrund der vielen Ungereimtheiten in Bezug auf den Mond, die Mondmissionen und diverser Details dieser Projekte möchte ich hier keine seiner diesbezüglichen Wortmeldungen anführen, jedoch scheint auch er, je älter er wird, der Wahrheit immer mehr zugetan zu sein und gibt einiges preis, obwohl er mit Sicherheit noch auf diverse Geheimhaltungsvereinbarungen Rücksicht nehmen muss. So spricht er in einem Fernsehinterview[91] von einem Monolithen[92] auf dem Mars-Mond *Phobos*, dessen Ursprung aus seiner Sicht näher erforscht werden sollte. Ähnliches findet sich übrigens auch auf *Ceres*, wie sich schnell recherchieren lässt.[93] Aldrin ist also keineswegs der Einzige, sondern hält sich hier an offizielle NASA-Informationen, die bereits veröffentlicht wurden. In einem weiteren Interview[94] gibt er zu, während seines Aufenthaltes im All mindestens einmal auf UFOs gestoßen zu sein und dass sie definitiv das Gefühl hatten, bewusst beobachtet zu werden. Astronauten sind durchaus eine interessante Quelle, wenn man nicht gerade ihre offiziellen NASA-Äußerungen durchsucht. Auch Aldrins Kollegen berichten von UFO-Sichtungen und dem Beobachtet-werden durch eine andere Intelligenzform.[95]

Abb. 123: Buzz Aldrin

Aus einem Interview[96] mit Corey Goode erfahren wir, dass der Saturnmond *Hyperion* – bei der NASA unter der Bezeichnung *Saturn 7* bekannt[97] – in seinem Inneren einen gigantischen Tresor birgt, in dem alle Dinge untergebracht sind, die für ein Weiterleben der Spezies Mensch nötig sind – bewacht von irdischen Truppen.

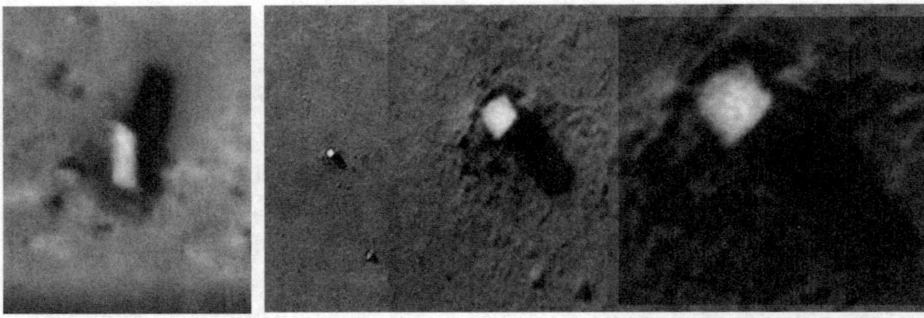

Abb. 124 (oben): Phobos Monolith, Ceres Monolith
Abb. 125 (rechts): Boyd Bushman

Neben den Astronauten gibt es natürlich die Ingenieure, die diese Reisen erst möglich gemacht haben und auch diejenigen, die danach noch weiter entwickelt und dafür gesorgt haben, dass das Weltraumprogramm nicht nur Willliam Tompkins als Entwickler hatte, sondern unter anderem auch unseren nächsten Zeugen: Boyd Bushman.[98]

Er berichtet uns über seine Tätigkeit bei *Lockheed Martin*, wo er über viele Jahre lang maßgeblich daran beteiligt war, die verschiedensten Antriebe für Flugzeuge und andere Maschinen zu entwickeln. Bereits im Jahre 1959 wurde bei Lockheed das erste UFO mit Nuklearantrieb gebaut, nachdem man die Technologie durch die Methode des *Reverse Engineering* aus außerirdischen Raumschiffen gewonnen hatte.

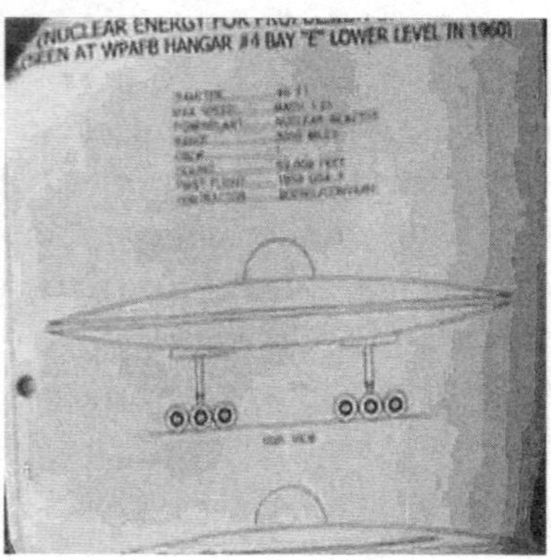

Abb. 126: 1960er *Lockheed-Nuklear-UFO* in der *Wright Patterson Air Force Base*, Hangar 4, untere Ebene

Beschreibung:
40 Fuß im Durchmesser (= 12,5 m)
max. Geschwindigkeit: 1,2-fache Schallgeschwindigkeit (= 1500 km/h)
Reichweite 3.000 Meilen
Besatzung: 1

Bushman führt während des Interviews zwischendurch gerne kleine physikalische Experimente vor, die einleuchtend zeigen, in welcher Richtung man damals bereits gearbeitet hatte. Und er berichtet von seinen ersten erfolgreichen Versuchen, die Gravitation mit Hilfe von Magnetfeldern zu beeinflussen bzw. teilweise aufzuheben. Ganz nebenbei bemerkt er, dass die *Area 51* schon seit längerem nach Utah umgezogen sei (was auch andere Quellen bestätigen[99]). Bei einer weiteren Randbemerkung spricht er von einem großen Asteroiden, den er und seine Kollegen bereits seit längerer Zeit beobachten. Dieser werde im Jahre 2029 zwischen Erde und Mond hindurchfliegen und im Jahre 2036 eventuell mit der Erde kollidieren, und zwar irgendwo zwischen Sibirien und Südafrika. Dort werde dieser eine Sprengkraft von mehreren Megatonnen freisetzen. Mehr Informationen gibt Bushmann nicht zu diesem Thema heraus. Phil Schneider berichtet in seinem Interview ebenfalls von diesem Asteroiden. Der entsprechende Asteroid heißt *Aphophis*, ist ca. 325 Meter groß und wird laut Aussagen anderer Quellen nicht mit der Erde kollidieren.[100] *„Die derzeitig berechnete Wahrscheinlichkeit für einen Einschlag am 13. April 2036 ist 1/45.000.“*[101]

Eine weitere sehr interessante Bemerkung von Bushmann ist, dass sich in seinem engeren Bekanntenkreis jemand befindet, der 1947 in Texas als Testpilot mit dem damals modernsten Kampfflugzeug unterwegs war, das die USA zur Verfügung hatten, dem Modell F-86. Der Pilot war auf einer Basis in Texas gestartet und hatte kurze Zeit darauf ein sphärisches Objekt unbekannter Herkunft vor sich. Er fragte bei der Basis nach, ob noch irgendwelche anderen Fluggeräte in seiner Nähe unterwegs wären, was verneint wurde. Als das Objekt dann auch noch vor seiner Nase von ihm weg beschleunigte, war ihm klar, dass es nicht von der Erde sein konnte – denn er saß im schnellsten Flugzeug der Welt! Er berichtete dies der Basis, die ihn daraufhin darauf aufmerksam machte, dass er ja die geeigneten Waffensysteme an Bord habe und das Ding damit abschießen solle. Das tat er auch, was zum Absturz eines UFOs in Roswell führte…

Abb. 127: F-86 Fighter Jet

Abb. 128: C. Ronald Garner

Der 2015 verstorbene C. Ronald Garner war Autor und privater Forscher in Sachen UFOs und Geheimer Weltregierung. Im Rahmen eines Interviews[102] vom 3. Januar 2015 mit Bob Wood und Jan Harzan – beide kennen Sie bereits aus den vorherigen Zeugenaussagen – gibt er kurz vor seinem Tod zahlreiche sehr interessante Details preis und überreicht Harzan einige Unterlagen. Er spricht über die *Area 51* und nennt deren eigentlich geheimen Teil, nämlich die *Area 51 S4*, die etwa 15 Meilen südwestlich der *Area 51* liege.

Dort würden die wirklich geheimen Dinge stattfinden, u.a. die Projekte des bereits mehrfach genannten *Majestic-12*. Garner überreicht Harzan eine Liste der kompletten Mitglieder von *Majestic-12* und gibt an, sie im Anhang seines neuen Buches „Alien Disclosure at Area 51" komplett veröffentlicht zu haben. Er nennt an dieser Stelle drei Namen: der erste ist Vize-Admiral John Michael Mc Connel, zur Zeit des Interviews der Kopf und geistige Kompass von *Majestic-12.*[103] Er hat unter der Bush-Administration gearbeitet, ebenso unter Obama und ist zurzeit stellvertretender Vorsitzender bei der Beratungsfirma *Booz Allen Hamilton*[104], die u.a. sehr eng mit der *Homeland Security* zusammenarbeitet. Die derzeitige Nr. 2 ist der allseits bekannte „Dick" Cheney[105], früher Vize-Präsident der USA und bekannt durch seine Tätigkeit als Chef beim Rüstungskonzern *Halliburton*. Nr. 3 dürfte ebenfalls vielen bekannt sein: Es ist Alan Greenspan, früher Vorsitzender der *Federal Reserve Bank*[106] und somit wesentlich mitverantwortlich für die Geldpolitik der USA. Über Dick Cheney weiß Garner von seinen Quellen zu berichten, dass dieser persönlich anwesend war, als von dem Außerirdischen „Botschafter" (so wurde er allseits genannt) J-Rod Gewebeproben entnommen wurden. Garner nennt ebenfalls den Namen Henry Kissinger, der Zugang zu diesen geheimen Anlagen hat, bezeichnet aber nicht näher, ob Kissinger involviert ist oder über *Majestic-12* steht.

Abb. 129: John Mc Connel, Dick Cheney, Alan Greenspan

Als Präsident Eisenhower sich der großen Gefahr der geheimen Projekte, der geheimen Weltraumprogramme und des großen deutschen Einflusses auf die Unternehmen des Militärisch-Industriellen Komplexes bewusst wurde, ließ er in der *Area 51* Truppen aufmarschieren und ging persönlich dorthin, um sich ein Bild zu machen. Er traf auf den kommandierenden Offizier, den er sogleich fragte, wer denn diese Anlage leite und zu verantworten habe. Die Antwort des Offiziers war, dass er die Leitung habe, die eigentlichen Verantwortlichen hinter diesen Projekten solle man in *Bohemian Grove*[107] suchen. Dieser Ort ist den meisten Lesern vermutlich hinlänglich bekannt, u.a. als Treffpunkt der Geheimloge *Skull & Bones*.[108]

Alle Mitglieder von *Majestic-12* haben in der *Area 51* eigene Appartements, von denen Garner Pläne vorliegen. Jeder Gang dort wird von Navy Seals bewacht. Egal, in welche Richtung man schaut, es sind überall Wachen mit scharfer Munition und Schießbefehl. Dies, so Garner, bewirke bei jedem der Anwesenden ein sehr regeltreues Verhalten. Außerhalb der *Area 51 S4* seien nicht Navy Seals die Wachen, sondern reguläre Streitkräfte. Diese, meint Garner, machten allerdings lange nicht einen so perfekt gedrillten und energischen Eindruck wie die Seals.

Das europäische Äquivalent zu Majestic-12[109] heißt, so erläutert Garner, *Committee of the Majority*, in dem teilweise dieselben Leute Mitglieder sind, teilweise aber auch europäische Größen. Beide Organisationen und zahlreiche andere militärische Einrichtungen stünden jeden Tag, seit vielen Jahrzehnten, mit Außerirdischen in Kontakt. Dies sei nicht die Ausnahme, sondern die Regel.

Garner führt ein Gespräch mit Bill Uhouse an, den wir bereits kennen, und erzählt, dieser habe ihm berichtet, dass in Los Alamos zwei Nordics jeden Tag unterrichteten und Vorlesungen hielten, und dies bereits seit Jahren. Von J-Rod, dem Botschafter, berichtet Garner, dass dieser sich 50 Jahre lang in der *Area 51* aufhielt.

Garner zeigt uns einige sehr interessante Skizzen. So z.B. über das *Project Loocking Glass*, über das Sie im nächsten Kapitel noch mehr lesen werden. Mit *Looking Glass* wird es ermöglicht, sowohl in die Zukunft als auch in die Vergangenheit zu schauen. Es bietet zwar keine exakten Bilder, aber bietet doch so viel Aussagekraft, dass man wertvolle Informationen gewinnen kann. Garner berichtet, dass man durch eine einfache Neigung um 45° die Maschine auch zur Teleportation nutzen könne.

Hier eine Skizze dieser Maschine, die mit den umlaufenden Magnetringen etwas an die Vorrichtung aus dem Kinofilm „contact" (mit Jodie Foster) erinnert, die im Film ebenfalls zur Teleportation und Zeitreise benutzt wurde.

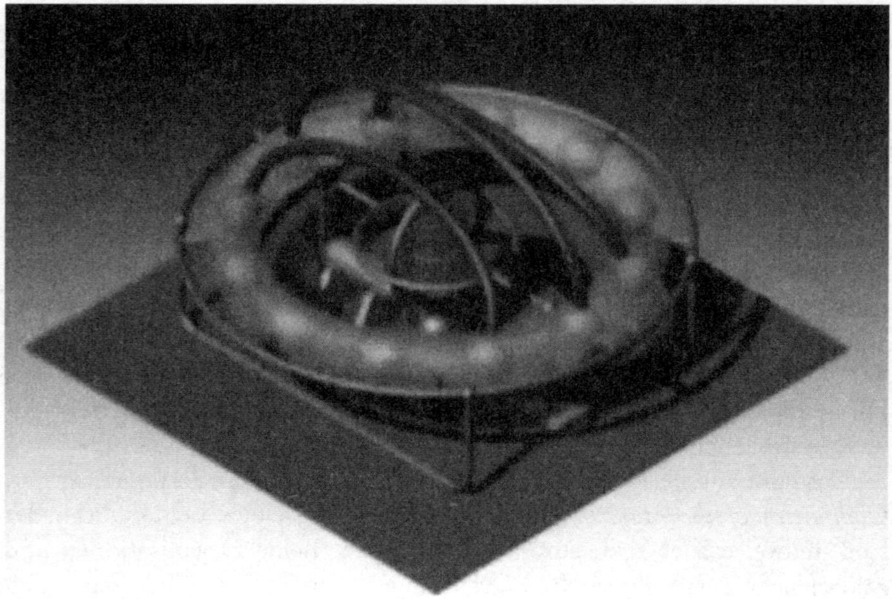

Abb. 130: *Project Looking Glass*

Garner kann natürlich nicht die Technologie im Ganzen erläutern, berichtet jedoch davon, dass im Inneren einige Edelgase nötig seien. Argon, Krypton und auch Laser kämen zum Einsatz. Einen Grund für die Geheimhaltung nennt Garner ebenfalls. Er meint, dass etliche Kontakte zu Außerirdischen geheim gehalten wurden, weil diese mitunter giftig seien für Menschen. Auch der umgekehrte Fall ist denkbar, dass etwas für die Außerirdischen hier auf der Erde giftig ist. So zum Beispiel können nicht alle Außerirdischen mit unserer Atmosphäre zurechtkommen. Deshalb habe man das *Project Cleansphere* geschaffen. Im Inneren der Kuppel gibt es eine kontrollierte Atmosphäre für Außerirdische, die offenbar an die jeweilig nötigen Bedingungen angepasst werden kann.

Abb. 131: *Project Cleansphere*

Garner berichtet von zahlreichen Kontakten, auch zu den Anfängen von *Anonymous*. Von Quellen dieser Gruppe habe er erfahren, dass die Alliierten zwar eindeutig den „LowTech"-Krieg gewonnen, den „HighTech"-Krieg jedoch gegen die Deutschen verloren hätten.

Kurze Erklärung: Es ist durchaus möglich, dass die Organisation *MJ-12* nicht *Majestic-12*, sondern *Majority-12* heißt. Dies würde sowohl zu der

Abkürzung, als auch zu ihrem europäischen Pendant passen. Wann die Bezeichnung *Majestic* von wem eingeführt wurde, bleibt offen.[110] Die Organisationen sind zwar aus den Kreisen der Freimaurer entstanden, keinesfalls aber in deren normaler Tradition. Es gab einen ganz bestimmten Anlass zur Gründung von *MJ-12* und des *Committee of the Majority*. Hierzu liegen folgende Informationen vor: 1958 schlossen die *MAJI* – eine Unterorganisation von *MJ-12* namens *Majority Agency for Joint Intelligence*[111], die mit den staatlichen Geheimdiensten zusammenarbeitet und Erkenntnisse bezüglich extraterrestrischen Lebens sammeln soll –, die Illuminati und Mitglieder der Vereinten Nationen, gemeinsam als Repräsentanten der Erdbevölkerung, einerseits und andererseits die drei außerirdischen Gruppen der Vertreter der Republik der Gesellschaft von *Zetan J-Rods*, den *Schurken J-Rods* und den „Großen" von Orion einen Vertrag mit der Bezeichnung „TAU-IX" also „TAU 9".[112]

Dieser Vertrag hat demnach eine Laufzeit von jeweils 9 Jahren und erneuert sich alle neun Jahre. Alle drei außerirdischen Gruppen sind Nachfahren der Erdbevölkerung. Die *Zetan J-Rods* sind Nachfahren jener Menschen, die von der Erde in Richtung Zeta Reticulum gegangen sind. Die *Schurken J-Rods* sind die Nachfahren jener, die die Katastrophe auf der Erde im Untergrund in Bunkern überlebten, die von den Illuminati vorbereitet wurden. Die „Großen" vom Orion sind Nachfahren all jener Menschen, die die Katastrophe auf der Erde auf der Oberfläche überlebten. Die besagte Katastrophe ist ein Zusammenstoß der Erde mit Nibiru – in ca. 52.000 Jahren! Das heißt, dass all dies erst in sehr weit entfernter Zukunft stattfinden wird, die Nachfahren aber dennoch hier sind und gemeinsam mit den Erdgruppen im Jahre 1958 einen ersten Vertrag abgeschlossen haben. Dieser Vertrag wurde 1967, 1976, 1985 und 1994 erneuert, dann wieder in 2005, und die nächste Verlängerung wird derzeit verhandelt. (Nähere Informationen finden Sie unter dieser Quelle[113] in englischer Sprache.)

Die Zeit ist eine physikalische Illusion, der wir unterliegen. Wir können sie momentan bereits technisch überwinden, aber gedanklich noch nicht hinter uns lassen. Die besagte Katastrophe ist genügend weit „zeitlich" entfernt, sodass sich wirklich niemand jetzt Sorgen machen muss. Dass der Vertrag von diesen drei Gruppen, *MAJI*, *Illuminati* und *UN*, unterzeichnet wurde, als „Vertreter der Menschheit", empfinde ich gelinde gesagt als Unverschämtheit. Bei der *UN* sehe ich durchaus den Hintergrund, aber bei *Illuminati* und *MAJI* sehe ich nur völlig verdrehte sprachliche Bezeichnungen, da diese zwar den Begriff „Mehrheit" in ihrem Namen tragen, aber nur die absolute Minderheit vertreten und bis jetzt nicht dadurch aufgefallen sind, zum Wohle der Menschheit aufgetreten zu sein. Sollte ich mich dabei irren, bitte ich diejenigen, die sich auf den Schlips getreten fühlen, mir entsprechende Informationen zukommen zu lassen. Die Stichworte „nutzlose Esser" und das erklärte Ziel der *UN*, die Erdbevölkerung im Rahmen der Agenda 21 auf nur noch 500 Millionen zu reduzieren, sprechen aus meiner Sicht klar gegen ein Handeln zum Wohle der Menschheit.

Wie wir inzwischen wissen, ist die Menschheit bereits in der Lage, auf andere Planeten auszuweichen. Vielleicht sollte nun also der Erfindergeist der Menschheit in die Details des „Terra-formings" gelenkt werden, damit ein guter Teil der Menschheit in eine tatsächlich Neue Welt aufbrechen kann, ohne dabei eine andere Zivilisation vertreiben zu müssen, und auch, um den letzten Überbevölkerungspropheten auf der Erde zum Schweigen zu bringen. Hier schustern sich Clans von Verbrechern und neid- und giergesteuerten Körperbenutzern die Argumente zur Rechtfertigung ihres Daseins und Tuns dadurch zu, dass sie alle Voraussetzungen schaffen, die ihnen tatsächlich Recht geben. Wer die Menschheit ganz bewusst **dumm hält**, hat kein Recht, diese Dummheit dann anschließend als Argument gegen die Menschheit zu verwenden! Die Freimaurer haben tolle Ideale. Niedergeschrieben liest sich das wirklich gut. Nur leider sieht die Wirklichkeit ganz anders aus.

Abb. 132: Paul Hellyer

Paul Hellyer[114], ehemaliger kanadischer Verteidigungsminister, spricht in zahlreichen Videos, die man im Internet unter seinem Namen finden kann, von seinen Kontakten und Recherchen und bestätigt dabei, dass es mehr als 80 verschiedene Rassen[115] von Außerirdischen gibt, die die Erde bereits mehrfach besucht haben. Vier von diesen haben die Erde bereits seit tausenden von Jahren besucht.[116] Er spricht auch in einer für einen Politiker erstaunlich offenen Weise über die Hintergrundmächte, den sogenannten „Tiefen Staat" („Deep State"), die Kabale, die weltweiten Finanzakteure und einiges mehr.[117] Er berichtet, dass seiner Kenntnis nach die Regierung der USA mit Außerirdischen zusammenarbeitet.[118] Aufgrund seiner politischen Laufbahn ist Hellyer wohl das höchstrangigste (ehemalige) Mitglied einer Regierungsorganisation, das sich so offen über die Vorgänge im Hintergrund äußerte. Paul Hellyer hat aus eigenem Interesse recherchiert und aufgrund seiner Position einige tiefere Einblicke gewonnen, als normalerweise üblich. Er ist allerdings nicht ein „Insider" in dem Sinne, dass er bei irgendeinem dieser Programme involviert gewesen wäre. Die Ergebnisse seiner Recherche sind gewichtig, weil die politische Fallhöhe bei ihm erheblich größer ist als bei irgendeinem unbekannten, privaten Forscher.

Abb. 133: Charles Hall

Charles James Hall, Autor und ehemaliger Wetterspezialist bei der Air Force, berichtet in einem sehr ausführlichen Interview[119] von seinem Einsatz auf der *Nellis Air Force Base*. In den frühen 1960er-Jahren trat er ins Militär ein und wurde im März 1965 auf die *Nellis Air Force Base* versetzt. Dort blieb er bis zum 7. Mai 1967 und ging von dort aus nach Vietnam, wo er 1968 seinen Einsatz beendete und zuhause dann ehrenhaft entlassen wurde. Er berichtet, dass er Ende 1965 seine Geheimbefehle bekam und als einziger Wetteroffizier dort eingesetzt wurde. Seine Befehle wurden ihm verlesen, und es wurde ihm gesagt, dass er jederzeit überall auf der Basis hingehen dürfe, allerdings nur allein. Nehme er jemanden mit, würde man ihn möglicherweise erschießen, Hall jedoch hätte keine Schwierigkeiten zu erwarten. Des Weiteren wurde ihm der Name der Gegend erstmals genannt: *Dreamland*.

Hall verbrachte dort zwei Jahre. Seine Aufgabe war es, das Wetter zu untersuchen und im Auge zu behalten. Um dies zu tun, stand er jeden Morgen um 3:00 Uhr auf, fuhr raus zur Wetterstation, musste dort in den Bergen einen Generator anwerfen, um Strom zu haben, und startete dann mit seinen Arbeiten. Er füllte einen Wetterballon mit Helium und stattete ihn mit Lichtern aus, um ihn anschließend zu starten. Was ihm niemand vorher gesagt hatte: Die US Air Force betrieb dort, in etwa 40 Meilen Entfernung westlich in den Bergen, eine Basis für Außerirdische. Deren Wohnquartiere lagen unterirdisch in den Bergen versteckt. Die Wohnquartiere der Außerirdischen trugen bei der Air Force die Bezeichnung *Area 53*, die technischen Einrichtungen mit Start- und Landeplatz die Bezeichnung *Area 54*. Und so kam es, dass er einige Male erschreckt feststellte, dass er dort draußen nicht alleine war. Und noch mehr, dass diejenigen, die ihn da besuchten, nicht menschlich waren und offensichtlich nicht von der Erde.

Mit der Zeit gewöhnte er sich an die Besucher und lernte sie teilweise sehr genau kennen. Es kam oft vor, dass außerirdische Frauen mit Kindern bei ihm vorbeischauten, weil die Kinder seine Tätigkeit früh am Morgen mit dem hellen Ballon sehr spannend fanden und ihn gern dabei beobachteten. Sie kamen und gingen, wann sie wollten. Offenbar war es auch bei diesen sehr großen, weißen Außerirdischen üblich, dass die Männer relativ wenig sprachen und die Frauen eher dazu geneigt waren, etwas Konversation zu betreiben. Hall berichtet, dass es durchaus vorkam, dass einige junge Männer vorbeischauten, nichts sagten, nur schauten, und wenn sie genug geschaut hatten, wortlos wieder verschwanden. Während hingegen der typische Ablauf der Begegnungen mit den außerirdischen Frauen der war, dass die Frauen mit einem eigenen und ein oder zwei fremden Kindern auftauchten, sich bemerkbar machten und dann fragten, ob es in Ordnung sei, wenn die Kinder ihm bei seiner Arbeit zusähen. Zu Beginn dieser Begegnungen kam es auf beiden Seiten häufiger zu Angst, weil sich der jeweils andere relativ unbemerkt hatte nähern können. Dies führte dazu, dass sich Hall mit den Außerirdischen einigte, dass dies von beiden Seiten zu unterlassen sei.

Charles Hall berichtet, dass auf dieser Basis dort ein sehr reger Flugverkehr betrieben würde, sogar nach Fahrplan. In aller Regel kamen 2-20 Neuankömmlinge jedes Mal mit der Vollmondphase an, dann wurde das Schiff gewartet und gegebenenfalls repariert (auch mit Ersatzteilen der US Air Force), um dann bei Neumond wieder zu starten. Meist lägen etwa zwei Monate zwischen den Flügen. Die meisten der Neuankömmlinge hatten noch nie Menschen gesehen und wurden dann zu einem Ausflug in die Stadt gefahren, um Menschen zu besichtigen. Auch Hall wurde regelmäßig „vorgeführt“.

Die „Großen Weißen“ sind etwa genauso groß wie Menschen, haben etwa doppelt so große Augen wie wir, dafür aber nur halb so große Ohren und Nasen. Ihre Lippen sind etwas schmaler. Ihre Lebensdauer beträgt etwa 700 Erdenjahre, wobei sie allerdings nicht so sichtbar altern wie Menschen. Das einzige offensichtliche Zeichen des Alters ist eine Verfärbung der Augen hin zur Farbe Pink, je älter die Großen Weißen sind. Sie haben so gut wie keine Körperbehaarung und auf dem Kopf nur etwa halb so viele Haare wie Menschen. Die Haare sind sehr dünn und transparent, weshalb sie wie platinblond aussehen. Die Hautfarbe ist weiß wie Papier, daher der Name. Männer und Frauen lassen sich, gerade in jungen Jahren, nur schwer unterscheiden. Einzig der Gang ist offenbar bei den außerirdischen Männern dieser Rasse ähnlich polternd wie bei irdischen Männern ab und an, während der Gang ihrer Frauen offenbar immer sehr anmutig ist.

Die Großen Weißen sind Vegetarier und haben keine Zähne. Sie sind etwa halb so schwer wie Menschen und sind offenbar nicht zum Bewegen schwerer Lasten gebaut. Menschen, so äußert sich Hall, sähen im Vergleich zu ihnen aus wie Gorillas. Ihre Hände sind etwa gleich groß, jedoch die Daumen nur halb so lang und die Finger erheblich länger und außerordentlich viel beweglicher als die von Menschen. Die Kinder der Großen Weißen stehen unter besonderem Schutz der Frauen. Nähert man sich ihnen oder berührt sie gar, kann es gut sein, dass man von der Frau getötet wird. Alle tragen einen Schutzanzug, der sie vor vielen Dingen schützt. Wenn man beispielsweise einen Großen Weißen bewirft oder beschießt, so prallt alles in ca. 10 cm Entfernung vom Körper ab und fällt zu Boden. Dieser Schutzanzug befähigt sie außerdem, bei Bedarf bis in eine Höhe von ungefähr 3 Metern zu schweben, so gibt Hall seine Erfahrungen wieder. Hall stellte im Verlauf vieler Treffen fest, dass ihre Körper offenbar erheblich langsamer heilen als die der Menschen, weshalb sie äußerst vorsichtig sind. Ihr zentrales Nervensystem wäre hingegen etwa zwei- bis dreimal schneller als das der Menschen. Dadurch wären sie sehr aufmerksam, was Hall einerseits als Stärke, andererseits als Schwäche identifiziert. Einerseits seien sie extrem aufmerksam, andererseits würden sie sich aber auch so unglaublich stark auf eine erst einmal bemerkte Sache konzentrieren, dass sie dann mit anderen Dingen leicht zu überraschen wären, weil sie so abgelenkt seien. Multitasking sei für die Großen Weißen undenkbar, und sie bewunderten die Menschen für die Fähigkeit, mehrere Dinge gleichzeitig zu tun.

Halls Erfahrungen zeigen, dass es einen regelmäßigen Technologietransfer zwischen der Air Force und den Großen Weißen gab. Zwar waren sie nicht bereit, ihre Überlichtgeschwindigkeitstechnologie preiszugeben (weil ihnen offenbar die Aussicht auf irdische Raumschiffe mit Kernwaffen an Bord, die mit Überlichtgeschwindigkeit durchs Weltall zu ihrem Heimatplaneten fliegen, nicht besonders zusagte), jedoch kauften sie beispielsweise regelmäßig Funktechnik auf der Erde ein, da dies offenbar ein Produkt war, was die Menschen besser herstellten als sie selbst. Auch hatten sie kleine Raumschiffe für Erkundungsflüge zur Verfügung, die ganz offensichtlich auf der Erde selbst hergestellt worden waren. Hall sah in diesen Schiffen viele irdische Bauteile und auch Firmenlogos. Hall beschreibt in seinem Interview sehr detailliert das Aussehen, die Einrichtung und auch die vermutete technische Funktionsweise der Erkundungsschiffe und auch die des großen interstellaren Schiffes. Ebenso detailliert schildert er deren Waffentechnik und einige Details an Bord der Raumschiffe.

Das gesamte Interview dauert mehr als 90 Minuten und ist jedem wärmstens zur Ansicht empfohlen.

Abb. 134: Ken Johnston

Dr. Ken Johnston, früher Major der Luftwaffe und später bei der NASA Astronaut während des Apollo-Programms, berichtet über Strukturen auf dem Mond, die er auf Fotos entdeckte.[120] Im Rahmen seiner Arbeit für die NASA sollte er mehrere Original-Sets von Negativen der Mondmissionen vernichten (was er nur teilweise tat) und kam so in den Besitz von hochauflösenden Fotos des Mondes, auf denen sich weitaus mehr Details finden, als auf den veröffentlichten und zigfach redigierten und kopierten Fotos, die man bestellen oder im Internet finden kann.

Während einer Sitzung bei der NASA wurde ein frischer Film mit Fotos von der Rückseite des Mondes gezeigt. Dieser Film sollte von Dr. Johnston am nächsten Tag an einer Universität vorgeführt werden. Auf diesen Fotos von der Rückseite des Mondes fanden sich mehrere domartige Gebäude, jeweils mehrere Kilometer im Durchmesser und ganz offensichtlich von innen beleuchtet. Bei einem fand sich sogar ein Schornstein oder Abzug, aus dem ganz offensichtlich Dampf oder Qualm abzog. Die im Raum Anwesenden lachten sich gegenseitig zu: *„Ja, was haben wir denn da?“*, und Johnston hatte alle Mühe, innerhalb der kurzen Zeit zu begreifen, was gerade passiert war. Er war voller Aufregung, dass er diese Neuigkeit am nächsten Tag vorführen durfte. Am darauffolgenden Tag folgte jedoch an derselben Stelle des Films die Enttäuschung. Die Stelle war spurlos verschwunden, und der Chef der Abteilung der NASA-Besprechung vom Vortag behauptete auf sofortige Nachfrage, dass da nie etwas anderes zu sehen gewesen sei.

Interessanterweise berichtet Johnston, dass, als George Bush sen. als Präsident die Ansage machte, die USA wollten zurück zum Mond, in der NASA helle Aufregung herrschte. Die Techniker wussten nämlich nicht, wie sie das machen sollten. Niemand von denen hatte eine Ahnung, wie man eine Landung auf dem Mond durchführen sollte. (Zur Erinnerung: George Bush sen. war Präsident der USA von 1989-1993, also lange *nach* der angeblichen ersten amerikanischen Mondlandung im Jahre 1969)

Dr. Johnston stellt im Laufe dieses Interviews mehrere Fotos vor, die auf der Mondoberfläche unerwartete Dinge zeigen. So ist z.B. ein sehr langes Kabel knapp über der Mondoberfläche in der Nähe eines Berges zu sehen, ebenso Strukturen, wie man sie auch von Nazca kennt, ähnlich den Lochstreifenkarten aus den Anfangsjahren der Computer, und ein hell erleuchtetes tropfenförmiges Gebäude, das in einem Krater steht und mit seinem „Tropfen“ an der Spitze ganz klar eine künstliche Struktur darstellt. Einige Bilder werden vorgestellt, die von der NASA wissentlich falsch beschriftet worden sind, wie z.B. eines, das angeblich das LUNAR-Command-Modul zeigen soll, das im Orbit über dem Mond schwebt. Dieses Foto ist jedoch gerade aus jenem Command-Modul aufgenommen worden und zeigt nach der Meinung von Johnston keines der involvierten irdischen Geräte.

Zusammengefasst stellt Dr. Ken Johnston mit seinen Forschungen fest, dass die NASA Bilder standardmäßig retuschiert, um unerwünschte Details auf Fotos verschwinden zu lassen. Sie vernichtet dabei regelmäßig sogar die Originale solcher Aufnahmen und sorgt so für eine weitestgehende Geheimhaltung bestimmter Themen. Gleichzeitig wird offensichtlich, dass bestimmte Kreise und Personen innerhalb der NASA auf verschiedenen

Ebenen über diese Details sehr wohl ausführlich informiert sind und offenbar hier nicht nur Interessen der NASA, sondern auch von anderen Gruppierungen vertreten.

Das System der Geheimhaltung solcher Details ist nahezu perfekt und Dr. Johnston reiht sich in die Kette derer ein, die im Laufe ihrer beruflichen Laufbahn mit dem Fakt zu tun hatten, dass es Außerirdische gibt, dass sie sich auch auf der Erde aufhalten und dass diese im regen Verkehr mit bestimmten Gruppen der Menschheit stehen. Die Gruppe derer, die darüber sprechen wollen – entweder kurz vor ihrem Tod oder kurz nach einem Rauswurf aus einem Job oder aus anderen Gründen –, wird von Tag zu Tag größer.

Abb. 135: Dr. Pete Peterson

Dr. Pete Peterson[121] ist Ingenieur und Erfinder. In seiner Familie sind auf mütterlicher und väterlicher Seite ebenfalls viele Erfinder vertreten. Bereits im Alter von 10 Jahren wurde das Militär auf ihn aufmerksam, und er wurde bereits mit 13 und danach immer wieder in Regierungsprojekte eingebunden.

Er empfand sich schon als Kind als vollkommen anders als andere. Mit 10 Jahren erfand er ein wichtiges Teil zur Raketenflugbahnstabilisierung. Kurze Zeit danach war er Gast auf einer privaten Hochzeit auf dem Grundstück seiner Eltern und beobachtete gemeinsam mit allen anderen Gästen eine mehr als zwei Stunden andauernde „Flugshow" von UFOs, die ausgerechnet an jenem Tag, an jenem Ort, aufgetaucht waren. Dr. Peterson baute ein Satelliten-Verfolgungssystem, bevor es Satelliten gab. Er war der Erste, der der US-Regierung mitteilte, auf welchem Orbit der sowjetische Satellit Sputnik flog und auf welcher Frequenz dieser sendete, was damals eine böse Überraschung für die US-Regierung war. Mit 14 Jahren baute er einen UFO-Detektor für die Regierung. Dieses Gerät war so gut, dass es nicht nur jedes Flugzeug auf der Erde sehen konnte, sondern auch jedes Fluggerät im Weltall. Er gab das Gerät an die Regierung und hörte nie wieder etwas davon. Da es eine ganz bestimme Sache emittiert, zu dem nur dieses Gerät in der Lage ist (Peterson ist im Interview sehr zurückhaltend bei der Preisgabe bestimmter Details), und er diese Sache nie feststellen konnte, ist er sich sicher, dass diese Apparatur nie in Betrieb genommen wurde und auch keine andere mit derselben Funktionsweise. Er arbeitete nach eigener Aussage für diverse Regierungen und Agenturen (Geheimdienste), u.a. im Bereich der Teleportation, Flugscheibenbau, Medizintechnik und einiges mehr.

Er verbrachte 10 Jahre beim Militär, bei den *Marines* und war auf nahezu allen Kontinenten eingesetzt. In den 1950er-Jahren baute er Roboter zum Hantieren an Nuklearanlagen. Er arbeitet dabei mit einer Firma namens *Cyberdine Systems* zusammen. Die damals hergestellten Computerchips waren bereits komplexer als viele der heute auf dem offenen Markt erhältlichen, und die heute verfügbaren und in Robotern verbauten sind eigentlich keine Computerchips mehr, sondern bereits fertige Computer, jeweils 20-30 auf einem einzigen Chip, die selbständig agieren können, so berichtet Peterson.

Auf Grundlage eines übersetzten sumerischen Dokumentes zum Bau einer fliegenden Untertasse führte er zahlreiche Experimente durch, die zu ebenso vielen Erfindungen führten, die nach den Gesetzen der „modernen" Physik vollkommen unmöglich sind.

Er war persönlich Augenzeuge bei Ausgrabungen, wo er Skelette von Riesen gesehen hat. Er spricht von Forschungsergebnissen, an denen er persönlich teilnahm, die offenlegten, dass man weltweit an den verschiedensten Plätzen Höhlen und Überreste von Höhlenmenschen gefunden hat, die allesamt sprichwörtlich steinzeitlich anmuteten. Es gab keine Sprache, sondern nur rudimentäre Bilder. Dann jedoch ließ sich anhand archäologischer Funde feststellen, dass – so das Ergebnis der Radio-Karbon-Datierung – innerhalb einer sehr kurzen Periode von nur ungefähr 80 Jahren weltweit eine Kultur entstanden war, die einen vollkommen neuen, weitaus fortschrittlicheren Entwicklungsstand hatte und dieselbe Kultur, Sprache und Mathematik, und das über den gesamten Globus hinweg. Dies dauerte ca. 3.000 Jahre an, bevor es eine Sprachdiversifizierung gab. (Auch das hatten wir im ersten Buch behandelt. Dort wurde die Ursprache vorgestellt und auch die Entwicklung dieser Situation genau beschrieben.)

Pete Peterson berichtet von einer seiner Erfindungen: einem Gerät, das den menschlichen Körper mit einem elektromagnetischen Feld auslesen und analysieren kann, um diverse Schäden und Krankheiten festzustellen. Er konnte mit 50% Sicherheit vorhersagen, was krank oder falsch oder defekt war, allerdings auch nicht mehr als das. Das ärgerte ihn, und er arbeitete viele Jahre lang an einer Verbesserung und stellte schließlich fest, dass die Ursache für diese zwar recht gute, aber immer noch halb falsche Vorhersehbarkeit erworbene genetische Fehler der Menschen waren. Hätten die Menschen nicht (durch Mangelernährung, Elektrosmog, Verstrahlung u.v.m.) erworbene genetische Fehler, läge er mit seiner Maschine bei nahezu 80% Prognosesicherheit. (Erinnern Sie sich bitte an diese Aussage beim Lesen des Kapitels über Ernährung weiter hinten in diesem Buch.) Auf Grundlage dieser Ergebnisse und seinem Wunsch, noch näher an die 100% zu kommen, forschte er weiter und fand heraus, dass ca. 15% der Menschen in den USA einen Gencode besitzen, der sich gravierend von anderen Menschen und Lebewesen unterscheidet und den er als „außerirdisch" bezeichnet. Interessanterweise haben 15% der Menschen in den USA Rhesusfaktor negativ, was aber im Interview nicht ausgeführt wird.

Dr. Peterson berichtet in diesem sehr ausführlichen, dreiteiligen Interview und einer langen Reihe weiterer Interviews über seine umfassenden Erfahrungen im Bereich der Technik, festgestellte und untersuchte biologische Implantate bei einigen Menschen, medizinische Diagnose-Geräte und deren Wirkung, seine Empfehlungen zur Vorbereitung für die Zeit des Umschwungs und auch über seine Projekte im Bereich der Analyse von außerirdischen Raumschiffen. Im Rahmen zahlreicher Projekte untersuchte er abgestürzte UFOs und führte ein sogenanntes Re-Engineering durch, d.h. er nahm alles auseinander und versuchte, alles wieder zusammenzubauen und die Funktion zu verstehen und nachzubauen. Dies gelang ihm in sehr vielen Fällen, sodass durch seine Arbeit etliche neue Technologien in die Hand des US-Militärs und auch der Privatwirtschaft gelangt sind. Anhand der bei abgestürzten UFOs vorgefundenen Steuerungselemente konnte er klare Rückschlüsse auf die Anatomie der außerirdischen Piloten ziehen. Teilweise waren die Auflagen für Hände mit Mulden für die Finger versehen, manchmal drei, manchmal fünf, manchmal waren gar keine Handsteuerungselemente vorhanden. Einige UFOs hatten Sicherheitsgurte für die Körper oder Hände, andere hatten gar keine Sicherheitsgurte, was darauf schließen lässt, dass die Beschleunigungskräfte ganz oder teilweise außer Kraft gesetzt werden konnten.

Die Interviews mit Dr. Pete Peterson bergen eine unglaubliche Fülle von verschiedenen Themen und Informationen. Er schafft es, komplizierte Zusammenhänge in wenigen Worten sehr einleuchtend darzustellen. Die erwähnten Zusammenhänge und andere von ihm genannte Forscher und Autoren sind ebenso lesenswert. Er gehört klar zu den führenden Köpfen der technologischen Entwicklung der Menschheit der aktuellen Zeit.

Abb. 136: Dr. Dan Burish

Unser nächster Zeuge heißt Michael Schratt, der einen Vortrag über Dan Burish und die *Area 51 S4* hält.[122] Auf Michael Schratt als Referenten möchte ich hier nicht näher eingehen, sondern lediglich auf den Inhalt seines sehr detailreichen Vortrags und insbesondere auf die Details bezüglich Dan Burish, die *Area 51 S4* und J-Rod. Dr. Dan Burish war laut eigener Angabe als Biologe, Psychologe und aufgrund einiger anderer Qualifikationen von 1994 bis 2003 in der *Area 51 S4-4* eingesetzt, also auf Level 4 der S4-Anlage. Er hatte dort im Rahmen des *Project Aquarius* über viele Jahre direkten Kontakt zu dem Außerirdischen, der *J-Rod* genannt wurde. *Project Aquarius* war ein Rahmenprojekt, das mehrere Teilprojekte beinhaltete. *Project Galileo* befasste sich mit außerirdischen Antrieben und zukünftigen erdbasierten Antriebssystemen. *Project Sidekick* war ein Waffenprogramm, über das keine genauen Informationen vorliegen. *Project Looking Glass* befasste sich mit den Effekten, die man beobachten, erleben und nutzen kann, wenn man eine künstliche Gravitationswelle auf die Zeit anwendet. Man kann mit diesem Gerät sowohl die möglichen Vergangenheiten und Zukünfte betrachten, als auch die Orte und Zeiten bereisen, indem man die Anlage um 45 Grad dreht und die Felder auf eine andere Frequenz einstellt. Ein viertes Projekt, dessen Name Dan Burish nicht bekannt ist, befasste sich mit einem weiterführenden Waffenprogramm, das aus dem *Project Sidekick* entstanden und ausgegliedert worden ist. Ein fünftes und letztes Projekt, ebenfalls ohne bekannten Namen, befasst sich mit biologischen Verteidigungssystemen. In diesem Projekt war Dan Burish einer der leitenden Wissenschaftler. Im Laufe der Jahre baute er eine Freundschaft zu J-Rod auf.

Dessen Name ist laut Michael Schratt folgendermaßen entstanden. J ist der zehnte Buchstabe im Alphabet und „-“ ist die Maya-Glyphe, also ein Schriftzeichen der Maya[123], für die Zahl 5. Das englische Wort „Rod“ steht für einen langen Strich. So steht der Name J-Rod für „15“. Er reiste 15 Lichtjahre zur Erde, deshalb diese Zahl. Zur Erinnerung: Wie wir bereits von Bill Uhouse wissen, kam J-Rod als einer der drei Außerirdischen und einziger Überlebender beim Absturz eines UFOs in Kingman, Arizona, in den 1950er Jahren zur Erde.

1954 unterzeichnete dann Präsident Eisenhower in der *Edwards Air Force Base* einen Vertrag mit den sogenannten „Großen Weißen“, den sog. „P52“ vom Orion. „P52“ werden diese genannt, weil sie, wie wir bereits wissen, Nachfahren der Menschen von heute sind, die in einer Zeit „Gegenwart +52.000 Jahre“ (in Englisch „Present“ +52.000) im Sternbild Orion leben, Nachfahren von jenen Menschen, die in 52.000 Jahren die Katastrophe des Zusammenstoßes Nibirus mit der Erde auf deren Oberfläche überleben. Bei der Vertragsunterzeichnung bekam Eisenhower den sogenannten *Orionwürfel* ausgehändigt. Dies ist ein relativ kleines, würfelförmiges Objekt, mit dem man in die Zukunft schauen kann. Dieser Würfel war zunächst in der S4 untergebracht, wurde dann aber später in einen großen Freimaurertempel außerhalb von Washington gebracht und verschwand auch von dort wieder an einen unbekannten Ort. Es darf vermutet werden, dass er sich derzeit in der Hand einer Loge befindet. Die einzelnen Teilprojekte von *Project Aquarius* sind alle gemeinsam in einer großen, zum überwiegenden Teil unterirdischen Anlage *Area 51 S4* untergebracht. Diese Anlage ist die zentrale Anlage für die Aktivitäten von *MJ-12*. Die Trennung zwischen den einzelnen Projekten ist sehr streng. Selbst in der Cafeteria gibt es für jedes Teilprojekt einen einzelnen Raum, sodass die Mitarbeiter der jeweiligen Projekte immer unter sich bleiben.

In den Fluren gibt es rote und blaue Linien nebeneinander. Die Regel ist sehr einfach: *„Gehe auf der blauen Linie, berühre oder überschreite nie die rote Linie. Andernfalls wirst du erschossen.“* Die *Area 51 S4* besteht aus mehreren Ebenen, die mit drei verschiedenen Verkehrsmitteln erreicht werden können, entweder mit einem typisch amerikanisch aussehenden Bus, einem Hubschrauber der Air Force oder, man höre und staune, einem Hubschrauber der russischen Armee (im Video werden die entsprechenden Bilder gezeigt).

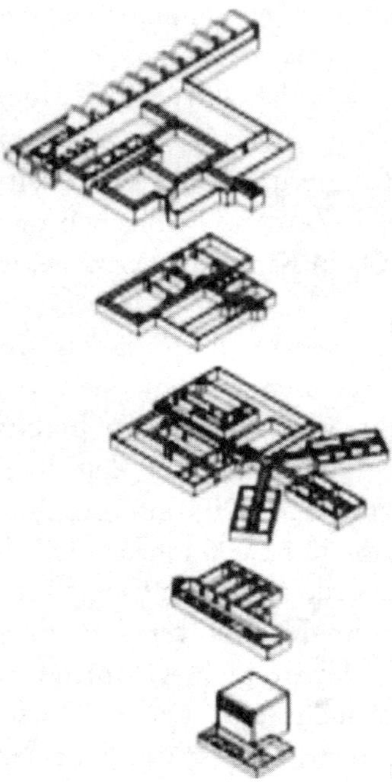

Abb. 137: Dies ist eine Skizze der verschiedenen Ebenen untereinander.
Oben sieht man den Level 4-1 mit 9 Hangars, in denen u.a. das UFO aus Roswell, jenes aus Kingman, irdische Nachbauten dieser Schiffe und einiges anderes untergebracht ist.
Level 4-2 bietet Raum für das *Project Sidekick*, die Waffenforschung und Entwicklung, das *Project Looking Glass* und das *Stargate*.
Level 4-3 ist der Ort, an dem sich die Mitglieder von MJ-12 aufhalten, hier befinden sich ihre Schlafquartiere. Es sind einfache 1-Zimmer-Appartments mit einem Badezimmer und Wohnzimmer mit einem Fernseher. Ebenfalls ist hier für die Kulturabteilung und die Analyseabteilung Platz.
In Level 4-4 befinden sich Waagen, auf denen jedermann, der die Anlage dort und die darunter betritt, beim Betreten und Verlassen nackt gewogen wird. Bestehen Diskrepanzen, wird sehr genau untersucht. Nichts darf diese Anlage verlassen.
In Level 4-5 befindet sich das *Project Cleansphere*, eine zweistöckige Vorrichtung mit einem Scherenlift unter der Sphäre, ähnlich wie die am Flughafen unter den Versorgungscontainern eines großen Flugzeugs bei deren Anlieferung.

Im Verlaufe des Videos und des Vortrags von Michael Schratt kommen zahlreiche interessante Details zur Sprache. Es werden viele interessante Bilder und Skizzen gezeigt, so z.B. auch der Dienstausweis von Dan Burish.

J-Rod litt an einer genetisch bedingten Hauterkrankung. Dan Burish hatte die Aufgabe, nach einer Heilung zu suchen. Deshalb traf er sich oft mit J-Rod und entnahm bei diesen Gelegenheiten regelmäßig Gewebeproben, die sich am Ende auf ungefähr 300 summierten. Ob J-Rod geheilt wurde, ist mir nicht bekannt. Dan Burish entwickelte über die vielen Jahre eine Freundschaft zu ihm, und es tat ihm sehr leid, dass J-Rod seine Heimat und Familie nicht wiedersehen konnte. Bei einer dieser Gelegenheiten der Gewebeentnahme kam J-Rod, entgegen des sehr strengen Protokolls, sehr schnell und überraschend auf Dan zu, dieser wich nach hinten aus und stolperte, und J-Rod setzte sich auf ihn und berührte ihn. Dadurch übertrug er telepathisch eine gigantische Menge an Informationen zu zukünftigen Ereignissen auf Dan.

AREA S4
(LEVEL 4-1)

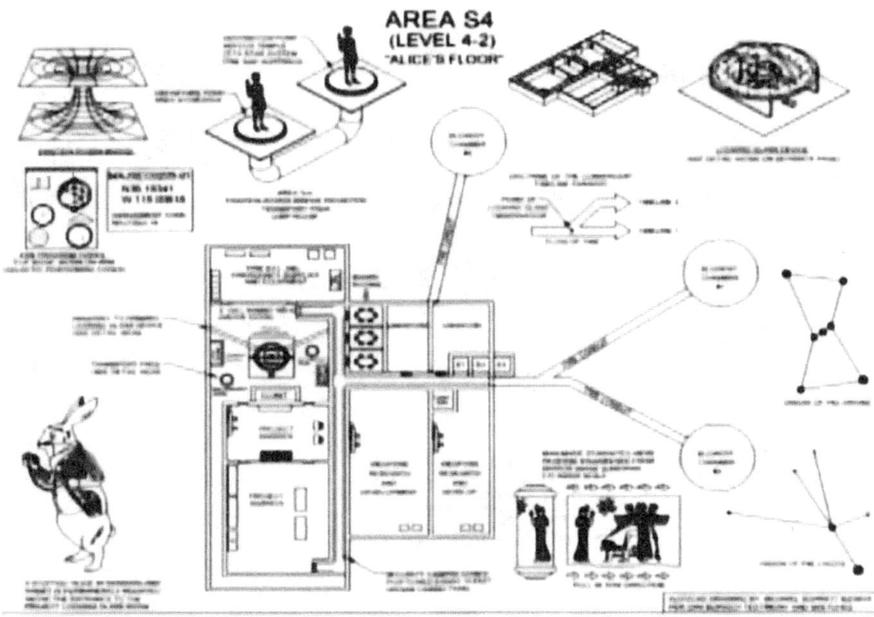
AREA S4
(LEVEL 4-2)
"ALICE'S FLOOR"

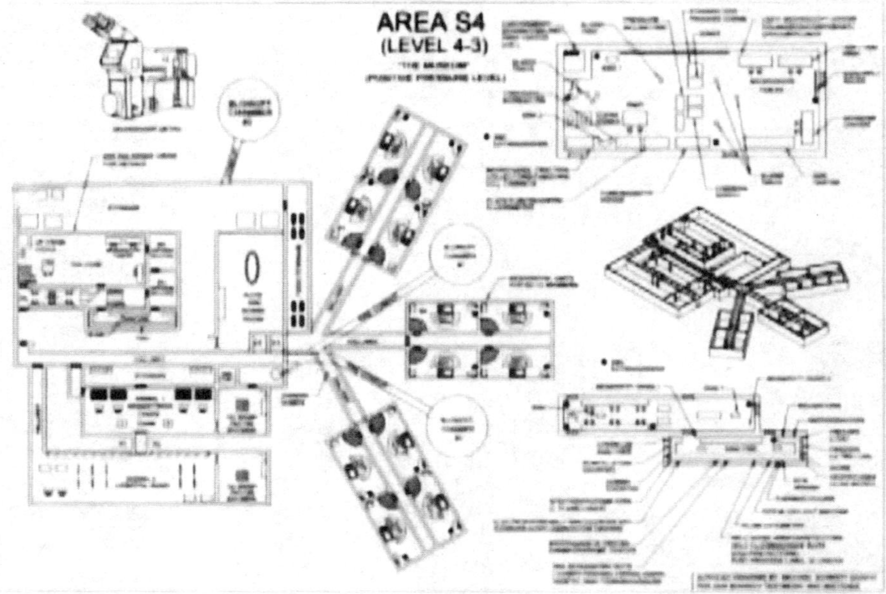
AREA S4
(LEVEL 4-3)

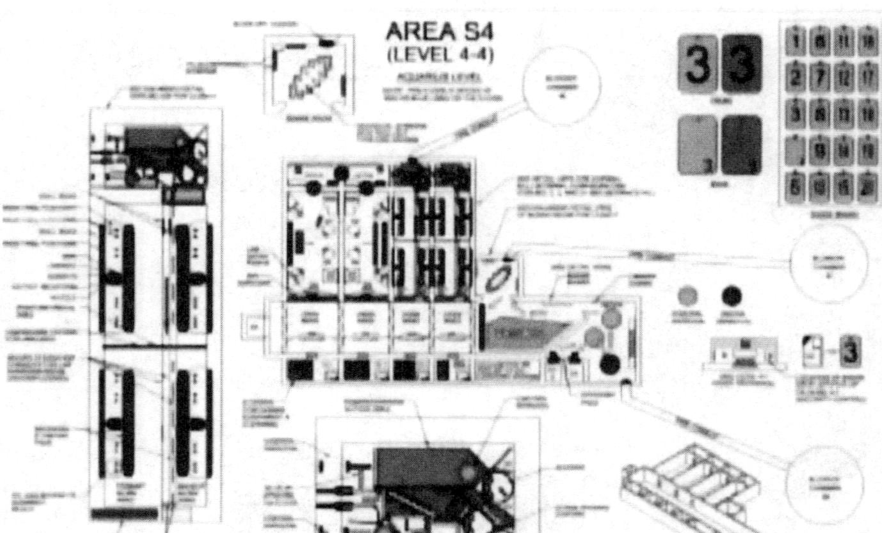
AREA S4
(LEVEL 4-4)
3 3

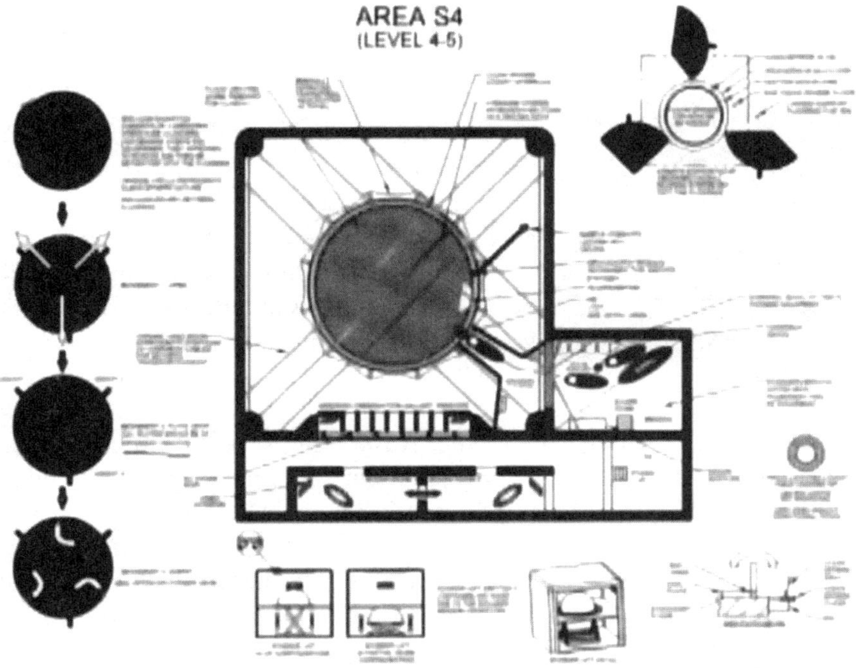

Abb. 138 bis **Abb. 142:** Die einzelnen Ebenen der Anlage S4, wie von Michael Schratt vorgestellt.

Im Jahre 2003 wurde J-Rod in einem gesicherten Transportvehikel, das extra für ihn angefertigt worden war, nach Ägypten gebracht. Dort befindet sich offenbar im Abydos-Tempel[124] am Nil ein Sternentor, uns allen besser mit dem englischen Wort *Stargate* bekannt. Der Sinn dieser Reise wird nicht genannt. Möglicherweise wurde J-Rods fachmännisches Urteil zu dieser Einrichtung gebraucht. Dan schob in einem geeigneten Moment das gesamte Transportvehikel samt J-Rod in das Sternentor und schickte ihn zurück in seine Heimat. Dan Burish wurde daraufhin entlassen.

Dan Burish hat eine eigene Internetseite mit vielen Informationen und gehört offenbar zu denen, die hautnah mit dabei waren. Michael Schratts Vortrag ist sehr detailreich und zeigt viele Illustrationen, die hilfreich sind für ein besseres Verständnis.

Abb. 143: John Lear

Unser letzter Zeuge ist John Lear, der Sohn des Firmengründers der Firma mit den Geschäftsflugzeugen: den *Lear-Jets*. Er berichtet uns[125], dass sein Vater den Auftrag bekam, für die geheimen Weltraumprojekte die Technik zur Antigravitation zu liefern. Dies tat er auch, konnte aber seine Klappe nicht halten. Bei einem Besuch in Bogota erzählte er wohl zu viel und wurde seitdem persönlich ausgegrenzt, die Zusammenarbeit mit der Firma lief jedoch weiter.

So kam es, dass John, neben seiner Ausbildung zum Piloten und der Tätigkeit als Pilot für zahlreiche Fluggesellschaften in aller Welt, auch direkten Kontakt zu Testpiloten und Wissenschaftlern bekam, die in die Projekte in der *Area 51 S4* involviert waren. In seinem Bekanntenkreis gibt es Leute, die in der *Area 51* gearbeitet haben und ihm persönlich von Details berichteten. Die Wohnungen seines gesamten Bekanntenkreises, der mit diesen Projekten zu tun hatte, waren total verwanzt, und es wurde jeder ständig und überall überwacht und abgehört.

Auf dem Kwajalein-Atoll bei den Marshall-Inseln – auf der Hälfte des Weges zwischen Hawaii und Australien, also mitten im Nirgendwo – befindet sich eine offizielle Basis der Amerikaner, die *Ronald Reagan Ballistic Missile Defense Test Site*. Auf dieser Insel sind nach Angaben von Lear ungefähr 1.000 Astronauten in diversen Weltraumprojekten eingesetzt. Von bemannten Satelliten bis hin zu geheimen Weltraumstationen gibt es alles Mögliche, was dort oben zu tun ist.

Ihn habe beispielsweise immer gewundert, warum die Russen nur 1 Stunde bis zur ISS (*International Space Station*) benötigen und die Amerikaner mit dem Space Shuttle ganze 40 Stunden. Dann sei ihm bei den gezeigten Videos des Laderaums einmal aufgefallen, dass dieser beim Start voll bis an den Rand war, beim Andocken an die ISS jedoch schon halb leer. Also waren schon einige Dinge entladen worden. Die Frage war nur: wo?

Nach Lears Kenntnis wurden aus den Mehrstufenraketen, die von der oben genannten Basis aus buchstäblich jeden einzelnen Tag starten, und dies seit Jahren, oben im Weltraum neue Stationen gebaut. Man nehme einfach die ausgebrannnten Metallröhrenabschnitte dieser Raketen, fange sie ein und schweiße sie oben im Weltall wieder zusammen, und schon hat man ein schönes Gehäuse für eine neue Station. Offenbar gibt es eine Menge solcher Stationen dort oben.

Lear sagt, dass nach seiner Kenntnis in unserem Sonnensystem 40 Planeten existieren, teilweise außerhalb des Kuipergürtels, teilweise in sehr außergewöhnlichen Schräglagen der Ekliptik. Ebenso berichtet er uns, dass nach seinem Kenntnisstand bis zu 25% der irdischen Bevölkerung eigentlich nicht von der Erde kommen. Ein Teil dieser Menschen seien Hybride aus Menschen und Reptilien, man erkenne sie manchmal daran, dass sie ein zweites Paar Augenlider haben, die allerdings nicht vertikal, sondern horizontal funktionierten. (Im Internet finden sich etliche Beispiele, die solche Augenpaare sehr deutlich zeigen, wie sich diese wirklich gut sichtbar mittig zusammenziehen. George Bush jun., sein Vater, aber auch Miley Cyrus und eine Menge anderer Prominenter sind dabei zu erkennen.)[126]

Über den Mond weiß John Lear zu berichten, dass dieser künstlich und mit einem „Haufen Technik" innen drin ausgestattet sei. Er schätzt, dass dort oben etwa 250.000 Menschen leben und arbeiten und dass der Flugverkehr so rege sei, dass der Himmel sich buchstäblich verdunkeln würde, wären diese Flüge nicht getarnt.

Lears Bericht zeigt die Bestätigung zahlreicher bereits genannter Details.

Lieber Leser, diese Auswertung könnte ich jetzt vermutlich mindestens für weitere 500.000 Seiten lang fortsetzen. Eine einfache Suche nach wenigen Stichworten im Internet bei youtube ergibt mehrere Millionen Treffer. Filtert man die nach den leider selbstverständlich vorhandenen Falschmeldungen, bleiben immer noch einige tausend Videos übrig.
Es ist tatsächlich keine Frage mehr, ob da etwas ist, sondern nur noch, was genau dort ist. Die Informationen der verschiedenen Zeugen, die hier bereits bis jetzt zu Wort gekommen sind, überlagern sich gegenseitig an sehr wichtigen Stellen. Die Rolle der Deutschen wird dabei immer und immer wieder aus verschiedenen Blickwinkeln bestätigt, sodass auch hier grundlegende Zweifel ausgeräumt werden.
Viele Militärs sind offenbar auch in höchsten Rängen nicht in grundlegende Details eingeweiht. Während sich die einen noch in Sorge um eine außerirdische Invasion Gedanken machen, schließt die andere Gruppe bereits Verträge mit den Deutschen, so wie es zu Zeiten Eisenhowers geschah. In der Tat birgt der gesamte Themenkomplex sozialpolitischen und gesellschaftlichen Sprengstoff. Für rauchende Köpfe bei manchen Militärs sorgen u.a. auch Berichte, dass Außerirdische bzw. UFOs massenweise Raketen mit atomaren Sprengköpfen untauglich gemacht haben und es immer wieder tun.[127] *Die Ohnmacht des irdischen Militärs gegenüber diesen offenbar dort verfügbaren Technologien ist nachvollziehbar ein Kopfschmerzthema für jeden selbstbewussten Soldaten auf der Erde.*
Dürfen wir hoffen, dass das uns bekannte Nuklearpotential sowohl der Russen, der Amerikaner als auch der Chinesen, Franzosen und Engländer am Ende aktuell gar nicht mehr einsatzfähig ist?
Sind möglicherweise alle Raketen flugunfähig oder von Radioaktivität befreit worden? Kein Zweifel: Dies ist ein Geheimnis der Militärs, für das jeder Staat töten ließe (und lässt?).
Es wird deutlich, dass gegen diese Mächte kaum eine Chance besteht. Mit diesen Mächten gemeinsam jedoch – dies wird auch deutlich – kann man viel erreichen. Diese Verlockung und die Gefahr einer potentiellen oder tatsächlichen Zusammenarbeit sind nachvollziehbar komplexe Charakteristiken einer Situation, der sich ganz bestimmt auch die deutsche Regierung gegenübersah, als sie darüber zu entscheiden hatte, welchen Weg sie gehen möchte.

Nach dem bisher Gelesenen scheint man sich für mindestens drei solcher Wege entschieden zu haben. Der Erste wäre die Gruppe der ***Thule-Gesellschaft****, die zwar eng mit höchsten Regierungskreisen vernetzt war, jedoch ausdrücklich die Genehmigung der Regierung zum eigenständigen Handeln hatte; dann die offizielle* ***militärische Fraktion****, die im Auftrag der Regierung unterwegs war; und als Drittes noch* ***das Volk****, das offenbar von allen diesbezüglichen Informationen ferngehalten wurde.*
Es gibt den vorliegenden Informationen nach möglicherweise eine enorm große Gruppe von Deutschen, die sich damals freiwillig oder in staatlichem Rahmen in den Weltraum abgesetzt und sich dort ein neues Leben aufgebaut hat. Allein dieser Satz muss inhaltlich erst einmal verdaut werden.
Die im Verlauf der letzten Seiten erwähnten technologischen Möglichkeiten sind im Vergleich zu dem, was aktuell „offiziell" auf der Erde zu haben ist, unglaublich weit fortgeschritten, aber zu einem sehr großen Teil doch nachvollziehbar, da sie logische Weiterentwicklungen bereits vorhandener Technologien darstellen.
Generell hat der Mensch von der Erde wohl auf einem Gebiet die größten Verständnisprobleme, nämlich wenn es um die Zeit geht und um Zeitreisen. Die Zeit als lineare Naturkonstante, die für unser biologisches Leben so unverrückbar wichtig erscheint, lässt sich schon aus heutiger schul-physikalischer Sicht kaum noch so argumentativ aufrecht erhalten, wie es in den vergangen Jahrhunderten die Pflicht eines jeden Erdenbürgers erschien. Fangen wir nun in der Tradition der Thule- und Vril-Gesellschaft an, den Blick einmal weiter zu fassen und ohne wissenschaftstradierte Zwänge auch neue Gedanken mit einzubeziehen, so wird das Bild der „Zeit" auf einmal schwammig und flexibel. Dies ist in der Tat eine Herausforderung für jeden Menschen, da solches Denken über das täglich Erlebbare weit hinausgeht.

Ich möchte daher versuchen, etwas Licht ins Dunkel zu bringen und Ihnen die Zeit als etwas vorstellen, was bekannt und doch ganz anders ist, als vermutet. Verborgene Möglichkeiten liegen in ihr versteckt, direkt vor unseren Augen, die einen sehr großen Einfluss auf unser Verständnis von Leben und Kosmos haben können.

6. Die Zeit – eine wissenschaftlich nutzbare Konstante?

Aus *Wikipedia* erfahren wir, dass unsere Sekunde heute als das „9.192.631.770-fache der Periodendauer der dem Übergang zwischen den beiden Hyperfeinstrukturniveaus des Grundzustandes von Atomen des Caesium-Isotops 133Cs entsprechenden Strahlung“[128] definiert wird. Diese, von dem Umlauf der Erde um die Sonne, dem eigentlichen Taktgeber, losgelöste Definition trat anstelle der alten Definition, wonach die Sekunde der „86.400ste Teil eines mittleren Sonnentages“ zu sein hat.

Zwar ist diese alte Definition nicht sehr genau, denn sie gilt ja nur an einem „mittleren Sonnentag“, aber sie lässt noch einen Bezug zur Natur erkennen und zum eigentlichen Hintergrund einer zeitlichen Einteilung. Die biologischen, physikalischen und chemischen Vorgänge benötigen Zeit, denn es gibt immer ein *Vorher*, ein *Jetzt* und ein *Danach*. Die zeitlichen Abläufe sind in biologischen Systemen oft an die Erde, den Mond oder die Sonne gekoppelt. Wir Menschen messen unsere Natur und versuchen, ihre Geheimnisse zu ergründen. Die Messungen, die wir dabei durchführen, stellen Ergebnisse in Einheiten vor, wie z.B. der Sekunde. Wenn wir nun die Definition der Sekunde abkoppeln von ihrer eigentlichen Herkunft als Teiler eines Sonnentages und einer Erddrehung, und an ein zufälligerweise in einem bestimmten Zahlenverhältnis zum Zeitpunkt der Festsetzung der Definition gleich langes anderes Ereignis im Zusammenhang mit dem Cäsium-Isotop koppeln, dann koppeln wir unsere Zeitmessungen nun also fortan an ein solches Cäsium-Isotop – nicht mehr aber an die Natur im Allgemeinen. Da die Natur normalerweise recht einfachen Regeln folgt, die sich in simplen Zahlenverhältnissen (wohlgemerkt, sehr selten in absoluten Zahlen!) ausdrücken, so sind nun unsere Messungen von Schwingungen also nicht mehr an die Natur und ein einfaches Zahlenverhältnis wie „86.400ste Teil eines mittleren Sonnentages“ gekoppelt. Im Buch „Weltverschwörung“ habe ich aufgezeigt, dass die ursprüngliche Sekunde auf der Erde einmal eine andere war. Da die Erde früher einmal 360 Tage für einen Umlauf um die Sonne brauchte und heute abnehmend 365,2425 Tage, ist das komplette, in einfachen Zahlenverhältnissen messbare System der Zeit auf der Erde aus den Fugen geraten. Was früher eine Sekunde war, ist heute ein Zeitraum, den wir zwar noch eine Sekunde nennen, der aber heute etwas länger ist als früher. Da wir Schwingungen in

„Bewegung pro Zeit", in „Schwingung pro Sekunde", genannt „Hertz", messen, sind unsere Ergebnisse heute demnach andere, als wenn wir dieselbe Messung einige tausend Jahre früher gemacht hätten, obwohl die Schwingung noch immer exakt dieselbe ist. Nur unser Messungszeitraum hat sich verlängert, ohne dass wir dies beachten. So wird zwangsläufig der wissenschaftliche Blick auf die möglicherweise vorhandenen sehr einfachen Zahlenverhältnisse verdeckt, da wir in einer „falschen" Zeiteinheit messen.

Wir Menschen betrachten die Sekunde als Einheit der Zeit gern als Konstante. Wir nutzen die Sekunde in allen erdenklichen Formeln und vertrauen auf die Richtigkeit der errechneten Ergebnisse. Die Zeit wird genauestens gemessen, meist mit Hilfe von Atomuhren. Und genau diese Atomuhren, die die Sekunde so genau messen können, sodass die Uhr in vielen tausend Jahren nur eine Sekunde falsch gehen würde, werden nun benutzt, um Vulkanausbrüche vorherzusagen.[129]

Wie geht das? Man hat festgestellt, dass Uhren, wenn man sie über einen kurz vor einem Ausbruch stehenden, mit sehr viel Masse gefüllten Vulkan bringt, eine langsamere Zeit messen. Lassen wir uns dies einmal auf der Zunge zergehen: Die genauesten Zeitmessinstrumente der Erde zeigen über einer großen Masse (= viel Gravitationskraft), dass die Zeit langsamer läuft. Es handelt sich hierbei keinesfalls um einen Messfehler. Die Messung erfolgt immer gleich. Der einzige Einfluss auf den Messvorgang kommt durch die Gravitation bzw. durch die Masse unter einer solchen Uhr. Die Zeit als solche ist also keineswegs konstant, sondern *relativ* – die Zeit steht in *Relation*, in Verbindung mit anderen Situationsfakten, wie in diesem Fall z.B. die Ansammlung von mehr Masse unterhalb der zeitmessenden Uhr.

Was ist denn nun die Zeit wirklich? Die Zeit empfinden wir als vierte Dimension zu den drei uns bekannten räumlichen Dimensionen. Dimensionen sind mathematisch auf die gleiche Art zu betrachten. Eine Dimension ist eine Dimension ist eine Dimension. Rein mathematisch bzw. physikalisch dürfen wir die Zeit nicht anders betrachten als die drei ersten, von uns als „räumlich" beschriebenen Dimensionen. Auch die Zeit ist eine Dimension im Raum. Ein „Zeitraum" ist eben wirklich ein *Raum*. Da die Zeit als räumliche Dimension zu betrachten ist, so ist dieser Raum selbstverständlich veränderbar.

Und natürlich kann man in diesem Raum reisen, vor und zurück, hin und her. Die Vorstellung, in der Zeit zurückzureisen, dürfte für viele Menschen schon recht schwierig sein; in die Zukunft zu reisen, noch viel mehr; und erst recht, wenn wir versuchen zu erkunden, wie es aussehen würde, wenn wir in der Zeit nach rechts oder links reisen würden, oben oder unten. Diese Vokabeln können tatsächlich in der Navigation durch die Zeit nur der Verdeutlichung dienen, technisch richtig sind sie hingegen nicht.

Mangels (offizieller) Erfahrungen in diesem Bereich erscheint jede Äußerung darüber zumindest im Lichte der Vermutungen.

Ich selbst hatte das Glück, ein Originalbauteil einer deutschen Konstruktion in den Händen zu halten, die dem Thema Zeitreise offenbar schon sehr, sehr nahe gekommen ist.

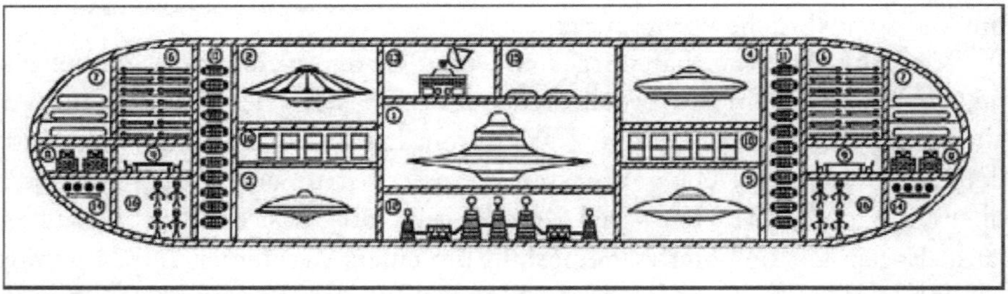

Abb. 144: *Andromeda-Gerät* im schematischen Querschnitt

Dem österreichischen Autor Norbert Jürgen Ratthofer wurden von der Wiener *Erbengemeinschaft der Tempelritter* Unterlagen übergeben, die Skizzen des sog. *Andromeda-Geräts* zeigen. Dass es auch zum Einsatz kam, das erfuhren wir bereits von Corey Goode. Es soll als eine Art Flugscheibenträger für große interstellare Reichweiten konzipiert gewesen sein. Ein Flugzeugträger auf hoher See wäre mit solch einem Zweck vergleichbar. Interstellare Räume lassen sich nur mit nicht-konventionellen Antrieben in angemessener Zeit durchqueren, weshalb davon auszugehen ist, dass in diesem Gefährt ein Antrieb neuer Bauart zu finden gewesen sein dürfte.

Aus der oben stehenden Bemerkung zu Atomuhren, die man zur Erdbebenvorhersage nutzt, ist bereits erkennbar, dass die Zeit offensichtlich mit der Gravitation korreliert, und zwar so, dass wenn mehr Gravitation vorhanden ist, die Zeit *langsamer* angezeigt wird und bei weniger Gravitation *schneller*. Das bedeutet nun für ein Raumschiff, welches einen Antigravitationsantrieb besitzt, dass es im Raumschiff und unmittelbar um das Raumschiff herum *keine* Gravitation, drei Dimensionen und/oder Zeit gibt. Dies bedeutet wiederum, dass die Zeit, die man *am* Raumschiff messen würde, sehr schnell vergehen würde. Reduziert man die Gravitation gegen Null, so sind sogar im Gegenzug Geschwindigkeiten in Richtung „unendlich“ im Rahmen des Möglichen.

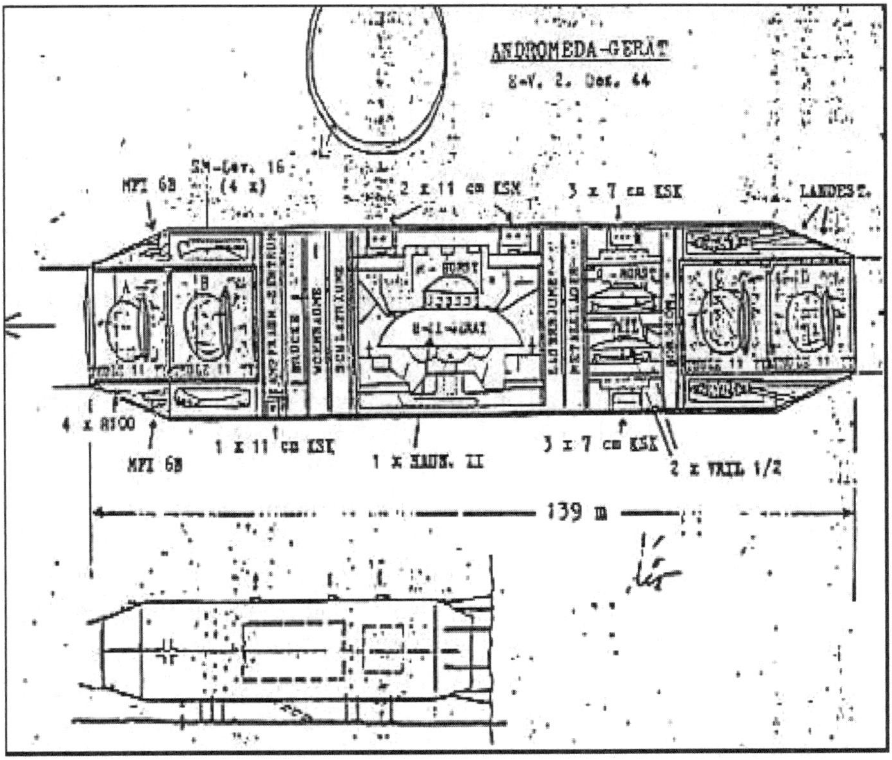

Abb. 145: Skizze des Aufbaus eines *Andromeda-Geräts* nach Ratthofers Unterlagen

Abb. 146: Zeigt diese Aufnahme ein *Andromeda-Gerät* über einem Flughafen?

Im Raumschiff selbst befindet man sich in einer Gravitationsblase. Null oder wenig Gravitation stellt für den menschlichen Körper eine auf Dauer tödliche Situation dar.

Bei den entsprechenden Versuchen in der Burg von Nagold zu der Versuchsreihe „Glocke“ hantierte man mit sehr schnell rotierenden Hohlzylindern, die mit Quecksilber gefüllt waren, welches, unter Spannung und Strom gesetzt, zusätzlich rotierte. Die so erreichten extrem hohen Umdrehungsgeschwindigkeiten sorgten für eine Aufhebung der Gravitation über der Apparatur – und für ein Zerfließen der Pflanzen in diesem Gebäudekomplex zu einer breiigen Masse innerhalb von wenigen Minuten. Letzten Endes starben innerhalb weniger Tage einige Wissenschaftler, die sich im Nahbereich dieses Versuchs aufgehalten hatten.

Die menschlichen und pflanzlichen Zellen sind auf Gravitation und Zeit angewiesen. Ohne diese Naturkraft und Dimension verlieren sie Struktur und Leben. Das bedeutet wiederum für die Benutzer eines Raumschiffes mit einem solchen Antrieb, dass sie als lebenserhaltende Maßnahme eine Technik an Bord installieren müssen, die ihnen eine künstliche Gravitation und Zeit zur Verfügung stellt – eine Referenz-Zeit, die auch zu Navigationszwecken unerlässlich ist und die das Überleben an Bord erst ermöglicht.

Und eben ein solches Gerät, einen Zeitimpulsgeber, habe ich in meinen eigenen Händen halten dürfen (Abb. 147). Auf dem Rahmen ist u.a. zu lesen: *„Projekt Chronos, Zeitimpulsator, Andromeda-Gerät“*. Die Apparatur selbst ist ein mechanisches Räder- und Federwerk, mit dessen Hilfe man durch Aufziehen einfache Impulse rhythmisch lebendigen Zellen und Organismen zur Verfügung stellen kann.

Abb. 147: Laut eingestanzter Typenbezeichnung ist dies ein *Zeitimpulsator, Projekt Chronos, Andromeda-Gerät.* Das Gerät wird mechanisch aufgezogen, und die Federkraft ist auch in einem gravitationsfreien Raum dazu in der Lage, die metallischen Arme in einem bestimmten Takt zu bewegen. Wichtig sind hierbei offenbar der 3/4- und der 5/6-Takt. Auf der Rückseite befindet sich eine aufziehbare Feder, sehr ähnlich der in einem analogen Reisewecker.

Die Zeit als Raum zu verstehen, verlangt dem Menschen viel ab. Es ist sehr schwer, sich in etwas hineinzudenken, was jeder von uns von Geburt an anders erlebt hat. Stellen Sie sich die Zeit als einen Laib Brot vor, einen kastenförmigen Brotkörper, den Sie nun in Scheiben schneiden. Das linke Ende des Brotes stellt den Beginn der Zeit dar, das rechte Ende das Ende der Zeit. Sie suchen sich eine Scheibe aus der Mitte heraus und stellen fest, dass dies die Zeitscheibe 10. Oktober 2017 ist. Sie sitzen jetzt gerade auf dieser Zeitscheibe und lesen ein Buch. Neben Ihnen steht eine große Uhr mit Datum. Ihre Position ist auf der Scheibe beispielsweise oben links. Unten rechts sitzt ein Astronaut auf der Internationalen Raumstation zur selben Zeit, ebenfalls ein Buch lesend. Auch neben ihm steht eine große Uhr mit Datum. Sie können einander durch ein Fernrohr sehen. Auf einer unendlich dünn geschnittenen nächsten Minutenscheibe wären Ihre beiden

Positionen noch immer unverändert. Er kann Sie, nach rechts schauend, auf seiner Zeitscheibe erkennen.

Nehmen wir nun einmal an, der Astronaut in der ISS verfügte über einen interstellaren Antrieb der neuesten Bauart und würde sich mit sehr hoher Geschwindigkeit von Ihnen fortbewegen. Dann flöge er recht schnell in Richtung des rechten Endes des Zeitbrotes. Wenn er während der gesamten Zeit seinen Blick durch sein Fernrohr auf Sie richtete, würde er Sie nach wie vor dort sitzen sehen, mit derselben Zeit und demselben Datum. Der Winkel jedoch, den sein Blick auf dem Zeitbrot beschriebe, würde spitzer und spitzer und immer mehr in Richtung Vergangenheit zeigen.

Das heißt, je schneller er sich bewegt, desto mehr muss er in die Vergangenheit schauen, um Sie noch in Ihrer Gegenwart erkennen zu können, auf Ihrer Zeitscheibe am 10. Oktober 2017. Würde er auf seiner Zeitscheibe nun einfach mal nach rechts schauen, sähe er nicht mehr Sie im Jahr 2017, sondern denselben Platz, möglicherweise immer noch mit Ihnen darauf, aber weit in der Zukunft. Würde er nun aufhören, sich zu bewegen und einfach nach rechts oben im Raum auf seiner Zeitscheibe gehen, wäre er bereits weit in der Zukunft und an Ihrem Platz angekommen. Umgekehrt können wir nun auch verstehen, was passiert, wenn der Astronaut sich auf Sie zubewegen würde. Täte er dies, wäre er mit seiner Technologie schneller bei Ihnen als das Licht. Das heißt, während Sie in seine Gegenwart schauen, sieht er Sie in der Vergangenheit. Je größer dabei die zurückgelegte Entfernung und je höher die Geschwindigkeit, desto früher in der Zeit würde er Sie bzw. den Raum, in dem Sie sich befinden, sehen.

Da die Zeit ein Raum ist, ein Raum, der mit der entsprechenden Technologie adäquat zu bereisen ist, stellen wir fest: Unter der Voraussetzung, dass wir über eine entsprechende Technologie des Reisens mit hoher Geschwindigkeit in Unabhängigkeit von der Gravitation (und somit der Zeit), verfügten, können wir nun erkennen, dass Zeitreisen in beide Richtungen machbar sind.

Die regelmäßig bei Humanoiden einsetzende Gehirnverdrehung setzt nun ein, wenn man sich der Konsequenzen dieser Feststellung bewusst wird. Wenn ich also sowohl in die Zukunft als auch die Vergangenheit schauen und reisen kann, dann muss diese existieren, und zwar zum Zeitpunkt des Schauens. Das bedeutet: Schaue ich *jetzt* in die Zukunft, so ist diese bereits da. Und selbstverständlich auch der gesamte zeitliche Ablauf bis dahin. Schaue ich in die Vergangenheit, so ist auch diese da. Sie ist noch immer vorhanden. Und natürlich auch der gesamte Ablauf bis zum jetzigen Zeitpunkt des Schauens.

Dies – folgen Sie mir bitte zur nächsten Gehirnverdrehung – bedeutet, dass alle Handlungen, die Sie jetzt gleich, in einer Minute, begehen werden, bereits passiert sind. Denn ich kann sie ja schon sehen. Und morgen werden sie immer noch passieren, denn ich kann sie ja in der Vergangenheit sehen. Der Zeitraum beinhaltet alle Zeit. Gestern – heute – morgen – immer. Es ist alles immer da. Alle Zeiten und alle Handlungen inkl. der Varianten dieser Handlungen. Was aber machen wir denn dann nun mit dem Thema „freier Wille"? Wenn die Zukunft bereits passiert, wenn die Vergangenheit noch immer geschieht, können wir dann tatsächlich frei entscheiden, was wir tun? Gleich? Morgen? In 10 Jahren? Was wäre, wenn Sie sich dazu entschließen, in die Vergangenheit zu reisen und sich selbst zu besuchen. Löschen Sie sich dann explosionsartig bei der Begegnung ihres Ichs aus? Oder werden Sie, sollten Sie sich zu einem Dauerbesuch und Bleiben entscheiden, fortan parallel in einer alten und einer jungen Ausgabe nebeneinander leben können? Vielleicht können wir aus dieser Sicht unser Tun und Denken aus einer Meta-Ebene heraus betrachten und vollkommen tiefenentspannt sagen: *„Macht nix, ist eh schon passiert!"*

Und wenn wir dann etwas zu ändern versuchen, stellt sich die Frage, ob wir in diesem Moment dann dabei sind, eine neue Version der Zeit zu erstellen bzw. ob wir gerade in der Zeit nach links oder rechts abgebogen sind, anstatt geradeaus weiterzugehen, wie wir es gewohnt sind. Geradeaus wäre es unsere „normale" Zeitschiene gewesen, links herum wird's nun „neu". Aber Tatsache dabei ist: es gäbe auch rechts. Oder oben. Und unten. Oder die vielen möglichen Grade in einem Kugelraum um uns herum, die wir auf diesem Zeitraumweg hätten einschlagen können – und die wir dann tatsächlich einschlagen. Denn es ist ja bereits alles vorhanden – alle Entscheidungen sind bereits gefällt. Und auch die Reaktionen darauf sind vielfältig und ebenso alle bereits passiert. Und die Reaktionen darauf und darauf und darauf. Die Zeit ist ein ungeheuer komplexer (auch im mathematischen Sinne) Raum, in dem im Zusammenspiel mit den anderen Dimensionen all unsere Leben in all ihren Varianten bereits vorhanden sind.

Stellen Sie sich einmal unsere drei bekannten räumlichen Dimensionen als ein dreiachsiges Raumkreuz vor, ein Koordinatensystem, welches in einer Kugel eingebettet mitten im Raum vor Ihnen schwebt. Die Zeit können Sie sich nun als den Kugelraum um dieses Koordinatenkreuz vorstellen. Dieser Raum ist in diesem Fall kugelförmig und unendlich groß. Nun können Sie das Raumkreuz innerhalb dieser Zeitkugel beliebig drehen und wenden und erhalten immer eine neue Situation der Zeit und des Raumes in der Zeit. Nun haben Sie vier Dimensionen vor sich. Bewegen Sie nun diese rotierende Kugel innerhalb des Raumes, in dem die Kugel schwebt, dann haben Sie die fünfte Dimension. Und die sechste könnte beispielsweise noch der Zeitraum sein, den die Kugel benötigt, um von A nach B zu kommen in dieser fünften Dimension.

Dies alles sind nur Beispiele, um Ihnen zu verdeutlichen, dass das Spiel und der Umgang mit Dimensionen mathematisch machbar sind, und somit auch physikalisch. In Ihrer Lebenswelt können Sie einen Raum betreten, sich in ihm frei bewegen und ihn wieder verlassen. Und genauso verhält es sich auch mit der Zeit.

Nehmen wir nun also einmal an, Sie säßen jetzt in einer Kapsel mit einem starken, schnell rotierenden Magnetfeld, welches Sie von der Zeit und Umgebung um Sie herum abkoppelt. Selbstverständlich haben Sie solch einen Zeitimpulsator an Bord, damit Sie nicht zu Brei zerfließen. Sie können sich nun innerhalb des Raumes und der Zeit frei bewegen.

Und stellen Sie sich bitte einmal vor, Sie besäßen in diesem großen Luxuszeitraumschiff noch ein zweites, kleines, Sportzeitraumschiff. Und während Sie mit dem ersten, großen durch die Zeit springen, starten Sie das kleine Sportzeitraumschiff auch und koppeln sich mit einem schnell rotierenden Magnetfeld von dem großen Zeitraumschiff ab. Wo werden Sie dann landen?

Wir werden uns in den nächsten Jahren und Jahrzehnten Stück für Stück auf immer mehr Wissen und Enthüllungen gefasst machen müssen. Vielleicht, so hoffe ich, geht es auch alles erheblich schneller.

Zeitreisen kann man entweder mit entsprechender Technik machen, oder indem man natürliche Portale nutzt. Solche Portale wurden von Corey Goode in seinen Interviews ausdrücklich angesprochen und beschrieben. Ich gehe davon aus, dass Sie als Kind in der Schule ein bisschen aufgepasst haben und vielleicht ähnlich wie ich von Dinosauriern fasziniert waren. Dinosaurier sind bekanntlich Tiere und machen auf mich ganz persönlich aufgrund ihrer physiologischen Merkmale nicht den Eindruck, als könnten sie technologisch hochstehende Portaltechnologie entwickeln. Das hier gezeigte Foto aus dem Jahre 1864 stellt deshalb aus meiner Sicht einen Beweis dafür dar, dass es tatsächlich natürliche Portale geben muss, die sich lokal zeitweise öffnen und schließen. Während des amerikanischen Bürgerkriegs machten einige Soldaten in der Nähe von Vicksburg, Arizona, diese Aufnahme und vermeldeten stolz den Abschuss eines *„sehr großen Vogels"*.

Abb. 148: Ein im amerikanischen Bürgerkrieg erjagter Flugssaurier

Wie man sehen kann, handelt es sich bei diesem Vogel um einen Pteranodon, der zum Zeitpunkt, als diese Soldaten etwas zu viel Freizeit hatten ganz bestimmt schon sehr, sehr lange hätte ausgestorben sein müssen.

Für technikbasierte Portale gibt es einige Aufnahmen im Internet zu sehen. So gibt es beispielsweise etliche Videos mit sehr verwirrenden Aufnahmen über Autos, die von Straßen verschwinden – einfach so, in einem Lichtball.

Abb. 149: Auto verschwindet in Portal

In dem Video[130] ist deutlich zu erkennen, wie sehr gezielt auf dieses Fahrzeug von links oben ein Lichtball sehr schnell herunterfliegt und das Fahrzeug verschwinden lässt. Es gibt weitere Videos[131] zu diesem Thema, allen gemeinsam ist immer wieder derselbe Ablauf: Es gibt einen Lichtball, und das Fahrzeug verschwindet – oder taucht auf.

Abb. 150: Auto verschwindet in Portal

In einigen dieser Videos finden solche Vorfälle direkt über Kontaktschleifen statt, die in den Asphalt eingelassen sind. Ob dies ein Zufall ist oder ein Zeichen dafür, dass hier regulär verlegte Verkehrstechnik zweckentfremdet wird (und von wem), bleibt offen.

Ich würde gern einmal mit jemandem sprechen, der in einem solchen Auto saß. Dies blieb mir aber leider bisher verwehrt. Andere Aufnahmen in diesen Videos zeigen sogar Flugzeuge, die in solchen Lichtkugeln verschwinden. Die heutige Computertechnik bietet zweifelsohne die Möglichkeiten, dies alles sehr realistisch aussehend herzustellen. Es lässt sich jedoch festhalten, dass es sehr viele verschiedene Videos von sehr vielen verschiedenen Nutzern gibt, die wiederum zu sehr vielen verschiedenen Zeiten, Orten, Ländern und Themen ins Internet gestellt wurden. Zweifelsohne bliebe auch hier die Möglichkeit offen, dass es sich bei all diesen Videos ausnahmslos um Fälschungen handelt. Es lässt sich jedoch keine eindeutige Handschrift eines Filmemachers erkennen, auch sind die Lichtkugeln zwar immer da, aber immer leicht anders.

Deshalb wäre es sehr interessant, eine Aufnahme zu finden, die solche oder andere Auffälligkeiten zeigt und die aus einem Jahr stammt, in dem es ganz bestimmt keine ausreichende Computertechnik zur Fälschung solcher Filme gab. Ein Beispiel könnte solch ein Film sein, von dem ich hier nur eine Momentaufnahme zeigen kann.

Abb. 151: Mobiltelefon in den 1930er-Jahren?

Im Film „Der Zirkus" von Charlie Chaplin gibt es eine Szene, in der ein Stoffzebra sehr groß im Vordergrund gezeigt wird.[132] Im Hintergrund läuft eine ältere Dame mit Hut, die ganz offensichtlich in ein Gerät spricht, welches sie sich ans Ohr hält – also die typische Telefonierhaltung. Das Bild hier links zeigt aus der gleichen Zeit Aufnahmen aus einem Filmstudio, und man gewinnt beim Anschauen dieses Videos sehr deutlich den Eindruck, als telefoniere die Dame rechts mit einem Klapphandy. Die Damen um sie herum scheinen nichts Besonderes an ihrem Verhalten zu finden.

Wenn wir jetzt also wissen, wonach wir suchen müssen, wer weiß, was sich sonst noch so alles findet?

Da wir nun bereits gelernt haben (S. 75), dass die Beobachtungen eines Zeitreisenden jeweils individuell sind und sich von anderen, die dieselbe Zeit bereisen, teilweise gravierend unterscheiden können, möchte ich noch einmal auf die Vorhersagen und Prophezeiungen zu sprechen kommen.

Es gibt haufenweise Prophezeiungen, die in der Vergangenheit auch teilweise sehr genau eingetroffen sind. Manches war exakt vorhergesehen, manches zwar sehr detailreich und richtig beschrieben, war jedoch zeitversetzt eingetreten, manches blieb bis heute unerfüllt. Bei so mancher bis heute nicht realisierten Prophezeiung muss man sagen: zum Glück! Jede dieser Prophezeiungen betraf die individuelle, ganz persönliche Sichtweise einer einzelnen Person auf die Zukunft. Alle diese Personen haben tatsächlich gesehen, was sie uns berichteten (so nehmen wir einmal positiv denkend an). Das heißt aber noch lange nicht, dass alle diese Dinge auch exakt so eintreffen werden. Für alle Prophezeiungen, gleich welcher Zeit, welchen Ortes und welcher Art, gilt, dass sie, um einzutreffen, von allen Beteiligten als „wahr" anerkannt werden und durch deren jeweiliges Unterbewusstsein als zutreffend markiert werden müssen.

Passiert dies nicht, so treffen diese Prophezeiungen auch nicht ein. Das Kollektivbewusstsein der Menschen hat offenbar eine andere, sehr viel positivere Vorstellung der Zukunft als einige dieser Seher und Wahrsager. Und das Kollektivbewusstsein der Menschen ist die entscheidende Kraft, die tatsächlich unsere Zukunft formt. Die Menschheit geht ihren Weg durch die Zeit, wie es die Gemeinschaft aller Beteiligten für richtig hält. Andere Ereignisse und Abläufe, wie teilweise von Sehern vorhergesehen, wären möglich, treten jedoch keineswegs zwingend auf dem von der Menschheit bewusst gewählten Weg ein.

Alle Entscheidungen der Menschheit sind bereits getroffen, denn die Zukunft existiert bereits und die Vergangenheit noch immer. Jedoch sind die Entscheidungen in diesem riesigen *Zeitraum*, der einem Wasserbehälter gleicht, gleich einem Schimmer im Sonnenlicht – sie differieren, je nach Ablauf der Schwimmbewegungen, die das Bewusstsein der Menschheit auf diesem Weg wählt. Entscheidungen, die uns aus der Vergangenheit als „sicher" und als „Realität" überliefert wurden, sind es bei tatsächlicher Betrachtung gar nicht bzw. ändern sich, je nachdem, wer nachsieht. Die Zeit, und damit der Ablauf der Dinge im Universum, ist so flexibel, dass mit verschiedenen Entscheidungen der Vergangenheit dennoch dieselbe Gegenwart erreicht werden kann. Je nachdem, welchen Weg die Menschheit einschlägt, wird irgendwann in der Zukunft sich jemand unsere Gegenwart anschauen und dann feststellen, dass vieles unwichtig war und nur wenige wirklich wichtige Entscheidungen getroffen worden sind, die richtungsweisend waren.

Ich schlage daher vor, dass wir uns durch keinerlei Vorhersage mehr negativ beeinflussen lassen, denn das Kollektivbewusstsein der Menschheit hat uns bereits bewiesen, dass die große Masse der Menschen sehr positiv denkt und uns eine dementsprechende Gegenwart geschenkt hat. Um wie viel positiver könnte unsere Gegenwart sein, wenn wir uns alle dieser *Tatsache* noch viel bewusster wären?

Werden wir alle also möglicherweise in naher Zukunft die Möglichkeit bekommen, in der Zeit zu reisen? Sind wir dafür schon reif?
Wer wird über die Eignung für Zeitreisen entscheiden? Wird man einen Führerschein machen? Welche Auswirkungen würde eine solche Möglichkeit für den bisherigen Ablauf der Geschichte für uns bedeuten? Welchen Einfluss hatten wohl bisher bereits gemachte Zeitreisen auf den Ablauf der Geschichte der verschiedenen Länder? Wie wirkt sich ein geänderter Geschichtsablauf für jemanden aus, der von den betroffenen Details noch nie gehört hatte? Und wie wirken sich solche Veränderungsreisen auf schwerwiegende Ereignisse unserer Geschichte aus, wie z.B. wer den Zweiten Weltkrieg gewonnen hat?
Würde jemand den Gewinner des Krieges im Nachhinein ändern, wie würde sich das auf die aktuell in der jeweils durch die Änderung betroffenen Realität auswirken? Können wir, für die ganz eindeutig klar ist, dass die Deutschen den Krieg verloren haben, eindeutig feststellen, ob unsere Realität die tatsächlich ursprüngliche „echte" Realität ist? Können wir trotz gravierender technologischer Vorteile der Deutschen ganz eindeutig wissen, dass die Deutschen den Krieg dennoch verloren haben?
Gibt es so etwas wie eine „echte" und eine „verfälschte" Realität überhaupt? Oder sind alle Realitäten gleichberechtigt nebeneinander gültig?
In der Fernsehserie „The Man in the High Castle" wird genau dieses Szenario besprochen. Die Deutschen hätten den Krieg dank herausragender technologischer Vorteile gewonnen und das Deutsche Reich über den gesamten Kontinent Afrika, Nordamerika im Westen bis Nevada und im Osten bis Asien ausgebaut. Der Rest unterliegt dem japanischen Kaiserreich. Sicherlich handelt es sich hierbei um eine Fiktion der Produzenten dieser Serie, und auch die im Detail ausgeschmückten Eigenschaften und Ereignisketten, unter denen die Protagonisten der Serie zu leiden haben, sind keinesfalls frei von Vorurteilen, sondern strotzen geradezu vor ihnen. Doch mit der Kenntnis der Möglichkeit der Zeitreisen besteht gleichzeitig auch die Möglichkeit, dass wir neben der uns vertrauten Realität vielleicht noch eine, vielleicht sogar mehrere, anders ablaufende Realitäten haben.
Und in diese könnten wir dank Zeitreisetechnik, die ja nicht nur vor und zurück, sondern auch rechts und links, oben und unten funktioniert, sogar reisen – zweifelsohne ein komplexes Gedankenkonstrukt, das aber keineswegs irreal, sondern auf einmal sehr real erscheint.

Da es so viele, sich so gravierend unterscheidende Realitäten geben kann, stellt sich die Frage, welcher Sinn dahinter steckt. Ist nicht alles nur eine Bühne, auf deren Brettern gleich mehrere Welten Bedeutung finden und viele unterschiedliche Seelen sehr viele unterschiedliche Dinge lernen können?

Vielleicht haben Verbrecher aus der einen Realität in einer anderen einen Lebenslauf als Wohltäter? Ohne eine Bewertung wie „richtig" oder „falsch", „gut" oder „böse" bleiben nur noch unterschiedliche Erfahrungen, die es zu durchleben gilt.

Unsere Realität hat uns gelehrt aufzupassen, dass, wenn wir etwas Verbotenes tun, wir dies doch bitteschön im Verborgenen tun sollten – damit es unentdeckt bleibt. Im Verborgenen laufen daher allerlei Dinge ab, die wir nicht wissen. Nicht nur UFO-Technologie wird hier und da hergestellt und eingesetzt, sondern auch ganz andere, normalere Dinge werden vor unseren Augen verborgen. Auch Unternehmen und Privatleute nutzen die Verborgenheit gern, um Dinge zu verstecken und privat zu halten.

Stellen wir uns einmal vor, es gäbe auf einmal die Möglichkeit, alle diese verborgenen Geheimnisse aufzudecken. Ein Riesenspaß? Eine Riesensauerei? Ein immenses Risiko? Eine unbedingt aufzuhaltende Gefahr? Oder eine einmalige Chance für die Menschen, sich weiterzuentwickeln?
Wäre die Offenbarung jedweder Handlungen eines jeden Einzelnen gegenüber allen anderen nicht eine sehr starke Motivation, immer nur Gutes zu tun und nie jemand anderem absichtlich etwas Schlechtes zuzufügen?
Oder wäre der Druck auf den eigenen moralischen Kompass so groß, dass Menschen unter einer solchen Last zerbrechen würden?

Wir haben bereits gesehen, dass Maßstäbe und Meinungen schnell in Situationen kommen können, in denen sie relativiert und angepasst werden müssen. Nicht jeder kann das „einfach so", und gerade wenn es um grundsätzliche Dinge unseres täglichen Lebens geht, hat eigentlich jeder Mensch mit einer umwälzenden Veränderung Probleme, so vielleicht auch, wenn es um die eigene Privatsphäre geht.

7. Technologien und die Privatsphäre – ein Exkurs

Die älteren und nicht mehr ganz jungen Semester unter den Lesern – nehmen wir einmal spaßeshalber, und ohne jemandem zu nahe treten zu wollen, alle Geburtsjahrgänge vor 1980 – kennen noch Zeiten ohne Mobiltelefone, Zeiten mit nur drei Fernsehprogrammen, ohne Navigationssystem und ohne GPS, ohne Mautbrücken und ohne nahezu flächendeckende Videoüberwachung.

Dies war das Ende der Epoche, in der es eine gut geschützte Privatsphäre gab. Jedermann konnte in seinem Hinterhof, auf der Geschäftsreise oder im Auto reden und sagen, was er wollte, und sogar tun, was ihm oder ihr beliebte. Niemand konnte anschließend nachprüfen, was wirklich gewesen war. Alle oben genannten Personen, vielleicht sogar die jüngeren, stellen nun in den vergangenen Jahren fest, dass staatliche und private Organisationen mehr und mehr Informationen über jeden Einzelnen sammeln und auswerten. Telefone werden von automatischen Systemen abgehört, Stimmen- und Stichworterkennung ermöglichen eine dauerhafte Rasterfahndung nach beliebigen Gesichtspunkten, Emails werden von Programmen nach Stichworten durchforstet und systematisch die besuchten Seiten im Internet gespeichert und nach potentiell interessanten, verdächtigen oder auffälligen Merkmalen analysiert. *Facebook* speichert nach Belieben Daten über Familie, Freunde und Privatleben, die der Nutzer sogar freiwillig zur Verfügung stellt. Gesichter werden bald weltweit und sogar, wenn sie von hinten fotografiert wurden, erkannt. *Google* und ähnliche Dienste speichern unser Suchverhalten und können so komplette Persönlichkeitsprofile erstellen. Der Staat greift munter auf beliebige Konten zu und schaut sich die dort lagernden Gelder und deren Herkunft an und gleicht sie mit den Steuererklärungen ab, die Mautbrücken erstellen Bewegungsprofile und erkennen Muster, automatische Kameras gleichen in sekundenschnelle Kennzeichen ab auf eventuell fällige Steuern oder Strafzettel, sodass man bei der nächsten Ausfahrt dann von mehr oder weniger freundlichen Herren in Uniform zur Kasse gebeten wird. Oder kurz zusammengefasst: die Privatsphäre ist dahin!

Wir könnten nun mit aller Gewalt, wenn wir sie denn bündeln könnten, dagegen angehen und versuchen, diese politische Landschaft zu ändern. Die dabei auftretenden Schwierigkeiten bei der gemeinsamen Meinungsbildung als Grundlage für solch einen Wandel wären ohne Frage gigantisch. Es gibt allerdings auch noch eine ganz andere Seite dieser Situation, nämlich eine technologische. Und dieser technologische Aspekt wiederum teilt sich grob in zwei Richtungen auf. In der einen geht es um den sogenannten *Chronovisor*. Im *Hesper-Verlag* erschien unter dem Titel „Das Geheimnis des Pater Ernetti – Die Zeitmaschine im Vatikan“ ein Buch, in dem die wesentlichen Details dargelegt werden. Es besteht berechtigter Grund zur Annahme, dass der besagte Pater Ernetti eine Maschine entwickelt hatte, die das Leben eines jeden Menschen in Bild und Ton wiedergeben konnte. Diese Maschine bestand aus sehr vielen verschieden geformten Antennen aus etlichen verschiedenen Materialien, um jede nur erdenkliche Art von Welle empfangen zu können, und aus einer Empfangseinheit sehr ähnlich der eines Fernsehers. Man musste die Maschine auf die individuelle Frequenz des jeweiligen Menschen justieren und konnte dann dessen Leben zu beliebigen Orten und Zeiten sichtbar machen.

Egal, in welchem Zeitalter dieser Mensch gelebt hatte, jede Sekunde konnte angezeigt werden, und die geheimsten Situationen wurden offenbar. Es existierten ursprünglich mindestens zwei Exemplare dieser Maschine, möglicherweise wurde eine zerstört, die andere befindet sich möglicherweise, eventuell in zerlegtem Zustand, im Vatikan. Offizielle Beweise hierfür gibt es nicht. Die technologische Erklärung jedoch erscheint aus dem bereits gelesenen Kapitel über die Zeit sehr nachvollziehbar. Ist dieser Chronovisor also eine Art Fernglas für den gesamten „Zeitraum“?

Man spricht oft von einem *Morphogenetischen Feld*, in dem alle Informationen enthalten seien: unsere Gedanken, Gefühle, aber auch Wissen und Einzelheiten unseres täglichen Lebens. Wir haben im vergangenen Jahrhundert Informationen mit Magnetbändern in Bild und Ton festgehalten, gespeichert und wiedergegeben, also magnetisch. Was wäre, wenn wir für das Morphogenetische Feld ein falsches Wort verwenden? Wenn es stattdessen viel treffender *Morphomagnetisches Feld* heißen müsste? Dann würde sich automatisch und leicht erklären, wie man mit Hilfe eines Chronovisors tatsächlich in einem solchen Feld gespeicherte Informationen, ähnlich wie bei einer Festplatte für den Computer, die Informationen, ebenfalls magnetisch speichert, anzapfen und wiedergeben könnte. Es ließe sich obendrein zusätzlich vielleicht auch eine Bestätigung dafür finden, dass es tatsächlich neben den Stromteilchen (Elektronen) auch Magnetteilchen (Magnetronen) gibt, wie es Edward Leedskalnin[133] in seinem autodidaktischen Erklärungsversuch postulierte. (Edward Leedskalnin war ein lettischer Bildhauer, der nach Florida immigrierte und dort aus bis zu 30 Tonnen schweren Steinblöcken ganz alleine und ohne Kran sein *Coral Castle* erbaute. Leedskalnin: *„Ich habe die Geheimnisse der Pyramiden entdeckt. Ich habe herausgefunden, wie die Ägypter und die alten Baumeister in Peru, Yucatan und Asien, nur mit primitiven Werkzeugen viele Tonnen wiegende Steinblöcke hoben und an ihren Platz setzten.*")

Bei einer anderen Erfindung geht es um eine neue Technologie, deren Existenz, im Gegensatz zum Chronovisor, ohne Probleme jederzeit belegt werden kann. Es handelt sich um eine u.a. in der Zeitschrift *Raum & Zeit* in einem Sonderdruck mit dem Untertitel „Sensation in der Geophysik: Scan-Verfahren" vorgestellte Technologie zur Erderkundung. Kurz zusammengefasst, können mit diesem Verfahren beliebige Stellen der Erde bis in eine Tiefe von 6.000 m durchleuchtet und alle darin vorkommenden Rohstoffe und Anomalien samt Tiefenangabe und genauen Koordinaten angegeben werden. Egal, ob Kupfervorkommen, Wasserläufe, Eisenerz, Bergwerkstollen, Gold, Diamanten, Bunker, Tunnel oder Tresore – alles, ausnahmslos alles wird offenbar. Jede noch so geheime staatliche Einrichtung, sei es nun militärisch oder behördlich, kann bis in jede kleinste Einzelheit präzise dargestellt werden. Eine weitere Technologie liefert ähnliche Ergebnisse, funktioniert jedoch anders. Hier wird aus einem Flugzeug die Erdoberfläche mit einem Laser und einer speziellen Radiofrequenz abgetastet. Das Ergebnis ist einerseits eine exakte Wiedergabe der Oberfläche durch die Laser-Abtastung, das andere eine Darstellung der Erdinhalte bis in eine Tiefe von ca. zehn Kilometern.

Beide Technologien ermöglichen also eine sehr exakte Darstellung und Messung von vorhandenen Bodenschätzen. Dies steht im krassen Gegensatz zur etablierten geologischen Exploration, wo man mit Wahrscheinlichkeiten arbeitet, die man anhand von Probebohrungen, Vibrationsmessungen und Ähnlichem erarbeitet. Diese alten Arbeitsmethoden bedeuten Monate vor Ort, Millionen an finanziellem Aufwand für Bohrungen bis in sehr große Tiefen, wobei dabei selten mehr als wenige Kilometer erreicht werden. Die neuen Methoden hingegen ermöglichen exakte Werte innerhalb kürzester Zeit, und dies zu einem erheblich geringeren Preis. Und obendrein nützt hier kein Verstecken mehr. Keine Absperrung kann eine mathematische Methode aussperren. Kein abgeschirmtes Sperrgebiet ist „sicher" vor diesen Methoden, allerdings natürlich auch kein Privathaushalt! Wäre diese Technologie öffentlich für jedermann zugänglich, würde man vermutlich schnell eine Einbruchserie hervorrufen, und jedes militärische Geheimnis unter der Erde unterstünde mit für jedermann freiem Zugang zu dieser Technologie ab sofort dem Risiko der Aufdeckung.

Wir sehen anhand dieser Beispiele, dass sich die Situation bezüglich der Privatsphäre gründlich verändert hat. Im Gegensatz zu früher muss nun nicht nur der kleine Privatmann um seine Privatsphäre bangen, sondern auch jede noch so große staatliche oder private Organisation, denn niemand kann vor dieser Technologie etwas geheim halten. Sollte es den Chronovisor gegeben haben oder noch immer geben, wird nun schnell klar, warum alles dafür getan wurde, dies geheim zu halten. Die Angst, gerade in den gehobenen Kreisen, ist groß, und es schlottern die Knie. Je höher man auf der Machtleiter emporklimmt, desto größer werden die Möglichkeiten und auch die Versuchung, bestimmte Machtinstrumente auch mal ohne oder sogar gegen die eigene moralische Überzeugung (wenn denn eine vorhanden ist) einzusetzen. Dementsprechend kann und darf nicht sein, dass *jeder* ausnahmslos überwacht werden kann, ohne Rücksicht auf Rang, Namen und Stellung. Deshalb ist diese Technologie so umwälzend. Sie ist bereits da, und es gibt keinen Weg mehr zurück. Hier tritt offen zutage, was uns in der Zukunft noch schwer zu schaffen machen wird: Der Begriff der Privatsphäre wird sich inhaltlich gründlich ändern, denn die Privatsphäre, wie wir sie kennengelernt haben, gibt es ab sofort nicht mehr. Ein politischer Wandel lässt sich vielleicht aufhalten. Eine Technologie jedoch, die bereits offen am Markt zu erhalten und zu nutzen ist, lässt sich nicht wieder ausbremsen. In der Vergangenheit sind schon häufig politische Wandel rückgängig gemacht worden. Der technologische Fortschritt jedoch war unaufhaltsam und unumkehrbar.

Hier nun ein kurzer Exkurs zu der Funktionsweise dieser Technologie des Scan-Verfahrens. Das Licht, welches wir als Menschen sehen, ist nur ein sehr kleiner Teil dessen, was als Welle von der Sonne bei uns auf der Erde landet. Stellen wir uns einmal vor, wie ein Paket verschiedener Wellenlängen des gesamten Lichtspektrums von der Sonne hier auf der Erde ankommt. Es trifft auf Wasserteilchen und verschiedene Gase in der Atmosphäre, wodurch wir durch Lichtbrechung den Eindruck gewinnen, der Himmel wäre blau. Dann trifft das Licht auf Erde, Straßen und Häuser, und wir bekommen einen farbigen Eindruck dieser Dinge, weil das Licht teilweise absorbiert wird.

Schauen Sie sich Ihre Hand an. Sie ist vollkommen undurchsichtig, richtig? Halten Sie jetzt eine Taschenlampe vor eine Ihrer Fingerkuppen, schalten Sie die Lampe ein. Was sehen Sie? Sie sehen Ihren Finger leuchten! Weil das Licht teilweise hindurchgeht. Halten Sie dieselbe Lampe nun bei jemand anderem vor die Finger. Es wird sich möglicherweise schon mit bloßem Auge ein Farbunterschied erkennen lassen. Der eine hat mehr Sauerstoff im Blut als der andere (es folgt daraus eine Färbung ins Blaue), der Nächste hat mehr Hautschichten (analog in der Erde andere Ablagerungen bzw. Mineralien). Das ankommende Licht dringt in die Erde ein, tiefer und tiefer. Ab und zu wird etwas reflektiert, etwas absorbiert und irgendwann ist Schluss. Die wenigen Lichtteilchen und -wellen, die an irgendwelchen Atomen im Erdinneren reflektiert wurden, wandern nun wieder in Richtung Erdoberfläche. Nur ein sehr kleiner Anteil dieser Teilchen wird es bis ganz nach oben schaffen. Aber die Lichtteilchen, die es schaffen, tragen in sich die Frequenzen der Stoffe, von denen sie im Erdinneren abgelenkt wurden. Und diese Änderungen sind messbar. Die entstandenen kleinsten Anomalien, die in komplizierten Rechenverfahren mit den *Maxwell'schen Gleichungen* entschlüsselt werden können, geben dann Auskunft über die Bodenschätze oder Anomalien unter der Erdoberfläche. So lässt sich mit Hilfe des Scan-Verfahrens jede Art von Mineralisierung, also Eisenvorkommen, Kupfer, Gold, Silber, aber auch Wasser und sogar Höhlen, ganz klar erkennen und abtasten. Was auch immer und wer auch immer in jüngerer oder älterer Vergangenheit unter der Erde zu verbergen versucht hat: Es kommt ans Licht! Jeder Bunker, jeder Tresor, jede unterirdische Stadt für VIPs, jedes Goldlager, jeder Geheimgang – alles wird sichtbar, und dies bis in eine Tiefe von 6.000 Metern!

Die heißgeliebte Privatsphäre scheint unrettbar verloren. Zwar wird es eine mehr oder weniger kurze Übergangsphase geben, bis die Technologie jedermann oder wenigstens breiten Kreisen zugänglich ist, aber wir können dies jetzt schon absehen. Es sind neben diesen zwei erwähnten Technologien, die von mehr als jeweils einer Partei ausgeführt werden, in den letzten Jahren weitere andere hinzugekommen. Teilweise arbeiten sie vom Flugzeug aus, teilweise von Satelliten, teilweise vom Boden aus. Die Ergebnisse sind dementsprechend leicht unterschiedlich, aber vom generellen Leistungsumfang her können sie durchaus verglichen werden.

Staatliche oder auch private Institutionen, denen es bisher gelang, bestimmte Sachverhalte vor der Öffentlichkeit fern und geheim zu halten, werden über kurz oder lang entdeckt und zugeben müssen, was da im Verborgenen läuft. Die Goldreserven der USA, die geheimen Städte für VIPs, die Pyramiden weltweit, Königsgräber flächendeckend über den Planeten, über und über mit Schätzen vollgestopft, die Ursprünge unserer Menschheit, die Bautätigkeiten unserer Vorgänger, alles wird in den nächsten Jahren ans Licht kommen. Über die USA wird nun mit den Ergebnissen dieser Technologie klar, dass diese tatsächlich noch Gold von mehr als 8.000 Tonnen in Fort Knox lagern, ganz im Gegensatz zu dem in „verschwörungstheoretischen Kreisen" sehr gern kolportierten Verkauf allen Goldes schon vor einigen Jahren. Aber die USA haben bei weitem nicht die größten Reserven des Planeten. China als Staat besitzt offiziell mehr als 10.000 Tonnen, und sogar mehr als 30.000 Tonnen befinden sich im Besitz zweier Familien. Eine weitere erheblich größere Reserve bleibt an dieser Stelle ungenannt. Russland baut zwar Goldreserven erst Stück für Stück auf, besitzt aber dafür zwei kürzlich gefundene, riesige, ovale, aus purem Gold gefertigte Raumschiffe, die weder einen Eingang zu besitzen scheinen, noch sich ihrem anzunehmenden Gewicht entsprechend verhalten und einfach in der unterirdischen Höhle, in der sie gefunden wurden, schweben.

Für die staatlichen Organisationen heißt es also: *„Zieht euch warm an!"* Wir stellen ein hoffentlich letztes Aufbäumen gegen eine bessere, gerechtere Welt fest. Mit aller Gewalt versucht die ISIS (nachdem Al Kaida offenbar zum zahnlosen Tiger degradiert worden ist), den von Albert Pike geplanten Krieg zwischen Christen und Moslems vom Zaun zu brechen. Was glauben Sie, wie die ISIS auf einmal zu mehreren hundert nagelneuen *Toyota*-Fahrzeugen gekommen ist?[134] Ist *Toyota* als edler Spender aufgetreten oder hat da wohl eher irgendjemand deren Rechnungen bezahlt? Und was ist mit ihren Waffen? Selbst Ölgeschäfte werden in Milliardenhöhe mit der ISIS abgeschlossen. Nach dem Eintritt der russischen Luftwaffe in die Streitigkeiten wurde schnell klar, dass die russischen Maschinen nicht nur ISIS-Stellungen in Syrien bombardieren, sondern auch die der sogenannten

„Rebellen“ (die übrigens regelmäßig ein monatliches Gehalt aus Israel beziehen[135]). Diese „Rebellen“ befinden sich oft am selben Punkt wie die ISIS. Wurden die Rebellenstellungen bombardiert und ISIS getroffen, reagierte die CIA sehr verschnupft: Schließlich waren das deren Leute, deren Material, deren Kommandos... Doch nicht nur die CIA, selbst die Bundeswehr arbeitet munter Hand in Hand mit der ISIS und lässt dann auch noch tragischerweise einige ihrer Offiziere aus hohen militärischen Positionen in ISIS-Bunkern verhaften.[136] Selbst namhafte US-Historiker sehen vollkommen politisch unkorrekte Zusammenhänge: Der US-Historiker Eric Zuesse sieht den Hauptgrund für die derzeitige Flüchtlingswelle in Europa in der US-Außenpolitik der letzten Jahre. Die USA hätten Libyen, Syrien und schließlich die Ukraine gezielt destabilisiert, um Russland zu schwächen. Dass Europa ebenfalls enormen Schaden nimmt, würde die US-Regierung dabei billigend in Kauf nehmen.[137]

Für die einzelnen Menschen heißt es in zunehmendem Maße: Nichts, aber auch wirklich gar nichts, was man tut oder denkt, bleibt verborgen. Immer schneller wird in Zukunft alles Übel offenbar werden, und der Einzelne wird die Konsequenzen seines Tuns tragen müssen. Ist dies der finale Tritt in den Hintern der Menschheit, dass wir uns endlich am Riemen reißen sollen, auf dass wir bessere, verlässlichere, geduldigere, friedfertigere, ehrlichere, rücksichtsvollere Menschen werden? Wenn die Entdeckungswahrscheinlichkeit dermaßen groß werden wird, wird die Moral hoffentlich als „Schutzmechanismus“ ebenso steigen. Die Messlatte liegt nun deutlich höher.

Achte auf Deine Gedanken, denn sie werden zu Worten.
Achte auf Deine Worte, denn sie werden zu Handlungen.
Achte auf Deine Handlungen, denn sie werden zu Gewohnheiten.
Achte auf Deine Gewohnheiten, denn sie werden Dein Charakter.
Achte auf Deinen Charakter, denn er wird Dein Schicksal.

So sagt es ein bekanntes Zitat. Der Anspruch an den eigenen Charakter steigt bei einer Zielvorstellung wie dieser gewaltig. Das Auftauchen dieser Technologien zwingt den Einzelnen, besser zu werden und die Staaten ebenfalls. Sie können nun nicht einfach weiter im Verborgenen Verbrechen gegen alles Mögliche und jeden Beliebigen begehen.

Sicherlich wird es hier und da (hoffentlich schnell immer weniger) einige Langsamlerner geben, die meinen, sie könnten ja vielleicht doch noch hier und da schnell einen Menschen umbringen, dort ein Land überfallen (weil es „Massenvernichtungswaffen" hat?) oder da und dort im Geheimen eine Gefängnisinsel betreiben oder den Obdachlosen um die Ecke treten, die Frau im Supermarkt beschimpfen oder die kleinen alltäglich gewordenen Lügen weiterspinnen. Die Fragen nach den Details im Leben eines jeden Einzelnen werden kommen, doch nun auch für die Staaten und staatlichen Organisationen.

Ganz ehrlich: Ich habe meine Schwierigkeiten mit dem Verlust der Privatsphäre. Ich kann analytisch die Vorteile erkennen – sehe aber aus der Lebenserfahrung bis jetzt auch die gravierenden Nachteile. Solange es staatliche und überstaatliche Mächte gibt, die mir unter Ausnutzung der Daten meiner Privatsphäre Schaden zufügen, indem sie mehr Steuern erheben, mein Verhalten kostenpflichtig kritisieren und beauflagen, ist mir meine Privatsphäre wichtig. Transparenz ist eine gute Sache für alle – wenn sie für alle und alles gilt. Eine einseitige Transparenz ist wie die verspiegelte Scheibe in einem Verhörzimmer. Sie dient nicht der Transparenz, sondern dem investigativen Verhör und der Machtausübung. Allerdings muss ich ebenso feststellen, dass die Jugend von heute offenbar absolut keine Probleme im Umgang mit einer privatsphärenfreien Welt hat und bereitwillig alle noch so privaten Daten aller Öffentlichkeit preisgibt.

Als Tatsache erscheint mir, dass ein technologischer Wandel auf Dauer nicht aufzuhalten ist. Einzig die Gefahr, dass diese Technologie „verboten" und nur von staatlichen Kreisen genutzt werden darf, zeichnet sich schemenhaft als drohende Gefahr am Horizont ab.

Vielleicht sollten wir unsere möglicherweise vorhandene Scheu gegenüber der Abschaffung der Privatsphäre zumindest überdenken, vielleicht sogar überwinden. Verabschieden wir uns in Dankbarkeit von der liebgewonnenen Privatsphäre und arbeiten wir an einer transparenten, moralisierten Gesellschaft. Klingt doch vielversprechend, oder? Aber bitte: Das gilt dann für ALLE!

Und freuen wir uns doch alle gemeinsam, beim immer peinlicher werdenden Schaulaufen der Politiker, Staatsleute und Würdenträger, wenn deren Kartenhäuser nach und nach zusammenbrechen…

Ehrlich? Dieses Kapitel war ein harter Brocken für mich. Ich **liebe** *meine Privatsphäre! Sollten sich aber in der Zukunft die Regeln ändern und ich tatsächlich frei von Angst und Sorge um mein persönliches Wohlergehen, das meiner Familie und meiner Freunde und frei von Sorge um mein Eigentum sein dürfen, dann werde ich dies gern sehr wohlwollend erneut überdenken. Ich kann nicht umhin festzustellen, dass laut Umfragen die glücklichsten Menschen derzeit auf der Erde offenbar genau in jenen Staaten leben, in denen die Privatsphäre im Prinzip aufgehoben wurde.[138] Dort darf jeder von jedem wissen, wer wie viel verdient, was besitzt, wo arbeitet und bei welcher Bank ein Konto hat.*

Ich sehe mit Bewunderung, dass der König von Buthan in seinem Staat das Recht auf Glück als Verfassungsziel fest in den Gesetzen seines Landes verankert hat. Jeder hat das Recht auf Glück! Stattdessen wird uns, außerhalb von Buthan, regelmäßig das Recht auf Arbeit angeboten und das Recht auf körperliche Unversehrtheit. Ist ja immerhin auch schon mal etwas. Nur, wenn man es genauer betrachtet, könnte dies auch purer staatlicher Eigennutz sein: Jeder „darf" gesund bleiben und jeder „darf" arbeiten.

Und alle gemeinsam dürfen wir mit unserem Auto zur Tankstelle fahren und jeden Monat die Stromrechnung bezahlen – und dies, obwohl neue Technologien längst verfügbar wären. Seit nahezu einhundert Jahren gibt es solche Technologien, und die Menschheit wird bis heute erfolgreich daran gehindert, diese Technologien in breitem Maßstab anzuwenden – seien es Wasser- oder Magnetmotoren…

Nach den nun vorliegenden Informationen von Corey Goode dürfen wir uns berechtigterweise Hoffnung machen auf einen baldigen, ruckhaften Fortschritt, der uns helfen wird, eine Menge überflüssiger Probleme der Menschheit zu lösen. Zweifellos werden die Führer einiger Branchen, die von diesem Wandel betroffen sind, sich dagegen wehren, und dies mit nicht zu unterschätzender Kraft. Ich hoffe jedoch, dass der Druck der Masse durch die zunehmende Kenntnis von der Existenz solcher Technologien dafür sorgen wird, dass diese Menschen einen Schritt zurück machen werden, um die Perspektive für die Menschheit wieder im Blick zu haben und zu erkennen, dass das Gemeinwohl ganz klar Vorrang haben muss. Obendrein kann man auch mit neuen Technologien prima Geschäfte machen.

Geheimhaltung ist nicht per se schlecht. Es kann durchaus gute Gründe geben, Dinge oder Projekte geheim zu halten. Ob dies im staatlichen oder privaten Rahmen geschieht, ist dabei nebensächlich. Ich erinnere in diesem Zusammenhang allerdings auch gern an die Deutsche Reichsregierung, die im Abstand weniger Jahre regelmäßig und jährlich nahezu alle Geheimdokumente der Regierung und ihrer Botschafter und Konsulate offenlegte. Wer sauber arbeitet, muss sich nicht vor solch einem Handeln fürchten.

Ich hege allerdings – möglicherweise gemeinsam mit Ihnen – die Befürchtung, dass so manches, aktuell von Regierungen geheim gehaltene Dokument und Projekt so unfassbare Gräueltaten enthält, dass sich jede der daran beteiligten Personen sehr wohl vor einer Offenlegung fürchten muss. Insofern wäre eine generelle und technologisch bedingte Offenlegung all dieser Dinge also ein sehr belastender, wenn auch sehr reinigender Vorgang, den die Menschheit durchlaufen sollte.

Die Informationen im Internet häufen sich, dass ein sogenannter „Data dump", also eine große Veröffentlichung von vielen geheimen Daten auf einen Schlag, bevorsteht. Ähnlich wie bei dem Whistleblower Edward Snowden und einigen anderen geht es hierbei um die Offenlegung von Verstrickungen verschiedener Personen, Regierungen und Unternehmen in diverse Straftaten, Verbrechen und Betrügereien immensen Ausmaßes. Allerdings ist die Datenmenge, die Snowden bis jetzt zur Verfügung gestellt hat, klein im Vergleich zu dem, was er tatsächlich gesichert hat (laut seiner eigenen Aussage), und diese riesige Datenmenge ist, so die Meldungen von Corey Goode, nichts im Vergleich zu dem, was bei diesem „Data dump" über Monate auf die Menschheit niedergehen wird. Das Wissen über immer noch mehr Untaten wird sicherlich zu Beginn nicht gerade zu einer allgemeinen Fröhlichkeit beitragen. Aber auch hier hilft es nicht, die Augen zu verschließen und zu hoffen, dass die zuvor gesehenen oder erahnten Vorgänge verschwunden sind, wenn man die Augen wieder aufmacht. Die Menschheit muss sich wohl oder übel dem Ganzen stellen. Auch wenn im Vergleich zur Gesamtzahl der Menschen nur wenige Übel verursacht haben, so haben wir als Menschheit die Pflicht, diese Vorgänge wahrzunehmen und die Missstände zu beseitigen – nicht zuletzt in unserem ureigensten Interesse, denn jeder Einzelne, der nicht zu diesen Missetätern gehört, hat gravierende finanzielle und gesundheitliche Nachteile dadurch erlitten, dass sich einige wenige auf Kosten der Allgemeinheit und oft gegen jede Menschlichkeit bereichert haben.

8. Freie-Energie-Maschinen am Rande des Durchbruches

Freie Energie – das wurde in der Vergangenheit gern in die verschwörungstheoretische Ecke gestellt. Allenfalls ein *Stirling-Motor* wurde im Physikunterricht vorgestellt und dazu gleich gesagt, dass dies im großen Maßstab völlig unmöglich zu bauen wäre. *„Der Mensch kann nicht fliegen!"*, doch wir bauen Flugzeuge. *„Das Atom ist das kleinste Teilchen!"* Die moderne Physik spricht jedoch von wesentlich kleineren Teilchen: Proton, Neutron, Elektron, Quarks, Strings... *„Nichts ist schneller als das Licht!"* Durchtunnelungsversuche[139] mit kleinsten Teilchen zeigten unlängst welche, die ankamen, *bevor* sie abflogen... Ein Universalgelehrter vor 100 Jahren wusste mit absoluter Sicherheit viele Dinge, die wir heute schon lange als *überholt* hinter uns gelassen haben. Woher nehmen die heutigen Gelehrten ihre endgültige und absolute Gewissheit? Wie begründen sie ihre Sturheit im Beharren auf *allseits Anerkanntem* und *Offenkundigkeiten*? Forschungsansätze auf nahezu allen Wissensgebieten werden systemisch und systematisch unterdrückt und bereits im Keim erstickt.

> *„Wenn ein angesehener, aber älterer Wissenschaftler behauptet, dass etwas möglich ist, hat er mit an Sicherheit grenzender Wahrscheinlichkeit Recht. Wenn er behauptet, dass etwas unmöglich ist, hat er höchstwahrscheinlich Unrecht... Der einzige Weg, die Grenzen des Möglichen zu finden, ist, ein klein wenig über diese hinaus in das Unmögliche vorzustoßen... Jede hinreichend fortschrittliche Technologie ist von Magie nicht zu unterscheiden."*
>
> Arthur C. Clarke (brit. Physiker und Science-Fiction-Autor)

Wir stehen mittlerweile in einer Welt voller Ideen für Freie-Energie-Maschinen. (Im Internet finden Sie unter dem Stichwort „Freie Energie" etliche Baupläne und hunderte Videos, von denen einige tatsächlich funktionieren, und bei genauer Recherche ergeben sich auch eine ganze Reihe von angemeldeten Patenten zu diesem Thema, die allesamt dasselbe Schicksal teilen: sie werden totgeschwiegen). Die Erfinderschicksale hinter diesen Maschinen sind teilweise voller Leid und Niedertracht. Knüppel, die einem zwischen die Beine geworfen werden, erreichen Baumstamm-Ausmaße: Unternehmen pleite, Haus weg, Frau weg, Geld weg, alles weg – das ist schon fast ein regulärer Ablauf, wenn es um Freie Energie geht. Es lässt sich leicht nachvollziehen, dass Energie, Strom, insbesondere aber auch Wärme, ein unfassbar einträgliches Geschäft ist. Die etablierten Unternehmen sind meist riesig und haben größte Sorge, dass mit einer unabhängigen, individuellen Stromversorgung ihr Geschäftsmodell dem Untergang geweiht ist. Letzten Endes werden individuelle Stromerzeugungsmaschinen verfügbar werden und die „Stromriesen" zerfallen. Die verschiedenen Ansätze solcher Stromerzeugungsmaschinen reichen von der effizienteren Ausnutzung bekannter Technologien, über die Zuhilfenahme von Naturkräften (Auftriebskraft, Zentripetalkraft, Zentrifugalkraft, Magnetkräfte) bis hin zu vollkommen neuen Ansätzen, die teilweise der Schulwissenschaft und ihrem „Wissen" widersprechen – und dennoch funktionieren! Die Universitätslandschaft kann (und will teilweise) nicht glauben, was da funktioniert. Wer die Maschine hat und sie vorführen kann, gewinnt jede Diskussion gegen einen Wissenschaftler, der daneben steht und erklärt, warum es nicht funktionieren kann!

Jürgen Mundt aus Deutschland ist ein recht typisches Beispiel für einen Erfinder, dem seine Technologie geradezu zum Verhängnis wurde. Er erfand eine Methode, wie man aus Müll Strom machen kann. Der Müll wurde dabei ohne irgendwelche schädliche Strahlungen „zerlegt" oder umgewandelt, und elektrische Energie konnte aus der Maschine abgezogen werden. Ein Sack Müll reicht für ein kleines Haus eine ganze Woche lang. Nun, Müll gibt es ja nun wirklich genug auf dieser Welt… Aber anstatt dass er als reicher und geachteter Mann aus dieser Welt ging, ging er als armer und mindestens wirtschaftlich gebrochener Mann. Die Lobby hatte ganze Arbeit geleistet. Anstatt zum Wohle der gesamten Menschheit zu denken, reichte der Widerstand einiger weniger, um den Mann zu vernichten. Um Platz für Neues zu schaffen, muss Altes oft weichen. Davor haben viele Angst. Diese Angst ist in den meisten Fällen jedoch vollkommen unbegründet. Denn wer sagt denn, dass ein *jetzt* erfolgreicher Unternehmer nicht auch nach einem Wandel in der Zukunft erfolgreich sein kann?

Allein… es fehlt der Mut. Es „menschelt" allzu sehr. Buchstäblich tausende Erfindungen sind „schubladisiert", tot-gekauft oder einfach nur totgemacht –wichtige, bahnbrechende Erfindungen, die das Leben der Menschen maßgeblich positiv beeinflussen könnten: weniger Müll, weniger Verschwendung, mehr Lebensqualität, mehr Sauberkeit, mehr Gesundheit.

Im Prinzip muss man leider sagen, dass alle Lösungen (zwar) bereits vorhanden sind, sie aber durch Lobbyarbeit in den letzten Jahrzehnten systematisch unterdrückt worden sind. Und zusätzlich muss man nach Sichtung der wissenschaftlichen Bücher der letzten 150 Jahre feststellen, dass sich die Wissenschaft in der Grundlagenforschung auf vielen Themengebieten zurückentwickelt hat. Vieles, was schon 1890 in deutschen und englischen Büchern stand, findet sich heute hinter vorgehaltener Hand in den Ideenwerkstätten der führenden Wissenschaftler wieder.

Was kann der Einzelne aus diesen Dingen lernen? Veränderung ist etwas, was man sorgsam prüfen und nach erfolgreicher Prüfung durchleben sollte. Ewig immer nur dasselbe zu leben, tagein, tagaus, ist so ziemlich das perfekte Gegenteil eines erfüllten Lebens. Veränderungsbereitschaft und Veränderungsorganisation will gelernt sein. Veränderung kann ruhig ablaufen, geplant oder spontan oder sogar beides gleichzeitig. Veränderung kann frei von Trennungsschmerz ablaufen und frei von Verlusten. Veränderungsmanagement sollte vielleicht als Nebenfach an der Universität ein Pflichtkurs werden...

Corey Goode berichtet uns in seinen Interviews von fantastischen Technologien, auf die er bereits in seinem täglichen Leben Zugriff hatte. Die Berichte passen exakt zu anderen Zeugenaussagen, die man im Internet finden kann. Die Technologie von heute, die man dem Kunden freigibt, ist nur ein müder Abklatsch dessen, was im Geheimen wirklich schon da ist. Der Kunde wird mit immer neuen Generationen längst veralteter Technik regelrecht gemolken und kauft sich immer und immer wieder ein neues Gerät einer überholten Technologie. Diesen Vorgang werden die Älteren unter Ihnen nachvollziehen können, für Jüngere ist dies naturgemäß schwerer zu erkennen. Schon lange ist klar, dass die Automobilindustrie längst funktionierende Fahrzeugstudien angefertigt hat, die vollständig mit Strom fahren können, ja, sogar fliegende Autos[140] werden regelmäßig vorgestellt. Wichtige Entwicklungen, die Technologien bereitstellen könnten, die es ermöglichen, ohne monatliche Rechnungen Energie zu verbrauchen, werden aus Profitinteresse systematisch totgeschwiegen. Und die Regierungen, deren Aufgabe eine hoheitliche sein sollte, oberhalb jeden Profitinteresses, machen munter mit und unterdrücken jede Bewegung in dieser Richtung. Die Lobbyisten leisten beim Retten der letzten davonschwimmenden Fälle ganze Arbeit. Bis jetzt unbekannt ist die exakte Anzahl von „Unfall"-Toten unter den Erfindern und Zeugen, die sich mit solchen Technologien beschäftigten. Allein, sie dürfte in die Tausende gehen...

Das Thema *Fliegen* und *Antigravitation* ist mit Sicherheit eines der wichtigsten. Man stelle sich LKWs vor, die ihre Ladung von 40 Tonnen mit einem Realgewicht von nur 1 kg über die Straßen transportieren könnten; oder einen völlig neuen Portal-Tourismus, bei dem man in einem Abflugort in Köln in eine Tür hineintritt und mit seinem Gepäck am Strand von Ibiza wieder heraustritt; oder die neuen Urlaubs- und Entdeckungstouren zu den Wassermonden in unserem Sonnensystem. Dies alles basiert auf bereits existierender Technik. Diese Technik, so wie sie Corey beschreibt, basiert auf Maschinen, die jedermann benutzen kann. Es sind keine Fähigkeiten mehr dazu nötig, diese Maschinen zum Funktionieren zu bringen. In früheren Jahrhunderten gab es andere Technologien mit ähnlichen Anwendungsbereichen.

Hierzu passt der spannende Erlebnisbericht, den der schwedische Flugzeugingenieur *Henry Kjellson* in seinem Buch „Die verlorenen Techniken" veröffentlichte:

„Der schwedische Arzt Dr. Jarl, ein Freund von mir, studierte in Oxford. In dieser Zeit freundete er sich mit einem tibetanischen Studenten an. Einige Jahre später, im Jahr 1939, machte Dr. Jarl im Dienste der englischen wissenschaftlichen Gesellschaft eine Reise nach Ägypten. Dort wurde er von einem Kurier seines tibetanischen Freundes aufgesucht und dringend gebeten, mit ihm nach Tibet zu kommen, um einen hohen Lama ärztlich zu behandeln. Nachdem Dr. Jarl von seiner Dienststelle den Urlaub erhielt, folgte er dem Kurier und kam nach einer langen Reise beim Kloster an, wo der alte Lama und sein Freund, der jetzt eine hohe Position innehatte, sich befanden. Dr. Jarl blieb dort während einiger Zeit, und wegen seiner Freundschaft mit dem Tibetaner lernte er viele Dinge kennen, die andere Ausländer noch nie zu hören oder zu beobachten bekamen. Eines Tages nahm sein Freund ihn mit zu einem Platz in der Nachbarschaft des Klosters und zeigte ihm eine schräge Wiese, welche im Nordwesten von hohen Klippen umgeben war. In einer der Felsenwände, auf einer Höhe von ungefähr 250 Metern, war eine große Bohrung, die wie der Eingang zu einer Höhle aussah. Auf dem Absatz vor diesem Eingang war von den Mönchen eine hohe Mauer in Bau. Diesen Absatz konnten sie nur erreichen,

indem sie mit Seilen herabgelassen wurden. Mitten auf der Wiese war ungefähr 250 Meter von der Klippe entfernt eine glattgeschliffene Felsplatte, in der wiederum eine Schale mit einem Querschnitt von 1 Meter und einer Tiefe von 15 Zentimetern ausgehauen war. Ein Steinblock wurde in diesen Raum durch Yak-Rinder manövriert. Der Block hatte eine Seitenlänge von 1 Meter und eine Höhe von 1,5 Metern. In einem Abstand von 63 Metern von der Schale entfernt wurden 19 Musikinstrumente aufgestellt, und zwar in einem Viertelkreis. Der Radius von 63 Metern wurde genau ausgemessen. Die Musikinstrumente bestanden aus 13 Trommeln und 6 Trompeten (Ragdons). 8 Trommeln hatten einen Querschnitt von 1 Meter und eine Länge von 1,5 Metern. Vier Trommeln waren mittlerer Größe mit einem Querschnitt von 0,7 Metern und einer Länge von 1 Meter. Die einzige kleine Trommel hatte einen Querschnitt von 0,2 Metern und eine Länge von 0,3 Meter. Alle Trompeten waren von gleicher Größe. Sie hatten eine Länge von 3,12 Metern und eine Öffnung von 0,3 Metern. Die großen Trommeln und alle Trompeten waren auf Einfassungen örtlich festgelegt, sodass sie in jede Richtung des Steins justiert werden konnten. Die großen Trommeln waren aus 3 Millimeter starkem Eisenblech gefertigt und hatten ein Gewicht von 150 kg. Sie wurden in fünf Abschnitten errichtet. Alle Trommeln waren an einem Ende geöffnet, während das andere Ende eine Unterseite aus Metall hatte, auf der die Mönche mit großen ledernen Keulen schlugen. Hinter jedem Instrument war eine weitere Reihe von Mönchen. Als der Steinblock in Position war, gab der Mönch hinter der kleinen Trommel ein Signal, das Konzert zu eröffnen. Die kleine Trommel hatte einen sehr scharfen Ton und konnte sogar mit den anderen Instrumenten gehört werden. Alle Mönche in der hinteren Reihe sangen unaufhörlich Gebete oder Mantras und erhöhten langsam das Tempo dieser unglaublichen Geräusche. Während der ersten vier Minuten geschah nichts. Dann, da die Geschwindigkeit des Trommelns und der Geräusche sich erhöhte, begann der große Steinblock zu schaukeln, und plötzlich erhob es ihn mit einer zunehmenden Geschwindigkeit 250 Meter hoch in die Luft in Richtung der Plattform vor der Höhlenbohrung.

Nach drei Minuten des Aufstiegs landete er auf der Plattform. Ununterbrochen holten sie neue Blöcke zur Wiese, und die Mönche transportierten mit dieser Methode 5 bis 6 Blöcke pro Stunde auf einer parabolischen Flugschiene ungefähr 500 Meter weit und 250 Meter hoch.

*Dr. Jarl hatte schon von diesem ‚**tibetanischen Steinewerfen**‘ gehört. Tibetexperten wie Linauer, Spalding und Huc hatten ebenfalls darüber gesprochen, aber sie hatten es nie gesehen. So war Dr. Jarl der erste Ausländer, der die Gelegenheit hatte, dieses bemerkenswerte Schauspiel zu sehen. Weil er Anfangs die Meinung hatte, dass er das Opfer von einer Massenpsychose war, drehte er zwei Filme von diesem Ereignis. Die Filme zeigten genau den gleichen Hergang, den er beobachten konnte. Die englische Gesellschaft, für die Dr. Jarl arbeitete, konfiszierte die beiden Filme und erklärte sie 50 Jahre als geheim.*«[142]

Hier wurden also Technologien angewandt, die der Mensch bereits vor hunderten von Jahren ohne technische Hilfsmittel selbst benutzen konnte. Zweifellos eine sehr viel elegantere Methode als diejenigen, die wir heute benutzen. Vielleicht kann der Mensch wieder lernen, technologische Wirkungen ohne Zuhilfenahme von Maschinen zu erzielen. Es ist im Menschen alles dazu Nötige vorhanden. Wir müssen nur wieder lernen, alle uns implantierten „Werkzeuge“ zu nutzen, also das volle Potential unserer Atemorgane, der Stimme, des Geistes und der Körperkraft wiederherzustellen und zu nutzen.

In England entsteht derzeit unter der Leitung und Finanzierung eines sehr erfahrenen Wirtschaftslenkers, der mir persönlich bekannt ist, eine Technologie zur Stromerzeugung, die sehr an die *Repulsine* von Viktor Schauberger erinnert. Es handelt sich hier allerdings nicht um gegenläufig rotierende Kupferscheiben, sondern um rotierende Magnetringe, die, ineinander verschachtelt und einmal in Bewegung gebracht, sich gegenseitig beschleunigen und – jetzt kommt die Ähnlichkeit zur Repulsine – Levitation erzeugen. Genauer gesagt sind während der letzten zehn Jahre, die man gebraucht hat, bis man diese Maschine wirklich kontrollieren konnte, bereits vier Geräte lautlos und schnell in Richtung Weltall verschwunden, das ers-

Abb. 152: Der Searl-Effekt-Generator[141]

te davon noch durch die Werkstattdecke, die anderen drei unter freiem Himmel. Das mag lustig klingen, aber wer weiß, vielleicht hat jetzt irgend ein deutsches Raumschiff ein Loch...

Die englische Searl-Technologie ermöglicht eine reibungsfreie Erzeugung von elektrischer Energie, ist beliebig skalierbar und steuerbar. Und natürlich muss sich der Besitzer später keine Sorgen mehr darüber machen, dass sich seine Maschine auf Reisen durch den Weltraum begibt – auch dieses Problem ist inzwischen gelöst. Die Entwicklung ist abgeschlossen, man arbeitet bereits an der Serienproduktion.

Eine weitere Entwicklung kommt aus Deutschland, und der Erfinder hat nun endlich einen Investor gefunden, der bereit war, hier einzuspringen. Die Technologie funktioniert wie eine Art Radioempfänger und Brennstoffzelle, nur dass hier nicht Radiowellen empfangen werden, sondern zwei verschiedene Arten dunkler Energie, die dann, ähnlich wie in einer Brennstoffzelle, so transformiert und miteinander in Verbindung gebracht werden, dass elektrische Energie entsteht. Diese Form entsteht in Form von Elektronen. Das Phantastische an dieser Technologie jedoch ist, dass sie mit einigen geringen Umbaumaßnahmen auch Wasser produzieren kann. Auch hinter dieser Technologie steht eine typische Erfinder-Leidensgeschichte der letzten Jahrzehnte. Der Erfinder stammt aus Deutschland und hat nach der ersten Bekanntmachung dieser Technologie dermaßen Probleme mit allen möglichen Kreisen bekommen, dass er seine Werkstatt, die fertigen und funktionierenden Prototypen zerstörte und seit den letzten dreißig Jahren mit seinem Sohn sehr zurückgezogen und unter bescheidenen Umständen lebte. Mittlerweile ist der eigentliche Erfinder, der Vater, gestorben, und sein Sohn kann nun endlich diese Technologie auf den Markt bringen. Ich wünsche ihm alles Gute.

Wiederum eine weitere Erfindung kommt aus Spanien und nutzt die Gravitation, deren Energiefluss und eine sehr spezielle Anordnung verschiedener Details der Vorrichtung, um Strom zu erzeugen. Das Äußerliche gleicht durchaus einem einfachen Papprohr, wie man es von Küchenrollen kennt, jedoch produziert es elektrischen Strom, der für einen kleinen Haushalt ausreicht. Auch diese Technologie ist beliebig skalierbar und sucht noch einen mutigen Finanzierungspartner. Kleinere solcher Generatoren können in Haushaltsgeräte eingebaut werden, größere könnten als externe Generatoren fungieren und separat aufgestellt werden, um ganze Haushalte zu versorgen. Wiederum noch größere könnten in Containern aufgestellt werden und so ein ganzes Dorf energieautark werden lassen.

Dass den Lobbyisten bei solchen Meldungen die Ohren klingeln, ist klar. Sofort wird ein Feindbild erschaffen, und diese Erfinder werden radikal bekämpft. Ist dies zum Wohle der Menschheit? Sicher nicht. Zum Wohle des Unternehmens? Kurzfristig schon, aber langfristig könnte man seitens der Energieriesen am Markt genauso gut auf solche Erfinder zugehen und mit ihnen gemeinsam einen Weg finden, die Technologie auf den Markt zu bringen. Hat jeder Haushalt beispielsweise freies Kapital, um eine solche Maschine zu besorgen? Sicher nicht. Wäre es also nicht toll, wenn die großen Energieunternehmen ihre eigenen Stromproduktionskosten durch Benutzung dieser Technologie radikal senken würden, der Kunde dafür zunächst einmal weniger zahlen muss – sagen wir mal die Hälfte – und das Unternehmen auf diese Weise für eine Übergangsphase sein Stromnetz, sein Rechnungswesen, seine Mitarbeiter alle behalten kann? So könnten wir auch auf den Ausbau der Stromleitungen verzichten, da nun endlich die Möglichkeit gegeben ist, die Bürger dezentral mit Energie zu versorgen. So viele Vorteile mit einer Klappe und dennoch bleiben die Vorstandsetagen blind und ruinieren einen Erfinder nach dem anderen.

Jüngst berichteten britische Wissenschaftler, sie hätten es geschafft, radioaktive Abfälle in Diamanten zu speichern und auf diese Weise für die äußere Umwelt unschädlich zu machen – und als Zusatznutzen konnten sie diese Diamanten als Batterien benutzen, die eine Lebensdauer von mehr als 50 Jahrhunderten(!) haben.[143] Zwar können solche Batterien nicht die Leistungsdichte einer herkömmlichen Batterie abgeben, dafür halten sie aber 5.700 Jahre! Anwendung fände diese Technologie bei allen Geräten, die einen niedrigen Stromverbrauch haben und nicht die volle Leistung in einem kurzen Zeitraum abrufen müssen. Akku-Bohrmaschinen wären also ungeeignet, Uhren und Steuerungen aller Art jedoch sehr wohl.

Sollte jemand von Ihnen Kontakt zu Menschen haben, die solche Technologien entwickelt haben und möglicherweise, anstatt belohnt zu werden, dafür bitter enttäuscht wurden und sogar unter dem bisher und noch immer herrschenden System leiden mussten, möchte ich Sie oder diese Person bitten, sich noch einmal ein Herz zu fassen. Suchen Sie sich eventuell neue Partner, suchen Sie sich eine Finanzierungsmöglichkeit, schauen Sie sich um.

Um Sie herum schießen, während Sie diese Zeilen lesen, solche Technologien wie Pilze aus dem Boden.

Wer jetzt nicht startet, verpasst wohlmöglich den langersehnten Zug! Die Zeit ist reif! Die Zeit ist da! Die Zeit ist endlich, endlich gekommen, damit Sie die Früchte Ihrer Erfindungen ernten können. Haben Sie Mut und fangen Sie noch einmal an! Ich wünsche Ihnen viel Erfolg!

Wenn Sie Hilfe brauchen, wenden Sie sich bitte an den Verlag.

Freie Energie für Jedermann! Wie viele tolle Sachen, wie viele schöne Dinge und wie viele unglaublich wichtige Projekte scheitern heute noch an der Frage, wie man die dafür nötige Energie dort hinbekommt, wo man sie benötigt. Wie viel Platz für die Menschheit böte sich, wenn wir nicht überall dorthin, wo wir leben möchten, auch ein Stromnetz führen müssen, sondern vor Ort die benötigte Energie einfach ohne Netz produzieren? Wie viel Müll und Abgase könnten wir uns ersparen, wenn wir nicht mehr mit Verbrennungsmotoren fahren, mit Kohle Strom erzeugen und mit Erdöl heizen würden?

Jedes Lebewesen hier auf der Erde hat seinen Platz und seine Aufgabe; die Natur bietet bei kluger Nutzung für jedermann auf diesem Planeten ein gesundes, langlebiges und paradiesisches Leben. Wer aber gegen die Natur handelt und sie nicht achtet – eingeschlossen alle Lebewesen in ihr – wird von der Natur automatisch bestraft. Sie kann nicht anders. Es ist ein Automatismus, ein Resonanzprinzip.

Dies gilt natürlich nicht nur im technologischen Bereich, sondern gerade auch im biologischen Sektor. Der Mensch handelt leider oft gegen seine biologische Natur. Und oft zwingt er Tiere, Gleiches zu tun.

Millionen Menschen leiden unter den Folgen ihrer einerseits mangelhaften, andererseits in vielen Fällen übermäßigen Ernährung. Weitere Millionen versuchen, mit dem Kauf von Bio-Produkten etwas Gutes für sich und die Umwelt zu tun. Weitere Millionen machen sich Gedanken über vegetarisches oder veganes Essen, und wiederum andere sorgen sich um die Nahrungsmittelversorgung der Zukunft, weil sie in der wachsenden Zahl der Menschen eine gefährliche Überbevölkerung sehen.

Und fast alle stehen immer wieder ratlos vor ähnlichen Problemen und haben doch schon „alles" ausprobiert und doch keinen Erfolg. Vielleicht liegt es dann an etwas ganz anderem? Vielleicht gibt es ja doch noch einiges, was diese Leute noch nicht ausprobiert haben? Vielleicht lohnt es sich auch, noch einmal ein wenig hinter die Kulissen zu schauen…

9. Lebensmittel, Nahrung und Vernichtung

Wer heute mindestens 30 Jahre alt ist, wird aus der Rückschau auf sein Leben vermutlich erkennen können, wie sehr und wie schnell sich die Gesellschaft in seiner Umgebung verwandelt hat. Lassen Sie mich raten, was Sie sehen: mehr Verbrechen, mehr Armut, mehr Dummheit, weniger Bildung, schlechtere Schulen, weniger Bildungs-, Leistungs- und Arbeitswillen, mehr Gewalt, mehr Gier, weniger Skrupel, kurzlebigere Technik, mehr Technik, weniger Natur, verschmutztere Natur, weniger Qualität?

Sie können dieses Liste jeder für sich ellenlang fortführen und kommen über jeden einzelnen Punkt zu einer ganzen Reihe von Themen, die sich in ihrer Tiefe nicht in einem einzigen Buch behandeln lassen. Dennoch lohnt es sich, über jedes einzelne nachzudenken. Wer dies tut, kommt früher oder später zu dem Urteil: So darf die Menschheit nicht weitermachen, wenn wir weiterhin eine Chance auf ein besseres Leben und eine Weiterentwicklung haben wollen. Wir erleben auf nahezu allen Gebieten des menschlichen Daseins eine Verminderung der Qualität und des Strebens zur Qualität auf breiter Front. Sicherlich gibt es eine gewisse Anzahl von Menschen, die auf Qualität statt Quantität achten, die Wert auf gesunde Ernährung, gute Erziehung und eine umfassende Allgemeinbildung legen. Ich gehe davon aus, dass jeder Leser dieses Buches zu diesem Kreis gehört. Deshalb kann ich Ihnen auf den Kopf zusagen, dass Sie mit Sicherheit ein Gefühl der Ohnmacht und des Allein-Dastehens haben und nicht so recht wissen, wie es mit der Menschheit weitergehen kann. Vielleicht haben Sie schon einiges in Ihrem Leben geändert, vielleicht haben Sie große Vorsätze, vielleicht wollen Sie sich auch gar nicht um den Rest der Menschheit kümmern, sondern nur um den engsten Kreis Ihrer Familie oder gar nur um sich selbst. Wie auch immer Sie in diesem Zusammenhang denken und entscheiden, ich möchte Ihnen an dieser Stelle aus verschiedenen Gründen erläutern, welche Rolle die Ernährung in diesem Zusammenhang spielt.

Ohne die richtige Ernährung wird die Menschheit sang und klanglos verdummen und untergehen. Wir werden unsere Ressourcen sehenden Auges vernichten und am Schluss mit leeren Händen und kranken Körpern dastehen, und nur eine sehr kleine Gruppe von Menschen, die begriffen hat, wie man es richtig macht, wird überleben und sich in einer sozialen, biologischen und politischen Katastrophe ohnegleichen wiederfinden.

Der Kabarettist Hagen Rether formulierte das Problem bei einem seiner Auftritte folgendermaßen: Fleischessen ist längst keine Frage der freien Selbstbestimmung mehr, sondern eine Straftat – eine Straftat, weil jedes hergestellte Kilogramm Fleisch das Zig- und Hundertfache an Trinkwasser, Getreide und anderen Ressourcen benötigt, die dann anderen Menschen fehlen. Die Menschheit isst den Planeten auf, um Fleisch essen zu können. Während in industrialisierten Ländern gedankenlos und zu Tiefstpreisen mit staatlicher Förderung Fleisch gegessen wird, verlieren in Südamerika und Afrika die Menschen ihren Grundbesitz, weil die Früchte dieses Landes ihre Familien nicht mehr ernähren können, große landwirtschaftliche Erzeuger alles aufkaufen, Futterpflanzen anbauen und das Trinkwasser mit Rekordmengen an Pestiziden verseuchen.[144]

Sie mögen es vielleicht, Fleisch zu essen. Vielleicht halten Sie es einfach für normal. Damit haben Sie absolut Recht! Aber ist es deshalb auch richtig? Vielleicht können wir gemeinsam erforschen, seit wann der Mensch Fleisch isst und warum er damit begonnen hat. Vorab: Ich verstehe jeden Fleischesser, der sagt, dass er gerne Fleisch isst. Ich möchte Ihnen hier keineswegs den Fleischkonsum verbieten oder madig machen. Was ich gern erreichen würde ist, dass Sie darüber nachdenken und sich sehr bewusst darüber werden, was Sie essen.

Fleischkonsum hier tötet Menschen dort? Exportiert man Fleisch, das in der EU hergestellt und massiv durch Subventionen verbilligt wurde, nach Südamerika und Afrika, ruiniert man die dortigen Fleischpreise – selbst, wenn man nur die in der EU nicht benötigen Abfälle, also z.B. Hünchenschenkel statt der beliebten Hühnchenbrust, dorthin schickt und für wenige Cent pro Kilo verkauft. Die dortigen Rinder- und Hühnerzüchter werden einer nach dem anderen aufgeben müssen, da der Verkauf ihrer eigenen Rinder und Hühnchen nicht mehr ihre Familie ernähren kann. Und wenn man das einige Jahre durchhält (und über diesen Punkt sind wir längst hinaus), gibt es auch das Fachwissen dazu in den betroffenen Ländern bald nicht mehr.

Und selbst, wenn dann die Subventionen aufhören und staatliche Maßnahmen dieser Länder zum Schutz der Binnenmärkte – gegen den Druck des IWF oder anderer Organisationen – irgendwann doch wieder eingesetzt würden, ist dann das Fachwissen und der Markt auf lange Sicht endgültig verloren. Oft wird vorher noch mahnend „ganz unauffällig“ mit Argumenten wie z.B. einer drohenden Änderung der Kreditvergaberegeln und denen des freien Marktes gewedelt, um die Regierung eines Landes so unter Druck zu setzen und die Märkte so lange wie möglich ungeschützt zu lassen. Und während der gesamten Zeit dazwischen haben große Agrarbetriebe aus Brasilien, Deutschland, Kanada und vielen anderen Ländern die vielen kleinen Flächen der Bauern und Züchter aufgekauft und zu großen Gebieten zusammengefasst und mit Monokulturen überzogen, die massiv auf Düngemittel angewiesen sind und so das Grundwasser verseuchen und für Krankheiten und Missbildungen sorgen.

Wenn wir dann irgendwann realisieren, dass die Trinkwasservorräte unseres Planeten endlich und recht klein sind und eine Verseuchung auf der einen Seite eine Knappheit auch auf der anderen Seite des Planeten bedeutet; wenn wir merken, dass die nicht mehr zu stabilisierenden Krankheitskosten dieser Länder zu immer mehr Behandlungen in den entwickelten Ländern vor unserer eigenen Haustür führen, dann wird hoffentlich jetzt schon jedem klar, dass dies zu explodierenden Kosten bei uns führen wird. Diese werden dann durch Steuern und Abgaben eingetrieben, und am Ende steht wieder einmal eine Sklavengesellschaft als drohendes Resultat.

Vegetarier zu sein, ist inzwischen keine rein ethische Frage mehr. „*Will ich tatsächlich Tiere essen, Tiere, die gelebt haben und getötet werden, extra für meinen gedeckten Tisch, will ich Leben vernichten, um mir den Magen zu füllen?*“ Es ist eine Frage des (in)direkten Eingriffs in das Leben anderer Menschen, die Wohlstand, Eigentum, Gesundheit und sogar ihr Leben verlieren, wenn wir auf der anderen Seite des Planeten nicht aufhören mit diesem schranken- und gedankenlosen Konsum.

Auch der gesundheitsbewusste Vegetarier greift häufig zu Fleischersatz, also meist Sojaprodukten, und verzichtet so zwar auf die Tiertötungsmaßnahmen, nicht aber auf die Förderung des Futterpflanzenanbaus und somit die Vernichtung des Bauernstandes in Zulieferstaaten. Komplex zu denken, heißt also, Leben zu retten, vernetzte Zusammenhänge zu erkennen und negative Auswirkungen aufzudecken, und zu helfen, sie zu verhindern, bedeutet, Existenzen zu retten, Lebensqualität auf der anderen Seite des Planeten zu retten. Wir leben tatsächlich nur auf einem Planeten, alle gemeinsam, und dürfen nicht nur auf unseren direkten Nachbarn Rücksicht nehmen, sondern auch auf den sehr fernen Landwirt, der seine Existenz verliert, weil wir Fleisch essen wollen.

Hätten Sie gedacht, dass die WHO, die Weltgesundheitsorganisation, den Verzehr von verarbeitetem Fleisch auf dieselbe Stufe stellt wie Zigaretten[145] und Plutonium? Es geht bei dieser Einstufung um einen Katalog aller bekannten krebserregenden Stoffe und verarbeitetes Fleisch, also zum Beispiel Wurstwaren aller Art. Die stehen ganz oben auf derselben Stufe wie Plutonium(!). Da darf man sich fragen, warum dieselbe WHO dann in der Liste der zu empfehlenden Lebens- bzw. Nahrungsmittel dieselben Wurstwaren zum Verzehr empfiehlt. Regelmäßig blocken bei Interviews Insider jedwede Äußerung zu den Zusammenhängen von Ernährung und Krebs, oder auch Ernährung und Diabetes, vollkommen ab. Studien belegen sogar, dass der Konsum von Kohlenhydraten, zu denen auch Zucker gehört, nicht für Diabetes verantwortlich ist, sondern der Konsum von verarbeitetem Fleisch.

Wie soll man als kleiner Konsument durch dieses Dickicht an Informationen durchblicken? Es hilft auch hier der gesunde Menschenverstand und der Mut zum Ausprobieren. Betrachtet man die Natur und Tiere in ihr, so wird schnell klar, dass sich so etwas wie Diabetes bei den Wildtieren schwer entwickeln kann. Wir ernähren sich Wildtiere? Haben sie einen Herd? Ofen? Einen Metzger ihres Vertrauens? Stellen sich Tiere Joghurt und Käse her oder gar lecker schmeckende, prickelnde Limonaden?

In diesem Lichte betrachtet, bleibt schnell eine logische Folgerung, gegen die sich das zivilisierte und geschmacksverwöhnte Menschenhirn mit aller Kraft wehrt: Gesund ist nur, was unverarbeitet gegessen und getrunken werden kann. Der moderne Terminus hierfür ist „Rohkost“ – nichts mehr kochen, nichts mehr backen, nichts mehr frittieren, Obst und Gemüse so essen, wie es in der Natur vorkommt und vor allem auch *zu der Zeit*, wie es in der Natur vorkommt. Für die allermeisten von uns ist dies ein gewaltiger Schritt. So viele Annehmlichkeiten und liebgewonnene Gewohnheiten stehen durch eine simple Schlussfolgerung zur Disposition.

Noch einmal: Ich möchte Ihnen hier nicht die Leviten lesen, weil Sie sich falsch ernähren. Ganz ehrlich: Ich tue das auch. Wir sollten uns nur bewusst darüber werden, was wir uns und unseren Körpern damit auf Dauer antun. Wenn wir anhand der offiziellen Quellen, die zwar öffentlich sind, aber keinesfalls bekannt gemacht werden, feststellen können, dass *jede* Art von verarbeitetem Fleisch krebserregend ist, warum sollten wir uns weiterhin diesem Risiko aussetzen? Niemand zwingt uns dazu, zumal sich hier für Fleischliebhaber immerhin noch ein Ausweg bietet, denn von einem saftigen Steak hat in diesen Listen ja niemand gesprochen. Dies wäre zwar widernatürlich verarbeitet, nämlich gegrillt oder gebraten, aber wenigstens ist es schon mal nicht auf der Liste dieser krebserregenden Lebensmittel.

Natürlich stellt sich die Frage, inwieweit wir diesen Quellen trauen können, weshalb ich gern noch einmal wiederhole: Der gesunde Menschenverstand und Ausprobieren hilft bei der Wahl des eigenen Weges.

Die Frage des Fleischkonsums ist bereits in der Bibel besprochen worden, ebenso im Koran und in der Thora. Sie kennen vielleicht meine Vorgehensweise, die Bibel als Quelle „auseinander" zu nehmen und auf den eigentlichen Sinngehalt zu prüfen. Die Bibel berichtet immerhin von sehr lange vergangenen Zeiten, und dies als eine der wenigen, erhaltenen Quellen. Schauen wir uns doch deshalb einmal etwas genauer an, wie die damalige Situation aussah und versuchen wir unter dem Hintergrund des bereits Gelesenen, uns ein Bild von der Gesamtsituation der Menschheitsernährung zu machen. Ich bin weder ein Bibelfanatiker noch ein christlicher Fundamentalist. Ich nutze die Bibel lediglich als Quelle, die nachgewiesenermaßen mindestens einige hundert Jahre alt ist und sich auf noch ältere Quellen bezieht. Obendrein gibt es die meisten der Texte des Alten Testaments so oder in leicht abgewandelter Form auch im Islam oder im Judentum und sie stellen somit eine textliche Basis dar, die von Millionen von Menschen genutzt wird und über sehr lange Zeit Einfluss auf unsere Entwicklung genommen hat. Ich denke, es ist an der Zeit, die Bibel hinsichtlich ihres Einflussbereiches auf die tatsächlichen Inhalte, die wir zu unseren Gunsten und unserer Erkenntnis nutzen können, zu reduzieren.

Die Lebensdauer von Adam und seinen Nachfahren wird in der Bibel wie folgt beschrieben:

> *„Dies ist das Buch der Geschlechterfolge Adams. An dem Tag, als Gott Adam schuf, machte er ihn Gott ähnlich. 2 Als Mann und Frau schuf er sie, und er segnete sie und gab ihnen den Namen Mensch, an dem Tag, als sie geschaffen wurden. – 3 Und Adam lebte 130 Jahre und zeugte einen Sohn ihm ähnlich, nach seinem Bild, und gab ihm den Namen Set. 4 Und die Tage Adams, nachdem er Set gezeugt hatte, betrugen 800 Jahre, und er zeugte Söhne und Töchter. 5 Und alle Tage Adams, die er lebte, betrugen*

930 Jahre, dann starb er. – 6 Und Set lebte 105 Jahre und zeugte Enosch. 7 Und Set lebte, nachdem er Enosch gezeugt hatte, 807 Jahre und zeugte Söhne und Töchter. 8 Und alle Tage Sets betrugen 912 Jahre, dann starb er. – 9 Und Enosch lebte 90 Jahre und zeugte Kenan. 10 Und Enosch lebte, nachdem er Kenan gezeugt hatte, 815 Jahre und zeugte Söhne und Töchter. 11 Und alle Tage von Enosch betrugen 905 Jahre, dann starb er. – 12 Und Kenan lebte 70 Jahre und zeugte Mahalalel. 13 Und Kenan lebte, nachdem er Mahalalel gezeugt hatte, 840 Jahre und zeugte Söhne und Töchter. 14 Und alle Tage Kenans betrugen 910 Jahre, dann starb er. -15 Und Mahalalel lebte 65 Jahre und zeugte Jered. 16 Und Mahalalel lebte, nachdem er Jered gezeugt hatte, 830 Jahre und zeugte Söhne und Töchter. 17 Und alle Tage Mahalalels betrugen 895 Jahre, dann starb er. – 18 Und Jered lebte 162 Jahre und zeugte Henoch. 19 Und Jered lebte, nachdem er Henoch gezeugt hatte, 800 Jahre und zeugte Söhne und Töchter. 20 Und alle Tage Jereds betrugen 962 Jahre, dann starb er. – 21 Und Henoch lebte 65 Jahre und zeugte Metuschelach. 22 Und Henoch wandelte mit Gott, nachdem er Metuschelach gezeugt hatte, 300 Jahre und zeugte Söhne und Töchter. 23 Und alle Tage Henochs betrugen 365 Jahre. 24 Und Henoch wandelte mit Gott; und er war nicht mehr da, denn Gott nahm ihn hinweg. – 25 Und Metuschelach lebte 187 Jahre und zeugte Lamech. 16 Und Metuschelach lebte, nachdem er Lamech gezeugt hatte, 782 Jahre und zeugte Söhne und Töchter. 27 Und alle Tage Metuschelachs betrugen 969 Jahre, dann starb er. – 28 Und Lamech lebte 182 Jahre und zeugte einen Sohn. 29 Und er gab ihm den Namen Noah, indem er sagte: Dieser wird uns trösten über unserer Arbeit und über der Mühsal unserer Hände von dem Erdboden, den der HERR verflucht hat. 30 Und Lamech lebte, nachdem er Noah gezeugt hatte, 595 Jahre und zeugte Söhne und Töchter. 31 Und alle Tage Lamechs betrugen 777 Jahre, dann starb er. 32 Und Noah war 500 Jahre alt; und Noah zeugte Sem, Ham und Jafet.“

Und als Noah 600 Jahre alt war, baute er zusammen mit seinen Söhnen die Arche. Nun kann man sich darüber streiten, ob die hier erwähnten Jahre tatsächlich unserem „Jahr“ entsprechen, ob man Mond- oder Sonnenkalender zugrunde legt und einiges mehr. Wie wir aber aus meinem Buch „Weltverschwörung“ wissen, widerspräche eine solche Annahme allen vorliegenden Beweisen und Berechnungen. Nehmen wir deshalb berechtigterweise einmal an, mit Jahr ist, und dessen sind sich eigentlich auch alle Wissenschaftler einig, tatsächlich ein Erdumlauf um die Sonne gemeint. So betrachtet sind die in der Bibel beschriebenen Lebensalter enorm! 930 Jahre, 905 Jahre, 895 Jahre, 962 Jahre, 365 Jahre (jung gestorben), 969 Jahre usw. Wie kommt es, dass diese Menschen damals offenbar erheblich länger lebten als wir heutzutage? Und warum hören diese langen Lebensdauern kurz nach der Sintflut auf? Warum lebten die Menschen von diesem Zeitpunkt an eine aus unserer Sicht „normale" Lebensdauer von ca. 120 Jahren und abnehmend weniger, ja, heutzutage sogar nur noch 70-90 Jahre? Wir kennen aus unserer heutigen Zeit durchaus Beispiele, in denen Völker extrem gesund bei sehr karger und absolut *nicht* abwechslungsreicher Nahrung sehr hohe Lebensalter erreichen.[146] Es gibt einzelne Ausnahmen, wie zum Beispiel den Chinesen Li Ching-Yuen, der nachweislich 256 Jahre alt, Vater von 200 Kindern geworden ist und 23 mal verheiratet war.[147]

In der *New York Times* stand 1930 ein Artikel, in dem Forschungsergebnisse von Prof. Wu Chung Chieh von der *Universität Chengdu* präsentiert wurden, u.a. eine Gratulation der Regierung an Li Cheng-Yuen zum 150sten Geburtstag aus dem Jahre 1827 und weitere Dokumente der Regierung, die belegen, dass man ihm in 1877 auch zu seinem 200sten Geburtstag gratulierte.[148] In diesem Fall scheint ausschlaggebend, dass sich

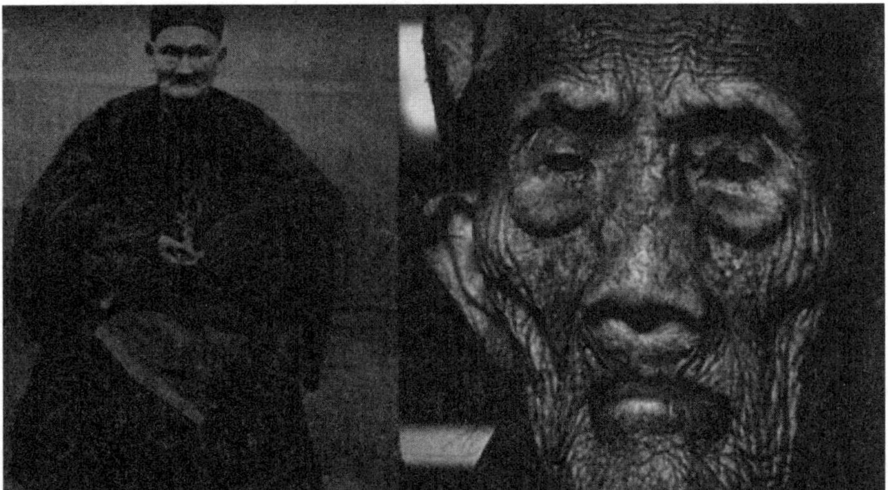

Abb. 153: Li Cheng-Yuen, links in jungen Jahren, rechts im Alter von über 200 Jahren

dieser Mann viele Jahre lang ausschließlich von Kräutern ernährte, für die er lange Reisen auf sich nahm.

Neben solchen einzelnen Personen gibt es auch ganze Völker, deren Menschen durch sehr hohe Lebensalter bei gleichzeitig erstaunlicher Gesundheit und Fitness auffallen. Da bis heute leider keine demografischen Angaben aus dem Hunza-Land veröffentlicht wurden, das Volk schon damals klein an Zahl war und die allgemeine Lebenserwartung in Pakistan bei ca. 60 Jahren liegt, sollte man mit endgültigen Schlüssen vorsichtig sein. Dennoch muss man zur Kenntnis nehmen, dass hier von Menschen die Rede ist, die laut den Berichten noch bis ins hohe Alter – locker über 100 Jahre alt – Fußball spielten und sich bester Gesundheit erfreuten, bis sie, meist über 130 Jahre alt, sanft entschliefen. Gern wird dabei versucht, Berichte von besonders alten Menschen ins Unseriöse zu ziehen, frei nach dem Motto: Es kann nicht sein, was nicht sein darf!

Was ist im Allgemeinen ein Grund bei Mensch und Tier, besonders hohe Lebensalter zu erlangen? Es ist gesunde (nicht vielfältige oder „ausgewogene“!), einfache, natürliche Nahrung, und dies in auf gar keinen Fall großen Mengen. Wer sich *überfrisst*, stirbt früher.

Wer viel zu sich nimmt, was keine Lebenskraft mehr hat (Extrembeispiele: Pommes Frites, Currywurst und Hamburger, Chips, Cola) wird, so deute ich die Forschungsergebnisse, ebenfalls früh mit Krankheiten gesegnet werden, keinesfalls jedoch den Rekord des Ältesten brechen. Wer viel industrialisierte Nahrung zu sich nimmt, darf sich nicht wundern, alle möglichen Nahrungsergänzungsmittel ebenfalls zu sich nehmen zu müssen, wobei er dann möglicherweise mehr oder weniger schnell feststellen wird, dass ihm die leider gar nicht oder nur sehr wenig helfen und er erst nach einer Umstellung auf frisches Obst und Gemüse wieder Gesundheit erlangt. Gute Nahrungsergänzungsmittel weisen Nährstoffe auf, die für die menschliche Zelle bioverfügbar sind. Billige Nahrungsergänzungsmittel weisen zwar dieselben chemischen Verbindungen auf, sind aber so grob, dass die Zellen diese Vitamine und Mineralien nicht aufnehmen können.

Noch dazu stellen wir fest, dass Vegetarier, z.B. in Indien, im Durchschnitt erheblich älter werden als wir „Normalesser der westlichen Industriegesellschaft“. Das heißt, Fleischessen führt zu einer größeren Belastung des Körpers, verbraucht mehr Energie und führt am Ende zu einer kürzeren Lebenserwartung. Diese Entwicklung ist im Übrigen gerade bei dem eben erwähnten Volk der Hunza (oder richtig: Hunzukuc) ganz genau nachzuvollziehen – die werden nämlich heutzutage, nach Anschluss an die Zivilisation und Wegfall wichtiger Anbaugebiete und der Hinwendung zu immer mehr Fleischkonsum, leider gar nicht mehr besonders alt und haben zunehmend Zahn- und Verdauungsprobleme.

Übrigens wird heute bei Berichten von Naturvölkern und auch damals von den Beobachtern der Hunza davon gesprochen, dass die Schwangerschaft keine größere Belastung für die Frauen darstellt und die Geburt sehr einfach, schnell und natürlich vonstatten geht. Schwangere Frauen müssen oft für die Geburt nicht in die Klinik, sondern verschwinden bei Anzeichen für die Wehen kurz hinterm Haus (eher aus Scham als aus Notwendigkeit) und bekommen dort im breitbeinigen Stehen oder Hinlegen mal eben ihr Kind – kein Geschrei, keine großen Schmerzen.

Schauen wir ein weiteres Mal in die Bibel:

*„**Genesis 3,16** Und zum Weibe sprach er: Ich will Dir viel Mühsal schaffen, wenn Du schwanger wirst; unter Mühen sollst Du Kinder gebären.“*

Dies sprach „Gott“ zu Eva, nachdem Adam und Eva angefangen hatten, die Früchte vom Baum der Erkenntnis zu essen. Dies scheint ja eine Drohung gewesen zu sein. Also war der Zustand bis dahin wohl anders, nämlich frei von Schmerzen oder Mühsal. Wenn es vorher so anders war, worin lag dies begründet?

Nehmen wir noch ein anderes Beispiel:

*„**1,29** Und Gott sprach: Sehet da, ich habe euch gegeben alle Pflanzen, die Samen bringen, auf der ganzen Erde, und alle Bäume mit Früchten, die Samen bringen, zu eurer Speise.“*

Dies war das Ernährungsgebot bis zur Sintflut, und die Menschen lebten, so steht es geschrieben, mehrere hundert Jahre lang. Nach der Sintflut heißt es dann:

*„**1. Mose 9, 2-4** Furcht und Schrecken vor euch sei über allen Tieren auf Erden und über allem, was auf dem Erdboden wimmelt, und über allen Fischen im Meer; in eure Hände seien sie gegeben. Alles, was sich regt und*

lebt, das sei eure Speise; wie das grüne Kraut habe ich's euch alles gegeben. Allein esst das Fleisch nicht mit seinem Blut, in dem Leben ist!"

Das heißt also: Vor der Sintflut war die Erde mit einer möglicherweise nicht geneigten Erdachse ein Paradies. Keine Jahreszeiten, immer gleichmäßig warmes Klima, üppiger Pflanzenwuchs, wohin man auch sah. Gesunde, natürliche und vor allem vegetarische Ernährung war kein Problem. Es bestand keinerlei Notwendigkeit zum Jagen von Tieren, denn man wurde problemlos zu jeder Tages- und Nachtzeit an nahezu jedem Ort der Erde satt. Das Fleischfressen war den Aasfressern vorbehalten, die als eine Art Müllabfuhr dafür Sorge trugen, dass sich keine Krankheiten ausbreiten konnten durch verfaulendes Fleisch von toten Tieren. Nach der Sintflut jedoch war das Paradies verloren, gesunde und vegetarische Ernährung war kaum machbar. Deshalb hieß das Gebot der Stunde: *„Nimm, was Du kriegen kannst, denn es ist sonst nichts mehr da!"*

Es wurde offenbar versucht, die schlimmsten Schäden zu verhindern, und man drang darauf, wenigstens das Blut wegzulassen. Das Resultat war: Ab sofort hatten die Menschen nicht mehr einige hundert Jahre zu leben, sondern nur noch um die einhundert Jahre. Der Mensch verlor außerdem einen großen Teil seiner geistigen Möglichkeiten. Noch heute ist feststellbar, dass man bei Fleischverzicht bzw. einer Fastenkur eine unglaubliche Zunahme der geistigen Fähigkeiten hat. Das glauben Sie nicht? Probieren Sie es aus! Sie können das! Selbst in den Mainstream-Medien wird mittlerweile recht eifrig über die diversen Vorteile von Fastenkuren berichtet.[149]

Wiederholen wir noch einmal:

„1,29 Und Gott sprach: Sehet da, ich habe euch gegeben alle Pflanzen, die Samen bringen, auf der ganzen Erde, und alle Bäume mit Früchten, die Samen bringen, zu eurer Speise."

Dies steht in den Bibeln dieser Welt als das ursprüngliche Ernährungsgebot für den Menschen: frisches Quellwasser (nicht in allen Übersetzungen zu finden), kein Wein oder Säfte und nur Früchte von samentragenden Bäumen und Sträuchern, kein Getreide, kein Salat.

„1,30 Aber allen Tieren auf Erden und allen Vögeln unter dem Himmel und allem Gewürm, das auf Erden lebt, habe ich alles grüne Kraut zur Nahrung gegeben. Und es geschah so.“

Die neue Anweisung in der Zeit nach der Sintflut beinhaltet u.a. die Warnung davor, Fleisch mit Blut zu essen:
*„**1. Mose 9, 2-4** Allein esst das Fleisch nicht mit seinem Blut, in dem Leben ist!“*

Was ist der Hintergrund dieses Gebotes? Das Blut ist die zentrale Versorgungsleitung des menschlichen (oder tierischen) Körpers, so etwas wie ein Paketdienst. Wenn z.B. Harnstoffe zur Niere gebracht werden müssen, dann fließen sie im Blut dorthin. Fließt das Blut nicht mehr, fallen die transportierten Stoffe langsam zu Boden, sie lagern sich an den Gefäßwänden der Zellen, Adern und Venen ab.

Fleisch nicht mit Blut zu essen, bedeutet: *schächten*. Was bedeutet *schächten*? Man schlachtet ein Tier, indem man es an den Hinterbeinen aufhängt und ihm dann mit einem sehr sauberen Messer bei lebendigem Leibe die Kehle durchschneidet. Das Herz schlägt noch (ziemlich schnell sogar, denn das Tier hat panische Angst) und das Blut läuft zügig aus dem Körper. Und egal, ob herkömmliche Schlachtung mit Bolzenschussgerät[150] oder Schächtung[151]: Man sieht in den im Internet zu findenden Videos sehr deutlich, dass die Tiere bei lebendigem Leibe und Bewusstsein geschlachtet werden. Falls Sie sich die Videos aus den Endnoten anschauen wollen, warne ich Sie hiermit eindrücklich: Das ist nichts für schwache Nerven und ist sehr vergleichbar mit Videos, in denen Menschen geköpft werden.

Die Schlacht-Vorschriften zum Koscher- oder Halal-Schlachten finden Sie u.a. im Islam und im Judentum.

Da das Blut schnell abfließt, haben z.B. Harnstoffe keine Chance, sich abzulagern und fließen sofort mit hinaus. Der Geschmack des Fleisches wird *wesentlich*, wenn nicht gar hauptsächlich, durch die abgelagerten Harnstoffe bestimmt. Machen Sie doch einfach mal einen Test: Kaufen Sie sich „koscher“ geschlachtetes Fleisch oder suchen Sie sich einen strenggläubigen Moslem und fragen Sie den, wo sie Fleisch aus einer Schächtung herbekommen können. Das Fleisch schmeckt entweder gar nicht nach „Fleisch“, so wie Sie es bisher kannten, oder erheblich weniger als Sie es gewohnt sind. Machen Sie auch den Gegentest: Versuchen Sie einmal, Fleisch zu bekommen, das aus einer Schlachtung stammt, die, aus welchen Gründen auch immer, sehr lange gedauert hat. Das heißt, man hat das Tier nicht an den Hinterbeinen aufgehängt und auch nicht gleich aufgeschnitten, sondern vielleicht über Nacht hängen gelassen und dann erst weiterverarbeitet. So ein Stück Fleisch riecht wie ein Bahnhofsklo! Widerlich, ich weiß. Aber der Geschmack des Fleisches stammt nun einmal zu sehr großen Teilen von Harnstoff und anderen Ablagerungen im Fleisch.

Übrigens gibt es in der Bibel (und im Islam) ein ganz besonderes Gebot gegen eine bestimmte Sorte Fleisch:

> *„**Jesaja 66, 15 & 17** Denn siehe, der Herr wird kommen mit Feuer und seine Wagen wie ein Wetter, dass er vergelte im Grimm seines Zorns und mit Schelten in Feuerflammen. Die sich heiligen und reinigen für das Opfer in den Gärten dem einen nach, der in der Mitte ist, und Schweinefleisch essen, gräuliches Getier und Mäuse, die sollen miteinander weggerafft werden, spricht der Herr."*

Warum diese ausdrückliche Erwähnung von Schweinefleisch? Die arabischen Länder können uns da ein wenig weiterhelfen. Die meisten arabischen Sprachen und Länder, in denen der Islam die vorherrschende Religion ist, haben kein Wort für „Grippe" und erkranken auch nicht an dieser. Die Grippeviren übersommern (nicht überwintern) nämlich in den Lungen von Schweinen und wachsen und gedeihen und verändern sich dort sehr rege. Wenn nun ein Mensch nie solches Fleisch ist, wird sein Immunsystem mit einer eventuellen Konfrontation mit dieser Erkrankung spielend leicht fertig. Isst man aber von diesem Fleisch, hat man schon verloren. Unweigerlich bekommt man hin und wieder grippale Infekte und auch manchmal die Grippe. Ist es nicht verwunderlich, dass in unser tollen westlichen Welt der absolut überwiegende Anteil des Konsums von verarbeitetem Fleisch auf Schweinefleisch entfällt?[152]

Nicht zu verwechseln ist diese Grippe übrigens mit einer sogenannten „Vogelgrippe". Vogelgrippe hieß früher „Vogelpest", war und ist für Menschen nicht gefährlich, und es hilft schon gar nicht ein Medikament namens *Tamiflu* dagegen, das bis zu seinem sehr lukrativen Einsatz gegen das Vogelgrippephantom einzig für seine immensen Nebenwirkungen bekannt geworden war. George Bush jun. hat damals die Vogelgrippe „ausgerufen", und alle haben mitgemacht und *Tamiflu* gekauft. Warum? Nun, *Tamiflu* wird von der Firma *Roche* verkauft, die das Patent offenbar von *Gilead* erworben hat. *Gilead* wiederum soll Donald Rumsfeld gehören, und der muss wohl so sauer gewesen sein, dass immer nur die Firma *Halliburton* (Chef dort ist „Dick" Cheney) die Sahne einstreichen durfte (Zerstörung Irak, Wiederaufbau Irak, Zerstörung Kuwait, Wiederaufbau Kuwait, Zerstörung Irak II, Wiederaufbau Irak II usw.), dass er bei Bush jun. petzen und heulen gegangen sein muss, um zu meckern, er wolle auch einmal etwas vom Kuchen abhaben. Bush jun. hat sich offenbar erweichen lassen, die Vogelgrippe erfunden (oder besser: erfinden lassen – Ehre, wem Ehre gebührt) und los ging's. Jahr 1 brachte angeblich 6 Milliarden in die Kassen von *Roche* und wahrscheinlich viele Millionen davon zu Donald Rumsfeld. Das deutsche *Friedrich-Löffler-Institut* spielte hier übrigens eine vermutlich unrühmliche Rolle. Wie kann es sein, dass nur wenige Meter von der polnischen Grenze auf einer abgelegenen Insel durch eben dieses Institut die Vogelgrippe auf deutscher Seite „entdeckt" wird, in Polen selbst jedoch, einige Meter weiter, nie etwas gefunden wurde? Wieder einmal spielen offenbar staatlich gelenkte, pharmafinanzierte Institutionen eine unlöbliche Rolle im Geflecht der totalen Irreführung der Menschheit.

Genug dazu, zurück zur Ernährung! Machen Sie doch bezüglich der Ernährung einen Selbsttest: Essen Sie 3 Monate lang kein Schweinefleisch! Beobachten Sie sich selbst. Haut, Geruch, Verhalten, Gesundheit. Sie werden Veränderungen erkennen!

Haben Sie den Mut zu einem weiteren Test? Essen Sie einige Monate gar kein Fleisch mehr! Nur als Test – weder aus philosophischen Gründen noch, weil Sie Vegetarier oder Veganer werden wollen, sondern einfach, um die Veränderungen an sich selbst zu erkennen. Wenn diese Ihnen gefallen, können Sie ja einfach dabei bleiben, oder sie essen danach wieder weiter wie zuvor! Ich habe diesen Versuch gemacht und festgestellt, dass ich erheblich weniger aggressiv und viel ausgeglichener wurde. Das soll nicht heißen, dass ich vorher immer gleich um mich geschlagen habe, ich habe einfach an meinem Verhalten festgestellt, dass ich ruhiger geworden war, etwas weniger stressanfällig und vor allem: Ich war weniger krank.

Und an alle Fleischer und Wurstwarenverkäufer unter Ihnen: Ja, ich weiß, dass die Fleischindustrie eine sehr wichtige Industrie ist, dass es in dieser Industrie tausende Arbeitsplätze gibt und viele Menschen damit Ihr Brot verdienen. Aber bitte: Darf dies ein Grund dafür sein, dass man sich anderen Argumenten verschließt? Nur um der Arbeitsplätze willen? Jede Wandlung ist eine *Wandlung*, keine Vernichtung. Es wird neue Arbeitsplätze geben, denn gegessen wird wohl immer. Vielleicht können dann die ehemaligen Kopfabschneider und Ausweider irgendwo arbeiten, wo sie mit Pflanzen und pflanzlichen Nahrungsmitteln zu tun haben. Alternativen werden wir für sie schaffen müssen, so viel ist sicher.

Haben Sie Mut für noch einen weiteren Test? Essen Sie einfach mal gar nichts. Machen Sie eine Fastenkur. Nicht zum Abnehmen oder Reinigen – einfach, um es einmal an sich selber ausprobiert zu haben! Sie werden eine phänomenale Wirkung erleben! Ich meine damit nicht Fastentage, sondern mind. 4 Tage, besser noch 10 Tage, denn dann fängt der Körper erst so richtig an aufzublühen. Ihr Geist wird Sie überraschen nach dieser Zeit des Fastens. Nach zirka sechs Tagen fängt es an!

Es gibt übrigens mittlerweile weltweit mehrere zehntausend Menschen, die sich von Licht ernähren, mithin also *nichts* essen – nicht als Kur, sondern permanent *nichts* essen. Ich selbst habe in meinem entfernten Bekanntenkreis jemanden, der seit 2002 nichts mehr gegessen hat. Er erfreut sich allerbester Gesundheit!

„Der 83-jährige Yogi Prahlad Jani aus Indien behauptet, seit über 70 Jahren nichts mehr gegessen und getrunken zu haben.“[153] Dieser indische Yogimeister wurde mehrfach und sehr intensiv von westlichen und östlichen Medizinern untersucht, und sie alle haben festgestellt, dass er tatsächlich weder isst, noch trinkt und stattdessen sein Körper ein Kreislaufsystem entwickelt hat, in dem sich zum Beispiel seine Blase durchaus mit Urin füllt, diese Flüssigkeit aber im Laufe von Stunden wieder abgezogen und wiederverwertet wird. Nun, wenn er das kann, sollte vom Prinzip her diese Lösung allen Menschen offenstehen. Möglicherweise ist die Entscheidung, zu essen, also mitnichten eine von der Natur bereits beantwortete, sondern eine ganz bewusste, vom menschlichen Geist steuerbare.

Ich habe bei einem Fasten-Versuch über sechs Wochen exakt diese Entwicklung durchgemacht, die von den bereits auf Lichtnahrung umgestellten Personen beschrieben wird. Dies ist eine vollständige Entleerung des Darms, am besten durch Einläufe, danach einige Tage möglicherweise Kopfschmerzen und Verlangen nach Essen. Nach einigen, meist 3-4 Tagen verschwindet das Verlangen nach Essen vollkommen. Man kann neben Leuten im Restaurant am Tisch sitzen und verspürt keinerlei Appetit.

Während der ersten zwei Wochen erfolgt eine schnelle Gewichtsabnahme, danach lässt dies dann auch nach, und man nimmt kaum mehr ab.

Die geistige Tätigkeit nimmt nach der ersten Woche spürbar zu, man entwickelt ein Gefühl des „Überblicks". Die jeweils umgebende Situation kann jederzeit mühelos und spontan erfasst und beurteilt werden, und das in jeder kleinsten Nuance der Gefühle beteiligter Personen. Man kann sich besser konzentrieren und geistige Arbeiten schneller, besser und gründlicher erledigen.

Ich wollte damals abnehmen. Das war für mich der einzige Grund zum Fasten. Anfangs auch sehr erfolgreich, nahm ich in nur 14 Tagen 23 kg ab. Ich war zu dieser Zeit Trainer in einem Fitnessstudio, lief täglich mindestens 10 km oder fuhr 40 km mit dem Rennrad. Ich war blendend in Form! Nur: Nach 14 Tagen verlor ich kein einziges Gramm mehr – nichts. Das machte mich wütend! Ich trainierte weiter voll, ich bemerkte eine unglaubliche Steigerung meiner geistigen Tätigkeit – aber ich verlor nicht ein Gramm Gewicht. Nach 6 Wochen gab ich auf. Ich wollte abnehmen! Von Lichtnahrung hatte ich damals noch nichts gehört.

Tatsache bleibt die Erfahrung, dass ich während dieser 6 Wochen keinerlei feste Nahrung zu mir genommen hatte, und dies bei absolut *keinem* Hungergefühl und bester Gesundheit und Laune! Andere Menschen haben sehr ähnliche Erfahrungen gemacht.[154] Sie vielleicht auch?

Bitte verstehen Sie mich richtig: Niemand zwingt Sie zum Nicht(s)-Essen! Ich kann Ihnen auch nicht sagen, ob die Eignung für Lichtnahrung von bestimmten Faktoren abhängt (z.B. dem Rhesus-Faktor der Blutgruppe) oder der Zugehörigkeit zu bestimmten Menschengruppen bzw. Rassen oder Ethnien. Eine solche Umstellung ist nicht nur körperlich anspruchsvoll, sondern auch eine soziale Herausforderung! Unsere Gesellschaft ist zu sehr großen Anteilen auf das Essen ausgerichtet. Treffen zur Nahrungsaufnahme sind häufig Rituale, bei denen man gemeinsam am Tisch sitzt, miteinander spricht, lacht, diskutiert. Dies alles umzustellen, erfordert ein sehr hohes Maß an Flexibilität und Erfindungsreichtum und stellt jedes Beziehungsgeflecht mit anderen Personen, die „ganz normal" essen, auf eine harte Probe. Jeder einzelne Schritt führt, wie Sie möglicherweise aus eigener Erfahrung bereits nachvollziehen können, zu langen Diskussionen und Rechtfertigungen. *„Warum willst Du kein Schweinefleisch mehr essen? Bist Du jetzt Moslem, oder was?"* – *„Was, gar kein Fleisch mehr? Aber der Mensch braucht Fleisch, das ist wissenschaftlich erwiesen!"* – *„Jeder Mensch braucht pro Tag mindestens 1.800 kcal, um gesund leben zu können!"*

Diese und viele andere Schul- und Zeitschriftenweisheiten bekommt man zu hören. Die Eltern, die Nachbarn, die Freunde – von überall schallt einem der Chor entgegen: *„Mach das nicht, das ist gefährlich!"*

Mittlerweile kommt aber selbst im Mainstream auch ab und zu mal die Meldung, dass selbst Sportler, die bisher Fleisch als unverzichtbaren Bestandteil ihrer Ernährung ansahen, damit wohl falsch lagen, denn es gibt andere, wesentlich ergiebigere Eiweißquellen.[155]

Galina Schatalova beschreibt in ihrem Buch „Wir fressen uns zu Tode", wie sie ein Experiment mit einer Gruppe durchtrainierter Sportler einerseits und einer anderen Gruppe mit lauter „Normalos" machte. Die Sportler nahmen täglich einige tausend Kilokalorien und etliche Liter Wasser zu sich und folgten den Weisungen moderner Sportmediziner, die anderen bekamen nur sehr wenig Wasser und gerade einmal knapp 500 kcal pro Tag. Dann machten sich beide Gruppen zu Fuß auf den Weg durch eine Wüste, einige hundert Kilometer weit. Die Gruppe der Sportler hatte schon nach kurzer Zeit extreme Schwierigkeiten, alle verloren massiv an Gewicht, und nur wenige schafften die Strecke, während die Kontrollgruppe mit einem Minimum an Ernährung komplett bis ins Ziel kam und bei bester Gesundheit teilweise sogar zugenommen hatte.

Wir essen zu viel, und wir essen falsch! Dies ist die einfache Schlussfolgerung aus ihrem Buch. Und obendrein ist mittlerweile sogar klar, dass zu viel Essen, insbesondere der Konsum von Fleisch, nicht nur krank, sondern auch dumm macht. Eine statistisch merkliche Absenkung des Intelligenzquotienten bei diesen Gruppen stellt im Zusammenspiel mit dem bereits in den vorangegangenen Kapiteln dargestellten Fakten ein sehr bedenkliches Bild dar: Die Menschheit wird also durch die gängige Ernährung systematisch verdummt. Wenn dies eine gewollte Entwicklung darstellt und sich auf Regierungsebene niemand gegen diese offensichtlich krankhafte und schädliche Entwicklung wehrt, dann ist davon auszugehen, dass es sich um eine gezielte Absenkung der Intelligenz und eine gewollte zahlenmäßige Verminderung handelt. Vor dem Hintergrund einer direkten und indirekten Abstammung eines Großteils der Menschheit von den Anunnaki selbst, mit entsprechenden geistigen Fähigkeiten, spricht dies für eine Schutzmaßnahme dieser Erschaffer der Menschheit.

Zurück zu den Ernährungsgeboten. Lesen wir einmal folgende Stelle aus der Bibel: *(immer noch 1. Buch Mose, Genesis)*

*„**3,6** Und das Weib sah, dass von dem Baum gut zu essen wäre und dass er eine Lust für die Augen wäre und verlockend, weil er klug machte. Und sie nahm von der Frucht und aß und gab ihrem Mann, der bei ihr war, auch davon, und er aß. (...)"*

*„**3,14** Da sprach Gott der HERR zu der Schlange: Weil Du das getan hast, seist Du verflucht, verstoßen aus allem Vieh und allen Tieren auf dem Felde. Auf deinem Bauche sollst Du kriechen und Erde fressen Dein Leben lang."*

*„**3,15** Und ich will Feindschaft setzen zwischen Dir und dem Weibe und zwischen Deinem Nachkommen und ihrem Nachkommen; der soll Dir den Kopf zertreten, und Du wirst ihn in die Ferse stechen."*

Was bedeutet das nun, wenn ursprünglich der Mensch *gar nicht* essen sollte bzw. musste? Schließlich lautete das Essensgebot „von früchte- und samentragenden Bäumen und Sträuchern", und der Apfelbaum, um den es hier angeblich geht, oder meinetwegen auch der Baum, an dem Granatäpfel wachsen, ist in jedem Fall ein früchte-tragender und auch ein samentragender Baum.

Hier wird auf einmal beschrieben, dass der Mensch sterben soll, wenn er von dem Baum des Lebens isst. Eine Drohkulisse, um Schlimmeres zu verhindern?

Nehmen wir einmal an, dieses Ernährungsgebot wurde erst formuliert, als bereits klar war, dass bei der Schaffung des Menschen etwas schiefgelaufen und Original-Gene der Götter eingeflossen waren und diese wiederum gar nicht auf Ernährung durch Nahrungsmittel, sondern vielleicht nur auf Energiezufuhr durch z.B. Licht angewiesen waren? Wir wissen ja bereits aus den vergangenen Kapiteln, dass es durchaus Außerirdische gibt, die keine Nahrung aufnehmen müssen, ja sogar teilweise nicht einmal Verdauungsorgane besitzen.

Würden Sie sagen, dass eine Ernährung, die auf Licht und Wasser basiert, den Pflanzen vorbehalten ist? Wir Menschen mit unserem Blut können nicht ohne Nahrung auskommen? Wie erklären Sie dann z.B. das folgende Schaubild (Abb. 154)? Es zeigt die Zusammensetzung pflanzlichen Chlorophylls einerseits und menschlichen Hämoglobins andererseits. Es besteht nur ein einziger kleiner Unterschied... Dies könnte für uns alle ein sehr wichtiges Schaubild sein, zeigt es doch die sehr enge Verwandtschaft zwischen tierischem und pflanzlichem Leben. Wir selbst haben einen Körper, der auf der Grundlage von Eisen und Blut funktioniert, unterscheiden uns aber tatsächlich nur in diesem einen kleinen Baustein vom Aufbau der Pflanzenwelt. Was bedeutet es, wenn wir nun anerkennen müssten, dass auch Pflanzen *leben* und nicht einfach nur „wachsen". Und was, wenn Pflanzen auch andere Merkmale des Lebens aufweisen, wie Bewusstsein und Gefühle?

Bietet sich anhand dieses einen Schaubildes nicht schon ein schwergewichtiger Ankerpunkt, an dem man seine eigene Weltanschauung ausrichten könnte?

Schauen wir auf die bisherigen Übersetzungen der Bibel, stellen wir fest, dass die meisten Übersetzungen keine sind, sondern eher Nacherzählungen oder Erzählungen von Geschichten gleichen Inhalts mit Veränderungen einiger wesentlicher Details (möglicherweise aus politischen Gründen). Wenn dem auch hier so ist, könnte man die Vorstellung entwickeln,

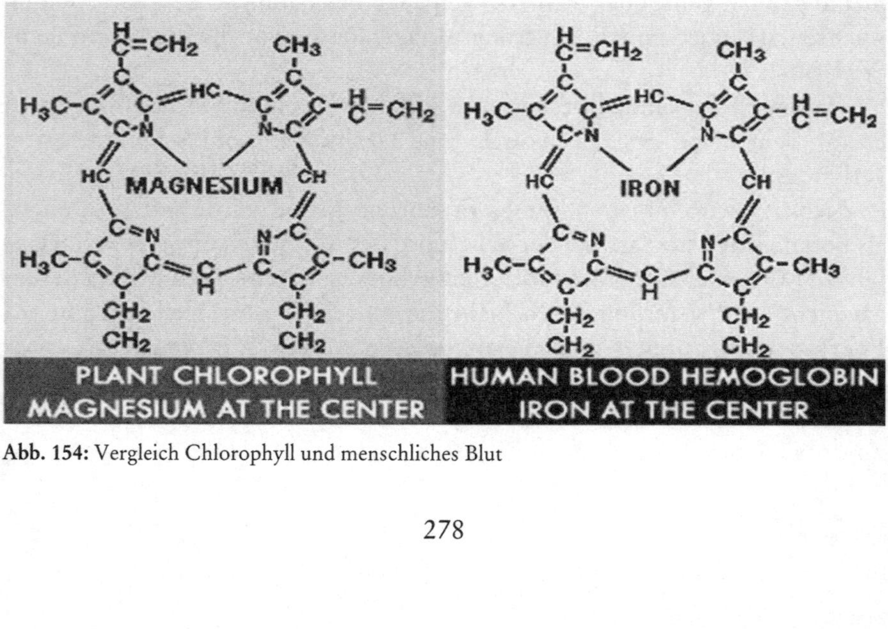

Abb. 154: Vergleich Chlorophyll und menschliches Blut

dass der Mensch an sich ursprünglich gar nicht dafür vorgesehen war, zu essen und erst durch den Verzehr von Speisen sterblich oder zumindest vorzeitig sterblich wurde.

Aber Moment mal: Wir essen doch alle! (Bis auf die Verrückten, die „angeblich" nichts essen, mögen Sie jetzt einwerfen.) Nun, wir sehen, dass z.B. Fleischkonsum, insbesondere Schweinefleisch, zumindest krank machen *kann*. Wir sehen, dass die Hormone, die wir aufnehmen, einen enormen Einfluss auf uns Menschen, unsere Gesundheit und unsere Stimmungslage haben.

Hormone und heutzutage in geradezu horrendem Ausmaß künstliche Bestandteile der Nahrung, wie z.B. Aromen, Geschmacksverstärker wie Glutamat (oder wie es anders heißt: Hefe-Extrakt (auch bekannt als z.B. „Malto Dextrin"), fermentierter Weizen, modifizierte Stärke u.v.m.), haben einen sehr großen Einfluss auf die Gesundheit. Sind die von uns über unsere Nahrung aufgenommenen Stoffe am Ende gar dafür verantwortlich, dass wir die Fähigkeit, uns von Licht zu ernähren, in den allermeisten Fällen verloren haben? Kann jeder Mensch diese Fähigkeit wieder erlangen oder nur bestimmte Gruppen oder jeder, aber nur nach einer bestimmten Diät oder nur bei bestimmter Ernährung über eine beliebige Mindestzeit?

Ich möchte Ihnen an dieser Stelle einen Autor ans Herz legen, der diese Dinge sehr genau analysiert hat: Hans-Ulrich Grimm mit seinen Titeln „Die Suppe lügt", „Die Kalorienlüge" und „Die Ernährungslüge". Vielleicht lesen Sie bei dieser Gelegenheit auch gleich noch, was die Regierungen weltweit für uns Menschen als richtig, gesund und einzig zulässig erkannt haben: den CODEX ALIMENTARIUS.

Hier ein kleiner Auszug:

„Alle Mikro-Nährstoffe (wie z.B. Vitamine und Mineralien) sind als Giftstoffe anzusehen und aus allen Lebensmitteln zu entfernen, da der Codex die Verwendung von Nährstoffen zur ‚Vorbeugung, Behandlung oder Heilung von Leiden oder Krankheiten' untersagt. Sämtliche Lebensmittel (einschließlich Bio-Lebensmittel) sind zu bestrahlen, wodurch alle ‚giftigen' Nährstoffe entfernt werden (es sei denn, Verbraucher können ihre Lebensmittel selbst vor Ort erzeugen). Ein Vorbote dieser Richtlinienangleichung tauchte im August 2008 in den USA auf – nämlich mit der heimlich gefällten Entscheidung, sämtlichen Kopfsalat und Spinat im Namen der öf-

fentlichen Gesundheit und Sicherheit einer Massenbestrahlung zu unterziehen. Wenn der Schutz der Öffentlichkeit das Hauptanliegen der US-amerikanischen Gesundheitsbehörde FDA ist, warum wurde das Volk nicht über diese neue Praxis informiert?
Die genehmigten Nährstoffe werden auf eine von der Codex-Kommission erarbeiteten Positivliste beschränkt. Sie wird so ‚nützliche' Stoffe enthalten wie Fluorid (3,8 mg pro Tag), das aus Industrieabfällen erzeugt wird. Alle Nährstoffe (z.B. die Vitamine A, B, C und D sowie Zink und Magnesium), die irgendeine gesundheitsfördernde Wirkung aufweisen, werden in therapeutisch wirksamen Mengen als unzulässig erachtet. Sie sind anteilsmäßig so zu reduzieren, dass ihre Wirkung für die Gesundheit vernachlässigbar wird. Die Untergrenze wird auf nur 15 Prozent der empfohlenen Verzehrmenge (RDA) festgesetzt. Selbst mit Rezept wird niemand mehr auf der Welt solche Nährstoffe in therapeutisch wirksamen Mengen bekommen können.«[156]

Dies ist kein neuer Plan! Bereits in den 1960er-Jahren entschlossen sich hochrangige Illuminati zur radikalen Reduzierung der Bevölkerung mittels eines sehr raffiniert ausgedachten Waffensystems: der **Nahrung**. In den frühen 1970er-Jahren schaffte dann die Gentechnik die Möglichkeit, Gliadine in das Getreide (ganz besonders beim Weizen) einzupflegen, sodass diese enorm süchtig machenden Substanzen fortan in jedem Brötchen zu finden waren. Gliadine sind bekannt als Auslöser für zahlreiche Allergien, Darmprobleme, Diabetes und einiges andere mehr.[157] Der Suchtfaktor liegt bei Gliadinen höher als bei Heroin.

Die zweite Waffe war der **raffinierte Zucker**. Man stellte in Tierversuchen fest, dass Ratten, die man bereits süchtig nach Kokain gemacht hatte, lieber nach Zucker griffen als nach Kokain. Milch gehört dank der Futterzusätze für die Kühe zu den ebenso bearbeiteten und pervertierten Nahrungsmitteln. Das Ziel war, die Bevölkerung möglichst problemfrei bis zu einem Alter von 61 Jahren am Leben zu erhalten und dann so schnell und so viele wie möglich an den Folgen dieser Ernährung sterben zu lassen.[158]

Auch im größeren politischen Rahmen entschloss man sich zur Unterstützung der Markteinstiege amerikanischer Fastfood-Unternehmen in fremde Länder, ganz besonders dort, wo eine einheimische Bevölkerung sich von traditioneller Ernährungsweise bisher nicht abbringen ließ und sich als Resultat davon bereits im Kindesalter als extrem renitent gegen die Eroberungsversuche der Amerikaner erwies. Sobald dann die Burger, Pommes und Cola im Land waren, dauerte es meist nur wenige Jahre und die Bevölkerung wurde weich, und man konnte den nächsten politischen Schritt gehen.[159]

Viele Insider dieser Machenschaften wollten aussagen und ihr Wissen veröffentlichen, bis jetzt hat dies keiner lebend geschafft. Erst seit kurzem wagen Staaten Gegenwehr und haben so z.B. die Firma *Coca-Cola* in Nigeria per Gericht verpflichtet, ihre Getränke mit einem Warnhinweis *„Vorsicht: kann giftig sein“* zu versehen.[160]

Nach Ihrem erfolgreichen Selbsttest, Ihrer Fastenkur, können Sie selbst erkennen, dass Sie fähig sind, nichts zu essen. Und wenn Sie es lange genug durchhalten, wird sich Ihr Körper auf ein für Ihre Größe und Ihre Statur richtiges, gesundes Gewicht einstellen und dabei bleiben.

Selbstverständlich können Sie jetzt fragen: *„Und warum verhungern dann viele Menschen auf der Erde?“* Und ich werde Ihnen sagen: Das kann ich Ihnen leider nicht erklären! Als Tatsache für mich erscheint: Es gibt Leute, die sagen, sie äßen seit Jahren nichts mehr. Nie habe ich sie etwas essen sehen und sie scheinen bei bester Gesundheit zu sein. Ich habe selber den Test gemacht und festgestellt, dass bei mir einzig und alleine die Psyche für eine Wiederaufnahme der Ernährung verantwortlich war.

Es scheint so zu sein, als könne man die Energie, die man durch das Essen aufnimmt, auch durch andere Energien ersetzen, die man sich auf anderem Wege zuführt, also z.B. durch Lichtenergie. Deshalb heißt der Prozess auch „Umstellung auf Lichtnahrung“.

Warum so viele Menschen auf der Erde verhungern, kann ich nicht erklären. Vielleicht fehlt denen ein Zugang zu sauberem Wasser oder sie sind durch Infekte so stark geschwächt, dass mehr Energie verbraucht wird, als sie durch Licht aufnehmen können.

Wie Sie wissen, braucht der Körper Wasser. Aber wofür braucht er eigentlich Wasser? Wasser ist Energie und ein Informationsträger. Ein Wassermolekül hat die Form eines „Dipols“, ist also in der Lage, auf angelegte Spannung zu reagieren, sich nach ihr auszurichten – fast wie ein Speicherchip im Computer. Wasser kann sich sogar „erinnern“ und Formen des Erinnerten annehmen! Das glauben Sie nicht? Lesen Sie mal Masaru Emotos Buch „Die Antwort des Wassers“. Dieser Mann hat einfach einen Wassertropfen genommen, ihm das Wort „Atoll“ gesagt und den Tropfen anschließend eingefroren mit dem Resultat, dass dieser Kristall aussah wie ein Atoll! Auch andere Worte zeigen erstaunliche Wirkung auf Wasserkristalle. Machen Sie sich selbst ein Bild! Was Wasser noch so alles kann, finden Sie in dem Buch „Lebendes Wasser“ von Olof Alexandersson. Hier finden Sie übrigens auch einige Informationen zu Viktor Schauberger, einen der genialsten Menschen, die dieser Planet je gesehen hat.

Kommen wir zurück zu Ihnen: Was passiert, wenn Sie jetzt mehrere Stunden, vielleicht sogar bis morgen früh, nichts essen würden? Ich sage einmal voraus: Sie werden unruhig und nervös. Möglicherweise bekommen Sie Kopfschmerzen und Ihre Hände fangen an zu zittern. Ihre Gedanken kreisen nur noch um das eine: *„Wo finde ich etwas zu essen?“*

Hatte ich Recht? Vergleichen Sie diese Verhaltensweise bitte einmal mit einem Heroinabhängigen, dessen letzter Schuss schon ein paar Stunden oder gar Tage zurückliegt. Der wird ebenfalls extrem unruhig sein, hat Kopfschmerzen, sein Körper verzehrt sich nach Nachschub, er zittert und seine Gedanken kreisen nur um das eine: *„Wo bekomme ich schnellstmöglich Nachschub?“* Ein gewagter Vergleich? Ich stimme Ihnen zu! Aber was ist, wenn der Mensch tatsächlich nicht zur Aufnahme von Nahrung gezwungen ist, sondern diese Nahrungsaufnahme nur ein Suchtverhalten darstellt – über Jahrtausende erlernt und beibehalten, ritualisiert und fest verankert in jedermanns Lebenswirklichkeit?

Viele Menschen lesen Bücher über historische Themen, um ihr Weltbild zu erweitern und zu korrigieren. Sie tun dies, weil sie die Notwendigkeit zur Korrektur sehen. Sie haben die Lügen erkannt und wollen die Wahrheit wissen und sich nach der Wahrheit ausrichten. Wenn Sie eine geschichtliche Wahrheit erkannt haben, fallen Sie dann immer wieder zurück in das alte Denkmuster und wiederholen die alten Lügen? Vermutlich nicht. Ebenso viele Menschen lesen Bücher über Ernährung. Sie tun dies, weil sie die Notwendigkeit dazu erkannt haben, möglicherweise als Folge einsetzender gesundheitlicher Probleme, kleiner Wehwehchen oder gar gravierender Krankheiten. Und dennoch fallen dieselben Menschen in Bezug auf die Ernährung immer wieder in ihre alten Gewohnheiten zurück. Ich muss mich hierbei leider ausdrücklich einschließen. Warum ist das so? Warum können wir auf allen möglichen Gebieten unseres täglichen Lebens der Erkenntnis die Tat folgen lassen, auf dem Gebiet der Ernährung jedoch verfallen wir immer und immer wieder in alte Muster? Ist dies nicht ein typisches Merkmal von Suchtkranken?

Fast unser gesamtes gesellschaftliches Leben dreht sich um die Nahrungsaufnahme. Wir arbeiten, um uns etwas zu essen kaufen zu können. Im Fernsehen dreht sich mindestens jede zweite Werbung um irgendetwas Essbares. Und wenn wir nichts zu essen bekommen, werden wir unerträglich. Machen wir aber den Selbsttest, so merken wir: Es geht tatsächlich ohne. Wenn nun also die Bibel uns einige Vorgaben macht, vor der Sintflut andere als nach der Sintflut, dann stellt sich die Frage, wo diese Forderungen herkommen. Wer stellte diese Regeln auf? Waren Menschen eigentlich dazu auserkoren, nur Früchte, Samen und Quellwasser zu sich zu nehmen? War die nach der Sintflut geänderte Nahrung tatsächlich der (alleinige?) Grund für die verkürzte Lebensdauer der Menschen? Woher kommt die Fähigkeit mancher Menschen, sich mit nichts als Lichtenergie zu ernähren und dennoch nicht zu verhungern? Warum belastet viel Essen – vor allem viel Fleisch essen – das menschliche Denkvermögen so sehr? Warum kann *jeder* umgekehrt aber feststellen, dass nach ein paar Tagen das Fastens sein Gehirn auf wunderbare Weise seine Leistungsfähigkeit vervielfacht hat? Und ist am Ende der Homo sapiens durch die Sabotage bei der Herstellung der ersten Menschen direkt mit Genen versorgt worden, deren Leistungsfähigkeit dem Menschen bisher verborgen blieb und ihn in vielen Fällen dazu befähigt, komplett auf herkömmliche Nahrungsmittel zu verzichten und auf Licht als Energiequelle umzusteigen? Doch selbst wenn jeder Einzelne sich nicht dazu auserkoren fühlt, dies beweisen zu können, ausprobieren zu wollen oder solche Thesen strikt von sich weist, so bleibt auch für diese Menschen die Pflicht, ihren Teil zur Lösung der Probleme beizutragen, die durch übermäßige Nahrungsaufnahme und Fleischkonsum entstehen.

Und wenn wir schon einmal beim Thema „übermäßig“ sind, können wir auch gleich über unseren unverantwortlichen Umgang mit Herstellung, Verbrauch, Nutzung und Entsorgung von Kunststoffen nachdenken. Ich gebe Ihnen Recht: das macht das Leben jedes Einzelnen nicht leichter! Sich bei jedem Produkt des Einkaufs Gedanken über dessen Herkunft, Herstellung und Nachhaltigkeit Gedanken machen zu müssen, erfordert nicht nur Umdenken, sondern kontinuierliches, lebenslanges Lernen.

Doch stellen Sie sich die Welt vor, wenn wir dies in der Zukunft nicht tun! Dann werden wir den Fortgang der Geschichte sehr wahrscheinlich mit einem Krankheitsverlauf vergleichen können: Wir werden fetter und fetter, kranker, langsamer und anfälliger, und unsere Organe werden am Ende Stück für Stück versagen, vielleicht (bei genügend Vermögen) teilweise oder ganz ersetzt werden, um so den Rest der verbleibenden Tage bei minimaler Bewegung und stark reduziertem IQ vor dem mit immer mehr Wiederholungen desselben Gedankenmülls vollgestopften Fernseher zu verbringen. Und wenn man dies dann „Lebensqualität" nennt, hat man entweder nie etwas Besseres kennengelernt oder spricht längst keine menschliche Sprache mehr.

Es hilft also in keinem Fall, den Kopf vor den Herausforderungen unserer Zeit in den Sand zu stecken! Jeder von uns ist aufgerufen, seinen Teil dazu beizutragen, dass diese Welt lebenswert und erhalten bleibt.

Wie wäre es mit einer Steuer auf ungesunde Fertig-Nahrungsmittel? Oder: Jeder Verkäufer von Fertiggerichten muss sich als Test über einen ganzen Monat hindurch ausschließlich von seinen Produkten ernähren. Nimmt er dabei messbar zu und sinken andere Gesundheitswerte, muss ein bestimmter Prozentsatz des Umsatzes in Zukunft an eine zentrale Aufklärungsstelle abgeführt werden, die dafür sorgt, dass mehr Menschen sich gesund ernähren? Sie halten das für eine gute Idee? Nun, so ein Wechsel vom Solidar-Prinzip hin zur Verursacher-Bezahlung ist eine sehr gesunde Sache für die Finanzen der Solidargemeinschaft. Wer ein großes Risiko darstellt oder riskant lebt, muss dafür auch aufkommen und die Gemeinschaft von den möglichen Folgekosten freistellen – oder aber sich so benehmen, dass die Gemeinschaft durch sein Leben keinen Nachteil erleidet. Sie halten das für eine Einschränkung der persönlichen Freiheit? Es geht lediglich darum, dass jeder die Verantwortung für seine Taten übernimmt.

Solch ein Wechsel im Gesundheitssystem würde die Gemeinschaft enorm entlasten und die Eigenverantwortung jedes Einzelnen fördern. Als möglicher Nebeneffekt allerdings wird es dadurch zu Veränderungen am Arbeitsmarkt in den betroffenen Branchen kommen. Sie halten das für ungerecht? Dann sichern Sie am besten Arbeitsplätze, bis wir alle tot sind!

Das wäre das Ergebnis, wenn wir diesen Gedanken bis zu Ende durchdenken.

Es gibt Wichtigeres als Arbeitsplätze und Umsatzrendite. Wir dürfen davor nicht die Augen verschließen! Und diese Gedanken dann in eine „kommunistische Ecke" zu stellen, wäre – Verzeihung – genauso bescheuert, wie ein verursacherfinanziertes Gesundheitssystem als „Nazi-Zeug" zu verbrämen. Wir dürfen uns nicht verhalten wie ein kleines Kind, das Mist gebaut hat und es lieber nicht sagt, weil es ja Ärger geben könnte, und während der Wartezeit bis zur Entdeckung durch die Eltern das Ganze nur noch schlimmer macht. Am Ende kommt es dann doch noch heraus, und die Folgen sind dann gravierender, als sie es bei schneller Reaktion gewesen wären. Und den Ärger gibt es dann trotzdem noch zusätzlich...

Über das Stadium die „Hände vor's Gesicht zu halten" und „Ich bin nicht da"-Rufen sind wir hoffentlich alle hinaus.

Nehmen wir uns doch einfach mal die Freiheit, um abseits von Erlerntem und Konventionen einmal Neues auszuprobieren. Wir haben alle die Freiheit, uns auszutesten. Tun Sie dies mit Verstand und Ruhe und eingehender Überlegung. Und lassen Sie sich doch durch den Mediziner Ihres Vertrauens dabei unterstützen! Ein geeigneter Kandidat für diesen Posten erscheint mir der deutschstämmige Dr. Dietrich Klinghardt zu sein, über den man im Internet zahlreiche Videos und Texte findet. Ich möchte Ihnen an dieser Stelle nur einen einzigen seiner Vorträge[161] sehr eng zusammengefasst vorstellen. Kurz gesagt geht es um den Zusammenhang zwischen dem, was wir an Giftstoffen über die Nahrung und die Umwelt aufnehmen, und die Folgen, die das für den Menschen hat. Der Mensch lebt aber nicht nur „vom Brot allein", sondern auch mit seinen Erinnerungen und Prägungen. Und diese Prägungen haben gravierenden Einfluss auf den eigenen Nachwuchs und somit den Fortbestand der Menschheit bzw. darauf wie und in welcher Form diese weiterleben wird. Die Menschheit hat durch Kriege, Hungersnöte, Mangel und vorsätzliche andere Eingriffe gravierende Prägungen erfahren.

So haben wir beispielsweise bereits gelernt und durch Corey Goode bestätigt bekommen, dass es humanoide Wesen auf der Erde gibt, deren Lebensdauer weit über 1.000 Jahre beträgt. Wir finden hier auch die Bestätigung für die biblischen menschlichen Lebensalter. Da wir nach allem, was wir bisher gelesen haben, davon ausgehen dürfen, dass der Mensch im Rahmen mindestens eines, wahrscheinlich aber mehrerer genetischer Experimente ständig unter Beobachtung und Manipulation steht, erklärt sich möglicherweise der Wechsel der Lebensdauer des Menschen nach der Sintflut von mehr als 1.000 Jahren auf nicht mehr als 120 Jahre dadurch, dass es für ein genetisches Experiment mit Fortpflanzung sehr wichtig ist, Generationswechsel zu beobachten. Was passiert mit welchem Gen in der x-ten Elterngeneration? Und wie sieht der Effekt in der 10. Generation aus? Wenn man für solche Ergebnisse immer erst 1.000 Jahre warten muss, wird so ein Experiment schon mal zur Geduldsprobe. So vielleicht auch hier.

Die Philosophen der Welt bestätigen gemeinsam mit den Aussagen Coreys über die Meinung der Nordics/Agarthianer, dass der Mensch im körperlich hohen Alter als mentales Kind, bestenfalls als mentaler Jugendlicher stirbt. Dies betrifft seine geistige Reife ebenso wie sein Empfinden. Viele Menschen im Altersheim können dies bestätigen, denn sie sind geistig frisch und munter, müssen aber mit dem Verfall der physischen Hülle leben und klarkommen. Durch die Beschleunigung der Generationenwechsel hat man möglicherweise die genetische Entwicklung der Menschheit extrem beschleunigen können. Prägungen aus Kriegszeiten; Traumata, die der Vater auf dem Schlachtfeld erlebt hat oder der Großvater in einem der zahlreichen Kriege zu jener Zeit; schlimmste Erlebnisse der Großmutter auf der Flucht vor herannahenden, feindlichen Truppen; Hunger im Kleinkindalter; Angst statt Geborgenheit – alle diese Erlebnisse hinterlassen Spuren im Menschen, die er tatsächlich genetisch weitergeben kann und wird.

Die moderne medizinische Forschung hat den Genpool des Menschen erforscht und beziffert. Der Mensch hat bei seiner Geburt 23.000 Gene. Im Laufe seines Lebens kommen etliche Viren, Keime und Bakterien hinzu, sodass er am Ende seines Lebens im Durchschnitt 40.000-50.000 Gene in sich trägt. Die Unterschiede zwischen einzelnen Menschen und Rassen sind verschwindend gering. Die genetische Basisausstattung des Menschen ist im Grunde genommen dieselbe. Wichtig ist neben den Genen selbst vielmehr noch der Vorgang des Auslesens und Abschaltens der Gene, die sogenannte Epigenetik. In unserem heutigen Softwarezeitalter kann man diese Systematik vielleicht am besten mit einem Computer vergleichen, der für alle möglichen Zwecke und Aktionen Programme hat. Die muss er über das Betriebssystem starten, ihre Arbeit verrichten lassen und dann wieder stoppen. Diese Arbeit des Betriebssystems ist mit der Epigenetik vergleichbar. Hier kommen die erlebten Traumata der Eltern, Großeltern und weiterer Vorgenerationen voll zum Tragen und dies mit gravierenden Auswirkungen auf einen jeden von uns. Ein Beispiel für die Arbeit der Epigenetik ist, dass bei Neugeborenen und kleinen Kindern die Nasen sehr ähnlich aussehen und sich erst im Alter von zehn Jahren anfangen, wirklich zu unterscheiden – die Nasen wachsen. Und normalerweise hören die Nasen dann mit ca. 18 Jahren wieder auf zu wachsen. Bei manchen funktioniert dieser Abschaltemechanismus aber nicht und die Nase wächst weiter. Hier liegt ein Schaden an der Epigenetik vor.

Erleidet eine Person zu Lebzeiten ein Trauma, so verändert dies das Ausleseverhalten der Gene bei dieser Person, und die Epigenetik erleidet einen Schaden. Dieser Schaden heilt zu Lebzeiten der Person normalerweise nicht wieder aus. Hat diese Person dann nach erlittenem Trauma selbst Kinder, so werden die Gene ganz normal weitergegeben, jedoch wird bei der Epigenetik der momentane Stand weitergegeben – also mit dem Schaden, sozusagen ein Betriebssystem mit Virus.

Normalerweise sorgt die Epigenetik mit Hilfe einer auf das Ende der zur Abschaltung vorgesehenen Gene aufgeklebten Methylgruppe dafür, dass diese Gene abgeschaltet werden. Dieser Vorgang wird sehr oft wiederholt, denn um gesund zu leben, braucht der Mensch aus seinen Genen nur einen sehr kleinen Teil, der Rest, weit über 95%, bleibt abgeschaltet. All die zusätzlichen Gene, die wir durch Viren, Keime und Bakterien im Laufe unseres Lebens aufnehmen, werden so normalerweise unschädlich gemacht.

Klinghardt führt in seinem Vortag ein einfaches Beispiel an: Nehmen wir einen jungen Soldaten, der in den Krieg nach Russland muss. Er geht mit 19 Jahren und kehrt mit 23 Jahren von der Front zurück und ist durch seine Erlebnisse dort schwer traumatisiert. Er lebt ein normales Leben, versucht, sich ins Arbeitsleben zu integrieren, trifft sich mit Frauen. Er bekommt eine Herpes-Infektion an der Lippe und zweimal die Grippe. Nach einigen Jahren heiratet er eine Frau, und sie bekommen Nachwuchs. Die durch sein Trauma erlittene Beschädigung seiner Epigenetik sorgt dafür, dass er die Gene des Herpes und der Grippeviren nicht abschalten kann. Dieser Schaden wird vererbt. Das Kind bekommt kurz nach der Geburt

Parasiten, wird schwer krank und hat hohes Fieber. Die Abwehrmechanismen funktionieren nicht richtig. Das Kind überlebt und wächst heran und hat später selbst Kinder. Das erste Kind ist autistisch, hyperaktiv oder hat massive Lebensmittelallergien oder schwerste Lernprobleme. Dies ist die Welt von heute, so Klinghardt. Die Todesursache „Krebs“ hat nachgelassen. Lungenkrebs ist als Todesursache gleichzeitig mit dem Sinken der Raucherzahlen sogar gestiegen. Stattdessen sind neurologische Erkrankungen wie Alzheimer, Parkinson, Multiple Sklerose als Todesursache um 650% gestiegen. Klinghardt sieht den Grund hierfür in den Schäden an der Epigenetik.

Er zitiert die aktuellen Berechnungen der Forschung, die allen Regierungen der Welt bekannt sind, wonach im Jahre 2025 bereits beinahe jedes zweite Kind autistisch diagnostiziert werden wird. Die Zahlen für Autismus verdoppeln sich nämlich alle fünf(!) Jahre. Bei der Diagnose „Autismus“ trifft es aktuell obendrein im Verhältnis 14 zu 1 die männlichen Kinder. Dies bedeutet, dass in zehn Jahren nur einer von 20 neugeborenen Jungen normal sein wird.

Durch Aufstellungsarbeit (Familien-Aufstellung) und konsequente Entgiftung, am besten vor der Schwangerschaft, kann man diese Schäden verhindern und sogar verhindern! Ist ein Mensch durch Entgiftung und Aufstellungsarbeit in seiner epigenetischen Arbeitsmöglichkeit nicht sehr eingeschränkt, so kann er selbst auf zunehmende Umweltbelastungen wieder besser reagieren. Allergien werden abnehmen und geistige Störungen bis ins Unauffällige minimiert.

Das typische autistische oder lern- oder verhaltensauffällige Kind von heute leidet meist unter einer Schwermetallvergiftung. Diese hat es im Regelfall durch die Mutter schon teilweise übernommen und wurde zudem durch Impfstoffe verstärkt, in denen Quecksilber, Aluminium und anderes enthalten ist. Aktuelle, von Dr. Klinghardt unabhängige Laborergebnisse beweisen diesen Umstand.[162] Zu allem Überfluss machen mehr und mehr Staaten das Impfen zur Pflicht, und wer sein Kind nicht impfen lässt, bekommt keinen Kinderkrippenplatz, Kindergartenplatz und muss obendrein hohe Geldbußen zahlen. Dies gilt bereits in Italien und Deutschland.[163] Es besteht obendrein in Deutschland sogar eine Denunziationspflicht der Kindertagesstätten, die Eltern, die Impfgegner sind, dem Gesundheitsamt melden müssen. Möglicherweise hilft es, dem impfen-wollenden Arzt eine

Bescheinigung[164] vorzulegen, die der Arzt unterzeichnen und womit er bestätigen soll, dass die Impfung harmlos ist und keinerlei gefährliche Stoffe enthält. Bringt man die Mediziner vielleicht dadurch zum Nachdenken über ihr gedankenloses Tun?

Wie man es in der Medizin regelmäßig praktiziert, so wurden auch für diese Erkrankungen aussagekräftige Tierexperimente durchgeführt. Man nahm sich also Ratten und fügte der Elterngeneration schwere Traumata zu, beispielsweise durch Elektroschocks. Die Kindergeneration jedoch und alle folgenden zog man liebevoll groß, ohne jeden negativen Einfluss. Durch ganze sieben Generationen hindurch stellte man fest, dass der epigenetische Schaden, das gestörte Angstverhalten der ersten Elterngeneration, ausnahmslos an die nächsten Kinder weitergegeben wurde. Das heißt, obwohl die Kinder nie einen Schock erleiden mussten, obwohl die Kinder niemals denselben Situationen ausgesetzt waren wie die Eltern, waren sie dennoch ausnahmslos genauso gestört wie die erste Generation. Obendrein stellte man fest, dass die Fruchtbarkeit in dieser Rattenfamilie systematisch abnahm – von Generation zu Generation wurden weniger Kinder geboren. Die Natur stellt den Fehler fest, sieht, dass er nicht repariert werden kann, und lässt diese Familie wegen der defekten Epigenetik sterben.

Lieber Leser: Auch dies ist die Welt von heute. Die Bürger Europas, meist Nachkommen von Kriegsgenerationen vieler europäischer Kriege, ganz besonders die Deutschen und die Franzosen, bekommen von Generation zu Generation weniger und weniger Kinder. Das Programm zur Ausrottung hat bereits begonnen. Wessen Programm dies ist, lässt sich sogar ansatzweise präzisieren. Die von den Vereinten Nationen veröffentlichte Agenda 21 sieht die aktive Reduktion der Weltbevölkerung auf 500 Millionen vor.[165] „Aktiv" bedeutet in diesem Zusammenhang, dass es der UNO nicht ausreicht[166], allein die Geburtenrate zu senken, sondern obendrein wird *aktiv* die Sterberate vergrößert.[167] Die *Georgia Guidestones* sind hierbei offenbar die Leitlinie für viele Milliardäre wie Bill Gates und einige andere, die massiv Geld in die entsprechenden Programme zur Bevölkerungsreduzierung pumpen.[168]

Wichtig ist demnach vor allem die Vergiftung des Kindes im Mutterleib. Zwei Drittel der Giftladung der Mutter wird an das Erstgeborene weitergegeben und nicht etwa durch die Plazenta vom Kind ferngehalten, wie man früher mutmaßte. Aus diesem Grunde sind auch die Erstgeborenen viel stärker geschädigt als die nachkommenden Geschwister.

Kommt die Mutter während der Schwangerschaft mit starken Giften in Berührung, bekommt das Kind häufig Asthma. Dies wird ausheilen, doch wenn dieses Kind dann mit 25 Jahren eigene Kinder bekommt, werden diese Kinder dann Lernstörungen haben, hyperaktiv sein bzw. Lebensmittelallergien oder schweres Asthma aufweisen.

Auch dies wird ausheilen und sich bei diesen Kindern später in chronische Müdigkeit und andere Symptome wandeln. Auf solche Art gestresste Föten werden, wenn sie später als Erwachsene ein Lebensalter von 50-60 Jahren erreichen, dann ein viel höheres Risiko für Herzinfarkt, Schlaganfall und andere degenerative Erkrankungen zu tragen haben. Viele von Ihnen, liebe Leser, sind diese Generation, mich eingeschlossen. Auch hier ist die Empfehlung Dr. Klinghardts: konsequente Entgiftungsarbeit und Aufstellungsarbeit. Gute Ernährung kann Sie bei diesem Prozess unterstützen, aber nicht allein alle Schäden reparieren. Dies wird keinesfalls unendliche Kosten verursachen oder Jahrzehnte dauern. Im Laufe von wenigen Monaten werden Sie erstaunliche Ergebnisse erzielen. Dies kann ich aus meiner ganz persönlichen Erfahrung bestätigen.

In unserem Bemühen um eine gesunde Ernährung und Entgiftung werden wir konsequent durch verschiedene Maßnahmen gestört und torpediert. Im Bereich der Ernährung können wir uns vor vielem schützen, selbst im Bereich der Impfungen können wir uns durch Verweigerung solcher Maßnahmen (Warum gibt es wohl einen Impfzwang...?[169]) wappnen, noch mehr Schwermetalle aufzunehmen. Es gibt jedoch einige Umstände, die uns eine dauerhafte Entgiftungsarbeit aufzwingen, denn wir können ihnen nicht entrinnen. Dies ist zum einen die Belastung durch Glyphosat, das auf 90% der Felder in Deutschland gesprüht wird und weltweit im Einsatz ist, zum anderen Aluminium, welches durch die Chemtrails auf einen jeden von uns niederregnet und eingeatmet wird, und zu guter Letzt die Strahlung der WIFI-Netze und Mobilfunkgeräte. Wenn wir alle keine epigenetischen Schäden aus der Vergangenheit mit uns herumschleppen würden und unser System frei wäre von Aluminium, Quecksilber, Amalgam und Blei und anderen Metallen, dann wäre es für uns ein Leichtes, sich dagegen zur Wehr zu setzen. Dadurch aber, dass wir alle bereits vergiftet sind, reagieren wir immer empfindlicher auf bereits immer weniger Gifte.

Klinghardt führt an, dass heute im Menschen ungefähr 82.000 verschiedene Giftstoffe festgestellt werden können. Jedoch entfallen 80% dieser Giftmenge auf im Regelfall nur zwei Stoffe: Aluminium und Glyphosat. Letzteres ist ein weltweit eingesetztes Pflanzenschutzmittel, das von der WHO als krebserregend eingestuft wurde. Dies kümmert jedoch offenbar niemanden. Aluminium ist ein Metall und jedermann bekannt. Leider noch nicht jedem bekannt ist die Gefahr, die uns durch die Chemtrails droht. Die Vertuschungsmaschinerie ist perfekt eingestellt, und es herrscht noch immer Unwissen in der breiten Masse. Wie so oft werden viele das, was sie gestern und heute noch für eine „Verschwörungstheorie" halten, morgen bereits als die bedrückende Wahrheit anerkennen müssen.

Ich möchte an dieser Stelle nicht die gesamten Hintergrundinformationen wiederholen. Hierzu gibt es im Internet mehr als genug Gelegenheit.[170]

Aber Tatsache ist: Wir sehen am Himmel einerseits Kondensstreifen, die nach wenigen Minuten wieder verschwunden sind, und andererseits die sogenannten Chemtrails, die sich, statt zu verschwinden, ausbreiten und einen dichten Schleier über den Himmel legen. Offiziell, auch laut ausdrücklicher Bestätigung der Bundesregierung, gibt es so etwas nicht, und alle Informationen darüber sind erstunken und erlogen. Tatsache ist jedoch, dass *jeder* dieses Phänomen am Himmel beobachten kann. Mittlerweile machen 42 Staaten bei dieser völkervernichtenden Maßnahme mit. In China und Russland werden allerdings weniger toxische Verbindungen versprüht als in den anderen Staaten. In Abb. 155 sehen Sie eine Übersicht, welche Stoffe genau versprüht werden.

Es gilt bei den Chemtrails, was offenbar für jede Maßnahme dieser Art gilt, ebenso wie für Kriege, Terroranschläge und Zwangsmaßnahmen: Sie haben nicht nur eine Zielrichtung, sondern wirken gleich in mehreren Gebieten wie ein guter Schachzug. Die Gerüchteküche offenbart, dass die Chemtrails zu mehreren Zwecken eingesetzt werden.

Einerseits sind es militärische und geheimdienstliche Aktionen, wie z.B. das Provozieren und Produzieren von „Natur"-Katastrophen wie Dürre, sintflutartige Regenfälle, Überschwemmungen, immer in enger Zusammenarbeit mit HAARP und seinen Auslegern weltweit, das Abhören bestimmter Gebiete mit Hilfe der durch die Chemtrails entstandene, reflektierende Metallschicht in der Atmosphäre oder andere, wettermodifizierende Maßnahmen zur Unterstützung militärischer Operationen.

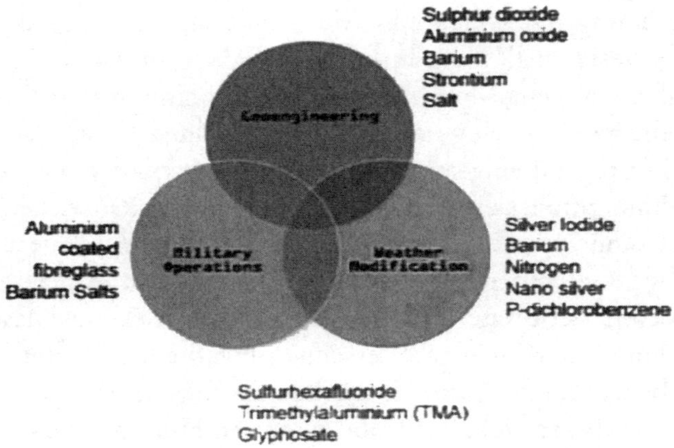

Abb. 155: Übersicht über die Inhaltsstoffe der Chemtrails nach Ergebnissen von Dr. Klinghardt. Es besteht kein Anspruch auf Vollständigkeit.

Andererseits sind es die hier im Schaubild sehr verharmlosend „Geo-Engineering" genannten Maßnahmen, die über den dicht besiedelten Gebieten ausgebracht werden.

Wenn Sie, lieber Leser, ungefähr 30 Jahre alt oder älter sind, dann werden Sie aus Ihrer Kindheit noch einen strahlend tiefblauen Himmel kennen. Suchen Sie den mal heutzutage! Nur noch sehr selten kommen wir in diesen Genuss, und meist lassen wir uns von der Erinnerung täuschen und halten das, was wir an Tagen sehen, an denen nicht gesprüht wurde, für „tiefblau", während es in Wahrheit nur ein müder Abklatsch des Himmels ist, den wir als Kinder sehen durften. Selbst in Walt Disneys Kinderfilmen wurden vor einigen Jahren sämtliche Sequenzen, in denen ein Himmel zu sehen ist, in Disneys Auftrag für zig Millionen nachcoloriert und Chemtrails deutlich sichtbar eingebaut, um den Anschein zu erwecken, der Himmel habe schon immer so ausgesehen, wie wir ihn von heute kennen. Dies berichtet Dr. Klinghardt in einer seiner Vorlesungen und hat dies durch einen seiner Patienten erfahren, der die Nachcolorierung für einen mehrstelligen Millionenbetrag durchgeführt hat.[171]

Wie wir in Abb. 155 sehen, werden hier Silber, Barium, Aluminium und einige andere Stoffe ausgebracht. In den USA beispielsweise liegt der offizielle Grenzwert für Aluminium in der Luft gesetzlich festgelegt bei 0,05 Mikrogramm pro Liter. Bei Werten, die darüber hinausgehen, muss die Bevölkerung gewarnt werden. Bei Messungen, die Dr. Klinghardt durchgeführt hat (aber auch viele andere, wie man im Internet leicht finden kann), zeigte sich, dass die Messwerte nach Sprühen und einem darauffolgenden Regen um teilweise bis um das 7.000fache höher lagen, als erlaubt. Die Bevölkerung wurde nicht gewarnt. Dieselben Werte erreichen wir in Deutschland. Und selbst, wenn wir das offiziell wüssten, könnten wir uns gegen diese Maßnahmen in Deutschland momentan nicht einmal wehren, denn der Luftraum über Deutschland ist seit Kriegsende US-amerikanisches Hoheitsgebiet, oder besser gesagt: seit die Waffen größtenteils schweigen.

Fängt irgendjemand an, Fragen zu stellen und ein Labor zu beauftragen, solche Messungen durchzuführen, stößt er auf eine Mauer des Schweigens. Es scheint nämlich durchaus übliche Praxis auf beiden Seiten des Atlantiks zu sein, Labore anzuschreiben mit dem Hinweis, man möge unter Androhung der Schließung des Labors bitte die Untersuchungen zum Thema Aluminium unterlassen. Fragen Sie einmal spaßeshalber bei Ihrem örtlichen Wasserwerk nach, ob dort noch immer Aluminium zum Ausflocken, also zum Reinigen des Wassers, genutzt wird. In vielen Fällen werden Sie ein „Ja" als Antwort bekommen, was die persönliche Situation eines jeden Einzelnen nicht unbedingt leichter macht, da man einer Belastung mit diesem Stoff nur sehr schwer entrinnen kann.

Nun stellt sich die Frage, woher man weiß, dass diese Stoffe wirklich so schädlich sind und – ein letzter Versuch zur Ehrenrettung durch Unwissenheit – ob die ausführenden Organe wissen, was sie da tun. Sie wissen es!

Ein in Ecuador durch Bestechung ermöglichter Feldversuch ermöglichte es, in einigen Städten ganze Stadtteile mit genau diesen Stoffen zu besprühen: Glyphosat, Aluminium und andere Übeltäter. Die gestellte Frage war, ob damit möglicherweise bleibende Schäden an Menschen verursacht werden könnten. Als das so lautende positive Ergebnis feststand, war die nächste Handlung nicht etwa, diese Stoffe zu verbieten oder vom Markt zu nehmen, sondern die flächendeckende Beimischung exakt jenes Gemisches in die Chemtrails über amerikanischen Großstädten und in Europa.[172]

Auch radioaktive Elemente und aktive Keime werden versprüht, was sich wohl kaum noch mit Wettermodifikation oder dem Schutz der Erde vor weiterer Erwärmung erklären lässt. Aluminium wiederum ist, eingeatmet oder im Blutkreislauf, der ideale Nährboden für Infektionskrankheiten. Aluminium ist in der Hauptsache verantwortlich für Autismus bei Kindern. Dieses Aluminium wird durch die Mutter übertragen. Zusätzlich gibt es Aluminium in Impfstoffen, denen die Kinder in aller Regel nicht entfliehen können, sei es durch Unwissenheit der Eltern oder durch gesetzliche Zwangsmaßnahmen. Der Anstieg der neurologischen Erkrankungen ist daher kein Zufall!

Wir alle finden uns, oft uns selbst belächelnd, in einem anderen, wichtigen, regelmäßig ersten Symptom wieder: dem fortschreitenden Gedächtnisverlust.

In Europa ist das Quecksilber aus den Impfstoffen so gut wie verschwunden. Dies geschah ca. ab dem Jahr 2000. Die *Bill-Gates-Foundation*, so berichtet Klinghardt in seinem Vortrag, hat damals den gesamten Bestand an quecksilberhaltigen Impfstoffen aufgekauft und nach China veräußert. In Europa hingegen wurde fortan Aluminium beigefügt. Und für Afrika entschloss sich die Foundation zu einer ganz besonderen Hilfsaktion: Der Quecksilbergehalt wurde verdoppelt und den afrikanischen Ländern im Rahmen von Hilfsmaßnahmen untergejubelt.

Im Internet finden sich zahlreiche Hinweise zu diesen Aktionen, teilweise sogar auf den Seiten der *Bill-Gates-Foundation* selbst.[173] Einige Ländern, wie z.B. Indien, beginnen damit, sich gegen solche Maßnahmen zu wehren.

Medizinisch ist die Wirkung von Quecksilber und Aluminium in Impfstoffen eindeutig nachweisbar und ganz besonders verheerend bei Kleinkindern. Fügt man den Impfstoffen dann noch Testosteron bei, so erreicht man bei männlichen Kindern eine nochmals verstärkte Wirkung auf die Gehirnzellen, sodass innerhalb weniger Stunden gravierende, dauerhafte Schäden festzustellen sind.

Es gibt längst Alternativ-Impfstoffe, sowohl homöopathisch als auch „normale", die ohne Metalle und andere Gifte auskommen. Warum diese nicht benutzt werden, darf sich jeder selbst fragen. Dr. Klinghardt selbst sagt ausdrücklich, dass er keineswegs ein Impfgegner sei. Er pocht aber vehement darauf, dass die derzeit genutzten Impfstoffe ein Verbrechen gegen die Menschheit seien.

Dr. Klinghardts Messungen ergaben bei seinen Patienten eine durchschnittlich 94mal höhere Belastung durch Aluminium als durch das nächsthäufigere Gift im Körper. Aluminium ist also mit großem Abstand das wichtigste und schädlichste Gift im Menschen. Aluminium wird mit Kieselsäure entgiftet. Aus Russland gibt es ein preisgünstiges, sehr wirksames Medikament („Enterosgel") zum Entgiften.

Wenn wir das bis jetzt Gelesene zusammenfassen, erkennen wir, dass die Bevölkerung weltweit bestimmten Zwangsmaßnahmen unterliegt. Diese werden als Maßnahmen im militärischen Bereich getarnt, als Wettermodifikationen oder als Impfstoffe gegen Krankheiten. Die magische und sehr wirkungsvolle Zusammenarbeit von Aluminium und Glyphosat wird so auf breiter Front unter das Volk gebracht. Da es sich um sehr langfristige Wirkungen handelt, erkennen wir normalerweise die wichtigen Zusammenhänge nicht. Wir denken tatsächlich, so etwas wie „hyperaktive Kinder" und ADS oder ADHS gab es früher nicht und man nannte diese Kinder dann vielleicht „anstrengend" oder „Zappelphillip". Tatsache ist, diese Symptome haben zugenommen und sind keine Erfindung der Pharmaindustrie, sondern sehr logische und nachvollziehbare Folgen von Kriegen und Vergiftungen. Aber wir können dem entgegenwirken!

Parkinson, Multiple Sklerose, Demenz, Depressionen, Angstverhalten sind keinesfalls unaufhaltsame Naturgewalten, denen man nicht widerstehen kann, sondern Folgen eines sehr bewussten Verhaltens bestimmter Hintergrundmächte. Dies schließt zum Beispiel auch Borreliose in ihrer derzeitigen Form mit ein.[174]

Ist es denn Zufall, dass weltweit Aluminium, Quecksilber, Barium, Blei und Glyphosat eingesetzt werden? Zum Bekämpfen der durch diese Stoffe einsetzenden Vergiftungen benötigt der Körper bestimmte Enzyme. Ist es Zufall, dass genau diese Enzyme durch die Frequenzen der Mobilfunkmasten ausgeschaltet werden? Hätte man nicht auch andere Frequenzen wählen können?! Durch Aluminium im Gehirn verdummt die Bevölkerung zwangsläufig. Niemand kann sich dagegen wehren. Es zu wissen und nichts dagegen zu tun, hilft alleine nicht. Somit werden immer weniger Menschen immer weniger Zusammenhänge immer weniger erkennen. Durch die Kriegsfolgen und noch mehr Vergiftungen wird die Fruchtbarkeit reduziert, die Sterberate erhöht, und die Völker sterben innerhalb weniger Generationen einfach aus. Durch die Mobilfunkmasten werden körpereigene Reparaturmechanismen außer Kraft gesetzt. Erzählen Sie mir jetzt bitte noch einmal, dass dies ein Zufall ist.

Ein weiteres Gift wird von Klinghardt angesprochen. Wir finden es in Verpackungen, PET-Flaschen und anderen Erzeugnissen des täglichen Lebens. Sogenannte PTBEs, Flammschutzmittel, haben einen gravierenden Einfluss auf die sexuelle Orientierung des Menschen. Dies ist, so weiß Klinghardt natürlich, ein extrem kontroverses Thema.

Doch er spricht sehr deutlich seine Erfahrungen aus: Er hat etliche Patienten mit homosexueller Neigung oder mit dem Problem behandelt, dass Männer gern Frauen oder Frauen gern Männer sein wollten. Bei allen stellte er die oben angesprochenen Vergiftungen fest und konnte durch konsequente Entgiftung und Aufstellungsarbeit nahezu alle dieser Patienten wieder in eine „normale" sexuelle Orientierung zurückholen. Aufstellungsarbeit ist in diesem Zusammenhang wichtig, weil es durchaus sein kann, das eine verstorbene Person des anderen Geschlechtes den Patienten oder die Patientin „besetzt", also ihr Trauma auf diesen Patienten wirken lässt. Dies kann man lösen und heilen.

Das Thema „Familienaufstellung" kam erst vor kurzer Zeit in mein Leben, und ich stand dem ganz ehrlich gesagt sehr skeptisch gegenüber. Ich bin ein sehr analytisch denkender Mensch und gehöre leider nicht zu denen, die sich gut in irgendetwas oder eine Situation oder in einen Menschen hineinfühlen können. Mitgefühl kenne ich gut, jedoch fällt es mir schwer, in einer Situation irgendwelche „Schwingungen" zu empfangen. Und darum, so dachte ich, ging es bei diesen Aufstellungen. Doch dies war weit gefehlt, wie ich feststellen durfte.

Bei einer Familienaufstellung treffen sich üblicherweise 5-10 Menschen, von denen einige nur als Zuschauer, einige als „Aufsteller" zu diesem Treffen kommen. Der Aufsteller darf dann dem Aufstellungsleiter seine Frage(n) oder Probleme vortragen. Der Aufstellungsleiter sucht dann entsprechend des Familienbildes des Aufstellenden aus den Anwesenden einige Personen aus, die beispielsweise stellvertretend für Mutter, Vater, Bruder, Onkel, Chef oder Ehepartner aufgestellt werden. Dies ist durchaus wörtlich zu nehmen, denn sie stellen sich an einen vom Aufstellungsleiter genannten Punkt im Raum. Im Laufe der Aufstellung werden immer wieder alle dort hingestellten Stellvertreter gefragt, ob diese Position und Körperhaltung für sie in Ordnung ist. Evtl. mag man sich weiter von jemandem wegstellen oder woanders hinsetzen oder hinlegen aufgrund diverser Gefühle den/dem anderen gegenüber. Evtl. verspürt man Angst, Zorn, Trauer oder ähnliche Gefühle.

Ich habe zunächst als Zuschauer zugesehen und war erstaunt, wie heftig mancher Gefühlsausbruch dieser sich vollkommen Fremden war und wie schnell sich Änderungen in der aktuellen Gefühlswelt der Stellvertreter einstellten, wenn man kleine Änderungen in Körperhaltung und Position der anderen Stellvertreter arrangierte. Als ich dann gebeten wurde, jemandes Stellvertreterposition einzunehmen, tat ich dies, aber mit der Bemerkung, dass von mir nicht viel zu erwarten sei, was irgendwelche Gefühlsausbrüche angeht. Also ließ ich mich aufstellen, und neben mir landete eine mir völlig unbekannte Frau, etwas älter und kleiner als ich. Ich spürte das Bedürfnis, mich von ihr wegzustellen. Nur wusste ich nicht, ob dies aufstellungsbedingt war oder vielleicht eine schlichte Abneigung gegen diese Frau und nicht gegen diejenige, die sie stellvertretend dort ersetzte. Im Laufe der gesamten Aufstellung war ich eigentlich recht gelangweilt, es war mir alles egal, was dort passiert und besprochen wurde, und als es dann schließlich endlich vorbei war und ich nicht das Gefühl hatte, irgendetwas Sinnvolles beigetragen zu haben, wollte ich aufstehen. Ich hatte jedoch so starke Schmerzen in der Leber, dass ich erschrocken war und mir nicht erklären konnte, woher diese auf einmal kamen. Ich versuchte, mich zu bewegen und rollte mich langsam nach vorn, aber die Schmerzen in der Leber waren noch da. Stellen Sie sich zum Vergleich Seitenstiche vor, nur zehnmal schlimmer und in einem größeren Bereich.

Offenbar sah man mir meine missliche Lage an, und die Aufstellungsleiterin fragte mich, was los sei. Ich sagte ihr, dass ich unerklärliche Schmerzen hätte, und sie nickte und riet mir, sofort aus der Tür des Raumes hinaus zu gehen. Ich erhob mich unter Schmerzen und verließ den Raum. Und mit Übertreten der Schwelle waren die Schmerzen innerhalb von Sekunden verschwunden. Ich war sehr überrascht, sie hingegen überhaupt nicht. Sie erklärte mir gemeinsam mit der Frau, die gerade ihr Problem hatte aufstellen lassen, dass der Mann, den ich dargestellt hatte, an einer alkoholbedingten Leberzirrhose gestorben war. Sein ganzes Leben lang war ihm immer alles egal, und die Familie nervte ihn schlicht. Er zog sich zurück und soff sich zu Tode. Dies war der Moment, in dem ich zu verstehen begann, dass diese Aufstellungsarbeit tatsächlich ganz enorme Kräfte freisetzen kann.

Lassen Sie mich versuchen, Ihnen das zu erläutern. In dem Moment, in dem man als Stellvertreter aufgestellt wird, betritt man das Schwingungsfeld jener Person, die man vertritt – egal, ob diese tot oder lebendig ist. Man empfindet sehr ähnliche Gefühle wie diese Person, und diese Person kann sich dadurch äußern und zur Erkennung eines Problems oder Traumas beitragen. Nehmen wir einmal an, nicht *Sie* hätten das Problem, das Sie aufstellen möchten, sondern Ihre Tochter, Ihr Bruder oder Ihr Vater. Der muss nicht anwesend sein, dafür hat man ja Stellvertreter. Der muss auch nichts davon wissen. Aber er ist auf jeden Fall Nutznießer dieser Aufstellungsarbeit, denn ich kann aus eigener Erfahrung bestätigen, dass sich bei nicht-anwesenden Personen, die von einer Aufstellung indirekt oder direkt betroffen waren, direkt nach der Aufstellung merkliche Änderungen ihres Verhaltens feststellen ließen. Hier ist die Grenze zwischen der sogenannten *Schwarzen Magie* und der *Aufstellungsarbeit* sehr eng, weshalb betroffene Personen im Regelfall anwesend sein sollen. Der breiten Öffentlichkeit wird dieses Thema im Rahmen einer Erziehung zu mehr Gesundheit nicht ans Herz gelegt. Vielmehr spielt das Thema Familienaufstellung in der Gesellschaft nur ein Randthema und ist leider viel zu wenigen Menschen bekannt.

Wir erkennen bei den diversen Maßnahmen zur Bevölkerungsreduzierung, dass sowohl Düngemittel als auch Impfstoffe, ebenso wie die in den Chemtrails ausgebrachten Stoffe, Ernährungsratschläge von Regierungsseite und Kriege insgesamt ein gemeinsames Ziel haben: die Vernichtung der Menschheit. Sind die Gifte und Traumata erst einmal im System, werden die am Ende Übrigen keinesfalls gesund sein, sondern ebenso aussterben. Die Übernahme des Planeten findet so eine ideale Vorbereitung. Sie können dies für Spinnerei halten, aber dann würde ich Sie sehr ernsthaft fragen, ob Sie eine bessere Erklärung für diesen gesundheitlichen Irrsinn haben?

Wir kennen aus dem Kapitel über die Herkunft der Deutschen bereits deren besondere Stellung im Geflecht der aktuellen Menschheit. Dies ist kein besonderer Verdienst der Deutschen, sondern schlicht eine Tatsache, mit der Deutsche leben müssen (oder dürfen). Ich habe ebenfalls bereits erklärt, dass gleich zu Beginn dieses Sonderwegs festgelegt wurde, dass man die menschlichen Folgen dieses verunglückten Experiments, also die Deutschen, bitte schön vom Erdboden tilgen solle.[175] Dies war offenbar nicht leicht, denn aufgrund des besonderen Blutes und vielleicht sogar einer besonderen Bindung zur nicht-menschlichen Hälfte der Vorfahren der Kain'iten standen diese unter besonderem Schutz.

Wie wir anhand der Genetik heute feststellen können, sind die Deutschen zwar gemeinsam mit einigen wenigen Völkern der Welt ein noch relativ homogenes Volk, aber dennoch sind die Gene mit denen der anderen Menschen durchmischt. Ebenso gibt es andersherum in den Völkern weltweit überall Anteile der Gene, die hier im deutschen Raum überwiegen.

Ein jeder Leser kann seine Gene für knapp 100 Euro z.B. bei einem der Ahnenforschungsanbieter[176] im Internet untersuchen lassen und wird als Ergebnis eine Landkarte seiner Ahnengene erhalten. Bei einigen wird es eine Weltkarte sein, bei vielen eine europäische und nur in sehr, sehr wenigen Ausnahmefällen wird diese Karte eine Abstammung zeigen, die nur auf wenige Länder beschränkt ist. Keinesfalls aber wird irgendein Mensch von heute irgendein wirklich „rassereines“ Ergebnis präsentiert bekommen. Für das äußere Erscheinungsbild des Menschen sind im Wesentlichen die Eltern und Großeltern, aber auch ganz besonders die Epigenetik verantwortlich. Zweifelsohne haben Gene einen sehr wichtigen Einfluss. Dies erkennt man nicht zuletzt daran, dass ausgerechnet die Deutschen das Volk waren, das, wie hier im Buch in den ersten Kapiteln ausführlich erläutert, in den Weltraum aufgebrochen ist. Hierin kann und darf man durchaus eine technologische Großtat sehen. Wie man das Gesamtbild bewertet, darf an dieser Stelle offen bleiben.

Der befohlene und erklärte Wille zur Vernichtung „Amaleks“, also der Deutschen, stößt somit ins Leere und erfüllt den eigentlichen Zweck dieses Befehls nicht mehr. Die Folgen des verunglückten Gen-Experiments, bei dem Kain als Ahne aller Arier entstand, lassen sich nicht durch die Vernichtung der Deutschen vom Erdboden tilgen. Dies wäre ein sinnlose Maßnahme, und es darf angenommen werden, dass eine Intelligenz wie die, mit der wir es hier zu tun haben, nicht blindlings aus Rache handelt, sondern die Sinnlosigkeit einer solchen Einzelmaßnahme erkennen und stattdessen passende Ersatzmaßnahmen ergreifen würde, die demselben Zweck folgen. Dadurch, dass die Dinge so passieren, wie sie passieren, können wir nun sicher darauf schließen, dass der Zweck ihrer neuen Maßnahmen nicht einfach die Vernichtung der Deutschen ist, sondern dass dies durch die aktuellen strategischen Ziele dieser Intelligenz in Brutalität und Konsequenz bei weitem übertroffen wird. Die Vernichtung der Menschheit, oder als Minimum des größten Teils von dieser, ist durch die Wahl der verschiedenen, sich gegenseitig unterstützenden Maßnahmen als Ziel offensichtlich geworden. Und – wieder so ein Zufall – dies passt genau mit den Informationen zusammen, die uns Corey Goode in seinen Interviews gibt, nämlich die über das Standardvorgehen der Draco beim Erobern eines neuen Systems. Es folgt unweigerlich die Vernichtung der angestammten Bevölkerung dieser Planeten.

Ich möchte den Vortrag von Dr. Klinghardt und die darin enthaltenen Maßnahmen, Behandlungsmethoden und Hinweise jedem Leser aufs Wärmste empfehlen. Und sollten Sie nach den ersten beiden Dritteln des Vortrags bereits das Gefühl haben, der Vortrag würde sich ab jetzt nur noch wiederholen und böte nichts Neues, seien Sie bitte versichert: Es kommen noch sehr grundlegende Dinge zur Sprache, die das vollständige Anschauen dieses Videos enorm lohnenswert erscheinen lassen.

Fassen wir also noch einmal kurz zusammen: Wir als Menschheit sind durch verschiedene Maßnahmen bedroht. Wir können uns dieser Maßnahmen nur in seltenen Ausnahmefällen erwehren, jedoch sind wir ihnen keineswegs schutzlos ausgeliefert und können eigene Gegenmaßnahmen ergreifen. An oberster Stelle steht die Entgiftung von Aluminium, Quecksilber und Glyphosat, gepaart mit den Maßnahmen der Familienaufstellungsarbeit, wobei oftmals gerade Letzteres erst eine körperliche Entgiftung möglich macht.

Die Folgen eines Krieges betreffen nicht nur Deutsche, sondern beinahe jedes Volk der Erde. Und diese Folgen sind nicht einfach „nur" psychischer Natur, sondern schlagen sich tatsächlich in der Epigenetik und Genetik nieder und haben so sehr handfeste Folgen für die Nachkommen. Mit den medizinischen Folgen von Kriegen befassen sich natürlich auch andere Autoren und Fachleute. Unter anderem schrieb Sabine Bode zwei sehr interessante Bücher über Kriegskinder und Kriegsenkel, in denen sie auf die Kriegsfolgen der Nachkriegsgenerationen eingeht.[177]

Bitte schwenken Sie Ihren Blick gedanklich nun noch einmal auf das Kapitel zurück, in dem Sie von den Vorfahren der Deutschen und der gemeinsamen Abstammung von Kain und Abel gehört haben, die sich dann aufgliederten in u.a. die Deutschen, als dem größten, bis heute übrig gebliebenen Block von Nachfahren Kains und denjenigen anderen, die dem genetischen Masterplan der Draco besser entsprachen. Wir haben nun über generationsübergreifende Probleme gelesen und wie diese Schäden oder Besonderheiten an der Epigenetik verursacht werden, die sich von Generation zu Generation weiter hangeln und teilweise schlimmer werden.

Kain und Abel stellen in ihrer Situation einen klassischen Bruderkonflikt dar. Wie und warum genau sie sich bekämpft haben, lässt sich wohl ohne Zeitmaschine oder Chronovisor nicht ganz feststellen. Wenn wir jedoch den Bruderkonflikt als einen übertragbaren Konflikt ansehen, wird vielleicht das besondere Verhalten der Deutschen und der Juden untereinander und zueinander aus einem neuen Winkel beleuchtet.

Die Deutschen sind seit Alters her dafür bekannt, dass sie sich wegen Kleinigkeiten und ideologischer Meinungsverschiedenheiten untereinander bekriegen und streiten. In kaum einem anderen Volk gab es so furchterregende Kriege untereinander wie bei den Deutschen. Schauen wir uns einmal ein Zitat an:

> *„Es gibt kein gutmütigeres, aber auch kein leichtgläubigeres Volk als das deutsche. Zwiespalt brauchte ich unter ihnen nie zu säen. Ich brauchte nur meine Netze auszuspannen, dann liefen sie wie ein scheues Wild hinein. Untereinander haben sie sich gewürgt, und sie meinten ihre Pflicht zu tun. Törichter ist kein anderes Volk auf Erden. Keine Lüge kann grob genug ersonnen werden: die Deutschen glauben sie. Um eine Parole, die man ihnen gab, verfolgten sie ihre Landsleute mit größerer Erbitterung als ihre wirklichen Feinde."*
>
> Napoleon I. (Napoleon Bonaparte, 1769-1821)[178]

Schauen Sie sich um und prüfen Sie Ihre eigene Erfahrung: wegen Nichtigkeiten wird nicht einfach politisch diskutiert, sondern es werden sogleich Lager gebildet, Gräben gezogen, danach Linien überschritten und dann gekämpft bis zum Äußersten. Welch ein Unsinn, wenn man doch derselben Quelle entstammt und sich vernünftig einigen könnte. Genauso ist es bei den Juden. Die einen stehen für die offizielle Politik, die anderen dagegen. Auch zwischen den

Aschkenasim und den Sephardim gibt es große Differenzen. Dann zwischen den Orthodoxen und den weltoffenen Juden. Und dann auch den Zwist zwischen den Israelis und den Juden, die den Staat Israel nicht anerkennen.

Tatsache erscheint aber auch bei genauerem Hinsehen: Sowohl die Deutschen als auch die Juden neigen zu intensiven Auseinandersetzungen zwischen Brüdern, die in Todfeindschaft enden können.
Was, wenn dies eine Folge eines nie bearbeiteten, nie überwundenen Konfliktes in fernster Vergangenheit wäre? Und wenn dem so ist, wie leicht könnten wir dies nun alle überwinden, indem wir die uns gegebenen Werkzeuge anwenden?

Nun zurück zur Ernährung. Macht man einer Spezies klar, dass sie sich ernähren muss, hat der, der die Macht über diese Nahrungsquelle hat, die Macht über diese Spezies. Die Nahrungsmittelproduktion ist natürlich ein extrem wichtiges Thema. Mit der Produktion der Nahrungsmittel hängt die Landwirtschaft eng zusammen. Und reden wir über Landwirtschaft, reden wir über Saatgut. Reden wir über Saatgut, sind Monsanto, Bayer und einige andere nicht fern. Selbstverständlich ist auch das Thema Schädlingsbekämpfung sehr wichtig. Und leider wurde aus dieser Not offenbar im Rahmen der ergriffenen Maßnahmen eine noch viel größere Not, weil nun durch genveränderte Sorten (und deren Nachkaufspflicht) nicht nur die Landwirte sehr oft in ihrer wirtschaftlichen Existenz bedroht sind, sondern weil auch viele Tier- und Pflanzenarten damit allergrößte Probleme haben. Es gibt aber – dies sei als kleiner Einschub hier eingebracht – eine Lösung. Paul Stamets erhielt im Jahre 2006 ein Patent, das laut Aussage der Profis aus der Chemiebranche eine für diese Branche extrem zerstörerische Wirkung haben könnte. Es handelt sich bei seiner Erfindung um Pilze, die selbst keine Sporen bilden, sondern von sogenannten „Schädlingen" gefressen werden. Diese werden dann wiederum selbst vom Pilz gefressen, verwandeln sich selbst also in einen Pilz. Im einzelnen Bild betrachtet dürfte dies sicherlich einem Horrorszenario gleichen, jedoch könnte dieses Patent[179] dazu führen, dass die Monsantos dieser Welt überflüssig werden, da die Natur hier bereits ein Mittel bereithält, das ohne Gifte auskommt und somit auch ohne gesundheitliche Belastung für Bienen, Nutztiere und Menschen.[180]

Die immer wieder gemachte Aussage von der Überbevölkerung des Planeten sollten wir uns ebenfalls noch einmal ganz genau ansehen. Gehen wir davon aus, die Weltbevölkerung bestünde aus 10 Milliarden Menschen und aus Familien mit jeweils vier Personen. Würden wir nun jeder Familie 2.000 qm Land geben, so würde die Gesamtfläche gerade einmal mit einem Staat wie Texas vergleichbar sein und der Rest der Erde bliebe unbevölkert. Rechnen Sie es nach! Es ist genug Platz da. Und bei nachhaltiger, ungiftiger Bewirtschaftung der Restfläche und unter Ausnutzung naturnaher, intelligenter Methoden, wie sie z.B. der „Agrarrebell" Sepp Holzer[181] praktiziert, können wir locker noch einige Jahrzehnte alle Menschen satt machen.

Bei dieser Bemerkung sollten wir uns allerdings im Klaren darüber sein, dass zwar die von der UNO offiziell im Rahmen der Agenda 21 verfolgte Zielvorstellung einer Weltbevölkerung von nur 500.000.000[182] Menschen unsinnig ist, wir aber dennoch bei Beibehaltung des bisherigen Bevölkerungswachstums innerhalb der nächsten zweihundert Jahre auf diesem Planeten tatsächlich irgendwann an Grenzen stoßen werden. Ob wir allerdings bis dahin noch auf diesen Planeten beschränkt sein werden, das können wir am Schluss des Buches noch einmal aus einem ganz anderen Blickwinkel betrachten.

Das Thema Ernährung ist ein wichtiges Thema für jeden Menschen. Der eine achtet darauf, weil er sonst verhungert, ein anderer, weil er sonst vor Überfettung gesundheitliche Probleme bekommt. Für die eine ist es wichtig, weil sie sich gern vegetarisch ernähren möchte, für die andere ist es wichtig, weil sie gern laktose- und glutenfreie Produkte kaufen möchte, da sie sonst Probleme mit der Verdauung hat. Die Werbung im Fernsehen handelt zu einem Übermaß von Nahrungsmitteln. Und es geht immer um Produkte, die der Mensch eigentlich nicht braucht. Für Dinge, die der Mensch wirklich zu brauchen scheint, gibt es keine Werbung, da man sie ja sowieso kauft.

Wenn wir nun der These folgen, dass Ernährung für den Menschen möglicherweise einen Suchtcharakter hat, dann können wir gedanklich noch einen Schritt weitergehen und uns fragen, was wir denn ohne diese Sucht tun würden. Wir sehen anhand der Beispiele einiger tausend Nichtesser, die sich von „Licht" ernähren, dass es tatsächlich Menschen gibt, die ohne feste Nahrung auskommen. Dies sollte uns sehr zu denken geben. Was wäre also, wenn der Mensch ursprünglich gar nicht für die Ernährung durch Nahrungsmittel vorgesehen war?

Der gesamte Verdauungstrakt wäre dann ein Entgiftungstrakt, der bei Bedarf Unbrauchbares aus dem Körper befördert, aber ansonsten ein eher unscheinbares Dasein fristet. Jeder, der bereits einmal gefastet hat, wird bestätigen können, dass im Gegensatz dazu jedoch der Geist eines Menschen bei dem Verzicht auf herkömmliche Ernährung enorm viel leistungsfähiger wird.
Der Schulmediziner wird dies durch Stresshormone erklären, die bei Gefahr ausgeschüttet werden, und eine Beibehaltung dieses Zustandes auf Dauer für extrem gesundheitsschädlich erklären. Doch ein Blick auf die Lichternährer und Nichtesser zeigt klar auf, dass es sich in diesem Fall bei diesen ausschließlich um „Langzeitüberlebende" handelt, da sie bei ausgesprochen guter Gesundheit sind.
Wenn der Mensch genetisch dazu fähig ist, auch Licht (und vielleicht auch andere Energie) als Nahrung zu nutzen, dann gilt vielleicht Gleiches auch für Tiere. Denn genetisch gesehen unterscheiden uns beispielsweise nur wenige Prozent unsere Gene von einem Delphin.
Schauen wir auf die Pflanzen, die ganz klar von Licht und Wasser leben, so erkennen wir, dass auch deren Gene nicht sehr weit entfernt sind von den unseren.[183] Der Mensch ist zur Hälfte einer Banane ähnlich – wenn wir uns auf die Gene beziehen.[184] Unser Blick auf die Gene kann nun also wesentlich differenzierterer werden als in der Vergangenheit.
Die Gene sind ein Baukastensystem und stellen Verarbeitungsanweisungen an biologische Körper dar, wie mit bestimmten Stoffen unter bestimmten Bedingungen umzugehen ist. Nur sehr wenige dieser Gene sind dazu da, die äußerliche Erscheinung zu bestimmen. Und noch viel weniger, um zu bestimmen, ob jemand weiße, schwarze, rote oder gelbe Haut und blaue oder grüne Augen hat. Die Gemeinsamkeiten der Pflanzen und Tiere (und Menschen) sind immens. Dieses Baukastensystem muss irgendwo seinen Ursprung haben und von irgendjemandem entworfen worden sein. Aus diesem Baukastensystem sind alle Pflanzen und Lebewesen der Erde entwickelt worden – als Schöpfung! Und diese Schöpfungen machen dann aufgrund der Situation auf der Erde eine Entwicklung durch. An dieser Stelle treffen sich demnach Evolutionstheorie und Kreationstheorie. Beide für sich genommen weisen Fehler auf. Kein vernünftig denkender Mensch wird ernsthaft behaupten wollen, die Menschheit und die Erde wäre vor 5.000 Jahren erschaffen worden. Dies widerspräche allen bekannten Fakten. Die Evolutionstheorie wiederum kann durch Nennung einiger Beispiele schnell widerlegt werden.[185]

Nun hören wir von Corey Goode, dass zum jetzigen Zeitpunkt auf der Erde genetische Programme laufen. Warum sollte dies in der Vergangenheit anders gewesen sein? Ist nicht die Annahme logisch, dass auch in fernster Vergangenheit andere Zivilisationen die Erde (und auch andere Planeten) ganz bewusst besucht und mit Leben bestückt haben, um im Anschluss daran ihren Nutzen daraus zu ziehen?
Wir Menschen machen es genau gleich, nur gehen wir nicht auf fremde Planeten (weil uns bisher offiziell die technischen Mittel dafür fehlen), sondern besuchen andere Kontinente und siedeln dort Tiere und Pflanzen an, von denen wir uns nachher irgendeinen Nutzen versprechen. Manchmal gibt es einen wirtschaftlichen Hintergrund, manchmal einen wissenschaftlichen, aber in jedem Fall spielt die Menschheit dort dann den Kreationisten. Und je mehr die Wissenschaft in der genetischen Forschung voranschreitet, desto näher rückt der Tag, an dem der Mensch in irgendwelche Lebensräume eingreift, Tiere dort genetisch verändert, um einen bestimmten Effekt zu erzielen. De facto haben wir diesen Zeitpunkt bereits längst überschritten, denn die Diskussion über gentechnisch veränderte Lebensmittel – eingeschlossen tierischer Produkte – ist bereits in vollem Gange, es fehlt allein der Gang auf fremde Planeten, zumindest offiziell.
Der technische Fortschritt war in den letzten Jahrzehnten immens. Der uns bekannte Fortschritt war gigantisch. Der uns unbekannt gebliebene Fortschritt jedoch ist noch einmal unvergleichlich viel größer. Wir haben im Rahmen dieses Buches bereits einiges kennengelernt und dürfen wohl gespannt sein, auf das, was uns in den nächsten Jahren offenbart werden wird.
Bestätigung finden die Aussagen von Corey Goode & Co. nicht nur durch die vielen Details, die geschichtlich, wissenschaftlich und physikalisch zusammenpassen, sondern auch durch andere Autoren wie z.B. Jason Mason, der 2017 im Amadeus Verlag das Buch „Mein Vater war ein MiB"[186] (Men in Black) herausbrachte. In diesem Buch finden sich weitere Zeugen, Beweise, Belege und Forschungsergebnisse, aber auch die ganz persönlichen Erlebnisse eines familiär direkt Involvierten. Der Film „Men in Black" wurde übrigens vom ehemaligen russischen Präsidenten Dmitri Medwedew in einem sehr ernst geführten Interview[187] als „geschichtlicher Dokumentarfilm" bezeichnet. Auf die Frage, wie viele Außerirdische unter uns Menschen auf der Erde leben, sagte er, er könne hierzu keine Informationen geben, da sonst Panik ausbrechen würde.

Sicherlich werden Sie jetzt einiges erheblich aufmerksamer beobachten, vielleicht, so hoffe ich, einiges austesten und, wenn wir alle richtig Glück haben, fangen Sie sofort mit der Suche nach jemandem an, der in Ihrer Umgebung Familienaufstellungen anbietet.
Ich weiß nicht, wie es Ihnen geht, aber ich finde die Vorstellung, dass es die Deutschen auch in 500 Jahren und länger noch gibt, sehr angenehm. Das mag anderen Völkern nicht so gehen, aber vielleicht lernen die auch noch, mit ihren Vorurteilen, Falschinformationen und Wahrheitsmedien umzugehen, sodass wir uns alle gegenseitig in Wohlwollen unterstützen und helfen können.
Möglicherweise sind wir Deutschen nicht zum Überleben vorgesehen. Sollte dies so sein, hieße dies allerdings noch lange nicht, dass die Besonderheiten der Deutschen für immer verloren wären. Wir sehen bereits heute, dass die Gene der arischen Linie in alle Welt verstreut sind, ebenso wie die Gene anderer Rassen sich durch zunehmende Vermischung auf dem ganzen Planeten ausbreiten. Die Vielfalt des Planeten Erde ist erstaunlich. Wichtig an dieser Erde ist zweifelsohne nicht in allererster Linie das Überleben der Deutschen, der Russen, der Juden oder sonst irgendeines einzelnen Volkes. Völker sind bereits in der Vergangenheit gekommen und gegangen. Dies wird auch in Zukunft so sein. Den einzelnen als Mitglied eines Volkes trifft es logischerweise, wenn jemand die Ausrottung seines Stammvolkes fordert oder er einfach hilflos mit ansehen muss, wie es durch Vermischung so lange verdünnt wird, bis die Essenz des eigenen Volkes bestenfalls in homöopathischer Dosis übrig geblieben ist. Nichtsdestotrotz ist es durchaus erlaubt, sich zu wehren, und das ganz besonders in solchen Fällen, in denen der Ausrottungsbefehl unter fadenscheinigen Argumenten und mit einer Menge Lügen daherkommt.

Die im Laufe der Zeit auf der Erde entstandenen Großreiche sind in ihrer Herkunft und im zeitlichen Ablauf etwas sehr Besonderes. Historisch lässt sich nur schwer und archäologisch so gut wie gar nicht ein Ablauf und eine Entstehungsgeschichte dieser Großreiche in ihrer Abfolge nachvollziehen. Es fehlt regelmäßig die Entstehungsgeschichte im Sinne eines organischen Wachstums. Dementsprechend erscheinen die Großreiche und ihre dazugehörigen Kulturen häufig wie aus dem Boden gestampft und „erschaffen“ anstatt „gewachsen“. Dieselbe Problematik erkennen wir im Tier- und Pflanzenreich, wo die Evolutionstheorie zwar schulwissenschaftlich als anerkannt gilt, jedoch hinter vorgehaltener Hand und in nichtöffentlicher Rede schnell klar wird, dass es un-

Abb. 156: Tutfed-Hirsch, Pacu-Fisch, Goblin-Hai, Blob-Fisch

zählige Beispiele gibt, für die diese Theorie nicht gelten kann bzw. in denen sie nachgewiesenermaßen als unzutreffend und falsch gebrandmarkt werden müsste. Wenn wir also diesen kreationistischen Ansatz weiterverfolgen möchten, müssen wir uns wohl oder übel irgendwann auf dieser gedanklichen Reise die Frage nach dem WER stellen. Wer hat da erschaffen? Und am besten auch gleich noch: WARUM?

Wenn alles aus einem Baukastensystem erschaffen worden ist, dann erklären sich auch die oben gezeigten Kreationen. Irgendwann mangelt es auch dem besten und kreativsten Erfinder an neuen Ideen. Spätestens dann fängt man an, Altes zu kombinieren, sei es, um ein bestimmtes Arbeitssoll zu erreichen oder um Unbekanntes auszutesten. Solche Kreationen können durchaus humorvoll sein, wie man in Abb. 156 sehen kann.

Oder sehr kompliziert, wenn man an eierlegende Säugetiere wie das Schnabeltier denkt. Solche Kreuzungen verschiedener Naturprinzipien sind, als kreie-

render Forscher, mit Sicherheit Sonderprojekte mit hohem Schwierigkeitsgrad. Warum wurde so etwas erschaffen? Waren dies Auftragswerke? Wenn ja, für wen?

Wenn alles aus einem Baukastensystem entworfen ist, wie wir durchaus nachvollziehbar erkennen können, dann schlummern in jedem Lebewesen ja durchaus ungeahnte Fähigkeiten und Eigenschaften. Wenn der Mensch genetisch gesehen nicht nur sämtlichen Tieren, sondern in einem nur leicht geringeren Maße auch Pflanzen ähnlich ist, dann erklärt sich aus diesem Blickwinkel vielleicht auch die Fähigkeit einiger Menschen, gar nichts zu essen, sondern sich anstelle dieser allgemein üblichen Energieversorgung mit Lichtenergie zu begnügen. Müssten dann nicht, so betrachtet, auch die allermeisten anderen Menschen zu genau demselben Verhalten fähig sein? Was wäre, wenn die Menschen für die Nahrungsaufnahme ursprünglich gar nicht vorgesehen waren? Wenn allein durch die Katastrophen auf der Erdoberfläche und durch vielleicht jahrelange Verdunkelung der Atmosphäre, durch Kriege, Vulkanausbrüche oder anderes, die Menschen ganz einfach auf einen neuen Energieträger umwechseln mussten, um zu überleben?

Dieser Wechsel war möglicherweise gegen die Natur des Menschen und zerstört den menschlichen Körper Stück für Stück. Könnte man auf diese Weise vielleicht sogar erklären, warum die überwiegende Anzahl der Menschen Krankheiten hat, die auf falsche Ernährung zurückzuführen sind? Oder sind unterschiedliche Rassen für unterschiedliche „Betriebsstoffe" entwickelt worden? Die Aussagen der Zeugen über Außerirdische sprechen im Regelfall von Lebewesen, die keine Nahrung zu sich nehmen bzw. manchmal sogar keine erkennbaren Körperöffnungen für die Aufnahme und Ausscheidung von Nahrung aufweisen.

Da wir nun bereits Aussagen von den verschiedensten Zeugen gehört haben, die allesamt darüber berichten, dass es auf der Erde mehrere außerirdische Rassen gibt, die wiederum von irgendwoher gekommen sein müssen, und dass obendrein offenbar das gesamte Universum voller Leben ist, können wir aus dem uns bereits Bekannten eine Brücke schlagen zu dem uns Unbekannten.

Auf der Erde geht es häufig nur allzu „menschlich" zu. Wir kennen aus den Schilderungen der Zeugen die verschiedensten Begebenheiten im Zusammenspiel zwischen Menschen und Außerirdischen. Und abgesehen von der technischen und geistigen Rückständigkeit der Menschen können wir dennoch im Großen und Ganzen feststellen: Es menschelt auch bei den Außerirdischen.

Bestimmte Verhaltensweisen scheinen offenbar universell zu sein. Neben dem militärischen Bereich gibt es da ganz offensichtlich den kaufmännischen und die technischen Berufe. Überall sind offenbar Bodenschätze gefragt, um damit bestimmte Materialien herstellen zu können. Dies wiederum erfordert wissenschaftliches Denken und ingenieurwissenschaftliche Berufe. Für die Montage werden zumindest ansatzweise Handwerksberufe benötigt, und Handwerksberufe bringen hin und wieder mechanische Beanspruchung der Körper der Handwerker mit sich, was wiederum medizinische Berufe notwendig macht. Und da es sehr wahrscheinlich erscheint, dass es auch bei Außerirdischen Arbeitsteilung geben wird, da nicht jeder alles selbst machen kann, können wir durchaus von der Erde und den uns bekannten Umständen auf die Welten da draußen schließen.

Wenn dem so ist, und dies entspräche durchaus den Erkenntnissen der modernen Physik und den Sozialwissenschaften, dann sind bestimmte Strukturen, Macht, Finanzen bzw. Tauschmittel, Militär und Ähnliches vermutlich überall recht ähnlich organisiert.

Wer schon einmal auf Reisen in fremde Länder gegangen ist, wird sich erinnern, dass bei der ersten Ankunft in einer neuen Welt – ob in Amerika oder in Afrika, China oder Russland – alles fremd und neu erscheint. Macht man das aber einige Male mit, erkennt man langsam, dass die grundlegenden Elemente sich überall sehr ähnlich sind. Die menschlichen Probleme, von der Familie angefangen, über den Beruf, bis hin zum sozialen Umfeld, sind überall nahezu deckungsgleich. Und in jeder Gesellschaft finden sich Arme, Reiche und ein Mittelstand. Die Aufteilung dieser Bereiche mag in einigen Ländern extrem sein, aber vorhanden sind sie überall. Fliegt man heute um die Welt, stellt man fest, dass es bis auf sehr, sehr wenige Ausnahmen überall Mobiltelefone gibt, ebenso wie Autos, Fernsehen, Cola und Bier, Prostitution, Krankenhäuser und vieles andere mehr.

Wenn wir uns die Welt heute ansehen und uns die Entwicklung der Menschheit vor Augen führen, dann sehen wir eine recht junge Gesellschaft, die in den allermeisten Ländern von Weiterentwicklung geprägt ist. Technisch und gesellschaftlich sind wir weit von einer stabilen Lage entfernt, und an jeder Ecke sehen wir Wachstum und Veränderung.

Wenn wir nun zusätzlich hören, dass hier auf der Erde seit tausenden von Jahren genetische Experimente durchgeführt werden und offenbar auch ein reger Handel mit anderen Planeten herrscht, dann können wir nicht anders, als an-

zuerkennen, dass es außerhalb der Erde offenbar Zivilisationen gibt, die uns in der Entwicklung weit voraus sind. Wenn diese auf der Erde Einfluss nehmen – bewusst durch Manipulation, unbewusst durch Vorbild –, dann tun sie dies auf Grundlage ihrer eigenen Zivilisation. Oder mit anderen Worten: Wir auf der Erde sind nicht Vorreiter, sondern Nachahmer, nicht handelndes Subjekt, sondern oft passives Objekt. Wir sind Schüler und Studenten, keinesfalls Meister und Lehrer.

Dies mag der eine oder andere als ehrabschneidend empfinden, es ändert aber nichts an den Tatsachen. Wir müssen uns gedanklich offenbar daran gewöhnen, etwas kleinere Brötchen zu backen, als wir uns bisher zugedacht haben.

Wenn wir gedanklich davon ausgehen, dass die Gesellschaftsordnung(en) der Menschheit und deren Einzelheiten zu großen Teilen ein Abbild einer oder mehrerer außerirdischer Zivilisationen sind, dann stellen sich eine ganze Reihe von Folgefragen. Wenn die Menschheit sich aufgrund von Impulsen von außen oder Vorbildern von außerhalb in eine bestimmte Richtung entwickelt hat, dann können wir im Umkehrschluss einige Vermutungen über die Handlungsweisen der außerirdischen Zivilisationen anstellen, die uns Menschen hier mit Fortschritt einerseits und genetischen Zwangsexperimenten andererseits beglücken. Zunächst einmal geht es um die einfache Frage: Wer macht WAS? In jeder Gesellschaft wird es Spezialisten geben und andere, die den Überblick haben. Es wird Techniker geben, die Aufgaben erledigen, ohne Fragen zu stellen, und Machthaber, die für eine gewisse Zeit oder sogar ihr ganzes Leben lang bestimmen, wo es lang gehen soll. In jedem Fall werden Tätigkeiten im Vertrauen darauf ausgeführt, dass andere wiederum andere Aufgaben erledigen und so das gesamte Spektrum des täglichen Lebens für diese Gesellschaftsmitglieder abgedeckt wird. Selbst wenn wir davon ausgehen, dass Außerirdische möglicherweise keine Nahrung brauchen und dementsprechend vielleicht auch keine sanitären Anlagen, so bleibt als ein Mindestmaß dann immer noch der gesamte technische Bereich des Transports, des Militärs und der Energieversorgung, ebenso wie die Verwaltung und der politische Apparat, die von irgendjemandem versorgt und durchgeführt werden müssen. Wenn sich also jedes Mitglied einer solchen Gesellschaft auf andere verlassen muss und wenn es dann obendrein noch Kontakte zu anderen Zivilisationen gibt, die möglicherweise anders aufgebaut sind als die eigene, dann muss es in jedem Fall eine Art Leistungsaustausch geben – Geld oder Tauschgeschäfte, die den Austausch und Verkehr von Waren und Dienstleistungen regeln. Wer arbeitet, bekommt dafür im Gegenzug Geld oder Anrechte auf andere Leistungen. Dies kann im Rahmen von einer uns heute noch sehr utopisch anmutenden „Ubuntu"-Gesellschaft geschehen oder schlicht mit Geld oder anderen Waren als Tauschmittel. Gerade im internationalen Verkehr – hier sogar interstellaren Verkehr – ist anzunehmen, dass für jede Dienstleistung oder jede Lieferung von Waren eine Gegenleistung in ähnlicher Form erfolgt.

Gehen wir nun noch einmal einen Schritt zurück und werfen erneut einen Blick auf die Frage nach der Erschaffung von Leben auf der Erde und anderen Planeten. Wenn wir uns das bereits Gelesene noch einmal vor Augen führen, müssen wir davon ausgehen, dass pflanzliches und tierisches Leben – man darf wohl annehmen, beinahe jede Art von Leben, Bakterien und Viren eingeschlossen – künstlich auf der Erde angesiedelt wurde.

Aber warum hat man das getan? Wer hat den Auftrag dafür erteilt? Was war die Gegenleistung dafür?

Wenn wir uns die Geschichte des Lebens unter Berücksichtigung auf den Aspekt der Ernährung noch einmal genauer anschauen, dann besteht die Möglichkeit, dass es früher Leben auf der Erde gab, das sich von Sonnenlicht und anderen Energieformen „ernährte", nicht jedoch Nahrung im Sinne von fressen und verdauen zu sich nahm.

Wenn es solches Leben gab, dann können wir dies mit unseren heutigen Zuständen im Bereich der Energieversorgung vergleichen. Wir streben an, autarke und sparsame Energiesysteme einzusetzen. Je weniger ein Auto verbraucht, desto besser. Je sparsamer etwas dieselbe Leistung wie vorher erzeugt, desto effizienter nennen wir ein solches System. Also sind Lebensformen, die nichts als Sonnenlicht konsumieren, extrem effiziente Lebensformen, demnach also fortschrittlich. Wenn nun angefangen wurde, neue Lebensformen zu erschaffen, die Nahrung benötigen, dann ist dies, technisch gesehen, ein Rückschritt.

Stellen wir uns auch hier wieder die Frage: Qui bono? Wem nützt es?

Wenn Lebensformen auf Befehl und für Gegenleistung bereitgestellt werden, dann erhält irgendjemand Gegenleistungen, wenn er solche Lebensformen erschafft und bereitstellt.

Je mehr erschaffen und bereitgestellt werden, desto mehr Gegenleistung fließt. Vergleichen wir dies mit unserer eigenen Wirtschaftsordnung, kommt uns dies sehr bekannt vor. Die Menschen bzw. einige Unternehmen wollen Profit machen und streben nach mehr Wachstum. Warum sollte dies außerhalb der Erde anders sein? Wenn Unternehmen Produkte erschaffen, die nach einer be-

*stimmten Zeit kaputt gehen oder sich gegenseitig zerstören (**fressen**), so bedeutet dies einen Zuwachs an gelieferten Produkten und erhaltenen Gegenleistungen.*
Was wäre, wenn wir im Rahmen dieser Logik davon ausgehen, dass die Erschaffung von auf Nahrung angewiesenen Lebensformen eine technische Verschlechterung, aber eine kaufmännische Verbesserung darstellt? Wer auf Nahrung angewiesen ist, lässt sich obendrein viel besser manipulieren, denn derjenige, der die Nahrung kontrolliert, besitzt dann auf einmal ein Druckmittel gegenüber denjenigen, die auf diese Nahrung angewiesen sind.
Die heutige Unternehmenswelt stemmt sich mit aller Macht gegen Maschinen, die „Freie Energie" erzeugen. Warum? Weil dann Umsatz und Druckmittel gegenüber denjenigen fehlen, die Energie benötigen. Egal, ob Staaten oder Menschen, Freie Energie bedeutet auch Freiheit für den Einzelnen. Die Freiheit vom Zwang, sich ernähren zu müssen, wäre demnach ein weiterer, gewaltiger Schritt in Richtung Freiheit.
Und wie wir an den Zeugenaussagen sehen, benötigen zumindest einige der außerirdischen Lebensformen offenbar keine Nahrungsaufnahme, so wie wir, sondern sind befreit von diesem Zwang.

Die Menschheit marschiert strammen Schrittes mit gewaltigem Fortschritt in Richtung Zukunft, aber der Entwicklungsstand gleicht dem eines Vorschulkindes, für das ein Jahr eine unglaublich lange Zeit ist und der wöchentliche Bildungsfortschritt eine gewaltige Veränderung im Leben bedeutet. Aus der Sicht eines Erwachsenen handelt es sich jedoch um kurze Zeiträume, kleine Verbesserungen und eine lange, wenn auch absehbare weitere Zeit der Ausbildung.
Eltern sind, im Gegensatz zu „fremden" Erwachsenen, während dieses Prozesses durchaus nachsichtig. Familienfremde Erwachsene sind gegenüber Jugendlichen und Kindern nicht unbedingt immer nachsichtig und liebevoll. Es kommt bei Menschen durchaus häufig vor, dass nicht-eigene Kinder geschlagen, genötigt oder ausgenutzt werden. So ist vielleicht auch das Verhältnis der Außerirdischen zu den Menschen von der Erde zu sehen. Man scheint kein gesteigertes Interesse an der Menschheit an sich zu haben, weil man uns offenbar für ziemlich unreif hält. Wir können dies mit ehrlicher Selbstbetrachtung vielleicht bestätigen. Corey beschreibt, dass es in der Vergangenheit immer wieder Außerirdische gab, die als „Götter" auf die Erde kamen oder sich auf der Erde

ganze Reiche zu Untertanen machten. Den Draco wird laut Corey nachgesagt, dass sie ein äußerst „drakonisches" Herrschaftssystem führen. Coreys eigene Erfahrungen mit dem königlichen Draco passen hier ebenfalls ins Bild. Die Mythologie des irdischen, griechischen Gesetzreformers Drakon („der Athener"), auf den die entsprechende Redewendung zurückgeht[188]*, erscheint nun in einem neuen Zusammenhang. Vielleicht kam Drakon oder kamen zumindest seine Ideen ja nicht zwingend von der Erde...*

Corey berichtet, dass die Draco von Alpha Draconis kommen und dort auf einem Planeten ihren Regierungssitz haben. Alpha Draconis findet man am Sternenhimmel im Sternbild Großer Wagen, im Bereich des Sternbildes Großer Bär, Ursa Major.

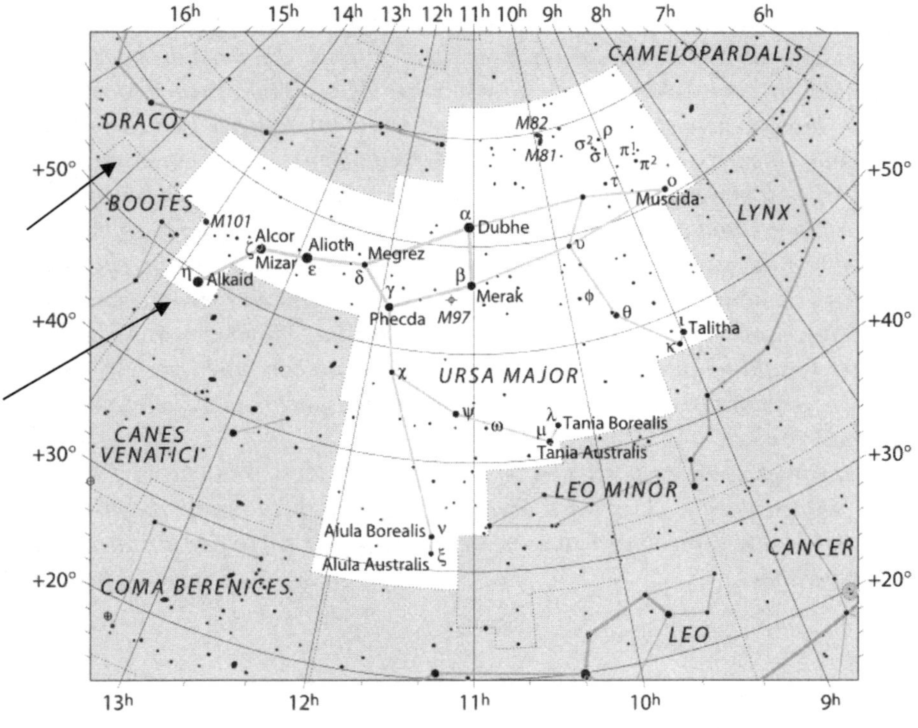

Abb. 157: Sternbild des Großen Wagens (beginnend mit Alkaid links oben, gefolgt von Mizar, Aloith, Megrez etc.) im Sternbild des Großen Bären, genannt Ursa Major. Links oben Alpha Draconis.

Es stellt sich nun die Frage, was die Draco einst hier auf die Erde getrieben hat und was die königlichen Draco hier auf der Erde zu suchen haben. In der Geschichte der Menschheit gab es viele Eroberungsfeldzüge. Nahezu ausnahmslos ging es dabei um Bodenschätze und andere Rohstoffe, die man sich zu eigen machen wollte. Zwar führten manchmal Könige ihr Heer an, aber je moderner die Armeen wurden, desto weniger hohe Offiziere der Heeresleitung fand man tatsächlich an der Front, und nur in sehr seltenen Ausnahmefällen ließen sich Könige und Kaiser an vorderster Linie blicken.
Was macht die Erde so besonders, dass die königlichen Draco hier anwesend sind, und dies offenbar bereits seit langer Zeit? Corey spricht ausdrücklich davon, dass die königlichen Draco ***auf*** *der Erde zu finden sind und freien Abzug* **von** *der Erde fordern, im Gegenzug gegen Verrat an allen Anhängern und Mitläufern. Hier auf der Erde wird jedoch kein offener Krieg geführt, was einen Frontbesuch unwahrscheinlich erscheinen lässt. Ein Labor oder eine Werkstatt für neue Lebensformen über so lange Zeit mit königlicher Anwesenheit zu beglücken, erscheint ebenfalls übertrieben interessiert. Die Rückständigkeit der Menschheit, die aus Sicht der Draco offensichtliche Unterlegenheit und Unvollkommenheit der Menschen wie auch die äußerst negativen Erfahrungen Coreys und anderer mit den königlichen Draco zeichnen auch keineswegs ein Bild nähesuchender Zuneigung, was den Dauerbesuch ebenfalls rechtfertigen könnte. Wenn man länger darüber nachdenkt, scheint die Erde ein Zufluchtsort für die Draco zu sein. Nur ein uns momentan noch unbekannter Grund könnte die königlichen Draco dazu veranlassen, sich so lange unter so unzumutbar rückständigen Verhältnissen aufzuhalten, wie hier auf der Erde.*
Die Draco sehen die Erde als Teil ihres Imperiums. Müssen sie diesen Teil unseres Sonnensystems, diese rückständige Erde mit ihren minderbemittelten Bewohnern, als Zufluchtsort nutzen, steht es offenbar nicht gut um den Rest des Imperiums.

10. Eine letzte Zeugin

Ich möchte an dieser Stelle mit aller Vorsicht eine weitere Quelle anführen. Lassen Sie mich zunächst einmal erläutern, was die Quelle aussagt. In der Quelle wird von einem Interview mit einem Außerirdischen berichtet, der nach eigener Auskunft bereits seit sehr, sehr vielen Jahrtausenden die Erde besucht hat. Seine Zivilisation errichtete eine militärische Basis im Himalaya. Diese wurde von einer anderen außerirdischen Gruppe zerstört, die hier offenbar schon länger aktiv gewesen war. Die Herkunft dieser Gruppe wird beschrieben mit „irgendwo im Bereich des Sternbild des Großen Bären“, was auf die Draco passen würde. Zwar war die Gruppe dieser „neuen“ Außerirdischen laut der Quelle schon lange vor den Draco auf der Erde und hat die Erde mit neuen Pflanzen und Tieren bewohnt und bewohnbar gemacht, jedoch war sie so lange abwesend, dass die Draco offenbar in der Zwischenzeit versucht hatten, ihren Platz einzunehmen. Die Quelle berichtet ausführlich von den verschiedenen Maßnahmen, die zur Erschaffung der Pflanzen und Tiere geführt hatten, und auch davon, dass eine Nahrungsaufnahme für Menschen und Tiere ursprünglich nicht vorgesehen gewesen sei, sowie dass die Einführung der Nahrungsaufnahme wiederum dicht gefolgt war von einer im Anschluss an die Einführung des Fressens und Gefressenwerdens nötig werdenden Nachwuchsregelung – der sexuellen Reproduktion, die ebenfalls ursprünglich nicht vorgesehen war.

Die Quelle berichtet darüber, dass man infolge des Überfalls der Draco auf die Himalaya-Basis deren Heimatplaneten und Regierungssitz zerstört habe. Dies wiederum würde sehr einleuchtend einen Grund dafür liefern, dass die Draco hier auf der Erde weilen. Noch einleuchtender wird es, wenn man die Quelle weiter liest und dort die Information findet, dass die Draco die Erde angeblich seit vielen Jahren als technisch sehr gut ausgerüsteten Gefängnisplaneten nutzen. Auf die Erde werden angeblich alle möglichen unerwünschten Elemente verbannt, die im Reich der Draco, einem Reich mit sehr fortschrittlicher Technologie und sehr strengen gesellschaftlichen Regeln und einem totalitären Regime, unerwünscht und ohne Nutzen sind. Diese Elemente werden gesondert beschrieben: alle Erfinder (da man bereits auf einem so hohen technischen Niveau ist, dass Verbesserungen kaum vorstellbar sind, neue Erfindungen aber das gesellschaftliche

System stören könnten, Erfinden hat immer auch etwas mit **Ersetzen** und **schöpferischer Zerstörung** zu tun – zweifelsohne eine Gefahr für den Ablauf eines jeden stark kontrollierten Systems), Intellektuelle (die sich oft als politische Störenfriede entpuppen und deshalb ebenfalls unerwünscht sind), Künstler (weil sie als Arbeiter und Steuerzahler relativ nutzlos sind), Perverse und anderweitig Gestörte (die man als vermeidbaren Ärger und Kostenfaktor empfindet und lieber verbannt, als sie durchzufüttern und zu bewachen), Revolutionsführer und Rebellen (der Grund, diese zu verbannen, dürfte einleuchten).

Schaut man sich nun an, wer sich so auf der Erde tummelt und was hier in den letzten Jahrtausenden passiert ist, können wir dies durchaus als Erklärungsansatz für die immense Vielfalt politischer Ideen und Systeme auf der Erde ansehen. Es gibt unglaublich viele Erfinder, Künstler, Intellektuelle und leider auch Perverse und Kriminelle.

Dass die königlichen Draco ausgerechnet hier Schutz suchen sollen, könnte sich also nur mit immensem Druck erklären lassen und mit der mit Sicherheit auf einem Gefängnisplaneten vorhandenen extrem guten technischen Ausrüstung.

Die Quelle gibt ebenfalls ein ziemlich genaues Datum für die Ankunft der Draco an, nämlich das Jahr 208.000 v.Chr. Ebenfalls sehr genau ist die Quelle mit einem weiteren Datum, dem vom Bau der Pyramiden von Gizeh. Etwa 10.450 v.Chr. begann man mit dem Bau der Pyramiden in Ägypten.

Im Buch „Weltverschwörung" schrieb ich[189] folgende Zeilen über die Besonderheiten der Pyramiden, die nicht nur die Sterne im Gürtel des Orion und zahlreiche Gänge, die in Richtung der für die Draco wichtigen Sterne wie Alpha Draconis, Sirius, Orion u.a. zeigen, sondern offenbar auch den Zeitpunkt der Errichtung der Pyramiden codiert beinhalteten: „Von diesen Daten sticht der 12. März 2876 v.Chr. besonders heraus. *„Die Skizze der Bahnverhältnisse der genauesten Konstellation"* zeigt *„die Pyramidenspitzen und die transformierten Planetenpositionen"* mit einer Ungenauigkeit von nur *„0,008%"*.[190] Dieselbe Stellung der Planeten wiederholt sich alle 3.800 Jahre und zwei Monate.[191] Zieht man nun exakt jene 3.800 Jahre und zwei Monate zweimal von dem oben genannten Datum ab, landet man genau in dem hier in der Quelle als tatsächlichen Baubeginn genannten Zeitraum. Interessanterweise landet man bei dieser Berechnung dann beim

9. November 10.476 v.Chr. Der 9. November ist in der Geschichte ein durchaus geläufiges Datum und wird häufig, ebenso wie seine Umkehrung, der 11. September, für wichtige Ereignisse verwendet.[192] (Ob hier ein tatsächlicher Zusammenhang besteht, bleibt offen.)

Etwa 8050 v.Chr. wurde laut der Quelle der Planet zerstört, auf dem die Draco ihren Regierungssitz hatten. Die zur Nutzung der Erde als Gefängnisplaneten notwendige Technik sei zu sehr großen Teilen im Rwenzori-Gebirge (nordöstlicher Kongo[193]), den Pyrenäen[194] und in der Steppe der Mongolei errichtet worden. Dies alles bildet ein durchaus schlüssiges Bild mit den bereits vorhandenen Daten. Ich hatte Ihnen bereits mitgeteilt, dass ich diese Quelle mit aller Vorsicht einfließen lassen möchte. Zwar passen all diese Daten sehr genau, jedoch entstammen diese Daten einer Quelle, deren Echtheit durchaus im Kreuzfeuer der Kritik steht.

Angeblich handelt es sich um die Aufzeichnungen von einer Matilda O'Donnell MacElroy. Im Alter von 83 Jahren soll sie Lawrence R. Spencer kurz vor ihrem selbstbestimmten Tod ihre originalen Aufzeichnungen übergeben haben. Spencer fasste diese dann in dem Buch „Alien Interview" zusammen. Matilda war angeblich 1947 in Roswell, New Mexico, als Krankenschwester bei der US Air Force eingesetzt und war zusammen mit Mr. Cavitt, dem Spionageabwehr-Offizier, als eine der Ersten am 8. Juli 1947 beim dort abgestürzten UFO vor Ort. In Spencers Buch „Alien Interview" finden sich die von Matilda heimlich an sich gebrachten Original-Transskripte der Interviews, die im Laufe der Zeit zwischen dem 8. Juli bis zum 12. August 1947 zwischen dem Außerirdischen und Matilda stattfanden. Sie hatte diese Unterlagen bis dahin geheim gehalten, dann aber entschieden, dass sie möchte, dass diese nach ihrem Tod veröffentlicht werden sollten.

Beim Lesen dieser Quelle fallen dem geübten Leser sofort einige Dinge auf. So wurden z.B. Worte wie „Computer" genutzt, die 1947 noch nicht üblich waren und es wurden Bezüge zur deutschen Zeitgeschichte genutzt, die nachweislich erst weit nach 1947 durch die amerikanische Propaganda als Lügen in die Welt gesetzt wurden. Ein tieferes Graben bei dieser Quelle ergab, dass es offenbar einen Zusammenhang mit der Scientology-Kirche gibt.

Das in diesem Buch benutzte Geschichtsbild ist politisch-kirchlich eingefärbt im Sinne der Doktrin der Scientology-Kirche. Ursprünglich stammte die Idee zu dieser Kirche und zu diesem Weltbild von Lafayette Ronald Hubbard[195], der seine Kirche aufgrund seiner Erfolge bei der Behandlung seiner Kirchenmitglieder schnell zum Erfolg brachte. Schon vor vielen Jahren wurde dann offenbar die komplette Kirche an Edgar Bronfman[196] verkauft. Mehr und mehr häuften sich seitdem Klagen, die Kirche würde Unternehmen unterwandern und ihre Mitglieder unterdrücken.

Edgar Bronfman ist der weltgrößte Branntweinproduzent – und eine der maßgeblichen Führungsfiguren der zionistischen Bewegung. Er war Präsident des jüdischen Weltkongresses und Mitinhaber der Firma NXIVM[197], die in einem Multilevel-Marketingsystem Coachings für Führungskräfte an das Who-is-who der amerikanischen Gesellschaft und des Jet-Sets verkaufte. Scientology kaufte er möglicherweise, weil die dort genutzten Methoden sich sehr gut mit seinen eigenen ergänzten und das Netzwerk gigantische Vorteile bot (neben der Steuerfreiheit als Kirchenorganisation). In diesem Umfeld entstand nun 2008 das Buch „Alien Interview", und man darf sich berechtigterweise fragen, wie viel des Inhalts gefärbt oder sogar frei erfunden sein könnte.

Bronfman hat in seiner Position Einblicke in Zusammenhänge, die weit über ein normales Maß hinausgehen. Ob sie in dieses Buch eingeflossen sind, bleibt fraglich, denn er ist weder Autor, noch ist ein Auftragsverhältnis ersichtlich. Einzig die geschilderten philosophischen Aspekte des Buches – die für Scientology-Anhänger übliche Weltsicht, die Erde sei ein Gefängnisplanet und die Seelen seien in Körpern gefangen – ist der Hauptangriffspunkt und die Verlinkung zur Scientology-Kirche. Filtert man die politisch gefärbten Einflüsse aus dem Buch heraus, bleiben einige Zahlen und Angaben übrig, die überraschenderweise sehr gut in das Gesamtbild passen, welches auch von anderen Zeugen beschrieben wird. (Ich möchte an dieser Stelle betonen, dass ich weder Mitglied noch Förderer der Scientology-Bewegung bin oder sein möchte. Es fällt allerdings auf, dass es nach dem Verkauf an Bronfman einen recht radikalen Wandel gab, denn viele hochrangige Führungsmitglieder verließen kurz danach die Scientology-Organisation. Möglicherweise war L. Ron Hubbard bei seiner ursprünglichen Arbeit an delikate Informationen gelangt (Seelen sind gefangen, Erde Gefängnisplanet, Außerirdische sind die Herrscher hier).

11. Erkenntnis

Menschen durchlaufen Leben, um Erfahrungen zu sammeln. Möglicherweise ist hier ein Mechanismus vorhanden, der ein Lernen aus Fehlern ermöglicht und nicht gelöste Probleme so lange wieder auf die Tagesordnung bringt, bis sie *er*-löst sind. Dies gilt offenbar sowohl für die einzelne Seele als auch für den Menschen in seiner jeweiligen Ahnenreihe, die unabhängig von seiner Seele funktioniert.

Wer Familienaufstellung betreibt oder Psychotherapie, der weiß, dass es generationsübergreifende Probleme gibt, die weitergereicht werden, bis sie endlich einer löst. Dass es einen solchen Mechanismus gibt, könnte durchaus ein Zeichen für einen bewusst eingeführten Mechanismus sein, der den Seelen der Menschen tatsächlich immer wieder und wieder und wieder dieselben Probleme vorsetzt, bis sie gelöst sind, und sie so langsam zur Reife kommen. Anhand der Zeugenaussagen können wir sogar schlussfolgern, dass dieser Mechanismus nicht nur für die Erde gilt, sondern im gesamten Universum. Seelen durchlaufen offenbar eine Entwicklungskette vom Dasein als Körper – zunächst ortsgebunden und später mobil, über eine Daseinsform als Planet oder Himmelskörper, also zunächst ortsfest, dann mobil – bis hin zu einem Zustand, der es der Seele ermöglicht, zurück zur Quelle zu gelangen, also zur schöpferischen Urkraft.

Das Beispiel der Sphären/Wächter/Guardians zeugt auch von einer weiteren, damit verbundenen Erkenntnis: Die Seelen können das Erlernte aus den verschiedenen Leben nur weiterentwickeln, wenn ein Mitnehmen möglich ist. Das bedeutet, die Seelen sind keinesfalls in ihrer Existenz an biologische Körper gebunden, sondern können diesen überleben und in einen nächsten oder sogar in vollkommen andere Formen hineinschlüpfen. Allerdings lässt sich offenbar die Fähigkeit einer Seele, sich an das bereits Erlebte aus diversen Vorleben zu erinnern, manipulieren bzw. sogar fast vollkommen ausschalten. Das beste Beispiel sind wir Menschen. Nur wenige schaffen es, sich an Fähigkeiten, Talente oder Erinnerungen aus einem Vorleben wieder zu erinnern. Wir bezeichnen das dann gern als „Wunder“. Vielleicht sollten wir uns mehr und mehr die Frage stellen, wer oder was dafür verantwortlich ist, dass uns das Erinnern so schwerfällt. Denn schließlich hindert uns offenbar genau dieses winzige, aber bedeutende Detail daran, dass wir im nächsten Leben schneller vorwärts kommen. Die

Möglichkeit einer Wiedergeburt, ja, sogar der Zwang dazu, ist bisher ein Bestandteil einiger Glaubenssysteme. Für einige handelt es sich um eine Fiktion, für andere ist es eine religiöse Frage. Sie wird nun durch die Zeugenaussagen in die Realität geholt und gibt uns einen weiteren völlig neuen Blickwinkel auf das tägliche menschliche Leben.

Die Menschen stehen offenbar noch relativ nahe am Beginn dieses Lernweges, während die „Draco" schon einen Schritt weiter sind, nämlich mobil im Universum und außerdem sich der Tatsache bewusst, dass sie Seelen sind, die man fangen und einsperren oder aber frei herumlaufen lassen kann. Die *Alte Erbauer Rasse* hingegen scheint um Lichtjahre voraus zu sein, denn sie haben, wenn wir den Schilderungen folgen, bereits vor vielen Millionen Jahren das Dasein als humanoide Form beendet und ebenso das Dasein als ortsfester Planet in irgendeinem Sonnensystem, und sie können sich nunmehr in Ort, Zeit, Erscheinungsform und dergleichen mehr vollkommen frei bewegen. Dennoch scheinen sie an mindestens ein Gesetz gebunden zu sein: Sie müssen offenbar Nachzüglern helfen. Diese Nachzügler sind nun, dem Himmel sei Dank, WIR. Wir Glückspilze haben nun also gleich mehrere Sicherheiten und Informationen geschenkt bekommen. Sowohl die Agarthianer als auch die Wächter („Guardians") stehen uns zur Seite. Zusätzlich wissen wir, dass das Reich der Draco empfindlich angeschlagen ist und dass diese auf dem Rückzug sind. Dies kann für die Erde und die Menschheit nur von Vorteil sein.

Wir haben es auf dieser Welt u.a. mit einer exquisiten Auslese sehr feiner Geister zu tun, die dem politischen Diskurs auf höchstem Niveau nicht nur gewachsen sind, sondern ihn auch suchen. Das Resultat sind einige vollkommen unterschiedliche politische Systeme auf dieser Erde, die alle ihre Vor- und Nachteile haben. Wir haben Erfinder hier, die unsere Menschheit im Handumdrehen auf ein vollkommen neues Niveau heben könnten – ließe man sie denn endlich. Wir haben auch Rebellionsführer unter uns, das heißt Seelen, die den Kampf für das Gute nicht scheuen, und allerlei andere, die in einem totalitären, stark geregelten System stören, aber in einem fortschrittlicheren, transparenten System in ständiger Verbesserung stets für die nächsten Schritte nach vorn Sorge tragen werden. Wenn wir Menschen es schaffen, unter den uns gegebenen Voraussetzungen ein friedliches Miteinander und auch Nebeneinander auf diesem Planeten zu ermöglichen, dann haben wir vermutlich etliche andere Zivilisationen im Reifegrad bereits hinter uns gelassen und überholt. Die Voraussetzungen dafür sind in der Tat mehr als schwierig, aber seien wir doch auch in diesem Fall lösungsorientiert, anstatt lange über ein *„geht nicht, weil“* oder Ähnliches zu diskutieren.

Die Menschheit steht unter Dauerfeuer, einige Völker mehr als andere. Kriege haben eine sehr wichtige Aufgabe: Sie legen den Nährboden für die automatische Aussortierung der durch solche Traumata belegten Lebewesen. Die politische Dimension der bisher erlebten Kriege ist aus diesem Blickwinkel betrachtet nicht mehr als passend geschneiderte Maskerade. Es gibt Außerirdische, die uns tatsächlich nicht wohlgesonnen sind, sondern uns als Ausgangsprodukte und Objekte eines Experiments betrachten. Einigen sind wir vollkommen egal, andere besuchen uns, wie wir einen Zoo besuchen würden, wiederum andere machen Experimente mit uns, und dann gibt es da noch einige wenige, die uns helfen wollen. Dass es Außerirdische gibt, die hier auf der Erde mit der Menschheit einfach so nach Belieben Experimente durchführen, ermöglicht uns außerdem noch einen Blick auf die Rechtslage der Menschen: Wir sind demnach offensichtlich keineswegs frei, sondern eher gefangen und Eigentum von anderen. Auf der Erde gibt es ähnliche Vorgehensweisen, nämlich in Gefängnissen. Auch in irdischen Gefängnissen werden Experimente an Gefangenen durchgeführt, mit und ohne deren Wissen. Ist dies eventuell eine weitere Parallele, aus der wir Rückschlüsse auf die wahre Situation der Erde schließen können? Als Gefängnis bezeichnet man generell einen Ort, von dem man nicht weg kann, weil einem die Mittel und Möglichkeiten dazu genommen bzw. nicht gegeben werden. Insofern passt die Beschreibung recht gut auf die Erde, denn wir hätten technisch längst alle Möglichkeiten, die Erde zu verlassen – aber man lässt uns nicht!

Wenn die Erde als Gefängnisplanet betrieben würde, erklärte dies auch, warum es zeitgleich nebeneinander mehrere außerirdische Zivilisationen gibt, die hier genetische Experimente betreiben: Wo sonst, wenn nicht in einem Gefängnis, dessen Insassen in ihren Rechten bis auf ein Minimum beschnitten wurden, könnte man ein solches Treiben rechtfertigen? Es stellt sich die Frage, ob irgendeines dieser Experimente zu Gunsten der Menschheit abläuft oder kein einziges? Wir erkennen, dass die Menschheit unter den aktuell laufenden Maßnahmen mit Chemtrails, Zwangsimpfungen, Nahrungsmittelgiftproduktion und Ähnlichem tatsächlich an den

Rand der Ausrottung gebracht werden kann und wird – wenn wir nicht endlich gegensteuern.

Doch es gibt Hoffnung! Wie wir sehen und erkannt haben, stammen die Arier nicht von den Draco, den echsenartigen Wesen, ab, sondern vielmehr von einem der Agarthianer. Diese jedoch sind offenbar schon seit Millionen Jahren *auf* beziehungsweise nun *in* der Erde und sollten uns bei unserer Entwicklung helfen. Diese Aufgabe ist vermutlich mehr schlecht als recht erledigt worden, denn es gab offenbar einen Rüffel für ihr Tun. Und wir Menschen haben nun die Möglichkeit, uns als würdig zu erweisen, überleben zu dürfen. Wir können erkennen, was um uns herum abläuft, wer unsere Feinde sind – außen und innen – und welche Mittel sie benutzen, um uns am Boden zu halten und sogar zu vernichten. Dabei sollten wir immer die verschiedenen Handlungsebenen im Blick haben. Auch ein Draco ist eine Seele, und auch seine Seele ist unsterblich. Genau wie unsere Seelen haben auch diese Seelen in der Vergangenheit Mist gebaut und werden es mit ziemlich trauriger Gewissheit auch in der Zukunft tun. Seelen müssen lernen, Schritt für Schritt. Bei diesem Lernprozess können sich Seelen das Vorwärtskommen erleichtern, indem sie optimale Voraussetzungen schaffen und beispielsweise ihren jeweiligen derzeitigen Aufenthaltskörper nicht vergiften.

Wir können unsere Körper entgiften mit (noch) frei erhältlichen Mitteln. Wir können auf eine möglichst gesunde Ernährung achten und werden durch sofort einsetzende, uns eventuell vorher unbekannte Gedankenwege und -welten belohnt. Durch weitere Maßnahmen wie Yoga und Meditation besteht sogar die Möglichkeit, in der geistigen Erkenntnis so weit zu kommen, dass der einzelne Mensch, wie auch die Menschheit als Ganzes, feststellen kann, wie das Universum tatsächlich aufgebaut ist und funktioniert, inklusive der Tatsache, dass jeder Mensch eine Seele ist, die buchstäblich unsterblich ist und lediglich vorübergehend hier auf der Erde bestimmten Zwangsmaßnahmen ausgesetzt ist.

Die aktuelle politische Lage könnte kaum brisanter sein. Es finden parallel mehrere Kriege statt, die USA stets vorn mit dabei und die Bevölkerung der bekriegten Länder stets unter demselben epigenetischen Druck wie vormals die Völker Europas. Aus diesem Blickwinkel betrachtet, ist ein neuerlicher Krieg in Europa sinnlos und überflüssig, denn hier ist die Arbeit bereits getan. Sie finden unter dieser Quelle[198] den Internet-Link zu einer Liste von Kriegen aus den letzten Jahrzehnten. Da wir nun die möglicherweise wahre Ursache für Kriege kennen, nämlich die Traumatisierung von Millionen von Menschen zur Störung ihrer Epigenetik, verwundert der Umfang dieser Liste gar nicht mehr so sehr, sondern unterstreicht nur die Notwendigkeit, hier entgegenzuwirken.

Die europäischen Völker werden sich, wenn sie weiter ohne Gegenwehr bleiben, innerhalb weniger Jahrzehnte selbst ausrotten.

Hören wir bei den Zeugenaussagen genau hin und nehmen zur Kenntnis, dass die Deutschen im Vaterland und in den besetzten Gebieten eine Serienproduktion von Raumschiffen starteten, anstatt Kriegsgerät für die eigene Kriegsführung zu produzieren, so hören wir außerdem noch[199], dass die deutschen Panzer mit Unterstützung durch oder sogar von FORD gebaut wurden und die deutschen Flugzeuge zu einem sehr großen Teil von Boeing, welches beides US-amerikanische Firmen sind, dann wird für beide Seiten der Front auf einmal sichtbar, dass einerseits Millionen amerikanischer Soldaten durch eigene Waffen verwundet und getötet wurden und andererseits die deutschen Truppen oft an Nachschubproblemen scheiterten, während die Produktionskapazitäten für ganz andere Dinge genutzt wurden – ein Verrat an beiden Seiten durch beide Seiten. Wir erinnern uns, dass der Großvater von George Bush jun., George Prescott Bush, mit seinem Unternehmen das Flugbenzin für die deutsche Luftwaffe lieferte. Dies ist seit vielen Jahren ein sogar offiziell anerkannter Fakt der jüngeren Zeitgeschichte. Es ist eine regelrecht irrwitzige Situation, dass die Deutschen nur mit amerikanischer Unterstützung kämpfen konnten, dass sie selbst nicht genug Waffen für die eigenen Streitkräfte produzierten, aber gleichzeitig hunderttausende Zwangsarbeiter beschäftigten, um UFOs zu bauen, die dann nicht im eigenen Krieg eingesetzt werden durften – eine Situation, die nur mit Sinn hinterfüttert werden kann, wenn man die lachenden Dritten im Bunde, die Draco, wahrnimmt. Ein wahrhaft teuflisch-geniales Spiel wurde mit beiden Seiten getrieben, und nur wenige haben es erkannt, einige aber schon damals.

Der als blutrünstig bekannt gewordene US-General Patton, der siegreich seine Truppen gegen die Deutschen führte und nach eigener Aussage zu lange der eigenen Propaganda vertraute und den geheimen Meinungslenkern hinter ihr, sagte nach Kriegsende 1945, nur wenige Wochen vor seiner Ermordung im Dezember 1945: „*Ich möchte lieber etwas anderes sein als eine Art Henker an der besten Rasse Europas.*“ und „*Eigentlich sind die Deutschen die einzig übriggebliebenen anständigen Menschen in Europa.*“[200]

Damit meinte er das Volk und die Soldaten, nicht aber – so wird jetzt logisch erkennbar, die ihm unbekannten Hintergrundmächte – die hinter nicht nur einem, sondern zig Vorhängen verborgen blieben und den wahren Grund des Krieges und die wahren Ausmaße der Katastrophe vor allen Beteiligten verborgen hielten. Wenn wir uns die Skrupellosigkeit der beteiligten Menschen ansehen, die sich beinahe nur noch durch Fremdsteuerung (Draco/künstliche Intelligenz) erklären lässt, dann wird deutlich, dass die Menschheit sich vehement zur Wehr setzen muss, allerdings nicht untereinander und gegeneinander, sondern füreinander und miteinander. Andernfalls droht der Untergang gegen eine technologisch und intellektuell weit überlegene außerirdische Rasse. Wir können diesem Szenario durch konsequente und permanente Entgiftung und durch Aufstellungsarbeit entgehen, damit die Folgen der Kriege endlich geheilt und neue verhindert werden.

Oftmals äußern Leser, die an den hier besprochenen Themen Interesse haben, und viele andere auch, die „die Schnauze voll“ haben, gern ihr Unverständnis darüber, dass die breite Bevölkerung einfach nichts gegen diese Umstände tut. Dies hat beileibe nicht zwingend etwas mit dem „Volkscharakter“ der Deutschen zu tun. Dieselbe Lethargie findet sich auch in Amerika und anderen Staaten Europas. Und in Dr. Klinghardts Vortrag erfährt der aufmerksame Zuschauer eine sehr wichtige Erklärung für dieses Phänomen: Die Lethargie bei gleichzeitiger Entrüstung ist tatsächlich eine medizinische Folge der Schwermetallvergiftungen des Gehirns und der über mehrere Generationen erlittenen Kriegstraumata. Das gilt auch für weltweit zunehmende Angstattacken sowie Paranoia.

Ich wiederhole mich mit meiner Einschätzung, dass die Intelligenz, die sich dieses Schlachtfeld ausgedacht hat, der menschlichen Intelligenz (noch) bei weitem überlegen ist. Tausende von Maßnamen greifen gezielt und wie die Zahnräder einer gut geölten Maschine ineinander und wirken unablässig in die eine, für die Menschheit tödliche Richtung.

Bezugnehmend auf die aktuellen Geschehnisse im Hintergrund, möchte ich noch einmal auf die Dragon-Family zu sprechen kommen. In meinem ersten Buch erwähnte ich bereits die historischen Bonds der damaligen Regierung *Government of the Province of Petchili*.[201] Diese historischen Wertpapiere sind im offiziellen Handel nichts mehr wert. Sie werden weder gehandelt, noch gelistet. Dennoch hat sich in den vergangenen Jahren eine regelrechte Szene entwickelt, die vornehmlich in Zürich und Hongkong noch immer vorzufinden ist. Die Bonds gab und gibt es noch immer in Antiquariaten zu kaufen, was einige Luftikusse dazu verleitet, diese zu erwerben und dann zu versuchen, sie zu Geld zu machen. Einige tatsächliche Altbesitzer solcher Bonds, die vor langer Zeit genutzt wurden, um Waren und Dienstleistungen für China zu bezahlen, wie z.B. im Bereich Infrastruktur, können im Gegensatz zu diesen Hoffnungslosen immerhin die komplette Eigentümerhistorie nachweisen, was bei Wertpapieren wie diesen immer einer der wichtigen Punkte ist. Die *FED* hat ebensolche Altlasten in Form von „TOV-Boxen", die auf den Vertrag von Versailles (*Treaty Of Versailles*) und die im Anschluss daran gestarteten finanziellen Wiederaufbauhilfen für alle möglichen Länder zurückgehen. Auch diese Boxen geistern durch diverse Sicherheits-Lagerhäuser in Zürich, Hongkong und anderswo, und die Besitzer erhoffen sich jeweils Milliarden für eine dieser Boxen. Aber die *FED* greift hier hart durch und verhaftet einen nach dem anderen, der nicht lückenlos nachweisen kann, wann, warum und wie diese Box rechtmäßig in seinen Besitz gekommen ist. Und da dies niemand nachweisen kann, weil sie schlicht und ergreifend eben immer auf dunklen Wegen weitergegeben wurden, ist bis heute in diesem Bereich keiner der größeren und erhofften Beträge geflossen. Es gibt durchaus Käufer für sowohl diese TOV-Boxen als auch die Petchilis, jedoch werden hier nur siebenstellige Beträge gezahlt, meist von Käufern aus dem russischen Umfeld.[202] Tatsache ist offenbar, dass die Papiere so echt wie nur irgend möglich sein können – in der Hand der „falschen" Leute sind sie nichts wert. In wenigen glücklichen Fällen werden sie für einen sehr tiefen Millionenbetrag angekauft.

In den Händen von royalen Familien ergibt sich jedoch ein ganz anderes Bild. Die Dragon-Family ist durchaus in der Lage, diese Bonds einzulösen und tut dies möglicherweise sogar. Im Mai 2016 ging durch die Medien, dass Prinz Philip, der Gemahl der englischen Königin, „aus gesundheitlichen Gründen" abgedankt hat. Dies wurde im Rahmen eines sehr kurzfristig einberufenen „Notfall-Treffens" bekannt gegeben. Dieses Notfalltreffen stand allerdings in einem ganz anderen Zusammenhang. Obendrein ging im August 2017 auch die Meldung durch die Tagespresse, die Queen bereite angeblich ihren Rücktritt vor.[203] Der Gesundheitszustand des Prinzen ist nach wie vor gut und macht in keinem Fall ein solches Treffen notwendig, ein anderes Ereignis indes sehr wohl. So meldete im Mai 2016 Puerto Rico Insolvenz an, ein zum US-Territorium gehörender Staat und obendrein – dies weiß allerdings kaum jemand – Ort der Registrierung der „United States Corp.“, somit der Vereinigten Staaten bzw. der Firma der Vereinigten Staaten. Durch die enorme Schuldenlast von mehr als 120 Milliarden US-Dollar[204] kommen die Vereinigten Staaten als alleinverantwortliche „Mutter“ in ernste Schwierigkeiten. Prompt wurden im internationalen Umfeld zahlreiche Treffen notfallmäßig verschoben und andere wiederum flugs anberaumt.

Der chinesische Finanzminister und seine Amtskollegen aus Südkorea und Japan etwa sagten kurzerhand ein Treffen ab, wegen einer „finanziellen Notsituation“.[205] Die finanzielle Notsituation der USA könnte nun dazu geführt haben, dass die britische Windsor-Familie offenbar das Recht bekam, ihre im Eigentum befindlichen „Super-Petchilis“ in Bargeld umzuwandeln.[206] Diese Wertpapiere sind jeweils Milliarden wert und durch Gold der kaiserlichen Dragon-Family gedeckt. Auf diesem Umweg könnte nun Kanada, wiederum ein Territorium im englischen Besitz, dazu dienen, mit diesem frischen Geld die USA frei- bzw. aufzukaufen.[207] Es wurde allerdings laut der Quelle eine Bedingung an diese Möglichkeit gekoppelt, nämlich der sofortige Rücktritt von Prinz Philip. Sollte dies zutreffen, so ergäbe sich hieraus eine völlig neue Sichtweise auf die aktuellen Vorkommnisse im britischen Königshaus und auf die mögliche Zukunft.

Kanada ist im englischen Besitz. Sie mögen dies für eine überholte Ansicht halten, jedoch gilt hier wie nahezu überall: Vertrag ist Vertrag. Wenn Menschen wie Sie und ich einen Vertrag abschließen, dann ist dieser in aller Regel spätestens mit dem Tod eines Vertragspartners beendet. Deshalb machen wir uns in aller Regel keine Gedanken über Verträge, die über diese Dauer hinausgehen. Bei Staaten ist das etwas anderes. Auch bei einem Staat gilt zwar in der Regel, dass Verträge mit dem Untergang des Staates beendet bzw. wertlos sind. Da es aber auch Staaten und Institutionen gibt, die sehr, sehr lange existieren, kann es hin und wieder vorkommen, dass Verträge nicht einige Jahrzehnte, sondern viele Jahrhunderte andauern, so zum

Beispiel, wenn es um den Vatikan geht und um das britische Königreich oder andere Königreiche der Erde.[208] Weder der Vatikan als Rechtspersönlichkeit noch das englische Königreich ist als Rechtpersönlichkeit verschwunden oder aufgehoben worden, beiden bestehen noch immer. Dementsprechend bestehen Verträge, sollten sie nicht auf eine bestimmte, endliche Laufzeit geschlossen worden sein, noch immer fort. Und wie es der Zufall will, haben diese beiden geschäftsfähigen Institutionen im Jahre 1213 einen Vertrag abgeschlossen, der das englische Königreich für immer zu einem Vasallenstaat der Kurie macht und das Eigentum an Land und Mensch Rom überträgt. Als Laufzeit des Vertrages wurde „für immer" angegeben. 1215 wurde das Vertragswerk dann durch die Magna Charta ergänzt, die in Folge der Rebellion der englischen Adligen gegen diese eigenmächtigen Handlungen des Königs umfangreiche Zusicherungen ihrer Rechte einforderten. Diese bekamen sie auch, was aber nichts an dem bereits unterschriebenen Vertrag mit Papst Innozenz III. änderte.[209] Als Folge dessen wurden alle (damals) aktuellen und zukünftig noch zu entdeckenden Kolonien als Pfand für erhaltene Kredite dem Vatikan überschrieben. Dies hat wiederum zur Folge, dass der Vatikan nicht nur Besitzer von England, sondern auch von Canada und den USA ist. Hinzu kommen weitere Staaten und Ländereien, u.a. Portugal, Bulgarien, Sizilien allein unter dem Papsttum von Innozenz III.[210]

Sie mögen dies für irrsinnig halten, aber Verträge, die geschlossen werden, sind nun einmal so lange gültig, bis sie von den Vertragsparteien aufgelöst werden oder auslaufen. Passiert beides nicht, gelten sie weiterhin. Im Hinblick auf die bereits gezeigten Zusammenhänge zwischen Draconiern und der Dragon-Family, der Dragon-Family wiederum mit der *FED* und anderen Herrschaftssystemen der jüngeren und älteren Zeitgeschichte, müssen wir jedoch offenbar feststellen, dass alle Informationen darauf hindeuten, dass die Erde tatsächlich Eigentum einiger weniger auf diesem Planeten ist und vielleicht auch außerhalb. Die Dragon-Family mit ihren Wurzeln bei den Draconiern – ob nun positiv oder negativ – finanziert aus ihrem Eigentum heraus die Welt. *FED*, Windsors und alle anderen Staaten bedienen sich aus diesem riesigen Topf und werden somit abhängige Schuldner. Eine wirklich freie Entscheidung und eine freie Politik ist somit, aus diesem Blickwinkel betrachtet, vollkommen unmöglich.

Haben Sie sich schon einmal die Liste der reichsten Menschen der Welt angesehen? Bill Gates und andere, sehr bekannte Namen stehen darauf mit wahrlich gigantischen Reichtümern. Allerdings dürfte klar sein, dass die wirklich reichen Familien sich in dieser Liste nicht aufführen lassen. Kalkulieren wir hier mal vorsichtig und schätzen die Rothschilds und die Rockefellers auf einige hundert Milliarden, dann haben zwar die paar Leute auf der Forbes-Liste mehr Geld als der Rest der Welt, aber die Rockefellers haben allein mehr als diese Leute und der Rest der Welt zusammen, die Rothschilds wiederum mehr als die Rockefellers und der Rest der Welt und die Dragon-Family allein vermutlich wiederum ein Vielfaches der Rothschilds.

Dass es auf einem Gefängnisplaneten solche Zustände gibt, erscheint durchaus nachvollziehbar, denn der Aufenthalt im Gefängnis soll ja keine Belohnung sein, sondern bestenfalls der Besserung dienlich sein. Sollten wir uns also jemals über eine gerechte Verteilung des Reichtums auf dieser Erde unterhalten, kommen wir nicht umhin, wirklich alle Beteiligten an der Gesamtsituation an den Tisch zu bitten, unabhängig von ihrer Herkunft. Außerdem müssen wir uns darüber klar werden, wie wir unseren Planeten strukturieren wollen. Sollen es *Firmen* oder *Staaten* sein? Regionalgouvernements, zusammengeschlossen in einem Bund, wie in den USA oder der Bundesrepublik Deutschland? Sollen diese Konstrukte Verwaltungen oder Eigentümer sein? Und wenn Eigentümer, dann Eigentümer von Land und Gütern – oder auch von Menschen oder Bürgern?

Letzteres führt uns automatisch zu der Frage nach Sklaverei und Freiheit. Ich bin mir relativ sicher, welches der beiden Sie vorziehen, wenn man Sie fragt. Aber fragte man Sie in der Vergangenheit oder bereitete man einfach vor, was man sich für Sie ausgedacht hatte?

Wieder und wieder ist es die bewusst herbeigeführte Unkenntnis des Menschen, die dazu führt, dass er hintergangen und ausgenutzt werden kann. Wer von Ihnen kennt das *UCC-Gesetz*[211], nach dem der internationale Handel abläuft und auch wir Menschen uns als solche vom nationalen Recht befreien könnten? Wer hat schon einmal die *SHAEF-Gesetze* gelesen[212], nach denen noch immer alles in Deutschland geregelt ist? Wer kann erklären, warum allein der Papst das Recht[213] und die Möglichkeit hat, einen internationalen Schuldenerlass zu proklamieren, nämlich ein *Jubiläum* (kommt von *Jubeljahr* = vollständiger Schuldenerlass durch den Papst)?

Wissen kann vor Ausbeutung schützen, aber nicht vor Waffengewalt. Und solange die Zustände noch so sind, dass man Fragen stellen darf, sollte man es auch tun. Denn sobald die Fragen mit Waffengewalt unterdrückt werden, ist der Zug vermutlich abgefahren. Dies gilt nicht nur für Deutschland – das Territorium der USA ist lediglich gepachtet und keineswegs unabhängiges Eigentum. Somit kontrolliert noch immer eine Kraft aus England (als Grundeigentümer) die Geschicke der USA. Auch in England herrschen jedoch offenbar andere Kräfte. Wenn Sie als wohlinformierter Leser natürlich schon lange wissen, dass es in London die *City of London* gibt, ein vollkommen unabhängiges Gebiet innerhalb Englands, von dem aus die finanziellen Angelegenheiten sehr mächtiger Kreise betreut und geführt werden, dann möchte ich Ihnen nun gern zeigen, welche symbolträchtige und bedeutungsvolle Figur deren Außengrenzen mitten in London beschützt.

Abb. 158: Drache in London, Temple Bar

Abb. 159: Nahaufnahme des Drachen

Die Drachen finden Sie an einigen Stellen am äußeren Ring der *City of London*, und sie stehen zweifelsohne für einen sehr alten Zusammenhang, den wir bereits kennen. Der Templerorden hat seinen eigenen Stadtteil *Temple Bar*, und am Eingang wiederum thronen in mächtiger Pose, in silberner (nicht goldener!) Farbe und mit dem Wappen der Templer, zwei weitere Drachen. Spätestens jetzt wird die benutzte Symbolik und deren Zusammenhang offensichtlich.

Dieselbe Art von im Allgemeinen kaum oder gar nicht beachteter Symbolik findet sich in Bezug auf die Flagge der Vereinigten Staaten von Amerika. Wir alle kennen deren Erscheinungsbild.[214]

Abb. 160: Flagge der USA

Abb. 161: Kriegsrecht-Flagge – gelb umrandet

Der grundsätzliche Aufbau mit dem rechteckigen Feld oben links entspricht dem der Flagge eines englischen Admirals.[215] Im Zusammenhang mit britischen Admirälen in den unterschiedlichen Dienststrängen wurde immer der sogenannte *Union Jack*, also die uns heute bekannte englische Flagge gezeigt, dies mit weißem, blauem oder rotem Rest der Flagge.

Man sieht auf der offiziellen, gesetzlich festgelegten Form der Flagge keinen gelben Rand. Der hier im Buch schwer darzustellende, häufig zu sehende gelbe Rand (Abb. 161) stellt somit nicht die offizielle Version der Flagge der USA dar. (Fragen Sie sich einmal, ob Sie jemals eine deutsche Flagge mit einem gelben Rand gesehen haben? Ich gehe davon aus, dass Sie dies verneinen können.) Dennoch ist genau diese Flagge im *Oval Office* zu sehen, direkt neben dem jeweiligen Präsidenten der Vereinigten Staaten von Amerika. Auf den folgenden Seiten werden Sie Bilder von verschiedenen Präsidenten sehen, jeweils mit dieser Flagge.

Als unbedarfter Zuschauer könnte man nun annehmen, dass eine Flagge mit gelbem Rand einfach eine besonders schöne Ausführung der Flagge sein soll, die nur für den Präsidenten ist. Aber schauen wir uns diese Situation juristisch genau an und vergleichen sie mit anderen Ländern, ist dieser winzige, aber entscheidende Unterschied in der Tat bemerkenswert und zeigt, wieder einmal für jedermann offensichtlich und doch gerade wegen dieser Offensichtlichkeit trefflich verborgen, was hier eigentlich los ist.

*„**Martial Law Flag** 'Pursuant to 4 U.S.C. chapter 1, §§1, 2, & 3; Executive Order 10834, August 21, 1959; 24 F.R.6865; a military flag is a flag that resembles the regular flag of the United States, except that it has a YELLOW FRINGE border on three sides. (…) The placing of a fringe on the national flag, the dimensions of the flag and the arrangement of the stars in the union are matters of detail not controlled by statute, but are within the discretion of the President as Commander in Chief of the Army and Navy.' 34 Ops. Atty. Gen. 83"*

*„**Kriegsrechtsflagge** (...) Exekutiv-Befehl 10834 vom 21. August 1959 (...) eine Militärflagge ist eine Flagge, die der regulären Flagge der Vereinigten Staaten ähnelt, außer dass sie einen GELBEN RAND auf drei Seiten hat. (...) die Dimensionen der Flagge und die Anordnung der Sterne in der Vereinigung sind (...) im Ermessen des Präsidenten als Oberbefehlshaber der Armee und Marine.' 34 Ops. Atty. Gen. 83"*

Dieser „Exekutiv-Befehl" des Präsidenten wurde von Präsident Eisenhower unterzeichnet und stellt jeden Gerichtssaal der USA und angeschlossener Gebiete unter Militär- und Kriegsrecht. Auch Präsident Roosevelt hatte schon lange vor ihm den „Ausnahmezustand" verhängt, und somit stehen die USA seit 1933, spätestens seit 1942[216], ununterbrochen im Ausnahme- bzw. Kriegsrechtzustand. Ein interessantes Detail hierbei ist, dass die Unschuldsvermutung unter Militärrecht nicht gilt, das heißt, man ist so lange schuldig, bis man seine Unschuld bewiesen hat.[217] Der Präsident der Vereinigten Staaten zeigt sich nicht mit der Landesflagge, sondern mit der Kriegsrechtsflagge!

Obendrein beschleicht den suchenden Leser bei der Bilderrecherche schnell das Gefühl, als haben die offiziellen Fotografen des Weißen Hauses mit großer Umsicht bei offiziellen Fotos die Flagge links entweder ganz vermieden oder so drapiert, dass man deren gelbem Rand nicht erkennen kann. Lediglich bei Schnappschüssen oder Zufallsbildern erkennt man sofort und sehr deutlich diesen verräterischen Rand an der Flagge. Ergänzt wird die Wichtigkeit dieser Beobachtung durch die Erkenntnis, dass in jedem Gerichtssaal der USA genau eben diese Flagge mit gelbem Rand hängt und nicht etwa die legale Staats-Flagge. Dies bedeutet, dass in diesem Gerichtssaal nach Kriegsrecht und *Uniform Commercial Code* (UCC) unter Militärhoheit, ja, letztendlich sogar unter britischer Hoheit gerichtet wird und man das Gebiet der (letzten Endes britischen) Marine betritt.[218] Man betritt sogar tatsächlich nicht einfach nur Marinegebiet, sondern ein Schiff. Deshalb finden Sie auch in jedem nordamerikanischen Gerichtssaal eine Art Zaun oder Brüstung, durch den man hindurchtreten muss, um „an Bord zu kommen". Der Richter urteilt dann nach UCC und internationalem Seerecht. Wenn der Richter den Saal verlässt, verlässt er „das Schiff", was gleichermaßen auch für Gerichtssäle in Kanada gilt und auch so angesagt wird![219]

Abb. 162: Präsident George Bush mit Kriegsrechtsflagge

Abb. 163: Präsident Bill Clinton mit Kriegsrechtsflagge

Abb. 164: Präsident John F. Kennedy mit Kriegsrechtsflagge

Abb. 165: Präsident Barack Obama mit Kriegsrechtsflagge

Abb. 166: Amerikanischer Gerichtssaal mit Kriegsrechtsflagge

Hängt man Flaggen irgendwo auf, so stellt man ein bestimmtes Gebiet, beispielsweise ein abgezäuntes Botschaftsgelände, unter das Gesetz, welches unter dieser Flagge gilt. Ist es eine Flagge von Jemen, gilt dort jemenitisches Gesetz, ist es eine Admiralsflagge, so gilt dort Marinerecht. Betritt man ein Schiff, so hat der Kapitän dort absolute Befehlsgewalt, um das Schiff zu schützen. Man entscheidet sich also, bevor man an Bord geht, ob man sich dem Kapitän und dessen Gesetzen unterwerfen will oder nicht. Nicht umsonst sind Behörden weltweit sehr streng, wenn es um das Benutzen einer Flagge geht, die irgendeinem Rechtsraum zugeordnet ist.

Das Thema des Kriegsrechts als verdeckter, aber dennoch aktueller Ist-Zustand in Staatsgebieten ist nicht neu. Auch für Deutschland ist uns dies ein wohlbekanntes Thema, ist doch die sogenannte „Wiedervereinigung" in juristischem Treibsand im Sandkasten der SHAEF[220] (*Supreme Headquarters Allied Expeditionary Force*)-Gesetzgebung gebaut[221] und obendrein durch die deutsche Regierung ganz bewusst gegen den Willen der Alliierten auf eine Vereinigung der DDR und der BRD ohne die polnisch und anderweitig verwalteten Gebiete beschränkt worden.[222]

Statt einer Regierung und eines Staates traten möglicherweise andere Rechtskonstrukte an deren Stelle, Firmen, die im weltweiten Firmenregister registriert sind.[223] Allerdings scheint man sich in der sogenannten Regierung der sogenannten Bundesrepublik Deutschland noch nicht ganz einig zu sein, mit welchem genauen Wortlaut man das Volk hinters Licht führen möchte. Führte noch vor wenigen Monaten[224] der Eintrag der Bundesrepublik im UPIK-Verzeichnis Joachim Gauck als „Verantwortlichen" auf (davor war als „Geschäftsführerin" Angela Merkel eingetragen) und nannte dabei als Tätigkeitsbeschreibung eine „9199", was, wie man schnell herausfinden kann[225], bedeutet „9199 GENERAL GOVERNMENT, NOT ELSEWHERE CLASSIFIED", so wurde dieser so verräterisch offenherzige Eintrag nach seiner Auswechslung rasch geändert, und Norbert Lammert steht dort nun als „Verantwortlicher" mit der Tätigkeitsbeschreibung „9121 LEGISLATIVE BODIES", was den Blick des arglosen Betrachters nicht sofort auf die nach wie vor gültige Tatsache lenkt, dass es für die Deutschen noch immer keinen Friedensvertrag gibt und wir uns demnach staatlich und juristisch noch im Zustand der Waffenruhe befinden. Diese Waffenruhe ist allerdings mit dem Angriff der Alliierten 1948 auf Neuschwabenland in der Antarktis – laut Bundesgesetzblatt ja erwiesenermaßen deutsches Hoheitsgebiet (siehe Anhang) – gebrochen worden, und wir befinden uns demzufolge seither wieder im akuten Kriegszustand. Tatsache ist außerdem, dass ganz offen während der letzten Jahrzehnte alle möglichen „Ämter" abgeschafft und umbenannt wurden. Warum gibt es kein „Arbeitsamt" mehr, sondern ein „Jobcenter"? Warum kein „Postamt", sondern eine „Poststelle"? Warum kein „Gemeindeamt", sondern ein „Bürgerbüro"? Klammheimlich wurde die staatliche Organisation in eine Organisation mit Firmenbezeichnungen umgewandelt. Die Frage stellt sich, wer hinter dieser Firmenpolitik stand. Eine Firma, die über einen Staat herrscht, beherrscht auch dessen Bürger.[226] Diese wähnen sich im Allgemeinen jedoch als „freie" Bürger eines Staates und nicht als Personal, Steuerzahler oder gar Sklaven einer Firma.

Nun erkennen wir, dass die USA als „Firma" mehr oder weniger offiziell pleite sind und möglicherweise die Hintergrundeigentümer, die britische Königsfamilie (aus dem deutschen Hause Sachsen-Coburg-Gotha...), über Kanada mit Gold der Dragon-Family als Sicherheit für chinesische Gelder die USA einfach aufkaufen – mitsamt allen Einwohnern. Wie bitte schön soll man sich da nicht als Sklave vorkommen? Wussten Sie eigentlich, dass die Sklaven im alten Rom 50% ihrer Zeit für ihr eigenes Wohl arbeiten durften? Darüber ist der moderne Mensch schon längst hinweg. Rechnen wir die Gesamtsteuerlast inklusive Mineralölsteuer, Umsatzsteuer, Tabaksteuer usw. alle zusammen, landen wir bereits bei über 80% Besteuerung. Und wenn man es richtig „hart" rechnet, gar bei über 90%. Wir werden also längst schon mehr ausgebeutet als die Sklaven im alten Rom – eine beunruhigende Vorstellung. Noch beunruhigender wird es, wenn wir erkennen, dass diese Vorstellung bereits Realität ist – *unsere* Realität!

Jemandem zu gehören, ist aus meiner Sicht nicht per se schlecht. Es kommt auf die Gesinnung des „Eigentümers" an. Es gab auch wohlwollende Sklavenhalter, die bei ihren Sklaven durchaus beliebt sein konnten. Dies lag anzunehmenderweise an einer fürsorglichen Haltung anstelle der sonst üblichen Ausbeuterposition, die obendrein den Schwarzen eher als Tier einordneten denn als Mensch.

Wir gehören also offenbar alle irgendjemandem und letzten Endes offenbar tatsächlich über viele Mittelsmänner und Mittelfamilien den Draconiern. Sollten diese nun – so die Schilderungen aus den verschiedenen Interviews – tatsächlich die Erde verlassen (müssen), dann besteht Hoffnung für die Menschheit auf eine tatsächliche Freiheit – Freiheit, die keine vorgegaukelte Freiheit mehr ist, sondern eine wirkliche Freiheit von „Besitzern" und Besatzern. Sollte sich die Situation so entwickeln, wird davon auch die chinesische Dragon-Family betroffen sein, so sie denn von den Draconiern abhängig ist oder gar aus ihnen besteht. Sollte dies wiederum der Fall sein, fällt das gesamte Finanzierungsmodell der letzten Jahrhunderte in sich zusammen. Spätestens mit der Einführung des Ubuntu- oder eines dem sehr ähnlichen Wirtschaftsystems ohne Geld wäre eine Notwendigkeit einer Finanzierung für was auch immer vollkommen überflüssig. Die für ein solches System notwendige neue Geisteshaltung fehlt allerdings bei den meisten Menschen vollkommen. Dieser Umstand lässt sich ein wenig mit *Unternehmern* und *Angestellten* vergleichen. Ein unternehmerisch denkender Mensch wird auch als Angestellter immer Verantwortung tragen (wollen) und ganz anders arbeiten und handeln als ein reiner Angestellter mit Versorgungsmentalität. Sie kennen solche Menschen aus Ihrem persönlichen Umfeld: Sobald man nicht hinschaut, friert deren Arbeitsmoral den Stift oder die Computermaus ein. Ist keine klare Arbeitsanweisung vorhanden, sitzen sie lieber den ganzen Tag vor einem leeren Bildschirm, anstatt etwas Sinnvolles zu tun. Es fehlt komplett der Eigenantrieb und die Lust, etwas zu schaffen.

Wir dürfen allerdings diese Umstände nicht diesen Menschen anlasten! Der Mensch an sich ist vernunftbegabt und wissbegierig. Beschränkt man den Menschen als Gesamtheit jedoch, wie geschehen, über Jahrtausende auf geistige Schmalkost und nimmt man ihm jeden noch so kleinen Erfolg, z.B. in Form einer Gehaltserhöhung, gleich durch Steuern wieder weg, muss man sich über das resultierende philosophische und charakterliche Wüstengebiet nicht mehr wundern. Nur wenige Menschen haben die Kraft, dennoch aus diesem Käfig auszubrechen.

Aus den Schilderungen der Interviews entnehmen wir, dass die Agarthianer die Aufgabe bekamen, die Menschen in ihrer Entwicklung zu unterstützen. Was haben wir stattdessen bekommen? Eine Entwicklung, in der nur Geheimgesellschaften und ausgewählte Familien wirklich wussten, was passiert und Technologien zur Verfügung hatten, die allen anderen als „göttlich“ vorkamen, weil sie außergewöhnlich fortgeschritten waren. **Und dies alles konnte nur geschehen, weil offenbar der Neid und Geiz dieser Wissenden es ihnen nicht erlaubte, dem großen Rest der Menschheit die Möglichkeit einer geistigen Entwicklung zu geben.** Dies taten sie offenbar wohl wissend einschließlich der Tatsache, dass auch deren eigener geistiger Aufstieg dadurch gefährdet bzw. sogar ausgeschlossen wurde. Es ging und geht immer um Macht und Geld und Beherrschung anderer, während wir doch alle alles haben könnten, würden wir auf diese armselige Grundverfassung endlich verzichten. Der Tadel an die Adresse der Agarthianer erging also durchaus zu Recht. Schließlich hätte das notwendige Wissen um Natur und Sinn unseres Daseins auf gar keinen Fall dauerhaft auf Geheimgesellschaften beschränkt bleiben dürfen. Noch einmal: Der Menschheit vorzuwerfen, sie wäre bis auf wenige Ausnahmen dumm, ist schlicht falsch. Man hat sie in der breiten Masse dumm gehalten und dumm gemacht. Jetzt ist sie tatsächlich dumm – aber keineswegs unrettbar. Im Gegenteil: Sie lechzt nach Erklärungen und Weiterentwicklung und Erneuerung.

In den Interviews mit Corey Goode wird über die Verhandlungen berichtet, die im Ergebnis darüber entscheiden sollen, ob und wann die Menschheit alles erfahren darf und muss. Da der Mensch über Jahrtausende nicht auf dieses Wissen vorbereitet wurde, sondern im Gegenteil, die gesamte Gesellschaft darauf ausgerichtet ist, daran zu glauben, die Menschen auf der Erde seien die einzigen im Weltall, wäre man aus meiner Sicht gut beraten, wenn man der Menschheit entweder ein vorheriges oder sofort anschließendes radikales Weiterbildungsprogramm anböte, das jeder Mensch auf diesem Planeten durchlaufen sollte. Viele Weltbilder in vielen Köpfen sind absolut, und Träger solcher Weltbilder reagieren energisch und oft explosiv auf Veränderungen, die ihnen zeigen, dass das jeweils eigene Weltbild nicht den Tatsachen entspricht. Ob es nun darum geht, dass die Menschen nicht allein im Weltall sind oder dass die Erde bereits älter als 6.000 Jahre ist oder dass weder der Papst unfehlbar ist, noch die Kirchen und die Religionen dieser Welt gegründet wurden, um den Menschen zu helfen. Es bedarf eines gewaltigen Mechanismus im mental-gesellschaftlichen Dampfdruckkessel, wenn so viele Lügen auf einmal platzen. Ich hoffe, es gibt dafür nutzbare Technologien.

Tatsache ist ganz offensichtlich, dass hier auf der Erde ein Spiel gespielt wird, das an der uns allen eigentlich gestellten Aufgabe weit vorbei geht. Eigentlich sollten wir alle geistig wachsen und reifen und die wahre Schönheit der Schöpfung erkennen und lieben lernen, inklusive natürlich unserer Mitmenschen und der Tiere. Stattdessen jagen die allermeisten von uns (unter tatkräftiger Anleitung der richtungsbestimmenden Nutznießer) materiellen Gütern nach, und viele – leider viel zu viele – sind so neidisch auf andere, dass sie den Besitz und sogar die Gesundheit der anderen lieber zerstören, anstatt darauf zu warten, bis es ihnen selbst genauso gut oder besser geht. Verstehen Sie mich bitte richtig: Niemand kann Ihnen, mir oder uns einen Vorwurf daraus machen, nach materiellen Gütern und finanziellem Wohlstand zu streben. Dies ist unsere Welt, und auf diese Weise können wir uns aus der Sklaverei einigermaßen freikaufen. Wir nehmen dabei allerdings oft stillschweigend hin, dass andere leiden müssen, damit wir unseren Wohlstand genießen dürfen.

In diesen Fällen schauen wir weg, verbieten die Nachrichten darüber und bauen Zäune. Ob dies die richtige Verhaltensweise ist, bleibt jedem selbst zu überdenken. Andererseits genau mit dieser Argumentation dann wieder für den schrankenlosen Zustrom von Einwanderern aus aller Herren Länder einzutreten, halte ich für extrem geschmacklos, doktert man doch hier wieder am Symptom, statt an der Ursache herum. Gäbe es die Kriege nicht, gäbe es keine Flüchtlinge. Würden wir andere Länder mit ihren Ressourcen fair behandeln, gäbe es auch dort Wohlstand und somit keine Wirtschaftsflüchtlinge. Gäbe es keine Kontrollsucht und keinen Neid, könnten wir alle in Frieden miteinander leben im Vertrauen darauf, dass der Nachbar erst fragen wird, wenn er etwas braucht, anstatt es sich mit Waffengewalt zu nehmen.

Um wohlhabend zu sein, muss man weder ein Arschloch sein, noch eines werden. Reich sein ist erlaubt! Wir sollten alle aufhören mit dem ständigen Neid, der Missgunst und den Betrügereien. Anstand und Ehrenhaftigkeit sind auf allen Ebenen gefragt, vom Schüler angefangen bis zum Top-Banker. Sie wissen selbst nur zu gut, dass man dies sowohl hier wie dort selten anfindet.

Sie halten dies für utopisch? Denken Sie an die neuen Technologien zum Auffinden von Bodenschätzen und unter der Erde verborgenen Dingen. Denken Sie an den Chronovisor, der jedermanns Leben tatsächlich sichtbar und hörbar machen kann. Dieser technologische Wandel wird unaufhaltsam kommen, und wir werden uns ihm stellen müssen – früher oder später. Denken Sie an einige mögliche Gründe für aggressives Verhalten, nämlich vielleicht eine Schwermetallvergiftung oder Generationsprobleme, die durch Aufstellungsarbeit gelöst werden könnten. Nur wenige Menschen haben diese Werkzeuge bisher genutzt. Stattdessen haben die allermeisten Menschen über Jahrtausende nichts weiter getan, als Unrecht und Probleme anzuhäufen. Es nützt alles nichts, irgendwer wird diese Probleme irgendwann lösen müssen. Wollen wir dies aus Faulheit zukünftigen Generationen aufbürden unter dem Risiko, dass es diese dann vielleicht einmal nicht mehr geben kann?

Wir wissen nun von Corey und aus den Berichten rund um J-Rod, dass die „Grauen“ keine fremde Rasse, sondern die Nachkommen der heutigen Menschheit sind. Diese kamen hierher, um Einfluss zu nehmen und um Rohstoffe zu erhalten für den Fortbestand ihrer Art zu ihrer Zeit. Sehen wir hier nicht exakt jenes Bild vor uns, was auf die Erde und die Menschheit zukommt, wenn wir nicht *jetzt* anfangen, diese Probleme anzupacken und zu lösen? Tun wir dies, ändern wir den Verlauf unserer Geschichte und retten den Planeten und uns selbst. Sicherlich ist das eine große Herausforderung. Aber warum sollten wir sie nicht annehmen? Schließlich lockt eine geradezu paradiesische Zukunft hinter der Arbeit, diese Herausforderung zu bewältigen.

Blicken wir noch einmal zurück auf die von Corey Goode präsentierten, und von vielen anderen Zeuge verifizierten Informationen, dann haben wir als Deutsche nun erneut eine Situation vor uns, die wir im Ansatz bereits einmal kennengelernt haben. Früher gab es für uns die BRD und die DDR. Dieses Thema hat sich politisch erledigt, wenn auch keineswegs juristisch, und die beiden deutschen Bevölkerungsgruppen sind nach vielen Jahren der Trennung zusammengewachsen. Eine sehr ähnliche Situation stellt sich nun mit den Deutschen im Weltraum dar. Auch diese haben nun knapp einhundert Jahre getrennt von uns verbracht. Sie haben ein anderes Wertesystem gelebt, andere Technologien gehabt sowie eine andere politische Führung und haben anderen Bündnissen angehört. Kommt Ihnen das vielleicht bekannt vor? Vielleicht wird in naher Zukunft so mancher „Besserwessi“ vor die Tatsache gestellt, dass es eine Gruppe gibt, die nicht im Westen, sondern da oben im Weltraum groß geworden ist und die vielleicht mit einer sehr ähnlichen Arroganz dem Deutschen aus dem Mutterland (dem „Erdi“?) gegenübertreten wird.

Und wie bereits zuvor wird es für diese Arroganz teilweise gerechtfertigte Gründe geben, teilweise wird es aber auch Dinge geben, die diese Leute von uns hier unten lernen können. Ich bin extrem neugierig auf dieses Spannungsverhältnis! Wie oft haben die „Ossis“ unter den Vorurteilen der „Wessis“ zu leiden gehabt, und wie oft hat sich herausgestellt, dass gerade jene „Ossis“ eine mitunter sehr viel gesündere Einstellung zu bestimmten Themen hatten als die aus dem Westen.

Vielleicht könnten wir bei dieser Gelegenheit auch noch mal gen Osten blicken (und rufen), um aus dieser Vereinigung eine richtige Wiedervereinigung zu machen. Schließlich hat Gorbatschow schon zu seiner Regierungszeit angeboten, sämtliche deutschen Ostgebiete zurückzugeben.

Wladimir Schirinowski, Präsident der Duma, des russischen Parlaments, hat dieses Angebot kürzlich ausdrücklich wiederholt und ergänzt: *„Wenn uns das deutsche Volk um Hilfe bittet, wird Russland helfen!“*[227]

Die Einzigen, die momentan in Deutschland auf die Straße gehen, sind unsere lieben „Ossis“, während die im Westen so weichgekocht worden sind, dass Sie nur sehr, sehr langsam aus diesem Meinungstiefschlaf erwachen. Auch dies ist also ein Zeichen, dass in den neuen Bundesländern nicht alles schlechter war, sondern einiges durchaus (sehr viel) besser. Hut ab!

Kommt am Ende vielleicht noch eine weitere Schwierigkeit hinzu? Wie steht es denn mit den mühsam (erzwungenermaßen) erlernten moralisch-ethischen Maßstäben und den vielen Halbwahrheiten über die jüngste deutsche Zeitgeschichte? Werden „die von da oben“ uns möglicherweise mit ihren Vorstellungen vorkommen wie rücksichtslose Monster? Schließlich haben in den 1930er-Jahren in Deutschland Gedanken das Weltbild bestimmt, die nahezu vollkommen anders waren als die unsrigen heute. Wie sieht es aus mit der Anpassungsfähigkeit von uns heute? Sind wir willens und ruhig genug, um ihnen bei den großen Unterschieden zwischen diversen Vorstellungen, was richtig oder falsch ist, zuzuhören? Was ist beispielsweise „entartet“ oder „lebenswert“? Da kommen noch etliche gedankliche Hindernisse auf unserem Weg, die es zu meistern gilt.

Wollen wir das Ganze politisch bewerten, stoßen wir sofort an die uns anerzogenen Werte einerseits und an die unabhängig davon gewonnene Erkenntnis aus Erfahrung andererseits. Ich gehe mal davon aus, dass nur die wenigsten wirklich Lust haben, in einem totalitären Regime zu leben, wie wir es in den 1930er-Jahren in Deutschland hatten. Lassen wir bei allen Fehlinformationen, die uns eingebläut wurden, einmal mindestens zu, dass eine wirkliche freie Meinung und Meinungsäußerung damals nicht gerade beliebt war. Lassen wir weiterhin den Gedanken zu, dass diverse Bevölkerungsanteile unterdrückt oder verfolgt wurden. Wie also kann ein Deutscher sich in diesem Spannungsfeld der geschichtlichen Bewertung bewegen? Darf ein Deutscher stolz auf jene Deutschen sein, die sich da in einem technologischen Überflug von der Erde abgesetzt haben? Einerseits ist es eine grandiose technologische Meisterleistung, andererseits aber auch die Grundlage dafür, dass nun Deutsche und Nachfahren jener Deutschen im Weltraum an der Seite der Draco Kriege ausfechten und so nicht gerade für einen besonders friedlichen ersten Eindruck der Erdbevölkerung auf anderen Planeten sorgen. Dieser „schlechte Ruf“ der Erde wird von Corey

Goode in seinen Interviews auch extra angesprochen.[228] Wie nun also können wir als Deutsche und wir als Menschen dies bewerten? Sicherlich wird es etliche „politisch Korrekte“ geben, die ordentlich umerzogen reagieren und alles sofort in den Dreck ziehen werden. Sicherlich wird es ebenso andere geben, die sofort wieder irgendetwas mit „Heil“ vorneweg rufen und sich alte Zeiten herbeiwünschen. Es ist jedoch eine Menge Zeit vergangen, und sowohl die Deutschen, unten und oben, als auch die Menschen anderswo haben viel erlebt und Einiges gelernt. Einen Krieg zu gewinnen, heißt ja noch lange nicht, Recht zu haben. Einen Krieg aus den richtigen Gründen zu gewinnen, heißt noch lange nicht, die Beteiligten nach Strich und Faden belügen zu dürfen. Verbrechen der einen Seite rechtfertigen niemals die der anderen Seite. Wir Deutschen können uns also teilweise allein, teilweise Schulter an Schulter mit allen anderen, auf eine Reaktion des Universums gefasst machen. Denn in irgendeiner Weise wird das Tun der *Dark Fleet* und der Deutschen dort eine Reaktion hervorrufen – ein Echo sozusagen. Und da es sich um Deutsche und vor allem um „Menschen“ handelt, werden es beide Gruppen tragen müssen.

Auf der anderen Seite haben wir da die amerikanische Seite, die sich definitiv nicht durch besonders viel Menschlichkeit hervorgetan hat, ebenso die russische Seite. Und bevor wir anfangen, hier Hassgefühle oder Rachegedanken zu entwickeln, müssen wir nun zur Kenntnis nehmen, dass ein sehr mächtiger Dritter im Bunde möglicherweise hier im Hintergrund die Fäden gesponnen hat und die Verantwortung trägt. Und bevor wir wiederum den verurteilen, können wir lernen und anerkennen, dass dies nur möglich war, weil wir Menschen und einzelne Gruppen dies ermöglicht haben. Wer hat denn dankbar die Technologie angenommen und ist dafür Verträge eingegangen? Menschen auf allen Seiten. Und alle haben alle verraten und dabei übervorteilt, ohne zu merken, dass sie nur gegeneinander ausgespielt und selbst übervorteilt wurden. Die Situation gleicht vielleicht der von Eltern mit einem hochbegabten Kind, das mit dem Gesetz in Konflikt gekommen ist. Man liebt es, aber man muss es auch irgendwie strafen oder zur Verantwortung ziehen. Gleichwohl ist es das eigene Blut, die eigene Familie. Man ist stolz, man ist verletzt, man fühlt sich verraten, man fühlt sich betrogen und auch dennoch zugehörig.

Immer wieder kommen bei diesen Geschichten Freimaurer und andere Geheimbünde ins Spiel. Diese haben sich groß auf die Fahnen geschrieben, altes Wissen zum Wohle der Menschheit zu bewahren. Ebenso haben diverse Gruppen, wie zum Beispiel die Nordics, diese Geheimbünde unterstützt, in dem Glauben, der Menschheit zu helfen. Aber alle miteinander haben dies nicht zum Wohle der Menschheit getan, sondern nur zum Wohle einer sehr kleinen, elitären Gruppe.

Statt Wissen zu verbreiten, haben sie die Menschheit alle gemeinsam systematisch verdummt. Sie sind ihren eigenen hohen Zielen nicht gerecht geworden. Die Illuminati, die „Erleuchteten", bezeichnen sich ernsthaft als „Komitee der Mehrheit". Was für eine Anmaßung. Sie sind eine Minderheit der Minderheit, ein Teil eines elitären Netzwerkes, die sich einen Dreck und die Gesamtheit der Menschheit schert und diese als „nutzlose Esser" bezeichnet und am liebsten gleich Milliarden von ihnen umbringen würde. Weil das offen nicht so leicht machbar ist, machen sie es im Stillen und Verborgenen. Vergiftete Lebensmittel hier, unzureichende Medikamente dort, falsche Informationen und Lehrinhalte in der Schule und der Aufbau einer gleichgeschalteten Medienlandschaft sorgen dafür, dass sie ihrem Ziel näher kommen. Aber wer zum Teufel hat ihnen dieses Ziel gegeben? In ihren Leitfäden stehen ganz andere Vorstellungen – Ziele, die es sich zu verfolgen lohnt, zum Wohle der Menschheit. Auch in der Freimaurerei gibt es gute Leute, denen solches Tun zuwider ist und die sich vehement dagegen verwahren, die Freimaurerei wäre ein Netzwerk, welches nur zu solchem Treiben erschaffen worden wäre. Ähnlich wie es auch im Parlament Abgeordnete gibt, die wirklich nach bestem Wissen und Gewissen etwas Gutes für das Volk tun wollen, so bilden doch die klebrigen Netzwerke jener, die es sehr geschickt verstehen, diese Netzwerke zu unterwandern und für ihre dunklen Machenschaften zu missbrauchen, ein dichtes Gewebe, das nach oben nur durchlässt, wer bei diesen Machenschaften mitmacht und den vernichtet, der aufdecken will. Der Krieg über alle Grenzen und sogar untereinander hinterlässt auf der Erde nur Opfer und dient lediglich den außenstehenden Gruppierungen.

Es passt alles zusammen: Roosevelt deklarierte schon während der Anfänge der außerirdischen Kontakte den Ausnahmezustand, seit Eisenhower gilt das Kriegsrecht in den USA, und Eisenhower hat die Verträge mit den

Deutschen unterzeichnet. Die Übernahme des Militärisch-Industriellen Komplexes in den USA stellt eine strategische Meisterleistung dar. Die Frage, wie wir als „Vaterlandsdeutsche" dies bewerten sollten, bleibt allerdings offen.

Wir wurden unter Fremdherrschaft alleingelassen. Und diese Fremdherrschaft tat ihr Bestes, um uns „Vaterlandsdeutsche" gewalt(tät)ig hinters Licht zu führen. Mittlerweile ist die Situation in Deutschland derart schlimm, dass Polizisten Anzeigen gegen Migranten nicht einmal mehr aufnehmen dürfen (was natürlich offiziell vehement verneint wird) und nur die schlimmsten Straftaten nach oben gemeldet werden müssen – wo sie dann der Zensur zum Opfer fallen. Viele Polizisten halten diesen mentalen Druck nicht mehr aus und melden sich lieber krank, als jeden Tag mit ansehen zu müssen, wie viele Ausländer ihren kriminellen und gewalttätigen Machenschaften nachgehen, meist zulasten der deutschen Bevölkerung.

Sie halten dies für hetzerische Aussagen? Dann schlage ich Ihnen dringend vor, Ihren Freundeskreis um einige Polizisten aus Streifendienst und von der Kriminalpolizei zu erweitern.

Unterhalten Sie sich mit denen einmal hinter vorgehaltener Hand und Sie werden staunen, was in deutschen Städten mittlerweile los ist.

Die Landbevölkerung bekommt dies zu einem sehr großen Teil nicht mit und die Problemviertel in den Städten säubern sich schnell ganz von allein von deutschen Bewohnern, weil diese oft einfach wegziehen und dann die Macht im Viertel von ausländischen Familienclans übernommen wird. Dies ist kein ausschließlich deutsches Phänomen. Die USA sind unser Vorbild für diese Situation. Allerdings haben die Amerikaner einen sehr großen Vorteil: Sie dürfen Waffen kaufen und sich schützen.

Für mich war das Wichtigste an diesem Buch, dass eine enorme Anzahl an Dingen, die bisher im Bereich der Mystik, Religion und Geschichte im Nebulösen verweilten, nun in aller Klarheit zu Tage getreten ist, als biologische und physikalische Fakten – Fakten, mit denen man erstmals den Staatsreligionen, insbesondere dem Christentum, dem Judentum und dem Islam, die Machtstellung entreißen kann, weil nun das Unerklärliche erklärbar und wortwörtlich begreifbar wird. In Zukunft wird die Menschheit frei sein von Angst vor dem Teufel und dem Fegefeuer, und sie wird ebenso frei sein von der Vorstellung, man würde für die Ermordung Andersgläubiger im Himmel auf 72 willfährige Jungfrauen treffen und bis in die Unendlichkeit Spaß mit ihnen haben.

Das Universum erschließt sich nun als vollkommen logisches System, und das Leben in diesem Universum folgt den einfachen Gesetzen, die wir fast alle aus Computerspielen kennen: Schafft man den einen Level, geht es weiter zum nächsten. Und auf jedem Level gibt es Gegenspieler mit ganz bestimmten Aufgaben und Besonderheiten, die zu beachten sind. Fähigkeiten, die man erlangen kann, und die einem im weiteren Verlauf dieses Spiels von Nutzen sein werden, können ebenso erworben werden wie die Erfahrungen, die einem helfen, neue Umstände mit alten zu vergleichen und diese so besser einschätzen und bewerten zu können.

Der Mensch macht sich gern ein Bild, um sich Dinge bewusst zu machen und sie sich „vor Augen zu führen". Manches dabei muss nicht unbedingt wirklichkeitsgetreu abgebildet sein, um eine Einschätzung und Verarbeitung im Gehirn eines Menschen zu ermöglichen. Wir möchten sehr gern in gut und böse, richtig oder falsch einteilen. Wir können nun erkennen, dass dies nicht nötig ist und uns entspannen. Trotz all der sehr wichtigen Informationen über militärische Zusammenhänge, Kriege auf der Erde und auf anderen Planeten sowie geheime Weltraumprogramme zeichnet sich ein Bild ab, in dem (ich hoffe, ich konnte Ihnen dies ermöglichen) auf einmal ein Gesamtbild erscheint, in dem alles logisch zusammenpasst und sich Detail für Detail ineinanderfügt.

Ich schrieb dieses Buch, weil ich auf der Suche nach Erklärungen war, auf der Suche, weil ich vieles nicht verstand. So vieles erschien mir unlogisch oder „nicht von Menschen" gemacht, wobei ich aber andererseits keine andere Erklärung finden konnte, die sich tatsächlich auch mit Beweisen untermauern ließ. Mit den hier vorliegenden Zeugenaussagen ergibt sich ein aus meiner Sicht wundervoll einfaches Bild des Universums. Obwohl es so komplex ist, folgt es doch in jedem Detail einfachen Gesetzen: Überall dort, wo es Energie gibt, gibt es Leben, das sich von dieser Energie ernährt. Ob dies nun das Obst an unseren Bäumen ist oder der Fisch im Wasser; ob es das Sonnenlicht selbst ist, das durch Pflanzen und deren Photosynthese verstoffwechselt wird oder schwefelsäurefressende Bakterien am Meeresgrund – es gibt immer eine Lebensform, die diese Nischen besetzt hat. Und wie wir nun wissen, gilt dies immer und überall. Ist es nicht phantastisch, dass es Lebewesen gibt, die sich von elektromagnetischen Feldern ernähren, oder solche, die Radioaktivität fressen? Jedes dieser Lebewesen ist, wie es ist, und es tut, was es tut, weil es so lebt, wie es lebt. Wenn wir Menschen im Sommer auf dem Balkon sitzen und Fleisch grillen und Mücken töten, weil sie stören, denken wir nicht über die genauen Umstände dieser Lebewesen nach. Wir entschuldigen uns nicht bei ihnen und kümmern uns einen Dreck um deren Wohlergehen.

Wir sind dabei weder gut noch böse, und was wir tun, tun wir, weil wir so leben, wie wir leben. So sammeln wir Erfahrungen, die wir als Mensch in diesem oder anderen Leben sammeln können. Mancher gibt sich dabei große Mühe, ein guter Mensch zu sein, mancher weniger. Einige verursachen viel Leid, andere viel Freude. In der Summe jedoch sammeln wir alle möglichen Erfahrungen und tun, was wir tun, weil wir sind, was wir sind.

Stellen Sie sich den im Christentum so gern bemühten „Teufel“ einmal als ganz normale Lebensform vor. Wenn es Ihnen hilft, schauen Sie auf Abb. 26 und stellen Sie sich den Teufel, die von Corey Goode benannte „Künstliche Intelligenz“, als Lebensform vor, wie sie bisher keiner gekannt hat. Im Vergleich zu dieser Lebensform sind wir klein und machtlos, so wie die Mücken auf dem Balkon, wenn wir Menschen Fleisch grillen wollen.

Eine Lebensform wie die Künstliche Intelligenz nutzt die ihr zur Verfügung stehenden Werkzeuge und Möglichkeiten, um die Ziele zu erreichen, die sie gern erreichen möchte. In unserem Fall ist eines dieser Werkzeuge die Rasse der Draco. Sie wollten schon immer mal einen JHWH sehen? Den Herrscher aus der Bibel? Dann dürfen Sie sich ihn nun vorstellen, wie er auf Abb. 10 zu sehen ist. Auch diese Lebensform ist bestimmten äußeren Bedingungen unterworfen. Sie mag uns Menschen gegenüber sehr machtvoll sein, gegenüber der „KI“ ist sie jedoch wie eine Ameise im Vergleich zum Menschen.

Jede Lebensform tut, was sie tut, weil sie ist, was sie ist. Sie nutzt dabei ihre Fähigkeiten aus, weil sie diese nun einmal hat. Wie sollte sie sonst ihren Alltag bestreiten, wenn nicht mit den Fähigkeiten, die ihr mitgegeben worden sind? Diese Lebensform ist dabei weder gut noch böse. Sie handelt aus unserer Sicht vielleicht falsch oder gewalttätig; aus ihrer Sicht jedoch sind diese Details nicht einmal einen einzigen Gedanken wert. Und so ist sie am Ende uns Menschen doch recht ähnlich.

Die von Corey beschriebenen Einzelheiten über die *Alte Erbauer Rasse*, die nun offenbar in Form von Sphären wieder in dieses Sonnensystem zurückgekehrt ist, sowie die aktuellen Entwicklungen der Menschheit und des Planeten Erde lassen aus meiner Sicht ein recht simples System erkennen. Die *Alte Erbauer Rasse* war früher menschlich. Sie ist auf dem Wege der Weiterentwicklung zunächst in den Weltraum gegangen, hat sich vom Humanoiden hin zu Wesen transformiert, die Planeten sehr ähnlich sind, jedoch offenbar eine Weiterentwicklung von Planeten darstellen, die nicht mehr ortsfest und ohne direkte Kommunikationsmöglichkeit dastehen, sondern sich in beliebiger Größe frei im Universum bewegen können. Obendrein können sie zur Kommunikation jede beliebige Form annehmen, die es dem Gesprächspartner leichter macht, das zu Übermittelnde zu verstehen und anzunehmen.

Für mich ergibt sich daraus folgendes Gesamtbild: Aus dem ortsfesten Menschen auf der Erde wird ein Mensch, der den Weltraum bereisen und frei im Universum Erfahrungen sammeln kann. Dies ist offenbar die vierte Stufe. Da ständig alte Planeten verschwinden und neue hinzukommen und dadurch immer wieder das beschriebene Adresssystem (S. 74) des Universums angepasst und aktualisiert werden muss, ist anzunehmen, dass die fünfte Stufe das ortsfeste Dasein eines Planeten ist. Die Sphären haben auch diese Entwicklungsstufe erfolgreich abgeschlossen und sind auf Stufe 6, so wie Corey es beschrieb, und sind Wanderer im Universum als sehr flexible Wesen, die kommunizieren und reisen und die Form von Planeten annehmen können. Auf die jeweils nächste Stufe gelangt nur dasjenige Lebewesen bzw. diejenige Seele, die erfolgreich die erforderlichen Erkenntnisse gesammelt und notwendige Prüfungen durchlaufen hat. So ist nun der *Alten Erbauer Rasse* in ihrer Entwicklungsstufe der Sphären die Aufgabe gestellt worden, uns „Anfängern" bei unserem Aufstieg Hilfestellung zu geben. Es ist davon auszugehen, dass sie dies zwar tun, weil es ihre Aufgabe ist, nicht aber, weil sie gezwungen werden. Zwar gibt es durchaus die Bedingung, dass sie, ohne uns beim Aufstieg zu helfen, selbst nicht weiter aufsteigen können, jedoch gilt auch hier die gleiche Regel wie oben genannt: Sie tun, was sie tun, weil sie sind, was sie sind.

Und so zieht sich dieses Spiel bis hinunter zu den Menschen und unserem Alltag mit Politik und Wirtschaft, Lüge und Verrat, Liebe und Hass,

Gesundheit und Krankheit. Jeder Mensch sammelt andere Erfahrungen, manche ähneln sich, aber nie sind sie deckungsgleich. Gruppen von Menschen durchlaufen als Volksgemeinschaft wiederum andere Abläufe als die Nachbarvölker.

Mancher Mensch kommt im Laufe seines Lebens immer und immer wieder in sehr ähnliche Situationen, die ihn vor immer wieder sehr ähnliche Aufgaben stellen – so lange, bis er sie gelöst hat. Und so geht es auch den Völkern dieser Welt. Auch sie bekommen wieder und wieder Aufgaben gestellt, die sie als Gemeinschaft lösen müssen, bis sie endlich die Lösung gefunden haben, die es zu finden galt.

Ich bin sehr gespannt, wie lange es noch braucht, bis der Bogen bei den Deutschen endgültig überspannt ist. Die Geschichte der Deutschen ist diesbezüglich sehr deutlich. Ist der Bogen einmal überspannt, gibt es für die Regierung keine Chance mehr. Aber die Geschichte zeigt auch, dass man die Deutschen mit ein wenig Geschick sehr, sehr lange im brodelnden Wasserglas halten kann. Zudem ist die Geschichte des deutschen Staates eine sehr junge und bis jetzt auch geschichtlich gesehen leider sehr kurze. Wollen wir uns diese Individualität für die Zukunft erhalten, muss *jetzt* etwas geschehen. Es darf keinen Aufschub mehr geben.

Wieder einmal ist Wissen Macht, und nichts zu wissen, macht einen jeden von uns zu einer beliebig verschiebbaren Handelsware. Dieses Spiel geht seit Jahrtausenden so, und die Erde samt Menschheit befindet sich in der Hand eines sehr kleinen Kreises von Wesen, Humanoiden und Menschen, die ihr „Eigentum“ schützen, mehren und gegebenenfalls als Pfand oder Druckmittel einsetzen – uns! Ein jeder von uns ist also aufgerufen, die verschiedenen Themen zu erkennen und aufzuarbeiten, denn wer die Wahrheit nicht sucht, wird sie nicht finden. So viele Themen blieben bisher im Bereich der „Verschwörungstheorie“ haften, so zum Beispiel die sogenannten „Strohmannkonten“[229], die für einen jeden von uns bei der *Bank für internationalen Zahlungsausgleich* (BIZ) in Basel lagern und die angeblich ein immenses Vermögen für die Menschen unter uns bereithalten – sofern wir uns ordnungsgemäß und juristisch einwandfrei, den geltenden Regeln entsprechend, als „Menschen“ ausweisen können. Und dies ist in der heutigen politisch-gesellschaftlichen Ordnung nahezu unmöglich.

Die Anwälte oder andere in diesem Fachbereich Sachkundige unter den Lesern sind also hiermit aufgerufen, Informationen bereitzustellen, wie man sich als Mensch als solcher ausweisen kann und zum Beispiel an diese Konten herankommt.

Die christliche Religion lehrt uns, dass der Mensch eine Seele hat, was so allerdings nicht ganz korrekt ist. Die Persönlichkeit ist nicht der Mensch, sondern die Seele. Sie ist es, die unsterblich ist und sich einen physischen Körper wählt, um Erfahrungen zu sammeln. Der menschliche Körper ist die zur Verfügung gestellte Hülle. Diese sollte man allerdings durchaus pflegen, weil man sonst in der Entwicklung empfindlich gestört werden kann. Die hier vorgestellten Erkenntnisse können jedermann frei machen von jedwedem Zwang einer beliebigen Religion. Jede einzelne Religion stellt eine Simplifizierung des eigentlichen Sachverhalts einerseits da und beinhaltet in den allermeisten Fällen andererseits auch eine zielgerichtete, nutzorientierte Verfälschung, die die Menschen vom Regen in die Traufe kommen lässt, anstatt sie wirklich in die Freiheit zu entlassen.

Das in diesem Buch durch verschiedene Zeugenaussagen und Berichte sichtbar werdende Geflecht der Realität lässt mehrere Schichten oder Ebenen sichtbar werden. Da ist zunächst einmal die Ebene der Menschen auf der Erde, die aktuelle Tagespolitik und das öffentliche Wissen. Gräbt man etwas tiefer, so erkennt man, dass die wahre Macht nicht in den Händen der Regierung liegt, sondern ganz woanders. Gräbt man noch tiefer, wie bereits in „Weltverschwörung" erläutert, erkennt man, dass das gesamte System von einer übermächtigen, den Menschen überlegenen Kraft gelenkt wird. Wir können nun auch diese Ebene erkennen und sehen das System der Draco, die sich auf der Erde häuslich eingerichtet haben. Die Draco wiederum werden offenbar von einer Lebensform fremdbestimmt, die wir auf der Erde gern als „Teufel" betiteln, die jedoch einfach nur tut, was sie kann, um zu überleben. Die nächste Ebene jedoch birgt schon wieder ein vollkommen anderes Bild, ganz nach dem Motto: *„There is always a bigger fish."* (*„Es gibt immer einen größeren Fisch."*). Denn die Draco sind keineswegs unbesiegbar, wie es auf den ersten Blick erscheint, sondern sind bereits unterlegen, nämlich anderen Kräften, u.a. den Sphären, gegen deren Mittel die Draco offenbar hilflos sind. Diese „Guardians", die in ihrer Entwicklung schon weiter gekommen sind, helfen nun Nachzüglern auf der letzten Stufe – der Menschheit – beim Aufstieg.

Wir Menschen auf der Erde sind ein kurioser Haufen, bestehend aus den Besten der Besten und den Schlimmsten der Schlimmen. Allesamt haben wir es verdient, weiterzukommen. Dafür müssen wir eine Lösung finden. Lösungen, die uns von der Politik bisher geboten worden sind, erscheinen unzulänglich und mit Lügen, Verrat und Ausbeutung durchsetzt. Langfristig denken, in vernetzten Systemen denken, ganzheitliche Lösungen für komplexe, miteinander verknüpfte Probleme finden – dies muss die Menschheit lernen. Zuerst jeder für sich, dann in Gruppen und schließlich auch als Volk, Bevölkerung und Planetenbewohner.

Jedes Volk für sich braucht die Erkenntnis, dass es in den letzten Jahrzehnten, ja bisweilen Jahrtausenden, belogen und betrogen worden ist und auch die Erkenntnis, worum es eigentlich auf dieser Welt geht.

Jedes Volk für sich hat das Recht, in Gesundheit und Glück zu leben. Doch wo Rechte sind, da sind auch Pflichten.

Und die allererste heißt: Mach den Mund auf! Sprich aus, was Du ändern willst. Du bist nicht allein!

Wir sind eine Menschheit aus einem Geist und aus einer Quelle. Wir alle leben in *einem* Energie-Hologramm.[230]

Unsere Aufgabe besteht darin, das Leben zu erkennen und zu meistern. Wir haben alles Nötige zur Verfügung.

Nutzen wir es!

Nachwort

Ich habe durch meine Recherchen auf verschiedenen Gebieten zahlreiche sehr interessante Menschen kennengelernt, so z.B. vor einigen Wochen erst einen ehemaligen Mitarbeiter des MI6 (britischer Auslandsgeheimdienst). Dieser hat noch immer sehr gute Kontakte und gab mir einen sehr wichtigen Hinweis für die aktuelle weltpolitische Lage. Wie der aufmerksame Leser im Internet verfolgen konnte, fernab der Mainstream-Medien, hat Donald Trump in seinen ersten Monaten als Präsident der Vereinigten Staaten von Amerika bereits mehrere tausend pädophile Straftäter und Kinderschänder, mitunter aus elitären Kreisen, verhaften lassen. Wir dürfen uns nach Angabe dieses MI6-Informanten auf eine weitaus größere Verhaftungswelle gefasst machen. Diesmal allerdings geht es dann in den Bereich der Politik und der Banken. Sollten Sie also diese Verhaftungswelle in den Medien irgendwie mitbekommen, dann darf dies als Zeichen gelten für das nun Folgende.

Offenbar gibt es seit vielen Jahren bereits Pläne zur Einführung einer planetaren, goldgedeckten, neuen Währung. Dieser Plan ist auch offenbar schon von allen Regierungen abgesegnet worden. Nur muss man dafür die jetzigen finanziellen Machthaber loswerden. Diese Gruppe dürfen wir wohl mit dem mittlerweile üblichen Begriff *Kabale* bezeichnen. Sobald diese außer Kraft und Macht gesetzt worden sind, soll die neue Währung eingeführt werden.

Kommen wir nun also zum ganz praktischen Nutzen eines Buches wie diesem hier: Ich wurde in der Vergangenheit oft gefragt, was mir denn dieses ganze Wissen nütze. Ich habe früher immer geantwortet, dass ich gern weiß, welche Realität mich umgibt und dass ich gern die Erklärung und Hintergründe für Rätselhaftes kenne. Vor einigen Jahren dann kam durch meine Forschungen, die ich bereits in dem Buch „Weltverschwörung" teilweise öffentlich gemacht habe, eine ganz andere, neue Dimension hinzu. Ich hatte Gold-Optionen gekauft, als Gold noch bei 400 Dollar pro Unze lag. Wie Sie wissen, ist Gold danach stark gestiegen, und ich habe damals ganz gut dadurch verdient. Danach stieg ich auf Silber um und verkaufte leider viel zu spät nach dem absurden Anstieg des Silberkurses vor einigen Jahren.

Jedenfalls konnte ich sagen: Der ganz praktische Nutzen an all diesem Wissen war ein zunächst gefülltes Konto. In einer ähnlichen Situation befinden wir uns jetzt auch.

Sie haben nun dieses Buch gelesen, und ich darf Ihnen bereits jetzt den geplanten Umrechnungskurs der neuen Währung zum US-Dollar verraten: 0,0003! Das bedeutet, dass die Kontostände durch ungefähr 3.300 geteilt werden. Für Menschen mit Vermögen (auf dem Konto) ist das eine schlechte Nachricht. Für Menschen mit Schulden ist das eine gute Nachricht. Ob es möglicherweise zusätzlich noch eine gesonderte Betrachtung der Schulden geben wird, kann ich Ihnen nicht sagen. Aber so viel ist sicher: Schulden kann ich nicht abheben, insofern besteht hier kein Handlungsbedarf und keine Handlungsmöglichkeit. Aber Bargeldbestände kann ich sehr wohl vom Konto entfernen und sinnvoll einsetzen.

Obendrein sitzt die *JP Morgan Bank* mittlerweile nicht mehr auf den weltgrößten Leerverkaufsbeständen, so wie noch vor wenigen Jahren, sondern auf der größten, privaten Silber-Position, also auf physischem Silber in deren Tresoren. Dies wiederum bedeutet, dass der Kurs im Moment zum Teil nur deshalb so im Keller ist, weil Silber u.a. für die Chemtrails gebraucht wird. Wäre es teuer, könnte man die Chemtrails-Mischung nicht mehr so, wie bisher produzieren. Ein weiterer Grund ist sicherlich der ständige Nachkauf von Silber durch bestimmte informierte Kreise, solange es noch billig ist. Zur Verdeutlichung sei angeführt, dass es gravierende Differenzen gibt zwischen dem tatsächlich vorhandenen Edelmetall, sei es Gold, Silber oder andere, und dem an den Börsen und Terminmärkten gehandelten. So hatte zum Beispiel der Handel mit physischem Gold im Jahr 2016 einen Umfang von 42 Milliarden Dollar[231], der Umfang der gehandelten Goldmenge an den Terminmärkten lag jedoch bei 9,8 Billionen Dollar.[232] Das bedeutet, dass nur ein verschwindend geringer Teil dieser Kontrakte überhaupt hätte bedient werden können, wenn das Gold frei von Kursmanipulationen zu seinem wahren Wert gehandelt worden wäre. Und falls Sie diese Relation schon für unglaublich halten, dann halten Sie sich fest, denn ich verrate Ihnen jetzt die Werte des Silbermarktes: gehandeltes physisches Silber 4,2 Milliarden Dollar; Umfang „Papier“silber an den Terminmärkten: 2,27 Billionen Dollar! „Damit lag das Verhältnis von fiktivem Papiersilberhandel zu physisch gekauftem Silber bei 517:1 – mehr als doppelt so hoch wie das Verhältnis von 233:1 am Goldmarkt“.[233]

Meine Empfehlung daher: Sollten Sie von der oben genannten Verhaftungswelle in den Medien hören, dann heben Sie schnell ihr Geld von der Bank ab. Kaufen Sie dafür Silbermünzen und/oder Dinge des täglichen Bedarfes, vielleicht einen kleinen, aber nützlichen Vorrat an Klopapier, Zahnpasta, Heizöl, was auch immer Sie so benötigen, um einige Monate gut zu leben und vielleicht noch ein paar Zigaretten, um ein geeignetes Tauschmittel für den Schwarzmarkt zu haben.

Sollte es zu dieser Währungsumstellung kommen, werden wir einige Wochen heftiger Turbulenzen durchmachen. Es wird viel finanzielles Leid geben und eine Menge neuer Dinge zu lernen.

Diejenigen, die vorgesorgt und Silber gekauft haben, werden dann mit ziemlicher Sicherheit in das Kielwasser der *JP Morgan Bank* kommen, die ihre Silberposition zu einem mächtigen Instrument der dann anbrechenden Umbrüche ausbauen wird. Ob sie damit lange und tragfähig weiterkommen wird, stelle ich gern in Frage. Wichtig ist im ersten Moment nur, dass man selbst den Impuls mitnimmt und Nutzen daraus ziehen kann.

Noch ein Punkt: Wenn Sie und zwei Ihrer Bekannten jeweils pro Monat eine Silbermünze kaufen und das jeder Bekannte von Ihnen in der Art eines Kettenbriefes genauso macht, dann haben wir in einem Jahr Silberpreise von 100 Dollar und mehr.

Im Buch „Weltverschwörung“ erzählte ich Ihnen von meinem alten Freund, der mir damals die Augen geöffnet hatte – Mister X. Er war bei der Einschätzung seiner Aufklärungsarbeit durchaus pessimistisch und sagte mir einmal, einige Jahre nach unserem ersten Treffen, auf meine Frage, wie viele Menschen denn so wie ich tatsächlich ihre Sichtweise auf die Dinge geändert hätten, wie viele „darauf angesprungen“ seien und ein wenig versucht hätten, den Dingen auf den Grund zu gehen: *„Du warst der Einzige.“*

Nun, ich bin überzeugt davon, dass Sie, lieber Leser, auch dazugehören. Sie haben dafür gesorgt, dass dieses Wissen zunimmt und verbreitet wird und die Menschheit in einem Höllentempo auf zwei Reifen vielleicht doch noch die Kurve vor dem Abgrund schafft. Und dafür danke ich Ihnen!!!

Hamburg, Oktober 2017

Sei wahr – sei zuverlässig – sei stolz – sei stark –
sei furchtlos – sei beherrscht –
sei bewusst Deines Blutes – sei Hilfe dem Edlen –
sei Vernichtung dem Bösen –
sei herzeigen dem Volke – sei Feind seinen Feinden!"

Mathilde Ludendorff (1877-1966)

Danksagung

Ein besonderer Dank richtet sich an denjenigen, der mein Buch „Weltverschwörung“ in sehr hochwertiger und mit Sicherheit extrem (zeit-)aufwendiger Arbeit mit dem Scanner eingelesen und noch einmal in elektronischer Form zusammengefasst hat. Dieses elektronische Dokument ist nun in einer freien Tauschbörse erhältlich. Ich meine meinen Dank durchaus ernst, denn es zeigt mir, dass sich hier jemand die Mühe gemacht hat, so viel Arbeit in etwas zu stecken, um das von mir erforschte Wissen noch mehr Menschen zugänglich zu machen. Ich fühle mich durchaus geehrt von dieser Arbeit!

Wir brauchen mehr Menschen wie ihn, denn er hat unentgeltlich seine Arbeitskraft zur Verfügung gestellt, um anderen den Zugang zu diesem Wissen zu erleichtern! Stellen Sie sich einmal vor, dies Beispiel würde auch in anderen Bereichen des gesellschaftlichen Lebens Schule machen!

Sollte dieser Mensch sich auch unter den Lesern dieser Zeilen finden, habe ich nun eine Bitte und einen Vorschlag an diese Person: Bitte nimm Rücksicht und verhalte Dich ehrenvoll. Der Verleger ist in Vorleistung gegangen und obendrein haben er und ich enorm viel Arbeit in dieses Buch gesteckt, und Arbeit sollte belohnt werden. Wir leben noch nicht in der von uns allen gewünschten Gesellschaft, in der wir alle alles kostenlos bekommen. Wir müssen alle dafür sorgen, dass wir genug Geld zum Leben haben. Mit diesem Buch wird man nicht reich, dafür ist das Publikum leider (noch) viel zu klein. Gib uns eine Chance, weiterzuforschen und noch mehr herauszufinden!

Mein Vorschlag: Lenke Deine Arbeitskraft auf alle Bücher, die zwischen 1845 und 1948 verboten wurden und nahezu vom Markt verschwunden sind. Diese Bücher müssen wieder verfügbar sein. Da gibt es wissenschaftliche Bücher mit Periodensystem in Spiralform aus den 1890er-Jahren aus England, Theorien und Forschungen aus anderen Wissenschaftsgebieten, die ohne Hilfe von Leuten wie Dir verloren sind.

Die Menschheit wird es Dir danken!

Über den Autor

Thomas Anderson (Jahrgang 1970) stammt aus Norddeutschland. Er studierte Betriebswirtschaft und Ingenieurwissenschaften und bekam durch seine vielen Auslandsaufenthalte einen tiefen Einblick in die Sichtweisen der verschiedenen Völker und ihre ganz besondere Sicht auf Deutschland.

Er entdeckte erst spät sein Interesse an sogenannten „Verschwörungstheorien" und ließ sich vom Mainstream nicht abhalten, diese einmal genauer unter die Lupe zu nehmen.

Den Anfang seiner Arbeit machte sein Hobby, die Ahnenforschung. Dann ergab ein Schritt den nächsten, weil immer wieder neue Fragen auftauchten und Antworten gefunden werden mussten.

Wenn Anderson etwas auf den Grund geht, dann geht er auch noch einen Schritt weiter, bis zu den Wurzeln. Sein Anliegen ist es, Antworten zu liefern, die standhalten.

Seine Bücher sind daher weder „leichte Kost" noch leicht verdaulich, dafür aber in jedem Fall vollwertig.

Nachruf Mister X

Ich habe Ihnen in „Weltverschwörung“ den Mann vorgestellt, der mich sehend gemacht hat. Mister X., oder nennen wir ihn heute einmal etwas genauer Dr. E. Er war in der zweiten Hälfte des 20. Jahrhunderts Arzt und übernahm in Deutschland politische Verantwortung in einem verwandten Bereich. Dies tat er zu einer Zeit, als man dies noch für eine vierstellige Aufwandsentschädigung in Deutscher Mark pro Jahr „nebenbei“ erledigte, anstatt wie heute dafür sechsstellige Eurogehälter zu beziehen. Ihm wurde diese Aufgabe übertragen, und er nahm sie sehr ernst. Das Thema Gesundheit und auch sein hippokratischer Eid geboten ihm, mit Sorgfalt und einem weiten Blick, Maßnahmen zu entwickeln, die ihm helfen sollten, die ihm gestellte Aufgabe gut zu meistern. Dementsprechend war sein Anliegen, die Volksgesundheit zu steigern, um so die Krankheitskosten im volkswirtschaftlichen Rahmen zu senken. Dieses Thema ging er sehr erfolgreich mit eigenen Publikationen, Facharbeiten anderer Ärzte und einem Ratgeberteam der besten Fachkräfte auf ihrem jeweiligen Gebiet an.

Das Resultat: Schon nach einem Jahr(!) waren volkswirtschaftlich signifikant sinkende Krankheitskosten festzustellen. Die Marketing-Kampagne zu Gunsten der Volksgesundheit hatte voll eingeschlagen.

Dies führte allerdings im selben Jahr auch zu einem geringeren Umsatz in der Zuckerindustrie – es fehlten weit mehr als eine Milliarde an Umsatz! Dies blieb nicht unentdeckt, und ein führender Unternehmer dieses Industriezweiges, nennen wir ihn der Einfachheit halber einmal Dr. O., nahm sich dieser Angelegenheit an.

Zahlreiche erfolglose, in der Dr. E. angebotenen Summe jedes Mal fantastisch gesteigerte Annäherungsversuche, verbunden jeweils mit der dringenden Bitte, mit diesem Treiben aufzuhören und der stufenweise schärfer werdenden Drohkulisse, dass, wenn er nicht endlich aufhöre, man ihn stoppen müsse, mündeten schließlich in einem Mordversuch an Dr. E. vor dessen Praxis und einer anschließenden, jahrzehntelangen Hetzjagd auf ihn, seine Familie und seine Freunde.

Der Industrielle hatte persönlich den Auftrag und möglicherweise auch die Mittel dazu bereitgestellt. Dies teilte ein Informant, der an der diesbezüglichen Zusammenkunft damals teilnahm, Dr. E. persönlich mit. Staatliche Kreise bis in höchste Ämter beschuldigten ihn der Bestechlichkeit, der

Veruntreuung von Geldern und des Hinterziehens von Steuern in siebenstelliger Höhe. Man überzog ihn mit Prozessen, nutzte alle finanziellen Zwangsmaßnahmen, die ein Staat benutzen kann, durchsuchte seine Wohnung, seine Praxis, die Wohnung seiner Familie und die Wohnungen seiner Freunde und die des beteiligten Marketingfachmannes, der diese so erfolgreiche Kampagne entwickelt hatte.

Alle diese Menschen haben unberechtigterweise inklusive ihrer Angehörigen Leid erfahren und mussten Kosten tragen.

Dr. E.'s Ruf wurde massiv geschädigt und haufenweise Lügen, und es wurden Halbwahrheiten über ihn verbreitet. Seine Bücher wurden teilweise mit verfälschtem Inhalt, der nun nicht mehr so „umsatzschädlich" für die Zuckerindustrie war, von Fremden wieder aufgelegt. Die Richter in seinen Verfahren waren teilweise beschämt über so viel Unverfrorenheit seitens der Staatsanwaltschaft, und einer dieser Richter hat Dr. E. in einem privaten Gespräch wissen lassen, welche Drohkulissen wiederum hinter dem Richtertisch aufgefahren worden waren, für den Fall, dass bestimmte Dinge ans Licht kämen oder besondere Rahmenbedingungen nicht erfüllt worden wären.

Er gewann nach jahrelangem Kampf und Ausgaben von mehr als einer Million Deutsche Mark für die Anwälte jeden einzelnen Prozess mit Freispruch erster Klasse. Gleichwohl blieben alle beschlagnahmten Akten verschwunden und alle Beteiligten ganz offensichtlich weiterhin unter bedrohender Beobachtung. Bis heute bleiben zwei LKW-Ladungen mit Unterlagen angeblich unauffindbar, die in seiner Privatwohnung beschlagnahmt wurden und eigentlich längst hätten zurückgegeben werden müssen. Darin enthalten waren meterweise Akten und Unterlagen über beinahe jeden damals aktiven deutschen Politiker: wer, wann, was, von wem, in den vergangenen Jahrzehnten als Gegenleistung wofür und wo bekommen hatte.

Sein bester Freund lag handlungsunfähig in einem Krankenhaus und kam dort auffällig unzufällig ums Leben (die genauen Umstände sind dem Autor bekannt, dürfen aber hier nicht genannt werden).

Dr. E.'s Wohnung wurde so regelmäßig von Störenfrieden durchsucht, und es wurden Dinge entwendet, Möbel verschoben, Gegenstände zerstört, dass er sich aus Sicherheitsgründen seit ca. 1980 nie länger als drei Wochen an einem Platz aufhielt. Seine Familie hat sehr unter diesen Bedingungen gelitten, stand gleichwohl jedoch immer und ausnahmslos hinter ihm, weil sie wussten, dass er nicht nur Recht hatte, sondern auch recht handelte.

Dr. E.'s Vater kam in einem Konzentrationslager ums Leben. Gleichwohl war Dr. E. auch hier stets um die Wahrheit bemüht und kämpfte auch hier gegen die vielen Lügen der offiziellen deutschen Geschichtsschreibung.

Dr. E. kämpfte sein ganzes Leben lang gegen den Verrat gegen das deutsche Volk durch die deutsche Politik. Er hat ein Vermögen für diese Zwecke ausgegeben und konnte dies auch tun, weil er mit seiner Arbeit zahlreiche Freunde gewinnen konnte und diese ihn und seine Arbeit finanziell unterstützten. Dr. E. hat nie ein Leben in Luxus geführt, sondern alle seine Ressourcen, persönlich, finanziell, psychisch und physisch, dem deutschen Volk zur Verfügung gestellt.

Eigentlich wollte Dr. E. nur die ihm gestellte Aufgabe ernst nehmen und für mehr Gesundheit sorgen. Er hat dann, bei erstem Gegenwind, Unterstützer gefunden, die ihn auch auf andere Dinge aufmerksam machten. Erst nach und nach kam so alles ins Rollen, und er bekam einen Einblick in die Machenschaften des Gesundheitssystems und der Politik und wurde zum Kämpfer für die Freiheit des deutschen Volkes, bis hin zur Selbstaufgabe.

Dr. E. hat dieses Buch in seiner ersten Lektoratsfassung noch gelesen und war begeistert. Er verstarb gesund im Alter von mehr als 90 Jahren wenige Wochen vor Erscheinen dieses Buches und wurde im Beisein seiner Freunde und Familie beigesetzt.

Erscheint [illegible] wöchentlich: Dienstag bis Sonnabend in zwei Ausgaben mit und ohne Zentralhandelsregisterbeilage. Bestellungen nur durch die Post. Bezugspreis der Ausgabe ohne Beilage monatlich 4,00 DM, der Ausgabe mit Beilage 5,20 DM einschließl. Zeitungsgebühr, aber ohne Zustellgeld. Einzelne Nummern werden zum Preise von 0,35 DM zuzügl. Postgebühr gegen Voreinsendung abgegeben. Postscheckkonto: Bundesanzeiger Köln 83400. Postanschrift für Verlag und Redaktion: Köln 1, Postfach — Telefon 73248/49 — Fernschreiber: Anzeiger Bonn [illegible] Erfüllungsort u. Gerichtsstand Köln a. Rh.

BUNDES ANZEIGER

HERAUSGEGEBEN VOM BUNDESMINISTER DER JUSTIZ

Nummer 149 — Ausgegeben am Dienstag, dem 5. August 1952 — Jahrgang 4

Amtlicher Teil

Inhalt

Bekanntmachungen.

Nichtamtlicher Teil

Inhalt

Bekanntmachungen

Bundespräsidialamt

Verleihung des Verdienstordens der Bundesrepublik Deutschland.

Vom 26. Juli 1952.

Der Bundespräsident hat den Verdienstorden der Bundesrepublik Deutschland im Monat Juli an folgende besonders verdiente Männer und Frauen verliehen:

Das Großkreuz:

Mario de Pimentel Brandão, Botschafter und Generalsekretär im Brasilianischen Außenministerium, Rio de Janeiro.

Das Große Verdienstkreuz mit Stern:

Dr. Dr. h. c. Georg Karo, Universitätsprofessor, ehemaliger Leiter des Deutschen Archäologischen Instituts in Athen, Freiburg/Breisgau,
Dr. Ing. h. c. Dr. rer. nat. h. c. Paul Reusch, Kommerzienrat, Oppenweiler Kreis Backnang, Katharinenhof.

Das Große Verdienstkreuz:

Hans Bechly, ehemaliger Verbandsvorsteher des Deutschnationalen Handlungsgehilfenverbandes, Hamburg,
Franz Bornefeld-Ettmann, Präsident des Verbandes ländlicher Genossenschaften Westfalens, Wadersloh/Kreis Beckum/Westfalen,
Dr. Emmerich David, Generalvikar, Prälat und Apostolischer Protonotar, Köln,
Wilhelm Heusel, Generaldirektor, Wasseralfingen,
Hermann Honnef, Bauingenieur und Konstrukteur, Rheinbrohl,
Prof. Dr. Hans Meyer, Honorarprofessor, Marburg/Lahn,
Dr. Franz Miltenberger, Dompropst, Würzburg,
Dr. Franz Xaver Monse, erzbischöflicher Generalvikar, Listrup/Ems über Salzbergen,
Julius Moser, Dipl. Ing., Pforzheim,
Prof. Dr. phil. Dr. Ing. e. h. Matthias Pier, Industriechemiker, Heidelberg,
Dr. Dr. Gustav Pistor, Direktor a. D. der IG Farben AG., Tegernsee,
Dr. Theodor Willemsen, Studienrat i. R., Düsseldorf.

Das Verdienstkreuz:

Dr. Karl Ahl, Ministerialrat a. D., Karlsruhe,
Walther Brüggemann, Fabrikant, Heilbronn,
Peter Buchholz, Domkapitular und Strafanstaltsoberpfarrer, Düsseldorf,
Friedrich Deppisch, Präsident a. D., Ludwigsburg,
Karl Erb, Kammersänger, Ravensburg,
Max Fritzsche, Sparkassendirektor, Hamburg-Volksdorf,
Dr. Bernhard Guttmann, Schriftsteller, Buchenbach bei Freiburg,
Gottfried Haaß-Berkow, Intendant, Eßlingen,
Karl Hagel, Ministerialrat a. D. Stuttgart,
Johannes Herter, Ministerialrat a. D., Stuttgart,
August Hölscher, Brennerei- und Mühlenbesitzer, Münster/Westfalen,
Prof. Dr. med. Franz Klose, Direktor des Hygienischen Instituts der Universität Kiel, Kiel,
Hans Karl Alfred Knoerzer, Ministerialrat a. D., Stuttgart,
Reinhold Letschert, Bankdirektor, Kassel,
Heinrich A. Maus, Generalkonsul a. D., Köln-Lindenthal,
Dr. Eugen Möhler, Ministerialdirektor a. D., Stuttgart,
Adalbert Sailer, Oberregierungsrat a. D., Stuttgart,
Dr. med. Franz Schede, Professor, Leiter der Orthopädischen Klinik im Oldenburger Landeskrankenhaus Sanderbusch,
Christian Wilhelm Schneider, Fabrikdirektor, Bad Hönningen/Rhein,
Dr. Hans Schwenkel, Direktor a. D., Landesbeauftragter für Naturschutz und Leiter der Landesstelle für Naturschutz und Landschaftspflege, Stuttgart,
Elisabeth Staengel, Fabrikantin, Stuttgart,
Dr. med. Fritz Tölle, Landarzt, Flieden Krs. Fulda,
Carl Wendling, Professor a. D., Stuttgart.

Das Verdienstkreuz am Bande:

Julius Beltz, Verlagsbuchhändler, Weinheim,
Engelbert Bohn, Oberstudiendirektor, Karlsruhe,
August Dörsam, Oberregierungs- und Baurat a. D., Karlsruhe,
Wilhelm Eckert, Kreisbrandinspektor, Tauberbischofsheim,
Gustav Egler, Bürgermeister, Musberg Krs. Böblingen,
Alexander Eisenmann, Professor a. D., Stuttgart,
Edmund Falk, Regierungsvermessungsrat a. D., Karlsruhe,
Fritz Freytag, Oberschulrat a. D., Göppingen,
Valentin Gernert, Regierungsvermessungsrat, Heidelberg,
Dr. Herbert Graner, Obermedizinalrat, Heilbronn,
Eugen Harrer, Kreisamtmann a. D., Ludwigsburg,
John Heggblum, Rentner, Itzehoe,
Friedrich Hettler, Oberregierungs- und Vermessungsrat a. D., Karlsruhe,
Jeremias Hettler, Spinner und Nachtwächter, Pfullingen,
Franz Hinger, Pflastermeister, Winnenden,
Jakob Hoffmann, Oberleiter der staatlichen Reblausbekämpfung a. D., Winkel/Rheingau,
Paul Keller, Kaufmann, Stuttgart,
Erhard Kley, Sparkassendirektor a. D., Ludwigsburg,
Christian Knapp, Schulrat a. D., Heilbronn,
Gottlieb Körber, Schlossermeister, Sindelfingen,
Karl Lässing, Regierungsdirektor a. D., Stuttgart,
Anna May, Hausgehilfin, Bonn,
Oscar Merz, Packmeister, Eßlingen,
Heinrich Mosbacher, Rektor i. R., Schwetzingen,
Eugen Rieger, Direktor der allgemeinen Rentenanstalt, Stuttgart,
Paul Röhrle, Bürgermeister, Rosenberg/Krs. Aalen,
Theodor Scheufele, Hochschuloberinspektor a. D., Stuttgart Bad Cannstatt,
Elisabeth Stolte, Ordensschwester, Essen-Heidhausen,
Friedrich Strein, Staatl. Forstwart, Schwanheim,
Karl Strobeker, Regierungsdirektor a. D., Stuttgart,
Helene Tamm, Rentnerin, Krempe/Holstein,
Erwin Wohlgemuth, Oberregierungs- und Baurat a. D., Karlsruhe.

Bonn, den 26. Juli 1952.

Der Chef des Bundespräsidialamtes
Dr. Klaiber

Auswärtiges Amt

Bekanntmachung über die Bestätigung der bei der Entdeckung von „Neu-Schwabenland" im Atlantischen Sektor der Antarktis durch die Deutsche Antarktische Expedition 1938/39 erfolgten Benennungen geographischer Begriffe.

Vom 12. Juli 1952.

Die von dem derzeitigen Leiter der Deutschen Antarktischen Expedition 1938/39 vorgeschlagenen geographischen Benennungen werden wie folgt amtlich bestätigt:

Lfd. Nr.:	Namensträger:	Beziehung zur Expedition:
1	Alexander-v.-Humboldt-Gebirge	Berühmter Geograph; Begründer erdmagnetischer Forschung in den Polargebieten,
2	Humboldt-Graben	wie vorher,
3	Altar	Berg im Alexander-v.-Humboldt-Gebirge,
4	Amelang-Platte	Herbert Amelang, I. Offizier des Expeditionsschiffes, Nordd. Lloyd; führte u. a. persönlich alle Motorboot- u. Schleppbootfahrten zwischen Schiff, Packeis und Schelfeisenküste durch,
5	Am Überlauf	im nördl. Teil des Alexander-v.-Humboldt-Gebirges,
6	Barkley-Berge	Studienreferendar Erich Barkley (gefallen 1945), Reichsstelle für Fischerei (Institut für Walforschung, Hamburg),
7	Bastei	Berg im zentralen Wohltat-Massiv,
8	Bludau-Berge	Dr. med. Josef Bludau, Schiffsarzt,
9	Bolle-Berg	Herbert Bolle, Werkmeister der Flugzeugmonteurgruppe, D. L. H.; die von ihm betreuten beiden Flugboote konnten ohne Unfall oder Versager in 16 Fernflügen mit 87 Flugstunden 13 050 Flugkilometer zurücklegen,
10	Boreas (D-Agat)	eins der beiden Flugboote vom Dornier 10 t Wal-Typ,
11	Brandt-Berg	Emil Brandt, Matrose, Nordd. Lloyd, rettete einem zwischen das Packeis ins Wasser gefallenen Kameraden das Leben,
12	Bruns-Berge	Elektro-Ingenieur Herbert Bruns, Spezialist für nautische und aeronautische Meßgeräte; mittels eines erstmalig zur Verwendung kommenden Unterwasser-Peilgerätes konnte er die Nordküste der Insel Bouvet horizontal unter der Wasserlinie abloten,
13	Buddenbrook-Kette	Freiherr v. Buddenbrook, Atlantik-Flugbetriebsleiter der D.L.H., stellte Expedition Schiff und Flugpersonal zur Verfügung und betreute die aeronautische Ausrüstung der Expedition,
14	Bundermann-Ketten	Max Bundermann, Luftbildner, verfertigte die Hälfte der 11 600 Vermessungs-Luftbilder, Hansa-Luftbild-G.m.b.H.,
15	Conrad-Gebirge	Konteradmiral Dr. phil. Conrad († 1943), Leiter des Amtes für Marine-Wetterdienst, beriet die teilnehmenden Wissenschaftler im Einvernehmen mit den wissenschaftlichen Instituten,
16	Dallmann-Berge	Kapitän der Handelsmarine, erforschte 1873/74 die Westküste von Graham-Land,
17	Drygalski-Berge	Geh. Rat. Prof. Dr. E. v. Drygalski († 1950), berühmter Polarforscher, Leiter der Deutschen Antarktis-Expedition 1903/04,
18	Eckhörner	Gipfel im nördl. Teil des Alexander-v.-Humboldt-Gebirges,
19	Filchner-Berge	Dr. Wilhelm Filchner, berühmter Tibet- u. Antarktisforscher, Leiter der Deutschen Antarktisexpedition 1911/13,
20	Gablenz-Rücken	Freiherr v. Gablenz (gef. 1944), Direktor der Deutschen Luft-Hansa,
21	Gburek-Spitzen	Cand. geophys. Leo Gburek (gef. 1941), Erdmagnetiker der Expedition,
22	Geßner-Spitze	Wilhelm Geßner (gef. 1944), Direktor der Hansa-Luftbild-G.m.b.H., rüstete die Expedition mit den erstmalig zur Verwendung kommenden Reihenmeßbild-Kammern RMK, Zeiss-Aerotopograph aus, stellte die beiden erfahrensten deutschen Luftbildner Bundermann und Sauter zur Verfügung, sorgte für die erste Luftbild-Auswertung und stellte die erste „Vorläufige Übersichtskarte vom Arbeitsgebiet der Expedition" her,
23	Gneis-Kopf	Berggipfel im südl. Teil der östlichen Petermann-Kette,
24	Gockel-Kamm	Wilhelm Gockel, Meteorologischer Assistent vom Marine-Observatorium Wilhelmshaven, startete zusammen mit seinem Kameraden Krüger (s. dies.) an 106 Tagen 184 Sonden des Reichsamtes Wetterdienst und des Marine-Wetterdienstes,
25	Graue Hörner	Huken am Südende des nördl. Teils der Petermann-Ketten,
26	Gruber-Berge	Erich Gruber (gef. 1940), Flugfunker von „Boreas",

Abb. 2 und 147: Bekanntmachung über die Bestätigung der bei der Entdeckung von Neuschwabenland im Atlantischen Sektor der Antarktis durch die Deutsche Antarktische Expedition 1938/39 erfolgten Benennungen geographischer Begriffe – vom 12. Juli 1952

Lfd. Nr.:	Namensträger:	Beziehung zur Expedition:
27	Habermehl-Gipfel	Habermehl, Präsident des ehemaligen Reichswetterdienstes, sorgte für den reibungslosen Funkverkehr zwischen Schiff und Heimat,
28	Hädrich-Berg	Hädrich, Prokurist der D.L.H., besorgte das gesamte Rechnungswesen der Expedition,
29	Hedden-Berg	Karl Hedden, Matrose, rettete einen Kameraden vom Tode des Ertrinkens,
30	Herrmann-Berge	Dr. Ernst Herrmann, Geograph der Expedition,
31	In der Schüssel	nach Westen offene breite Einbuchtung im nördl. Teil des Alexander-v.-Humboldt-Gebirges,
32	Johannes-Müller-Kamm	Johannes Müller († 1944), Leiter der Abt. Nautik des Nordd. Lloyd, Teilnehmer der Filchner-Expedition 1911/13,
33	Kaye-Kamm	Baurat b. German Lloyd, Betreuer der Luft-Hansa-Schiffsparks, zur Untersuchung des anfänglich zugewiesenen Katapult-Trägers „Westfalen" als Expeditions-Schiff nach Rio de Janeiro entsandt, verhinderte durch sein Urteil über die Unbrauchbarkeit des Schiffes für den gedachten Zweck eine sonst unvermeidliche Katastrophe,
34	Kleinschmidt-Gipfel	Reg.-Dir. Kleinschmidt, Hauptabteilungsleiter der ehemaligen deutschen Seewarte,
35	Kottas-Berge	Alfred Kottas, Kapitän des Expeditionsschiffes,
36	Kraul-Berge	Kapitän der Handelsmarine († 1948), Eislotse der Expedition,
37	Krüger-Berg	Walter Krüger († 1948), Meteorologischer Assistent beim Reichsamt für Wetterdienst, zusammen mit seinem Kameraden Gockel (s. d.) startete er an 106 Tagen 184 Sonden des Reichswetterdienstes und des Marinewetterdienstes,
38	Kubus	auffälliger, gewaltiger, vierkantiger Bergklotz an der Südostecke des Mühlig-Hofmann-Gebirges,
39	Kurze-Gebirge	Vize-Admiral, Leiter der Nautischen Abt. des ehem. Marine-Oberkommandos, stellte die neuzeitlichste nautische Schiffsausrüstung zur Verfügung,
40	Lange-Platte	Studienassessor Dr. phil. Heinz Lange (gef. 1941), vom Reichsamt für Wetterdienst, II. Meteorologe der Expedition,
41	Loesener-Platte	Kurt Loesener, Flugzeugmechaniker von „Boreas", Deutsche Luft-Hansa,
42	Lose Platte	Platte an der Westseite, südl. Teil des Alexander-v.-Humboldt-Gebirges,
43	Luz-Rücken	Martin Luz, Kaufmännischer Direktor der Deutschen Luft-Hansa,
44	Mayr-Kette	Rudolf Mayr, Flugzeugführer von „Passat", Deutsche Luft-Hansa,
44a	Matterhorn	dem in Form und Höhe (über 4000 m ü. M.) in den Walliser Alpen ähnlicher, gewaltiger Felsenzacken in den Drygalski-Bergen,
45	Mentzel-Berg	Prof. Rudolf Mentzel, Präsident der Deutschen Forschungsgemeinschaft,
46	Mühlig-Hofmann-Gebirge	Mühlig-Hofmann, Min.-Dirigent im ehemaligen RLM, setzte die Zur-Verfügung-Stellung der „Schwabenland" als Expeditionsschiff durch,
47	Neumayer-Steilwand	v. Neumayer, Gründer und Direktor der Deutschen Seewarte, Organisator mehrerer Polarexpeditionen,
47a	Neu-Schwabenland	Expeditionsschiff „Schwabenland",
48	Nordwest-Insel	dem Nordende des Alexander-v.-Humboldt-Gebirges vorgelagert,
49	Östliches Hochfeld	zwischen den Südenden der östlichen und westlichen Petermann-Ketten,
50	Ober-See	am Nordostende des Zentralen Wohltat-Massivs,
51	Passat (D-Alox)	eins der beiden Flugboote vom Dornier-10 t. Wal-Typ,
52	Paulsen-Berge	Cand. phil. Karl-Heinz Paulsen (gef. 1941), Ozeanograph der Expedition,
53	Payer-Gruppe	Julius v. Payer, österr. Polarforscher,
54	Penck-Mulde	Geh. Rat Prof. Dr. Albrecht Penck († 1947), berühmter Geograph, Verfasser von „Geologie der Antarktis" u.a.W.,
55	Petermann-Ketten	August Petermann, berühmter Geograph und Förderer der deutschen Polarforschung,
56	Preuschoff-Rücken	Franz Preuschoff, Flugzeugmechaniker von „Passat",
57	Regula-Kette	Dr. Herbert Regula, I. Meteorologe der Expedition, Deutsche Seewarte,
58	Ritscher-Gipfel Ritscher-Land	Kapitän der Handelsmarine, Oberreg.-Rat, Expeditionsleiter,
59	Röbke-Berg	Karl-Heinz Röbke, II. Offizier des Expeditionsschiffes, Nordd. Lloyd,
60	Ruhnke-Berg	Herbert Ruhnke, Flugfunker von „Passat",
61	Sauter-Riegel	Siegfried Sauter, Luftbildner, fertigte die Hälfte der 11 600 Vermessungs-Luftbilder, Hansa Luftbild G.m.b.H.,
62	Schirmacher-Seenplatte	Richardheinrich Schirmacher, Flugzeugführer von „Boreas", Deutsche Luft-Hansa,
63	Schneider-Riegel	Hans Schneider, Leiter der Abt. Ausrüstung (Besatzung und Proviant) des Nordd. Lloyd,
64	Schubert-Gipfel	v. Schubert, Reg.-Direktor, Hauptabtlg.-Leiter „Nautik" der Deutschen Seewarte,
65	Schulz-Höhen	Robert Schulz, II. Ing. d. Expeditions-Schiffes,
66	Schichtberge	Südwest-Ausläufer d. Zentr. Wohltat-Massivs
67	Schwarze Hörner	am Südende des nördl. Teils der mittleren Petermann-Kette,
68	See-Kopf	Kap am Nordostende des Zentralen Wohltat-Massivs,
69	Seilkopf-Berge	Prof. Dr. Heinrich Seilkopf, aus der Luftschiffahrt bekannter Meteorologe, Leiter der Abt. See-Flug der ehemaligen Deutschen Seewarte,
70	Sphinx-Kopf	Nordende eines einzelnen Bergrückens im Wohltat-Massiv (71° 22' S, 12° 00' O)
71	Spieß-Gipfel	Admiral, Präsident der Deutschen Seewarte, Kommandant des Expeditionsschiffes „Meteor" u. Leiter der Meteor-Expedition 1925/27,
72	Stein-Kuppen	Willy Stein, Bootsmann auf „Schwabenland", erfolgreicher Motorboots- und Bootsfahrer im Treib- und Packeis, Nordd. Lloyd,
73	Todt-Riegel	Dr. rer. pol. Herbert Todt, Assistent des Expeditionsleiters,
74	Uhlig-Gipfel	Karl Uhlig, Leitender Ingenieur des Expeditionsschiffes Nordd. Lloyd,
75	Unter-See	an der Nordseite des Zentralen Teiles des Wohltat-Massivs,
76	Vorposten	Nunataker im östlichen Grenzgebiet von Neu-Schwabenland,
77	Westliches Hochfeld	zwischen den beiden südl. Ausläufern des Alexander-v.-Humboldt-Gebirges,
78	Weyprecht-Berge	Weyprecht, berühmter Polarforscher, Entdecker von Franz Joseph-Land 1872/73, gab die Anregung für das Erste Internationale Polarjahr,
79	Wegener-Inlandeis	Dr. Alfred Wegener († 1930), berühmter Grönlandforscher,
80	Witte-Spitzen	Dietrich Witte, Motorenwart des Expeditionsschiffes,
81	Wohltat-Massiv	Min.-Direktor Helmuth Wohltat, Initiant, Organisator der Expedition und ihr Betreuer während der Durchführung,
82	Zimmermann-Berg	Carl Zimmermann, Oberreg.-Rat i. R., Vizepräsident der Deutschen Forschungs-Gemeinschaft,
83	Zuckerhut	Gipfel im Zentralen Wohltat-Massiv,
84	Zwiesel	höchster Gipfel in der Mitte der westlichen Petermann-Kette.

Die geographischen Positionen der genannten Gebiete sind wie folgt:

A. **Das Wohltat-Massiv**, ein ausgedehntes Berggebiet mit Gipfeln bis 3010 m ü. M. und Hochgebirgsformen im Zentralen Teil, umfaßt den Raum zwischen 70,5° S und 72,2° S, 16° O und 11° O. Rings um den Zentralen Teil gruppieren sich:

a) die „Schirmacher-Seenplatte" im Nordwesten,
b) die Nunataker „Vorposten" im Osten,
c) die Payer-Gruppe im Südosten,
d) die Weyprecht-Berge im Süden und
e) das Alexander-v.-Humboldt-Gebirge im Südwesten

Den Raum zwischen letzterem und dem Zentralen Teil füllen

f) die Petermann-Ketten aus, vom Alexander-v.-Humboldt-Gebirge getrennt durch den Humboldt-Graben.

Ober- und Unter-See liegen am Fuße des Massivs an seiner Nordseite. Höchste Erhebungen und besonders auffällige Punkte sind im Zentralen Teil des Massivs:

Die Schicht-Berge,	N-L Nr. 66,	Höhe 2600 m,	Lage: 71,4° S, 13,2° O
Zimmermann-Berg,	Nr. 82,	Höhe 2530 m,	Lage: 71,3° S, 13,4° O
Ritscher-Gipfel,	Nr. 58,	Höhe 3010 m,	Lage: 71,4° S, 13,4° O
Zuckerhut,	Nr. 83,	Höhe 2700 m,	Lage: 71,4° S, 13,5° O
Unter-See,	Nr. 75,	Höhe 655 m,	Lage: 71,3° S, 13,5° O
Bastei,	Nr. 7,	Höhe 2649 m,	Lage: 71,3° S, 13,6° O
Mentzel-Berg,	Nr. 45,	Höhe 2520 m,	Lage: 71,3° S, 13,7° O
Ober-See,	Nr. 50,	Höhe 820 m,	Lage: 71,2° S, 13,7° O
See-Kopf,	Nr. 68,	Höhe 1340 m,	Lage: 71,2° S, 13,8° O
Todt-Riegel,	Nr. 73,	Höhe 1900 m,	Lage: 71,3° S, 14,3° O
Vorposten,	Nr. 76,	Höhe 2200 m,	Lage: 71,4° S, 15,8° O

a) Die **Schirmacher-Seenplatte**, N-L Nr. 60, ist eine etwa 15 km lange, höchstens 3 km breite Felsplatte auf 70° 40' S, 11° 40' O. Die höchste Erhebung der Felsplatte mit 210 m ü. M. liegt eben westlich von ihrer Mitte, eine 145 m hohe an ihrem Ostende.

b) Die Nunataker **„Vorposten"** liegen auf einer südsüdwestwärts ansteigenden Schwelle auf 71,4° S, 15,8 O, sind 2200 m ü. M. hoch und überragen das Inlandeis der Umgebung um etwa 300 m.

c) Die **„Payer-Gruppe"**, N-L Nr. 50, liegt mit ihrer Mitte auf 72,0° S, 14,7° O; sie hat etwa Kreisform. Von ihrer Mitte läuft eine Schwelle mit einigen Nunatakern südwärts, deren höchster 3180 m ü. M. erreicht.

d) Die **„Weyprecht-Berge"**, N-L Nr. 78, bilden eine Berggruppe, deren Mitte auf 72,0° S, 13,5° O liegt; von den Gipfeln sind fünf über 2900 m ü. M. hoch und überragen damit das Inlandeis der Umgebung um etwa 300 m; der höchste Gipfel mit 2980 m ü. M. liegt am Südwestende der Gruppe.

e) Das **„Alexander-v.-Humboldt-Gebirge"**, N-L Nr. 1, erstreckt sich, reich zergliedert, von 71,4° S, bis 72,0° S zwischen 11° und 12° O. Am Nordende liegt die Nordwest-Insel, N-L Nr. 48; weiter südlich liegen am Nordrand der halbkreisförmigen, nach Westen offenen, breiten Bucht „In der Schüssel", N-L Nr. 31, die 2370 und 2390 m hohen „Eckhörner", N-L Nr. 18, und östlich von dem östlicheren von beiden ist die Lücke im halbkreisförmigen Bergkranz „Am Überlauf", N-L Nr. 5, mit ihrem 100 m hohen Gefälle zwischen dem Inlandeisstand innen und außen südwestlich von „In der Schüssel" liegt auf 71,6° S, 11,3° O der 2360 m hohe Gipfel „Altar", N-L Nr. 3. Zwischen den beiden südlichen Ausläufern des Alexander-v.-Humboldt-Gebirges erstreckt sich in 2600 bis 2700 m ü. M. das „Westliche Hochfeld", N-L Nr. 78, in nord-südlicher Richtung.

Der **„Humboldt-Graben"**, N-L Nr. 2, begrenzt das Alexander-v.-Humblodt-Gebirge im Osten und trennt es von der westlichen Petermann-Kette. In seinem Nord-Ausgang liegt eine Felsinsel mit dem „Sphinx-Kopf", N-L Nr. 70, an ihrem Nordende.

Die **„Petermann-Ketten"** bestehen aus einem südlichen, mittleren und nördlichen Teil; mittlerer und nördlicher Teil zerfallen wiederum je in drei größere und einige kleinere Bestandteile. Alle erstrecken sich in Nord-Süd-Richtung, N-L Nr. 55, von 71,3° S bis 72,15° S zwischen dem Zentralen Wohltat-Massiv und dem Alexander-v.-Humboldt-Gebirge. Zwischen dem südlichen und dem mittleren Teil liegt mit etwa 2800 m ü. M. die Inlandeiszunge „Östliches Hochfeld", N-L Nr. 49, und an den Südecken des nördlichen Teils der Petermann-Ketten sind die „Schwarzen" und die „Grauen Hörner", N-L Nr. 67 und 25. Von den Gipfeln ist der **„Gneis-Kopf"**, N-L Nr. 23, auf 71,9° S, 12,2° O der höchste im gesamten Wohltat-Massiv mit 3240 m ü. M. Ein anderer markanter Berg ist der „Zwiesel", N-L Nr. 84, am Südende der östlichen Kette mit 3180 m ü. M. Die zwei unbenannten Nordenden der nördlichen Petermann-Ketten zwischen Sphinx-Kopf und dem Zentralen Wohltat-Massiv erreichen 2170 und 2140 m Höhe ü. M.

Die **„Dallmann-Berge"**, N-L Nr. 16, zwischen dem Alexander-v.-Humboldt-Gebirge und dem Conrad-Gebirge, bestehen aus einem Massiv, einem inselartigen 3000 m hohen Berg westlich von seinem nördlichen Teil, und einigen Nunatakern. Der Kamm des Massivs läuft dicht westlich von 11° O etwa 35 km südwärts von 71,7° S bis fast 72° S.

B. Das **Conrad-Gebirge**, N-L Nr. 15, und das Kurze-Gebirge, N-L Nr. 39, sind zwei ihrer Form und Ausdehnung nach ziemlich ähnliche Gebirgszüge, die durch eine 15 bis 20 km breite Inlandeisfläche getrennt sind. Sie erstrecken sich nord-südwärts, ersteres mit 55 km Länge auf 10,5° O zwischen 71,7° S und 72,3° S, letzteres auf 9,5 bis 10° O zwischen 72,1 bis 72,5° S mit 45 km Länge, und erreichen ihre größten Höhen von über 3000 m ü. M. in Gipfeln, von denen der höchste im südlichen Teil des Conrad-Gebirges, zwei andere im nördlichen Teil des Kurze-Gebirges liegen. Große Aufschüttungen finden sich an der Westseite beider Gebirgszüge.

Die **Drygalski-Berge**, N-L Nr. 17, und die Filchner-Gruppe, N-L Nr. 39, sind in ihren niedrigeren Teilen firnbedeckte, breit gelagerte und, besonders die erstgenannten, spitze auffallend zackige Felsmassen im Raum zwischen 9,5 und 7,1° O und 71,8 und 72,1° S. Der auffallendste Gipfel ist das „Matterhorn", N-L Nr. 44 a, ein gewaltiger, dem Matterhorn in den Walliser Alpen sehr ähnlicher und schätzungsweise annähernd 4000 m hoher einzelner Felszacken. Am Südwestende der Filchner-Gruppe liegt der „Kubus", N-L Nr. 38, ein mächtiger, viereckiger Bergklotz auf 72,4° S, 7,5° O.

C. **Das Mühlig-Hofmann-Gebirge**, N-L Nr. 46, zwischen 71,8 und 72,6° S und 3° O, eine geringere Mannigfaltigkeit der Bergformen als die Gebirge im östlichen Teil von Neu-Schwabenland; es fehlen ähnlich exzessive Hochgebirgsformen wie dort. Bedeutende Erhöhungen über 3000 m ü. M., jedoch nur rund 1000 m über dem Inlandeis sind nur im Nordosten in der „Geßner-Spitze", N-L Nr. 22 auf 71,9° S, 6,9° O und im Habermehl-Gipfel, N-L Nr. 27, dicht westlich davon. Zwischen Geßner-Spitze und „Bolle-Berg", N-L Nr. 9, auf 72,3° S, 6,5° O, weist das Gebirge hohe, in stumpfe Gipfel gegliederte Kämme auf. Diesem Bilde passen sich an:

Buddenbrook-Kette,	N-L Nr. 13,	71,7° S, 6° O
Luz-Rücken,	N-L Nr. 43,	72° S bis 72,3° S, 5,5° O
Hädrich-Berg,	N-L Nr. 28,	72,4° S, 5,2° O
Kaye-Kamm,	N-L Nr. 33,	72,5° S, 4,8° O
Gablenz-Rücken,	N-L Nr. 20,	72° bis 72,3° S, 5° O
Preuschoff-Rücken,	N-L Nr. 56,	72,3° bis 72,5° S, 4,5° O
Gruber-Berge,	N-L Nr. 26,	72° S, 4° O
Loesener-Platte,	N-L Nr. 41,	72° S, 4,3° O
Ruhnke-Berg,	N-L Nr. 60,	72,5° S, 4° O
Bundermann-Ketten,	N-L Nr. 14,	71,8° S bis 72° S, 3,4° O
Mayr-Kette,	N-L Nr. 44,	72° bis 72,3° S, 3,4° O
Sauter-Riegel,	N-L Nr. 61,	72,6° S, 3,3° O

D. **Das Ritscher-Land**, N-L Nr. 58, wird von Süden nach Norden von der „Penck-Mulde", N-L Nr. 54, durchzogen. In ihre südliche Mündung stürzt das „Wegener-Inlandeis", N-L Nr. 79, das das Gesamtgebiet von Neu-Schwabenland polwärts begrenzt, dicht nördlich von 74° S steil um gut 1000 m ab, um sich dann mit geringerem Gefälle nordwärts zum Schelfeis abzusenken. Im Osten und Westen wird die Penck-Mulde von firnbedeckten Bergzügen flankiert, deren höchste Erhebungen bis in über 3000 m ü. M. hinaufragen und sich um 1000 bis 1500 m über das Inlandeis der Mulde erheben.

Von den Bergen, Spitzen und Kämmen an der Ostseite der Penck-Mulde sind, von Süden nach Norden, folgende benannt:

Gockel-Kamm,	N-L Nr. 24, auf	73,2° S, 0,2° W
Herrmann-Berge,	N-L Nr. 30,	73° S, von 1° O bis 0°
Krüger-Berg,	N-L Nr. 37,	73,1° S, 1,3° O
Barkley-Berge,	N-L Nr. 6,	72,8° S, von 1,5° bis 0,8° O
Gburek-Spitzen,	N-L Nr. 21,	72,7° S, von 1,5° bis 0,8° O
Paulsen-Berge,	N-L Nr. 52,	72,4° S, 1,5° O
Brandt-Berg,	N-L Nr. 11,	} 72,1° S, von 1° bis 1,5° O
Hedden-Berg,	N-L Nr. 29,	}

Von den bemerkenswerten geographischen Objekten an der Ostseite der Penck-Mulde sind benannt, von Süden nach Norden:

Kottas-Berge,	N-L Nr. 35, auf	74,1 bis 74,3° S, 8,2—9° W
Amelang-Platte, (Felsplatte mit 2 Gipfeln)	N-L Nr. 4,	74° S, 6,2 bis 6,5° W
Schulz-Höhen,	N-L Nr. 65,	73,7° S, 7,6° W
Schneider-Riegel,	N-L Nr. 63,	73,7° S, 3,3° W
Kleinschmidt-Gipfel	N-L Nr. 34,	Berge u. Gipfel auf einem
Uhlig-Gipfel,	N-L Nr. 74,	150 km langen, firnbedeck-
Bludau-Berge,	N-L Nr. 8,	ten fast geradlinig von
Spieß-Gipfel,	N-L Nr. 71,	72,7° S, 3,5° W bis 74° S,
Schubert-Gipfel,	N-L Nr. 64,	5° W laufenden Berg-
Seilkopf-Berge,	N-L Nr. 69.	rücken.

Weitere Einzelheiten und Kartenmaterial, sowie eine eingehende Beschreibung des Gebietes von Neu-Schwabenland enthalten das Werk „Deutsche Antarktische Expedition 1938/39" von Alfred Ritscher, Verlag Koehler & Amelang, Leipzig, 1942.

Bonn, den 12. Juli 1952.

Der Bundesminister des Auswärtigen
In Vertretung
Hallstein

Der Bundesminister für Wirtschaft

Runderlaß Außenwirtschaft Nr. 88/52 betreffend: Tschechoslowakei; Handelsverkehr zwischen der Bundesrepublik und der Tschechoslowakei für die Zeit vom 1. Januar bis 31. Dezember 1952.

Vom 25. Juli 1952.

In dem Runderlaß Außenwirtschaft Nr. 63/52 vom 6. Mai 1952 (Bundesanzeiger Nr. 95 vom 17. Mai 1952) wurden die wichtigsten Bestimmungen des am 29. April 1952 paraphierten Protokolls bekanntgegeben.

Nachdem inzwischen die Alliierte Hohe Kommission Einwendungen nicht erhoben hat, ist das Warenprotokoll am 15. Juli 1952 gezeichnet worden.

Nachstehend werden das Protokoll und der geführte Briefwechsel im Wortlaut wiedergegeben.

Dieser Runderlaß findet im Lande Berlin Anwendung, wenn und soweit er in Berlin bekanntgegeben wird.

Bonn, den 25. Juli 1952.
V B 6 — 48027/52.

Der Bundesminister für Wirtschaft
Im Auftrag
Dr. Reinhardt

Protokoll über die Besprechung einer Gemischten Kommission in der Zeit vom 4. 2. bis 29. 4. 1952

Auf Grund der Artikel 5 und 7 des für die Vertragspartner gültigen Warenabkommens vom 3. Dezember 1948 in der Fassung vom 21. Oktober 1949 und des Zahlungsabkommens vom 5. September 1947 in der Fassung vom 21. Oktober 1949 hat eine Gemischte Kommission in dem obenbezeichneten Zeitraum neue Warenlisten für das Jahr 1952 vereinbart und die als Anhang beigefügten weiteren Vereinbarungen getroffen.

I. **Warenverkehr**

Für die Zeit vom 1. Januar bis 31. Dezember 1952 wurden die als Anlagen beigefügten Warenlisten A (CS-Lieferungen) und B (Deutsche Lieferungen) vereinbart. Der Briefwechsel zwischen den Vorsitzenden der Delegationen ist hierzu Bestandteil.

II. **Zahlungsverkehr**

Das Zahlungsabkommen vom 5. September 1947 in der Fassung vom 21. Oktober 1949 wird gemäß der Vereinbarung zwischen der Bank deutscher Länder einerseits und der Státní banka ceskoslovenská andererseits vom 29. April 1952 angewendet. Dieses Protokoll mit Anlagen soll rückwirkend mit dem 1. Januar 1952 in Kraft treten und bis zum 31. Dezember 1952 Geltung haben.

Geschehen in 4 Ausfertigungen in deutscher und tscheschischer Sprache in Unkel a. Rh. am 29. April 1952, wobei der Wortlaut in beiden Sprachen verbindlich ist.

Für die deutsche Delegation	Für die tschechoslowakische Delegation
paraphiert: gez. J. S. 29. 4. 52 (Josef Seiberlich)	paraphiert: gez. B. G. 29. 4. 52 (Bohumil Glac)
Gezeichnet: gez. Josef Seiberlich den 15. Juli 1952	Gezeichnet: gez. Jaroslav Urban den 15. Juli 1952

Abbildungsverzeichnis

Abb. 1	Grafik aus Broers, Dieter: „Transformation der Erde“
Abb. 2	http://unser-mitteleuropa.com/2017/02/05/dresdner-buergermeister-dresden-war-keine-unschuldige-stadt/
Abb. 3,4	Corey Goode & David Wilcock *Cosmic Disclosure* (im Folgenden ohne Titel) Video 02-01
Abb. 5	Corey Goode & David Wilcock Video 01-01
Abb. 6	www.youtube.com/watch?v=QhcFWgL9mKo *Statis Kammer*
Abb. 7	www.youtube.com/watch?v=QhcFWgL9mKo *Stasis Sarkophag*
Abb. 8,9	Corey Goode & David Wilcock Video 02-01 *Vimanas, Vril Damen*
Abb. 10	Corey Goode & David Wilcock Video 04-06 *königlicher Draco*
Abb. 11-14	Corey Goode & David Wilcock Video 02-01
Abb. 15-22	Corey Goode & David Wilcock Video 02-04
Abb. 23	www.dailymail.co.uk/news/article-2111439/Iron-Sky-Sci-Fi-comedy-Nazis-invading-Earth-space-Germans-laughing.html
Abb. 24	https://moonconspiracy.wordpress.com/the-nazis-had-a-base-on-the-moon/
Abb. 25	Corey Goode & David Wilcock Video 04-01 *Saturn-Ringe*
Abb. 26	Corey Goode & David Wilcock Video 05-06 elektromagnetische Lebensform
Abb. 27,28	Corey Goode & David Wilcock Video 02-16
Abb. 29-32	Corey Goode & David Wilcock Video 03-01
Abb. 33-38	Corey Goode & David Wilcock Video 03-04
Abb. 39-43	Corey Goode & David Wilcock Video 03-05
Abb. 44	www.youtube.com/watch?v=ZVYz7g-qLjs *Nano Roboter*
Abb. 45,46	Corey Goode & David Wilcock Video 04-06
Abb. 47-52	Corey Goode & David Wilcock Video 04-08
Abb. 53-58	Corey Goode & David Wilcock Video 05-10
Abb. 59	„Mein Vater war ein MiB (Men in Black)“, Amadeus Verlag 2017, S. 78
Abb. 60	Corey Goode & David Wilcock Video 05-10
Abb. 61	https://oldmachinepress.com/2017/05/20/krupp-80-cm-schwerer-gustav-dora-railway-gun/
Abb. 62-72	Corey Goode & David Wilcock Video 05-10
Abb. 73-79	Corey Goode & David Wilcock Video 06-08
Abb. 80	Corey Goode & David Wilcock Video 05-13 *Clifford Stone*
Abb. 81	Collage aus Corey Goode & David Wilcock Video 05-13
Abb. 82-83	David Wilcock Video 05-16 *Bob Wood*
Abb. 84	David Wilcock Video 07-13 *Dr. W. Klemperer*
Abb. 85-88	*google Earth* Software Screenshot
Abb. 89	eigene Grafik
Abb. 90	*google Earth* Software Screenshot
Abb. 91	eigene Grafik
Abb. 92	Corey Goode & David Wilcock Video 05-08
Abb. 93	eigene Karte
Abb. 94	Thomas Anderson, „Weltverschwörung“, Amadeus Verlag
Abb. 95	http://transinformation.net/die-blauen-und-das-event/
Abb. 96	www.youtube.com/watch?v=JW6cJuKDUsU
Abb. 97	www.youtube.com/watch?v=MpAZefEN_EU *Bob Walker* und www.youtube.com/watch?v=rd7tTqy73Gk
Abb. 98	www.youtube.com/watch?v=u9ZZekWMiUQ *Jan Harzan*
Abb. 99	www.youtube.com/watch?v=CFsc0EkvFQY *Jim Marrs*
Abb. 100	www.youtube.com/watch?v=rBO8z9pHAuA *Don Phillips*

Abb. 101 www.youtube.com/watch?v=4CSeWkJvdbQ
Abb. 102 www.youtube.com/watch?v=_4hycqDNnPE *Karl Wolfe*
Abb. 103 www.youtube.com/watch?v=d0H-Pn8RKKo *George Filer*
Abb. 104 www.youtube.com/watch?v=VxA-Y4enohQ *Bill Uhouse*
Abb. 105 www.youtube.com/watch?v=VxA-Y4enohQ *UFO Skizze*
Abb. 106 www.youtube.com/watch?v=xXIWKQOu-k8 *UFO-Simulator*
Abb. 107 www.youtube.com/watch?v=kyx_KD_Sy_w *J-Rod*
Abb. 108 www.youtube.com/watch?v=qIyXcznVui8 *Phil Schneider*
Abb. 109 www.youtube.com/watch?v=7AAJ34_NMcI *Edgar Mitchell*
Abb. 110 www.youtube.com/watch?v=LOHv1twCOqQ
Abb. 111 www.youtube.com/watch?v=qBOY5jrOGwA *Glen Dennis*
Abb. 112 www.youtube.com/watch?v=wsEd_b1C8DY *Gordon Cooper*
Abb. 113 www.youtube.com/watch?v=wsEd_b1C8DY
Abb. 114 www.youtube.com/watch?v=qu0InfzC1Gc *Philip Corso*
Abb. 115 www.youtube.com/watch?v=qu0InfzC1Gc
Abb. 116 www.youtube.com/watch?v=PaK5WOz3Mf4 *Paul H. Utz*
Abb. 117 www.youtube.com/watch?v=PgAEoNbfjT4 *Richard Haines*
Abb. 118 www.youtube.com/watch?v=2VaeZRH9R2Y *Jon. Weygandt*
Abb. 119 www.youtube.com/watch?v=0WZyDglNi5Y *General Stephen Lovekin*
Abb. 120 www.youtube.com/watch?v=Ni5Y_Ezw9Tk *Daniel M. Salter*
Abb. 121 eigenes Bildmaterial
Abb. 122 https://dieunbestechlichen.com/2017/06/der-mars-wird-schon-seit-20-jahren-bewohnt-schockierende-enthuellungen-des-hackers-gary-mckinnon/
Abb. 123 www.youtube.com/watch?v=bDIXvpjnRws *Buzz Aldrin*
Abb. 124 www.youtube.com/watch?v=QzjMLoPMjWI *Phobos, Ceres*
Abb. 125 www.youtube.com/watch?v=nd_ZXgObNNg *Boyd Bushmann*
Abb. 126 www.youtube.com/watch?v=nd_ZXgObNNg *Nuklear UFO*
Abb. 127 www.youtube.com/watch?v=nd_ZXgObNNg *F-86*
Abb. 128 www.youtube.com/watch?v=kyx_KD_Sy_w C. *Ronald Garner*
Abb. 129 https://en.wikipedia.org/wiki/John_Michael_McConnell
und https://en.wikipedia.org/wiki/Dick_Cheney
und https://en.wikipedia.org/wiki/Alan_Greenspan
Abb. 130 www.youtube.com/watch?v=kyx_KD_Sy_w *Looking Glass*
Abb. 131 www.youtube.com/watch?v=kyx_KD_Sy_w *CleanSphere*
Abb. 132 https://de.wikipedia.org/wiki/Paul_Hellyer
Abb. 133 www.youtube.com/watch?v=AmNzkxVwAYg *Charles Hall*
Abb. 134 www.youtube.com/watch?v=v0JJFVrKMZg *Ken Johnston*
und http://aquarianradio.com/2015/08/23/dr-r-ken-johnston-sr-bio/
Abb. 135 www.youtube.com/watch?v=ooSRh7V68uk *Pete Peterson*
Abb. 136-142 www.youtube.com/watch?v=ad3Bb2_vSp8 *Dan Burish & Michael Schratt*
Abb. 143 Corey Goode Interview Cosmic Disclosure S07E13 *John Lear*
Abb. 144 http://greyfalcon.us/restored/Secret%20flying%20discs%20of%20the%20Third%20Reich.htm
Abb. 145 http://greyfalcon.us/restored/Secret%20flying%20discs%20of%20the20Third%20Reich.htm
Abb. 146 Quelle unbekannt, Internet-Recherche.
Abb. 147 eigenes Foto
Abb. 148 www.youtube.com/watch?v=0G-vFvUbO-M
Abb. 149 www.youtube.com/watch?v=ju6CqHu4UBE
Abb. 150 www.youtube.com/watch?v=Hn_zXuCnDKc
Abb. 151 www.youtube.com/watch?v=MGESqIl5tcY

Abb. 152 mit Genehmigung des Eigentümers von der Entwicklungsgesellschaft, R.W.
Abb. 153 www.youtube.com/watch?v=TXeag2-o66E
Abb. 154 http://patch.com/georgia/cascade/bp--hemoglobin-vs-chlorophyll
Abb. 155 www.youtube.com/watch?v=pVr5PywldOA
Abb. 156 http://briff.me/2015/04/28/strange-animals/
Abb. 157 https://de.wikipedia.org/wiki/Gro%C3%9Fer_B%C3%A4r
Abb. 158 https://faszinationmensch.com/2014/08/23/lvereinigtestaaten/
Abb. 159 https://faszinationmensch.com/2014/08/23/lvereinigtestaaten/
Abb. 160 https://de.wikipedia.org/wiki/Flagge_der_Vereinigten_Staaten
Abb. 161 https://faszinationmensch.com/2014/08/23/lvereinigtestaaten/
Abb. 162 www.cbsnews.com/pictures/photographing-the-gw-bush-presidency/11/
Abb. 163 www.arkansas.com/blog/wp-content/uploads/ClintonDecadeOfProgress-Oval-Office.jpg
Abb. 164 https://jfklibrary.org/Asset-Viewer/Archives/JFKWHP-ST-A46-2-62.aspx
Abb. 165 www.washingtontimes.com/news/2013/oct/23/for-obama-it-seems-the-buck-doesnt-stop-at-the-ova/
Abb. 166 www.youtube.com/watch?v=xBVkjwM3hXU

Quellenverzeichnis

1 http://derwaechter.net/trump-ueber-den-11-september-2001-dafuer-war-eine-grosse-bombe-im-keller-erforderlich
2 https://jmp.princeton.edu/announcements/some-thoughts-and-advice-our-students-and-all-students
https://dieunbestechlichen.com/2017/09/selber-denken-heute-eine-radikale-auforderung/
3 www.heute.at/news/politik/Arbeitsprogramm-der-Regierung-im-Bereich-Sicherheit-Integration;art23660,1394246
4 http://derwaechter.net/bald-zwei-jahre-haft-fur-kritische-burger-osterreich-definiert-staatsfeinde-neu
5 www.freitag.de/autoren/der-freitag/freiheit-ist-immer-die-freiheit-der-anderen
6 www.amazon.de/s/ref=dp_byline_sr_book_1?ie=UTF8&text=Hans+H.+von+Arnim&search-alias=books-de&field-author=Hans+H.+von+Arnim&sort=relevancerank
7 https://de.wikipedia.org/wiki/Politische_Korrektheit
8 www.zentrum-der-gesundheit.de/codex-alimentarius-ia.html
9 David Wilcock Wisdom Teachings, (Video 219) S26E04 *Proof of Interplanetary Climate Change*
10 www.amazon.de/Vision-2004-n%C3%A4chsten-%C3%96sterreichischer-Schweigen/dp/B001DJDW9I
11 www.youtube.com/watch?v=JrMGtGt56ZE
www.extremnews.com/berichte/zeitgeschichte/89b5138288e4c5d
Videosuche nach „Gigantische UFOs in Korona der Sonne – NASA“
12 https://newsgru.com/lucifer-is-god-declared-by-pope-francis/
13 http://unser-mitteleuropa.com/2017/02/05/dresdner-buergermeister-dresden-war-keine-unschuldige-stadt/
14 https://de.wikipedia.org/wiki/The_Tavistock_Institute
siehe „Weltverschwörung“ Thomas Anderson, Amadeus Verlag, 2016
15 https://tabublog.com/2015/12/26/the-manufactured-invention-of-the-beatles-stones-grateful-dead-and-the-birth-of-rock-n-roll-by-the-tavistock-institute-a-jesuit-corporation/
16 siehe „Weltverschwörung“ Thomas Anderson, Amadeus Verlag, 2016
17 https://www.raum-und-zeit.com/oekologie/energiewende/benzin-aus-sand.html
18 http://abc13.com/news/474-arrested-in-california-human-trafficking-stings/1734315/
19 http://itccs.org/2013/10/28/i-saw-joseph-ratzinger-murder-a-little-girl-eyewitness-to-a-1987-ritual-sacrifice-confirms-account-of-toos-nijenhuis-of-holland/
20 www.pagan-forum.de/Thema-Papst-Kindesmissbrauch-ist-wie-satanische-Messe
21 http://beforeitsnews.com/celebrities/2014/07/pope-francis-found-guilty-of-child-trafficking-rape-murder-2465728.html
22 www.focus.de/politik/ausland/george-pell-ermittlungen-gegen-vatikan-finanzchef-wegen-kindesmissbrauchs_id_7296379.html
www.zeit.de/gesellschaft/zeitgeschehen/2015-06/katholische-kirche-vatikan-missbrauch-george-pell
23 www.pravda-tv.com/2017/03/kindesmissbrauch-kindesfolter-kindermord-das-hobby-der-elite-in-europa/
24 http://derwaechter.net/banker-gibt-zu-dass-ihm-befohlen-wurde-kinder-bei-parties-fur-die-elite-zu-opfern
25 https://annaschublog.com/2017/08/06/katy-perry-geisteskranke-paedophile-kontrollieren-die-musikindustrie/
26 https://annaschublog.com/2017/08/06/katy-perry-geisteskranke-paedophile-kontrollieren-die-musikindustrie/
27 www.alaria.de/home/2605-sodom-satanas.html

28 http://derwaechter.net/belgien-in-einem-jahr-sind-1720-kinder-verschwunden

29 https://de.wikipedia.org/wiki/Freimaurerei

30 https://lupocattivoblog.com/2017/02/21/die-welt-der-luege-ist-eine-welt-ohne-seele/#more-28753

31 „NAZI-Wahn", Amadeus Verlag, S 32: *„In diesem Zusammenhang möchte ich ebenfalls auf das Umerziehungsprogramm der Alliierten für Deutschland nach dem Zweiten Weltkrieg aufmerksam machen. Das nach Kriegsende von den Alliierten festgelegte Programm Reeducation of the German People (Umerziehung der Deutschen) kam tatsächlich praktisch zur Anwendung. Es ging inhaltlich hauptsächlich um eine ‚Demokratisierung' und eine sogenannte ‚Entnazifizierung'. Die Alliierten nahmen dabei auch erheblichen Einfluss auf das deutsche Bildungssystem. Was die wenigsten Deutschen wissen: Es gibt einen Passus im Zwei-Plus-Vier-Vertrag, dass die Deutschen die Geschichtsschreibung der Alliierten nicht in Frage stellen dürfen. Das wurde 1990 im Zwei-Plus-Vier-Vertrag verlängert. Und zwar steht im Überleitungsvertrag von 1954, Artikel 7 (1), dass ‚deutsche Gerichte und Behörden... alle Urteile und Entscheidungen' aus den Nürnberger Prozessen „in jeder Hinsicht als rechtskräftig und rechtswirksam... zu behandeln haben". Wichtig war vor allem der Passus, dass dazu die ‚Feststellungen' zum Ablauf der Ereignisse gehörten, die zum Kriege führten. Das umzusetzen unterlag den Kultusministerien der Länder, die wiederum die Aufsicht über den Inhalt der Geschichtsbücher an den Schulen führen. Die Alliierten bestanden beim Zwei-Plus-Vier-Vertrag im Jahre 1990 darauf, dass der Artikel 7 (1) weiterhin Bestand hat. Der Zwei-Plus-Vier-Vertrag hatte den Überleitungsvertrag von 1954 abgelöst. Diese Vereinbarung wurde am 27. und 28. September 1990 von unseren deutschen Vertretern schriftlich zugesichert."*

32 Gerard Menuhin, „Wahrheit sagen, Teufel jagen", Lühe Verlag 2016

33 http://whale.to/b/milabs_h.html

34 Google Bildersuche nach „Horus"

35 https://en.wikipedia.org/wiki/Eisenhower%27s_farewell_address

„Until the latest of our world conflicts, the United States had no armaments industry. American makers of plowshares could, with time and as required, make swords as well. But we can no longer risk emergency improvisation of national defense. We have been compelled to create a permanent armaments industry of vast proportions. Added to this, three and a half million men and women are directly engaged in the defense establishment. We annually spend on military security alone more than the net income of all United States corporations. Now this conjunction of an immense military establishment and a large arms industry is new in the American experience. The total influence—economic, political, even spiritual—is felt in every city, every Statehouse, every office of the Federal government. We recognize the imperative need for this development. Yet, we must not fail to comprehend its grave implications. Our toil, resources, and livelihood are all involved. So is the very structure of our society. In the councils of government, we ***must guard against the acquisition of unwarranted influence, whether sought or unsought, by the military-industrial complex****. The potential for the disastrous rise of misplaced power exists and will persist. We must never let the weight of this combination endanger our liberties or democratic processes. We should take nothing for granted. Only an alert and knowledgeable citizenry can compel the proper meshing of the huge industrial and military machinery of defense with our peaceful methods and goals, so that security and liberty may prosper together."*

36 www.dailymail.co.uk/news/article-2111439/Iron-Sky-Sci-Fi-comedy-Nazis-invading-Earth-space-Germans-laughing.html

37 https://moonconspiracy.wordpress.com/the-nazis-had-a-base-on-the-moon/

38 www.youtube.com/watch?v=n2VRHj1bzWA
www.youtube.com/watch?v=A5cdqyiVBEc

39 https://de.wikipedia.org/wiki/Ubuntu_%28Philosophie%29

40 https://wirsindeins.org/2013/10/17/ubuntu-contribution-system/

41 www.google.de/?gws_rd=ssl#q=israel+wollen+nicht+isis+besiegt+syrien&*
http://derwaechter.net/syrische-rebellen-geben-zu-heimlich-monatliches-gehalt-aus-israel-zu-erhalten-um-oel-von-rothschild-und-murdoch-zu-schuetzen

42 Thomas Anderson „Weltverschwörung", 2016, S. 149
www.pinselpark.org/geschichte/einzel/a05_3000_orient/gilga/glossar.html
www.sagengestalten.de/lex/babylonier_E.html
https://agiw.fak1.tu-berlin.de/Auditorium/BAntMyth/SO2/AltmesMS/TAltmesM.htm

43 www.youtube.com/watch?v=ZVYz7g-qLjs

44 http://deruwa.blogspot.ch/2015/05/begriffserklarung-nazi-fur-all-die.html

45 Corey Goode Interview Cosmic Disclosure S07E07

46 Corey Goode Interview Cosmic Disclosure S07E07

47 Corey Goode Interview Cosmic Disclosure S07E14

48 www.youtube.com/watch?v=1GnGGCaC6P4

49 Corey Goode Interview Cosmic Disclosure S07E11, J.F. Kenndy "Prelude to Leadership"

50 www.youtube.com/watch?v=thLGknsJ2Qg

51 https://de.wikipedia.org/wiki/Wolfgang_Klemperer

52 https://de.sott.net/article/30044-CNN-Produzent-entblot-sich-Amerikaner-sind-dumm-wie-Scheie-wir-lugen-uber-Russland

53 siehe auch Howard Rand, „Lehrbuch des göttlichen Rechts", 1943, Massachusetts, Seite 169

54 „Die Bestimmung des britischen Reiches und des amerikanischen Bundes", 1921, London, Seite 186

55 http://de.wikipedia.org/wiki/Rotes_Haus_%28Trier%29

56 www.spiegel.de/wissenschaft/mensch/genetik-alle-blauaeugigen-haben-den-gleichen-urahn-a-532277.html

57 siehe Thomas Anderson, „Weltverschwörung" 2016, Bezugsquellen *Dabhar Bibel* wie folgt:

Deutschland	Schweiz	Österreich
Eva-Maria Stauch	Marta Zimmermann	Johann Kraxberger
Forststr.10	Adetswiler Str. 29	Am Südblick 7
75328 Schömberg	8345 Adetswiln	A-4702 Wallern

58 www.amazon.de/H%C3%B6llensturm-Die-Vernichtung-Deutschlands-1944-1947/dp/1517540240/ref=sr_1_1?ie=UTF8&qid=1490631684&sr=8-1&keywords=h%C3%B6llensturm

59 www.pravda-tv.com/2017/05/transhumanismus-ante-portas-der-mensch-als-auslaufmodell-videos/

60 https://de.sott.net/article/3477-Zombie-Raupen-Virus-Gen-andert-Verhalten
www.tagesspiegel.de/wissen/evolution-darwins-daemonen-wie-parasiten-ihre-wirte-zu-zombies-machen/8490438.html
www.zeit.de/zeit-wissen/2009/02/Toxoplasmose

61 www.ashtarcommandcrew.net/profiles/blogs/satan-has-returned-to-source
www.starseeds.net/forum/topics/satan-has-returned-to-source
www.youtube.com/watch?v=QTGqyBLeiZ4

62 https://sacredsites.com/asia/china/sacred_mountains.html

63 www.zhangjiajietourguide.com/article-p143-china-top-four-sacred-taoist-mountains.html

64 http://transinformation.net/die-blauen-und-das-event/

65 https://de.wikipedia.org/wiki/Sanxingdui

66 http://transinformation.net/die-blauen-und-das-event/

67 www.youtube.com/watch?v=JW6cJuKDUsU

68 www.SiriusDisclosure.com

69 „Secret Craft, Hidden Photos – Leutnant Bob Walker / Disclosure Project Witness Testimony Archive" http://www.youtube.com/watch?v=MpAZefEN_EU
www.youtube.com/watch?v=rd7tTqy73Gk

70 We Now Have the Technology to Take ET Home - MUFON Director Jan Harzan
www.youtube.com/watch?v=u9ZZekWMiUQ

71 https://de.wikipedia.org/wiki/Br%C3%BCder_Wright

72 www.youtube.com/watch?v=nKlPFCIpXu0

73 https://de.wikipedia.org/wiki/Spanisch-Amerikanischer_Krieg

74 www.youtube.com/watch?v=rBO8z9pHAuA

75 www.youtube.com/watch?v=4CSeWkJvdbQ

76 www.youtube.com/watch?v=_4hycqDNnPE

77 www.youtube.com/watch?v=d0H-Pn8RKKo

78 www.youtube.com/watch?v=VxA-Y4enohQ

79 www.youtube.com/watch?v=xXIWKQOu-k8

80 www.youtube.com/watch?v=qIyXcznVui8
www.youtube.com/watch?v=hbONIQfQmDU

81 www.youtube.com/watch?v=7AAJ34_NMcI
www.youtube.com/watch?v=LOHv1twCOqQ

82 www.youtube.com/watch?v=qBOY5jrOGwA

83 www.youtube.com/watch?v=wsEd_b1C8DY

84 www.youtube.com/watch?v=jAfTY7NuceQ (englisch)
www.youtube.com/watch?v=qu0InfzC1Gc (deutsch)

85 www.youtube.com/watch?v=PaK5WOz3Mf4

86 www.youtube.com/watch?v=PgAEoNbfjT4

87 www.youtube.com/watch?v=0WZyDglNi5Y

88 www.youtube.com/watch?v=Ni5Y_Ezw9Tk
www.youtube.com/watch?v=MAecPE7Imbc&index=2
www.youtube.com/watch?v=EAho3kjNMAU&index=3
www.youtube.com/watch?v=IhGyLdE8BPE
www.youtube.com/watch?v=ZVHyhYtX_5c
www.youtube.com/watch?v=VlwPN1v11M8
www.youtube.com/watch?v=Qm8enp73puk

89 www.youtube.com/watch?v=PbfMsd43HZE
„We have been helped by the people of other worlds" and "It is my thesis that flying saucers are real and that they are space ships from another solar system. I think that they possibly are manned by intelligent observers who are members of a race that may have been investigating our earth for centuries. I think that they have been sent out to conduct systematic, long-range investigations, first of men, animals and vegetation, and more recently of atomic centers, armaments and centers of armament production. They obviously have not come as invaders, but I believe their present mission may be one of scientific investigation."
Allen Greenfield (1970er) hat Wernher von Braun persönlich in der *Wright Patterson Air Force Base* gefragt: Wie war es möglich, dass ihr so viele Technologie in solch kurzer Zeit entwickelt habt. Und Wernher von Braun blickte auf eine Reihe von Unterlagen, die UFO-Thematik betreffend und nickte mit dem Kopf in Richtung der Dokumente und sagte: *„Wir hatten Hilfe von... ihnen...!"* Und Greenfield fragte ihn: *„Sie meinen von ihnen, den Aliens?"* Und er sagte: *„Ja, wir hatten Hilfe."*

90 https://dieunbestechlichen.com/2017/06/der-mars-wird-schon-seit-20-jahren-bewohnt-schockierende-enthuellungen-des-hackers-gary-mckinnon/

91 www.youtube.com/watch?v=bDIXvpjnRws

92 www.youtube.com/watch?v=itRIgeObMvU

93 www.youtube.com/watch?v=QzjMLoPMjWI
94 www.youtube.com/watch?v=ZNkmhY_ju8o
95 www.youtube.com/watch?v=ES-IYKE_xvk
96 Corey Goode Interview Cosmic Disclosure S07E02
97 https://en.wikipedia.org/wiki/Hyperion_(moon)
98 www.youtube.com/watch?v=nd_
99 http://utahstories.com/2012/10/dugway-myteries-revealed-the-new-area-51/
100 http://www.slate.com/blogs/bad_astronomy/2016/01/04/asteroid_apophis_will_not_hit_earth_in_2036.html
101 http://www.cosmiq.de/qa/show/1856660/Wie-heisst-nochmal-der-Asteroid-der-2025-der-Erde-sehr-nah-kommen-soll/
102 www.youtube.com/watch?v=kyx_KD_Sy_w
103 https://en.wikipedia.org/wiki/John_Michael_McConnell
104 https://en.wikipedia.org/wiki/Booz_Allen_Hamilton
105 https://en.wikipedia.org/wiki/Dick_Cheney
106 https://en.wikipedia.org/wiki/Alan_Greenspan
107 https://de.wikipedia.org/wiki/Bohemian_Grove
108 https://de.wikipedia.org/wiki/Skull_%26_Bones
109 www.bibliotecapleyades.net/sociopolitica/esp_sociopol_mj12_21.htm
110 www.bibliotecapleyades.net/dan_burisch/esp_dan_burisch_31.htm
111 www.uni-muenster.de/PeaCon/conspic-site/mj-12.html
112 www.bibliotecapleyades.net/dan_burisch/esp_dan_burisch_31.htm
113 www.bibliotecapleyades.net/dan_burisch/esp_dan_burisch_31.htm
www.danburisch.info/updates/update_intro.html
114 https://de.wikipedia.org/wiki/Paul_Hellyer
115 www.youtube.com/watch?v=Tm4iPl8-7gE
116 www.youtube.com/watch?v=VLOL82hwJjI
117 www.youtube.com/watch?v=YmkTuH8nxG4
118 www.youtube.com/watch?v=iocFGtt0LfU
119 www.youtube.com/watch?v=v0JJFVrKMZg
120 www.youtube.com/watch?v=ivWaOttiN7c
121 www.youtube.com/watch?v=ooSRh7V68uk Teile 1 , 2 und 3
122 www.youtube.com/watch?v=ad3Bb2_vSp8
123 https://de.wikipedia.org/wiki/Maya-Schrift#/media/File:MayaZiffern1bis10.png
124 www.vonluxornachabusimbel.de/Abydos/aussen.php
125 Corey Goode Interview Cosmic Disclosure S07E13
126 www.youtube.com/watch?v=vHjbK1cGyGs
www.youtube.com/watch?v=Eaaubr3nnHI
www.youtube.com/watch?v=dnBdWMw3ytg
127 www.youtube.com/watch?v=3_8QFnrgccg
www.telegraph.co.uk/news/newstopics/howaboutthat/ufo/8026971/Aliens-have-deactivated-British-and-US-nuclear-missiles-say-US-military-pilots.html
www.wanttoknow.info/ufos/ufos_nuclear_missiles_warheads_shutdown
128 https://de.wikipedia.org/wiki/Sekunde
129 www.mediadesk.uzh.ch/articles/2015/vulkane-mit-atomuhren-ueberwachen.html
und www.deutschlandfunk.de/erdanziehung-atomuhr-als-gravitations-schnueffler.676.de.html?dram:article_id=284105

130 www.youtube.com/watch?v=l_POTJgVK0Q
www.youtube.com/watch?v=ju6CqHu4UBE
www.youtube.com/watch?v=erSEKc_B82Y
131 www.youtube.com/watch?v=Hn_zXuCnDKc
132 www.youtube.com/watch?v=MGESqIl5tcY
133 siehe „Weltverschwörung", Thomas Anderson, 2016, Amadeus Verlag
134 www.focus.de/auto/ratgeber/sicherheit/terroristen-im-gelaendewagen-wegen-isis-us-behoerden-nehmen-toyota-unter-feuer_id_4997704.html
135 http://derwaechter.net/syrische-rebellen-geben-zu-heimlich-monatliches-gehalt-aus-israel-zu-erhalten-um-oel-von-rothschild-und-murdoch-zu-schuetzen
136 www.anonymousnews.ru/2016/12/18/deutsche-nato-offiziere-in-aleppo-verhaftet-bundeswehr-machte-mit-is-gemeinsame-sache/
137 http://deutsche-wirtschafts-nachrichten.de/2015/08/13/us-historiker-die-usa-zerstoeren-europa-2/
138 www.welt.de/dieweltbewegen/article106301551/Die-gluecklichsten-Menschen-leben-in-Nordeuropa.html
139 https://de.wikipedia.org/wiki/%C3%9Cberlichtgeschwindigkeit
140 www.autobild.de/artikel/aeromobil-3.0-flugauto-ab-2017-5416123.html?zanpid=2294490757899678721
141 Mehr Informationen bei: www.borderlands.de/energy.searl.php3?Section=energy
142 Jan van Helsing, Stefan Erdmann, „Die Jahrtausendlüge", Amadeus Verlag, 2008
143 http://derwaechter.net/wissenschaftler-speichern-nukleare-abfaelle-in-diamanten-und-verwandeln-sie-in-batterien-die-50-jahrhunderte-halten
144 https://www.youtube.com/results?search_query=hagen+rether+fleisch
145 www.who.int/features/qa/cancer-red-meat/en/
www.bbc.com/news/health-34615621
www.theguardian.com/society/2015/oct/26/bacon-ham-sausages-processed-meats-cancer-risk-smoking-says-who
www.who.int/mediacentre/news/statements/2015/processed-meat-cancer/en/
146 Nachzulesen u.v.a. bei Jerome Irving Cohen, 1947 in: „The Healthy Hunza"
147 www.youtube.com/watch?v=UwdOEQJyUr0
148 www.youtube.com/watch?v=TXeag2-o66E
149 www.spiegel.de/gesundheit/ernaehrung/intervallfasten-nach-zwei-wochen-ist-der-hunger-weg-a-1136191.html
150 www.peta.de/schlachthofbawue#.WJ79pTg8jRY
151 https://koptisch.wordpress.com/2012/10/06/warnung-video-so-grausam-ist-halal-schlachtung/
152 www.ndr.de/ratgeber/verbraucher/Fleischkonsum-in-Deutschland,fleisch348.html
153 www.spiegel.de/wissenschaft/mensch/70-jahre-ohne-nahrung-aerzte-knoepfen-sich-angeblichen-wunder-yogi-vor-a-691857.html
154 www.spiegel.de/gesundheit/ernaehrung/intervallfasten-nach-zwei-wochen-ist-der-hunger-weg-a-1136191.html
155 www.focus.de/gesundheit/videos/die-besten-eiweiss-quellen-ernaehrungsexperten-ueberrascht-wer-muskeln-aufbauen-will-muss-kein-fleisch-essen_id_6639925.html
156 https://www.zentrum-der-gesundheit.de/codex-alimentarius-ia.html
157 www.zentrum-der-gesundheit.de/volksdrogen-milch-und-weizen-ia.html
158 David Wilcok, Wisdom Teachings, Video S07E08 ab Min. 16 ca
159 David Wilcok, Wisdom Teachings, Video S07E08 ab Min. 16 ca., ebenso Video 09
160 http://derwaechter.net/nigerianisches-gericht-verfugt-dass-coca-cola-ihre-getranke-mit-warnhinweisen-versehen-mussen-dass-sie-moglicherweise-giftig-sind

161 www.youtube.com/watch?v=pVr5PywldOA
162 www.pravda-tv.com/2017/03/erste-laborergebnisse-der-impfstoffuntersuchungen/
163 www.waz.de/panorama/italienische-regierung-fuehrt-impfpflicht-fuer-kinder-ein-id210639725.html
www.focus.de/gesundheit/ratgeber/medikamente/ohne-impfung-keine-kita-gesundheitsminister-groehe-droht-impfgegner-eltern-mit-geldstrafen_id_7178818.html
164 https://impfentscheid.ch/wp-content/uploads/Formular-%C3%84rztliche-Impfbescheinigung-2016.pdf
165 www.konjunktion.info/2016/06/agenda-212030-es-geht-nicht-um-umweltschutz-es-geht-um-die-reduzierung-und-versklavung-der-menschheit/
166 https://wunderhaft.blogspot.ch/2015/10/agenda-21-internes-dokument-der.html
167 www.chemtrails-info.de/chemtrails/zerstoerung-des-himmels.htm
168 http://recentr.com/2011/07/10/die-agenda-fur-bevolkerungsreduktion-kein-philanthropisches-unterfangen-teil-i/
169 https://de.sott.net/article/7444-Impfzwang-Schweiz-verabschiedet-Gesetz-zum-Impfbefehl-fur-Risikogruppen
www.mdr.de/nachrichten/impfen-per-gesetz100.html
www.claudiograf.ch/2015/03/23/france-impfzwang-per-gesetz/
170 www.chemtrails-info.de/chemtrails/zerstoerung-des-himmels.htm
www.weather-modification-journal.de/die-chemtrails-streifen-am-himmel-eine-gute-zusammenfassung-von-gernot-l-geise/
171 http://cruchot777.info/wp/blog/2017/09/19/dr-med-dietrich-klinghardt-nachtraegliche-disney-chemtrails/
172 www.youtube.com/watch?v=pVr5PywldOA
173 www.engdahl.oilgeopolitics.net/Swine_Flu/Gates_Vaccines/gates_vaccines.html
www.gatesfoundation.org/What-We-Do/Global-Development/Vaccine-Delivery
www.gavi.org/about/partners/bmgf/
http://healthimpactnews.com/2014/bill-melinda-gates-foundation-vaccine-empire-on-trial-in-india
174 https://en.wikipedia.org/wiki/Plum_Island_Animal_Disease_Center
www.publichealthalert.org/the-creation-of-lyme-disease-on-plum-island-the-logic-of-claims.html
www.zeitenschrift.com/artikel/lyme-disease-die-zeckenseuche-kommt-aus-dem-labor
175 Näheres dazu entnehmen Sie bitte dem Buch „Weltverschwörung“
176 www.myheritage.ch/dna
177 Sabine Bode „“Die vergessene Generation“, Klett-Cotta Verlag, 2015
„Kriegsenkel“, ebenda
178 https://de.europenews.dk/Zitat-Napoleon-Bonaparte-ueber-die-Deutschen-79392.html
179 www.google.com/patents/US7122176
180 https://netzfrauen.org/2016/09/27/ein-patent-das-monsanto-vernichten-und-die-welt-veraendern-koennte/
181 www.krameterhof.at/
www.seppholzer.at/
182 Agenda 21, Uno
www.surviveunagenda21depopulation.com/
http://endoftheamericandream.com/archives/from-7-billion-people-to-500-million-people-the-sick-population-control-agenda-of-the-global-elite
www.pravda-tv.com/2017/05/synthetische-biologie-kann-zur-bevoelkerungsreduzierung-eingesetzt-werden/
183 www.welt.de/wissenschaft/article2109020/So-viele-tierische-Kreaturen-stecken-im-Menschen.html

184 www.morgenpost.de/kultur/berlin-kultur/article115517396/Erbgut-der-Mensch-ist-zur-Haelfte-eine-Banane.html
185 www.was-darwin-nicht-wusste.de/
http://info.kopp-verlag.de/neue-weltbilder/spiritualitaet-und-weisheitslehren/mike-adams/gewaltige-widersprueche-im-wissenschaftlichen-denken-entlarvt-die-evolutionstheorie-kann-den-ursp.html
www.wahrheitssuche.org/evolution.html
186 Jason Mason, „Mein Vater war ein MiB", Amadeus Verlag 2017
187 www.youtube.com/watch?v=n2VRHj1bzWA
188 https://de.wikipedia.org/wiki/Drakon
189 Thomas Anderson, „Weltverschwörung" Amadeus Verlag, 2016, S. 35
190 Martin Heinrich, „Die Venus-Katastrophe", Ullstein 2007, S. 115
191 Martin Heinrich, „Die Venus-Katastrophe", Ullstein 2007, S. 110
192 Thomas Anderson, „Weltverschwörung" Amadeus Verlag, 2016, verschiedene Stellen
193 https://de.wikipedia.org/wiki/Ruwenzori-Gebirge
194 https://de.wikipedia.org/wiki/Pyren%C3%A4en
195 https://de.wikipedia.org/wiki/L._Ron_Hubbard
196 https://de.wikipedia.org/wiki/Edgar_Miles_Bronfman_senior
197 https://en.wikipedia.org/wiki/NXIVM
198 https://de.wikipedia.org/wiki/Liste_von_Kriegen
https://de.wikipedia.org/wiki/Liste_der_Milit%C3%83%C2%A4roperationen_der_Vereinigten_Staaten
199 Corey Goode Interview Cosmic Disclosure S07E07
200 http://web.archive.org/web/20140909162213/http://globalfire.tv:80/nj/12de/zeitgeschichte/general_pattons_tod.htm
201 Thomas Anderson, „Weltverschwörung", Amadeus Verlag, 2016, S. 96
202 dem interessierten Leser kann ich gern etwas vermitteln. Anfrage bitte über den Verlag
203 www.gala.de/royals/briten/queen-elizabeth-plant-sie-bereits-ihren-rueckzug--21421874.html
www.ok-magazin.de/people/royals/queen-elizabeth-ii-sie-denkt-ueber-ihren-ruecktritt-nach-48537.html
204 http://derwaechter.net/puerto-rico-ist-das-erste-us-territorium-welches-sich-fur-bankrott-erklart
205 www.reuters.com/article/us-adb-asia-trilateral-idUSKBN1802V2
http://derwaechter.net/puerto-rico-ist-das-erste-us-territorium-welches-sich-fur-bankrott-erklart
206 http://benjaminfulfordtranslations.blogspot.ch/2017/05/deutsch-benjamin-fulford-08052017.html#more
207 http://benjaminfulfordtranslations.blogspot.ch/search/label/GERMAN
208 www.truedemocracy.net/hj33/16.html
209 https://de.wikipedia.org/wiki/Innozenz_III.
210 https://de.wikipedia.org/wiki/Innozenz_III.
211 www.law.cornell.edu/ucc
212 http://reichsamt.info/justizamt/vorlagen/SHAEF_Militaergesetze.pdf
http://wakenews.net/SHAEF_Militaergesetze.pdf
213 www.vatican.va/archive/DEU0036/_INDEX.HTM
214 https://de.wikipedia.org/wiki/Flagge_der_Vereinigten_Staaten
215 https://en.wikipedia.org/wiki/Admiral_(Royal_Navy)
216 http://constitutionalmilitia.org/martial-law-under-president-franklin-d-roosevelt/
www.outpost-of-freedom.com/opf940524.htm
217 www.apfn.org/apfn/flag.htm

218 https://faszinationmensch.com/2014/08/23/lvereinigtestaaten/
219 www.youtube.com/watch?v=yzjv20sC5CY
220 www.bgbl.de/xaver/bgbl/start.xav?start=%2F%2F*%5B%40attr_id%3D%27bgbl156s0437.pdf
221 Thomas Anderson, „Weltverschwörung", Amadeus Verlag, 2016 und viele andere Autoren
222 http://quer-denken.tv/wladimir-schirinowski-wenn-uns-das-deutsche-volk-um-hilfe-bittet-wird-russland-helfen/
223 www.upik.de/dab58c3b2564444b2af3d0d74daddaaa/upik_datensatz.cgi?view=1&senden=Weiter&id=1&crypt=79ef96cceed22f68bc 41c8d2ec887815&code=si63r&senden=Weiter
https://1truth2prevail.wordpress.com/2014/06/03/upik-eintrag-der-bundesrepublik-deutschland/
http://volks-reichstag.info/Reichstagsforum/showthread.php?tid=313
224 https://1truth2prevail.wordpress.com/2014/06/03/upik-eintrag-der-bundesrepublik-deutschland/
225 www.ehso.com/siccodes.php
226 https://newstopaktuell.wordpress.com/2015/10/12/von-den-alliierten-erlassene-gesetze-die-in-deutschland-gueltig-sind/
227 http://quer-denken.tv/wladimir-schirinowski-wenn-uns-das-deutsche-volk-um-hilfe-bittet-wird-russland-helfen/
228 Corey Goode *Interview Cosmic Disclosure* S07E12, S07E13
229 www.matrixblogger.de/dein-geheimes-biz-strohmann-konto/
Anleitung für das Finden der eigenen Kontonummer bei der BIZ:
http://schaebel.de/was-mich-aergert/versklavung/das-strohmannkonto-biz-ist-aufgeflogen/002368/
230 www.businessinsider.de/astrophysiker-finden-einen-hinweis-darauf-dass-unser-universum-ein-hologramm-ist-2017-2
231 www.goldseiten.de/artikel/332571--Neue-Daten-zum-Silbermarkt~-Das-schockierende-Missverhaeltnis-von-fiktivem-und-physischem-Handel.html
232 www.goldseiten.de/artikel/332571--Neue-Daten-zum-Silbermarkt~-Das-schockierende-Missverhaeltnis-von-fiktivem-und-physischem-Handel.html
233 www.goldseiten.de/artikel/332571--Neue-Daten-zum-Silbermarkt~-Das-schockierende-Missverhaeltnis-von-fiktivem-und-physischem-Handel.html

MEIN VATER WAR EIN „MiB“

Jason Mason

Das geheime Weltraumprogramm und die Antarktis-Deutschen

Wer sind diese rätselhaften Men in Black (MiB), die seit den 1950er-Jahren nach UFO-Sichtungen bei Zeugen auftauchen und diese befragen, deren Fotos konfiszieren oder sie sogar bedrohen? Nur sehr wenig wurde bislang über sie bekannt. Einer dieser MiB kontaktierte kurz vor seinem Tode seinen Sohn, um diesen als Nachfolger in die Organisation einzuführen und berichtete ihm von einer Welt, die sich im Hintergrund des uns bekannten Geschehens abspielt – von einer Welt voller Geheimorganisationen, eine Technologie, die wir nur aus Science-Fiction-Filmen kennen sowie über geheime Machtstrukturen, die unseren Planeten fest im Griff haben.

ISBN 978-3-938656-81-5 • 33,00 Euro

GEHEIMSACHE „STAATSANGEHÖRIGKEITSAUSWEIS“

Max von Frei

Wussten Sie, dass ein Reisepass oder ein Personalausweis nicht dazu ausreicht, Ihre deutsche Staatsangehörigkeit nachzuweisen? Wenn Sie beispielsweise als Deutscher in den USA oder Russland eine Firma gründen wollen, verlangen die dortigen Behörden Ihren "Staatsangehörigkeitsausweis" als Nachweis, dass Sie Deutscher sind. Noch nie davon gehört? Diesen Ausweis erhalten Sie beim Landratsamt, und er kostet nur 25 Euro. War Ihnen bekannt, dass Sie nur mit dem "Staatsangehörigkeitsausweis" die Bürgerrechte – laut Grundgesetz die sog. „Deutschenrechte“ – beanspruchen können? Aber wieso wissen wir das nicht, und wieso erhält man dieses Dokument nicht ganz automatisch mit der Geburt ausgehändigt? Wieso macht die BRD den Staatsangehörigkeitsausweis zur Geheimsache? Könnte die Offenbarung dieses Geheimnisses über die Zukunft Ihres Vermögens entscheiden? Könnte diese neue Erkenntnis darüber hinaus vielleicht sogar zu einem von Deutschland ausgehenden, weltweiten Frieden führen?
Max von Frei beantwortet diese Fragen im Detail – belegt durch geltende und gültige Gesetze sowie zahlreiche Dokumente – und erklärt darüber hinaus, wieso die BRD nicht wirklich souverän ist und weshalb die „Menschenrechte“ in „Handelsrecht“ und „Staaten“ in „Firmen“ umgewandelt werden.

ISBN 978-3938656-61-7 • 21,00 Euro

WELTVERSCHWÖRUNG

Thomas A. Anderson

Wer sind die wahren Herrscher der Erde?

Immer mehr Menschen stellen fest, dass sie von den Regierenden belogen und betrogen werden und dass die Volksvertreter nicht das Volk vertreten, sondern die Interessen von Großkonzernen, von Militär und Wirtschaft. Große, weltumspannende Firmen und Organisationen leiten unsere Welt. Diese Familienclans nennen die Rohstoffe auf Erden ihr Eigen, bestimmen den Goldpreis und verleihen astronomische Summen an kriegführende Länder. Aber geht es diesen wirklich nur um wirtschaftliche Interessen, oder steckt etwas ganz anderes dahinter?

ISBN 978-3-938656-35-8 • 23,30 Euro

WHISTLEBLOWER

Jan van Helsing

Insider aus Politik, Wirtschaft, Medizin und Geheimdienst packen aus!

Der Whistleblower Edward Snowden und der Sprecher der Whistleblower-Plattform *Wikileaks*, Julian Assange, haben im Ausland Asyl beantragt, weil sie geheime Regierungsdokumente veröffentlicht hatte. Man will sie jedoch nicht bestrafen, weil sie Unwahrheiten oder Lügen verbreitet haben – nein: Man will sie bestrafen, weil sie den Menschen die Wahrheit gesagt haben, die Wahrheit darüber, dass wir alle von unseren Regierungen und deren Geheimdiensten überwacht und ausspioniert werden. Ist es das, wofür wir unsere Volksvertreter gewählt haben? Ist es nicht viel eher so, dass sie inzwischen ganz anderen Interessen dienen? Für dieses Buch haben *Jan van Helsing* und *Stefan Erdmann* 16 Whistleblower interviewt, die u.a. zu folgenden Themen auspacken:

- Wie geht es in deutschen Asylantenheimen wirklich zu?
- Ist Deutschland souverän? Ist die BRD ein Staat oder eine Firma?
- Was ist *Geomantische Kriegsführung*?
- Es werden viele alternative sowie schulmedizinische Therapieformen unterdrückt!
- Gibt es das „Geheime Bankentrading" wirklich? Wie sparen Großunternehmen und soziale Einrichtungen über Stiftungen Steuern?
- Der Ruanda-Kongo-Krieg war wegen Rohstoffen angezettelt worden!
- Warum es bei Film und Radio nur „Linke" geben darf...
- Ein Schottenritus-Hochgradfreimaurer spricht über UFOs und Zeitreisen.

ISBN: 978-3-938656-90-7 • 23,30 Euro

WAS SIE NICHT WISSEN SOLLEN!

Michael Morris

Einigen wenigen Familien gehört die gesamte westliche Welt – und nun wollen sie den Rest!

Eine kleine Gruppe von Privatbankiers regiert im Geheimen unsere Welt. Das Ziel dieser Geldelite ist kein Geringeres als die Weltherrschaft, genannt die *Neue Weltordnung*!
Michael Morris erklärt über die Zukunft der Finanz- und Wirtschaftswelt: *„Die Ländergrenzen werden bleiben, aber die Währungsgrenzen fallen! Ich habe in diesem Buch den Fokus auf die Wirtschaft, auf Geld und das Bankwesen gelegt, denn die Mechanismen des Geldes sind der Schlüssel zur Macht dieser Bankier-Clans. Seit fast zweihundert Jahren sind wir immer wieder auf dieselben Tricks hereingefallen... Jeder Börsencrash war geplant und so ist es auch der nächste – und der kommt sehr bald!"*

ISBN 978-3-938656-13-6 • 21,00 Euro

WENN DAS DIE DEUTSCHEN WÜSSTEN...

Daniel Prinz

...dann hätten wir morgen eine (R)evolution!

Wussten Sie, dass Ihr Personalausweis oder Ihr Reisepass nicht Ihre deutsche Staatsangehörigkeit bestätigt und fast alle Deutschen in ihrem eigenen Land staatenlos sind? Nein? Es gibt tatsächlich ein Dokument, welches die rechtmäßige Staatsangehörigkeit bescheinigt, aber es ist keines der beiden zuvor genannten. Nur wenige Deutsche sind im Besitz dieser speziellen Urkunde, z.B. viele Staatsanwälte, Notare, Bundespolizisten oder Politiker. Wussten Sie zudem, dass Gerichtsvollzieher in der BRD seit 2012 keine Beamten mehr sind oder dass die BRD selbst gar kein Staat ist – und auch nie war –, sondern eine von den Alliierten installierte Verwaltung, die großteils innerhalb einer „Firmenstruktur" operiert? War Ihnen geläufig, dass wir bald in die „Vereinigten Staaten von Europa" übergehen und die Menschen in „handelbare Waren" umfunktioniert werden? Haben Sie sich nicht auch schon gewundert, wieso aus dem Arbeitsamt eine „Agentur für Arbeit" geworden ist oder warum Sie vor Gericht als „Sache" behandelt werden und nicht als Mann oder Frau? Der Autor beantwortet nicht nur diese Fragen ausführlich, sondern zeigt zudem auf, welche höchst raffinierten und hinterhältigen Mechanismen eingesetzt werden, die uns alle versklavt haben und dafür sorgen sollen, dass wir aus dem gegenwärtigen, riesigen Hamsterrad nie ausbrechen.

ISBN 978-3938656-27-3 • 21,00 Euro

DIE HORUS-LOGE

Artur Lipinski

Wie kam es wirklich zum Zweiten Weltkrieg und wer finanzierte ihn?

Artur Lipinskis Großvater war Übersetzer etlicher Persönlichkeiten in der Politik und Wirtschaft. Kurz vor seinem Tod sprach er mit seinem Enkel über private Unterhaltungen mit Willy Brandt, Marion Gräfin Dönhoff, Erich Honecker, vor allem aber mit dem Gründer der Bilderberger, Prinz Bernhard der Niederlande, und was er dort über die wahren Machtverhältnisse auf der Erde erfahren hatte. Demnach gibt es drei „Superlogen", die sich über der gewöhnlichen Freimaurerei befinden, welche die Geschicke der Welt seit mindestens 200 Jahren lenken. Im vorliegenden Buch veröffentlicht Artur Lipinski einen Teil der Informationen, die er über den Zweiten Weltkrieg erfahren hat – und die teilweise komplett von dem abweichen, was wir aus den Geschichtsbüchern kennen. Vor allem das Schicksal Hitlers wird völlig neu behandelt.

ISBN 978-3-938656-70-9 • 21,00 Euro

NUTZLOSE ESSER

Gabriele Schuster-Haslinger

Die Menschheit wird in den nächsten Jahrzehnten massiv dezimiert!
Was ist zu erwarten, was können wir tun - und wer steckt dahinter?

Es ist ja nun kein Geheimnis, dass immer mehr Menschen auf diesem Planeten immer weniger Rohstoffen gegenüber stehen. In den kommenden Jahren kommt hinzu, dass Maschinen, Roboter und Drohnen menschliche Arbeitskraft überflüssig machen. Was zurückbleibt, sind aus Sicht der rational-kaufmännisch denkenden "Elite" sog. "Nutzlose Esser" – Menschen, die entweder arbeitslos, zu ungebildet oder zu alt sind und dem produktiven Teil wertvolle Rohstoffe und Nahrungsmittel wegnehmen und zu viel kosten. Die Situation ist jedem logisch denkenden Menschen bewusst, doch mag ein christlich-sozial eingestellter Mensch nicht aussprechen, was unausweichlich scheint, um das Dilemma zu lösen: eine Dezimierung der Weltbevölkerung! Das haben nun jene übernommen, die im Hintergrund die Weltgeschicke steuern, und nicht nur entsprechende Pläne geschmiedet – nein, sie setzen sie bereits um! Wie steht es um den Plan, vor allem das deutsche Volk "auszurotten"? Die Autorin erläutert in diesem Buch nicht nur die verschiedensten Methoden, mit denen dies bereits geschieht und was uns noch bevorstehen wird, falls sich nicht etwas gravierend ändert. Sie deckt ebenso auf, wer im Hintergrund wirklich die Fäden in der Hand hält.

ISBN 978-3-938656-42-6 • 21,00 Euro

BANKSTER

Hanno Vollenweider

Ein junger Mann, Anfang 20, frisch von der Uni und voller Energie und Willen, geht nach Zürich mit nur einem Ziel: Banker zu werden und das große Geld zu verdienen. Was er jedoch nicht ahnt: Schon von Beginn an haben ihn seine Chefs und Mentoren für etwas Höheres vorgesehen und so führen sie ihn Stück für Stück in die internationalen Kreise der Bankster ein. Dies ist das Buch eines heute Anfang 30-jährigen Mannes, der, getrieben von der Gier nach Geld und Macht, Dinge sah, die andere in seinem Alter höchstens aus Hollywood-Filmen kennen. Er schildert seine Treffen mit Mitgliedern des *Clubs zum Rennweg*, *Entrepreneurs' Round Table*, der Brüsseler Finanzlobbyorganisationen *Swiss Finance Council* und *European Financial Service Round Table* und wie er im Auftrag seiner Mentoren den Rest der bis heute verschwunden geglaubten D-Mark-Millionen aus den West-Geschäften der DDR flüssig machte.

ISBN 978-3938656-37-2 • 19,00 Euro

FAKE NEWS

Michael Morris

Wer einmal lügt, dem glaubt man nicht...

Das politische, wirtschaftliche und gesellschaftliche System des 20. Jahrhunderts ist gescheitert, doch die alten Eliten in Politik und Medien versuchen alles, um weiter daran festzuhalten und ein neues Konzept zu verhindern. Sie versuchen, jegliche Kritik an ihrem eigenen Fehlverhalten als „Fake News" oder als „rechte Propaganda" zu diskreditieren. Obwohl die Geheime Weltregierung und ihre Handlanger immer brutaler gegen ihre Kritiker vorgehen, schwindet ihre Macht, weil immer mehr Menschen erwachen und ihr schmutziges Spiel durchschauen, was die alten Eliten schier in den Wahnsinn treibt. Erfahren Sie die Wahrheit über die Entstehung der „Fake News"-Hysterie, und lesen Sie alles über jene Enthüllungen der NASA und des Vatikans, die Ihnen die Massenmedien verschweigen!

ISBN 978-3-938656-41-9 • 21,00 Euro

Alle hier aufgeführten Bücher erhalten Sie im Buchhandel oder bei:

ALDEBARAN-VERSAND

Tel: 0221 – 737 000 • Fax: 0221 – 737 001

Email: bestellung@buchversand-aldebaran.de

www.amadeus-verlag.de